芳林新叶

历史考古青年论集

第二辑 / 陈晓露 主编

上海古籍出版社

本书得到中国人民大学科学研究基金
（批准号：15XNL019）资助

历史时期考古青年论坛(第二届)现场

目　录

序 …………………………………………………………… 魏　坚（ 1 ）

丧葬与礼制

《左传》所见助丧制度小考 ……………………………… 田　天（ 5 ）
西周初年周人墓葬中酒器与食器的变革 ……………… 张闻捷　刘锴云（ 15 ）
武氏墓地的再思考 ………………………………………… 魏　镇（ 27 ）
南京石子冈 M5 所见南朝砖印壁画墓的几个问题 ……… 赵俊杰　崔雅博（ 32 ）

宗教与艺术

位置、组合与意义：汉代西王母神性的图像观察 ……………… 王　煜（ 49 ）
马王堆帛画中双龙构成的"壶形空间"考 ……………………… 朱　磊（ 72 ）
魔神之变：鬼子母信仰在中国和东亚地区的传播与变容 ……… 袁　泉（ 82 ）

器用与方物

汉代胡人俑座陶灯研究 …………………………………… 宋　蓉（115）
"黑石号"沉船出水铜镜初探 ……………………………… 陈灿平（128）
金炉考
　　——台湾清代寺庙传世金炉研究 …………………… 李建纬（145）

交通与交流

秦汉番禺城与"海上丝绸之路"关系考 ………………… 周繁文（171）

西域汉晋箱式木棺略论 ………………………………………… 陈晓露（217）

大同北魏封和突墓银盘考 ………………………………………… 付承章（244）

16世纪前东非海岸中的马林迪 ………………………………………… 丁　雨（254）

民族与人群

北魏大同迎宾大道M70墓主族属浅析 ………………………………………… 马　艳（267）

公元前1~3世纪朝鲜半岛南部考古学文化初探 ………………………………………… 蒋　璐（276）

山西榆次明清人群氟中毒的古病理学研究
　　………………………………… 侯　侃　高振华　朱　泓　王晓毅（282）

空间与建筑

西汉北地郡灵州、方渠除道地望考证
　　——以张家山汉简《秩律》为中心 ………………………………………… 马孟龙（299）

曹魏邺城都城空间与葬地初论 ………………………………………… 沈丽华（309）

山西省乡宁县城址调查札记 ………………………………………… 王子奇（327）

明代密檐窣堵波铜塔考 ………………………………………… 张剑葳（339）

后　记 ………………………………………… 陈晓露（365）

序

2017年11月17~20日，由中国人民大学历史学院考古文博系主办的第二届"历史考古青年论坛"在中国人民大学人文楼三层会议室隆重举办，来自北京大学、吉林大学等国内十多所高校的青年考古学者共聚一堂，交流切磋，充分展示了新时期青年学者的风采。这本刚刚编撰完成的论文集，就是出席此次论坛的国内高校考古学科的年轻教师和博士研究生最新研究成果的结晶。

"历史考古青年论坛"区别于目前学界频繁举办、主题各异的学术会议，从发起、策划到筹备、举办，主角都是清一色的80后学者。2014年，四川大学的王煜、中国人民大学的陈晓露、吉林大学的赵俊杰三位青年学者共同发起和组织了这一论坛。该项学术活动得到了四川大学历史文化学院的大力支持，并于2015年在四川大学举办了第一届研讨会。我本人有幸作为特邀嘉宾出席了该届论坛，亲自见证了青年学者们在现场充分交流、热烈讨论各种学术问题的场景，并感受到他们讨论的问题已经具有了相当的深度和广度。由此，我强烈意识到，考古学发展的今天，80后正在逐渐成长为中国考古学界的骨干和中坚力量。青年是事业发展的未来和希望，他们充满热情，有着更大的积极性和主动性，以及天马行空的想象力和颠覆陈规的创造精神，这些都是促使学术发展的必要条件。因而，在青年学者们的热情感染下，我全力支持第二届"历史考古青年论坛"在中国人民大学举办，并尽自己所能为他们提供各种便利和帮助。实际上，当第二届论坛召开之时，很多与会的青年学者已经在学术界各相关领域中崭露头角，有的甚至在社会上有了一定的影响和声望。他们的成长，正如刘禹锡所说："芳林新叶催陈叶，流水前波让后波。"王夫之也曾言："新故相推，日生不滞。"毋庸讳言，只有积极创造条件，推动青年人的锻炼与成长，才是保证学术一代一代传承与进步的根本。

"历史考古学"是国内外学术界公认的考古学分支学科之一，即以文献记载时期的考古资料为研究对象，与以文字记载以前时代的"史前考古学"、"原史考古学"共同组成了中国考古学研究的三个阶段。也有学者为避免歧义，或将其称为"历史时期考古学"，但"历史考古学"更为简洁，已经成为约定俗成的名称。在传统观念中，相对于史前考古学，历史考古学在考古学界一直处于较为弱势的地位。这种观念无疑是在长期的学科发展过程中形成的。众所周知，中国具有强大的历史记录系统，留下了大量的文献古籍，它们一直是人们了解古代社会、认识过去历史最重要的资料来源。历史考古学在相当长的一段时间内，不为人们所重视，即便有所发现也大多只能起到"证经补史"的辅助作用。然而，随着中国考古学的蓬勃发展,这一传统观念正在被改变。越来越多的学者清楚地指出,历史考古学绝不只是文献史学的附庸和材料提供者,而是作为考古学的分支之一,具有自己独特的理论方法和学科内涵,与文献史学有着完全不同的研究对象、研究路径和研究目的的独立学科。在认识历史方面,历史考古学应与文献史学具有同等重要的地位。

事实上,近年来历史考古学的发展态势也确实发生了很大变化。一方面,随着国家大规模基本建设的步伐逐渐放缓,抢救性发掘工作的急迫程度、新考古材料的累积速度都有所下降,以往那种依靠新材料推动的研究模式也不再适合新的发展趋势,考古学研究已经十分自然地走上精细化发展的道路。结合文献典籍对考古遗存进行深度的解析诠释、挖掘物质遗存背后所反映出的历史文化内涵正在成为历史考古学领域最主要的研究方向,有些学者将当前这一趋势称为"从归纳到解释"的研究范式转型。另一方面,随着考古学自身理论的发展与完善,历史考古学的研究领域也在不断扩张,原来多在史前考古学范畴内进行的研究课题也在陆续进入历史考古学研究视野之中,如环境考古、动物考古、植物考古、人类骨骼考古等分支学科,就纷纷把研究触角延伸到以往关注甚少的历史时期,从自然科学的角度,为文献所记载的人和事发生活动的空间背景提供了更多层面的信息,这无疑又能够推动历史考古学者对历史更为深刻的理解,从而揭示和描绘出更全面、更细微、更丰富的人类历史图景。本文集所收录的文章,十分明显地反映出了历史考古学界的这两个发展趋势。

我看到,本文集大多数文章都是立足于对考古学材料扎实分析的基础之上,但又不局限于此,在型式分析、分期断年、编排序列、总结规律等一系列基础工作之后,又充分结合文献古籍,或是尝试澄清和解决历史问题,或是对材料所涉历史给予不同于史学叙事的描述,或是探讨和揭示物质材料折射出的历史本质。本次论坛的发起人超越学科壁垒,专门邀请了与考古学高度相关的具有出土文献、历史地理等研究背景的历史学者参会,集中于具体问题的探讨。尤为值得称道的是,发起人还特别邀请了一位人类骨骼考古背景的研究者参会,引发了其他与会学者的极大兴趣,大家借助自然科学的方法、概念、思路,对相关考古材料进行了十分热烈的讨论。这些现象充分表明,青年学者们对于学术潮流的把握是相当敏锐的,他们精力旺盛,视野开阔,思维活跃,善于学习和吸收,又处于这个环境宽松、科技发达、学术交流空前便利和繁荣的时代,他们的前途不可限量。为此,我衷心地为中国历史考古学的后继有人而感到骄傲和欣慰,同时也期待着年轻一代把中国考古学的研究推向更加广阔的未来。

魏　坚

丧葬与礼制

《左传》所见助丧制度小考

田 天

首都师范大学历史学院

以财货助丧，是古代丧礼中必要的环节。西汉以下，助丧物品的形式相对单一，由助丧人和死者的社会地位决定助丧金额。东周的助丧物品形式更为多样，且与助丧人和死者的地位相错综，情况略为复杂。先秦的助丧财物有赗、赙、襚等不同名称，研究者常称引《春秋公羊传》中的表述：

> 赗者何？丧事有赗，赗者盖以马，以乘马束帛。车马曰赗，货财曰赙，衣被曰襚。①

其他早期文献中也有相似的说法②，它们可能有共同的源头。前引《公羊传》文何休注云："赗犹覆也，赙犹助也，皆助生送死之礼。襚犹遗也，遗是助死之礼。知生者赗赙，知死者赠襚。"③《公羊传》记载不同名词对应的助丧形式。何休则提出，赗赙既"助生"也"送死"，襚则专为"送死"之礼，这又区分了助丧财物的施予对象。何休的理解，基于对先秦文献的发扬。《荀子·大略》所谓"赙赗所以佐生也，赠襚所以送死也"，即云赠和襚是送给死者带入地下的物品，赗与赙则赠予死者家属使用。《仪礼·既夕礼》云"知死者赠，知生者赙"④，则根据赠送者与死者及其亲属的关系来区分助丧形式。何休糅合二说，使助丧名称与使用方式的对应更为精细，不过，这已经脱离了先秦制度，成为文献内部的建构。

从实物发现来说，助丧物品随葬后，多数混同于丧家自备的随葬品，从形制上无法截然区分。《仪礼》《荀子》等先秦文献对赗赙制度的解说，既包括名实之间的对应，也关系到助丧者与死者及其亲属的关系。这些标准，也难以通过考古发现证实。了解早期助丧制度，仍需借助传世文献的记载。随着战国秦汉遣策类文献的不断发现，学者对战国以后

---

* 本文为国家社科基金青年项目"秦汉遣策的礼仪与信仰研究"（16CZS038）的阶段性成果。
① 《春秋公羊传注疏》隐公元年，中华书局影印阮元校刻《十三经注疏》本，北京：中华书局，1980年，第2199页上栏。
② 《春秋谷梁传注疏》隐公元年："赗者，何也，乘马曰赗，衣衾曰襚，贝玉曰含，钱财曰赙。"（第2366页上栏）说与《公羊》同，《荀子·大略》也有相似的说法："货财曰赙，舆马曰赗，衣服曰襚，玩好曰赠，玉贝曰唅。赙赗所以佐生也，赠襚所以送死也。"参（清）王先谦：《荀子集解》卷一九，北京：中华书局，1988年，第492页。
③ 《春秋公羊传注疏》，第2199页上栏。
④ 《仪礼注疏》，第1153页上栏。

的助丧制度关注度有所提高,认识也逐渐加深①。但春秋时代的助丧情形如何,一直缺乏推进。学者每每称引,往往任举先秦文献的一种。《公羊传》等文献虽然提供了概念的分别,但这些概念在实际行用中是否落实,尚需考察。不同文献给出不同的解释,有来自史书者,有来自礼书者,还有后代经学家根据不同经书所作的建构。这些解释的性质及可靠程度,也需仔细甄别。春秋史事,《左传》所记最详。本文即以《左传》为主,结合其他文献中先秦助丧形式的相关材料,尝试厘清传世文献所载的东周赗赙制度。

一、《左传》中的助丧形式

《左传》中出现的助丧形式有含、赗、赙、襚四名,试分而论之。

赗(附含)

《春秋》及《左传》中"赗"凡二见。第一例在隐公元年,周王使者来鲁归赗。《春秋》经曰:"秋七月,天王使宰咺来归惠公、仲子之赗。"②《左传》曰:

> 秋,七月,天王使宰咺来归惠公、仲子之赗。缓,且子氏未薨,故名。……赠死不及尸,吊生不及哀,豫凶事,非礼也。③

惠公已葬,周之赗者方至,《左传》讥之曰"缓"。而惠公之妻仲子此时尚在④,周王室遣使来赗,殊为费解。这可能并非有意"豫凶事",而与此时周王室和诸侯国交通已不密切有关。杨伯峻曾统计,春秋时代周之十二王的崩葬大事,《春秋》书崩书葬者五,书崩不书葬者四,二者皆不书者三⑤。如果《春秋》于告赴没有漏记,则周王室已不能严格执行告赴之礼。周于鲁之丧事有阙,也并非不可想象。

第二例在文公五年。文公四年,鲁夫人成风薨逝,《春秋》经载:

> 五年,春,王正月,王使荣叔归含,且赗。……三月辛亥,葬我小君成风。王使召伯来会葬。⑥

鲁侯夫人去世,周王室遣人归含与赗,与国君助丧礼节相同。关于这条记载还有两点值得略作说明。其一,《春秋》曰"归含与赗",可见二者有所区分⑦。《周礼·天官·宰夫》"与

---

① 相关研究如曹玮:《东周时期的赗赙制度》,《考古与文物》2002年第6期,第39~42页;杨华:《襚·赗·遣——简牍所见楚地助丧礼制研究》,《学术月刊》2003年第9期,后收入氏著《古礼新研》,北京:商务印书馆,2012年,第197~225页。
② 《春秋左传注疏》,第1714页中栏。
③ 《春秋左传注疏》,第1717页上栏~1718页上栏。
④ 按仲子薨逝于次年年末,《春秋》经载隐公二年,"十有二月乙卯,夫人子氏薨",《春秋左传注疏》,第1719页上栏。
⑤ 按不计敬王与王子猛,崩葬皆书者:桓、襄、匡、简、景五王;书崩不书葬者:平、惠、定、灵四王;崩葬皆不书者:庄、僖、顷三王。参杨伯峻:《春秋左传注》隐公三年,北京:中华书局,1990年,第24页。
⑥ 《春秋左传注疏》,第1842页下栏。
⑦ 按《公羊传》以为一人兼致含与赗为非礼,《左传》则无讥。可参《左传》孔疏,《春秋左传注疏》,第1842页下栏。

其币器财用",郑注:"凡丧,始死,吊而含、襚,葬而赗赠;其间加恩厚则有賻焉。"①郑玄认为"含"是吊丧时即需馈赠的助丧之物,与文公五年的记录相符②。其二,归赗与会葬非一时一人所行,是两种礼节。周天子或诸侯国君、夫人薨逝,各国皆需派出不同等级的官员会葬,是春秋时期的一般礼节,多见于《左传》③。此处为王赗成风者荣叔为周大夫④,前来会葬者为世卿召伯,地位更高。

《春秋》及《左传》中提及赗的仅上举两例,皆为周王赐予鲁侯及其夫人的助丧之物。此外,《左传》中还有两例以车马助丧的记载,分别在定公九年和哀公二十三年,后文还将详论,二者都未称"赗",不能归于此条之下。

賻

《春秋》记"賻"仅一例。《春秋》隐公三年:"秋,武氏子来求賻。"《传》曰:"武氏子来求賻,王未葬也。"⑤关于这条经文微言所指,不同的解经者意见不同⑥。无论经文微义如何,既然使用了"賻"字,可知奉"賻"确为春秋时代助丧形式的一种。周平王于当年三月薨逝,约六个月后,天子大夫之族请求鲁侯之"賻"。《左传》还特别强调,此时平王未葬⑦。如果按照上文所举《周礼·宰夫》郑注的理解,认为"賻"是葬时所奉。那么鲁应在会葬时携賻而往,周王室不必派专人来求。从这个角度理解,賻也可以是未葬之前所行之礼,由诸侯奉予天子。

襚

《春秋》及《左传》中出现次数最多,情况也最复杂的就是"襚"。概而言之,《左传》中的"襚"有两种含义,一指助丧所用的衣被;二作动词用,指向死者身上覆盖衣被的礼节,即"衣尸"。为便于区分,下文称作名词用的"襚"为"襚衣",作动词用的"襚"为"襚礼"。

《仪礼·士丧礼》中对"襚"在士之丧礼中的用法有详细解说,可作为参考:

> 君使人襚,彻帷。主人如初。襚者左执领,右执要,入升致命。主人拜如初。襚者入,衣尸,出。……亲者襚,不将命以即陈。庶兄弟襚,使人以将命于室。主人拜于位,委衣于尸东床上。朋友襚,亲以进,主人拜,委衣如初,退。哭,不踊。彻衣者执衣如襚以适房。⑧

---

① 《周礼注疏》,第656页中栏。
② 需要说明的是,郑玄有一套完整的关于助丧物品使用顺序与适用阶层的构拟,未必尽与《左传》中的记载相符,详后。
③ 如文公六年"十月,公子遂如晋。葬晋襄公"。成公十年"秋,公如晋。晋人止公,使逆葬。于是糁茷未反。冬,葬晋景公。公送葬,诸侯莫在"。襄公十三年,"秋,七月,叔弓如宋,葬宋共姬"。大夫会葬的例证更多,此处不能尽举。
④ 荣氏可能世代担任天子行人之职。如《春秋》经庄公元年亦有"王使荣叔来锡桓公命"云云。
⑤ 《春秋左传注疏》,第1722页中栏、1723页中栏。
⑥ 杨伯峻做过总结,大抵言之,《公羊》以为《经》讥刺王室求賻非礼;《谷梁》以为《经》既讥刺王室,也讥刺鲁不助丧;杜预则以为鲁不供奉王丧,致使王室有所求,《经》直书以刺鲁。参《春秋左传注》,第24页。
⑦ 按平王葬日未见于《春秋》,鲁是否会葬、情况如何,不见于记载。
⑧ 《仪礼注疏》,第1129页下栏~1130页上栏。

按照《士丧礼》，君与死者亲属皆可以向死者赠送衣被。但只有君之使者可以行襚礼，其他亲属不能亲为衣尸，只能"委衣于尸东床上"。

《左传》中的"襚"多指襚礼。如襄公二十八年，楚康王卒，其时鲁襄公正在楚国，楚人要求襄公亲行襚礼。《左传》襄公二十九年：

> 楚人使公亲襚，公患之。穆叔曰："祓殡而襚，则布币也。"乃使巫以桃、茢先祓殡。楚人弗禁，既而悔之。①

楚康王上年十二月卒，楚人使襄公亲襚在次年正月。杜注"诸侯有遣使赗襚之礼"，诸侯国间本有致襚之礼，皆为使者代行。楚人意在折辱鲁襄公，让他亲为致襚使者之职。叔孙穆子（叔孙豹）使襄公先祓而后襚，使鲁国摆脱了外交困境。

诸侯间致襚，还见于《春秋》文公九年"秦人来归僖公、成风之襚"。成风于文公五年去世，此时僖公更已去世十年，秦人始来归襚。《左传》以为："诸侯相吊贺也，虽不当事，苟有礼焉。"②此处襚指襚衣。需要说明的是，既然此时距僖公、成风入葬已颇为久远，这些衣被应当不会随葬。这有异于一般认为襚是"送死之礼"或"棺中之赐"。秦人迟赠襚衣，应是特殊情况③。不过，《左传》褒扬此举，以之为"有礼"。若这一立场可以信从，那么，秦人在助丧礼中仅选择致襚，很可能说明这是助丧礼中较为核心的礼仪。

如果以上推论能够成立，《左传》中"襚"出现最多的情况就可以得到解释，此外一些关于"襚"的记载也更易于理解。如《左传》襄公三十年，郑国发生伯有之乱，良霄（伯有）与罕、驷、丰三氏发生冲突，最终被驷带率国人所杀：

> 子产襚之，枕之股而哭之，敛而殡诸伯有之臣在市侧者，既而葬诸斗城。④

子产在这场争斗中大致保持中立。良霄死后，子产"襚之"，即加衣于尸。子产所为，应是安葬所需的最低限度礼仪，在"敛"与"殡"之前必定有襚，似也可将"襚"理解为殡殓中最基本的礼仪⑤。

"襚"在丧礼中地位重要，还可举出两例为佐证。一为《左传》昭公二年：

> 晋少姜卒，公如晋，及河，晋侯使士文伯来辞，曰："非伉俪也，请君无辱。"公还。季孙宿遂致服焉。⑥

此例亦为诸侯国间致襚。少姜为晋平公宠妾，鲁昭公媚于晋国，少姜逝世后昭公本拟亲致吊唁，被晋人婉拒。鲁人退而更礼，由"季孙宿遂致服焉"。致服即致襚，杜注"致少姜之

---

① 《春秋左传注疏》，第 2004 页下栏~2005 页上栏。
② 《春秋左传注疏》，第 1847 页下栏。
③ 《仪礼·士丧礼》中记载了小敛之后致襚的礼节，秦人迟数年方致襚之事，则仅见一例。
④ 《春秋左传注疏》，第 2013 页上栏。
⑤ 杨伯峻《注》以"襚之"为"衣其尸"，即本文所谓"襚礼"，理解正确。但杨《注》又将"衣其尸"等同于小敛，恐怕没有依据。参《春秋左传注》，第 1177 页。
⑥ 《春秋左传注疏》，第 2030 页上栏。

襚服"。鲁侯亲与少姜葬礼，固然"非伉俪也"。季孙为鲁正卿，自为致服之使，也逾于常规礼节。不过，正因季孙亲自"致服"，且《左传》仅记"致服"一事，似也能说明，归致襚衣是吊丧礼中的关键环节。

另一例在定公九年，齐景公伐晋国之夷仪，敝无存先登城墙，战死于城门之下。齐景公攻克夷仪之后，《左传》载：

> 齐师之在夷仪也，齐侯谓夷仪人曰："得敝无存者，以五家免。"乃得其尸。公三襚之，与之犀轩与直盖，而先归之。坐引者，以师哭之，亲推之三。①

敝无存并非贵族。齐景公为了表示对敝无存的敬意，使用的礼节是"三襚之"，并赠之以犀轩、直盖，亲推丧车。所谓"三襚之"，杜注曰"比殡三加襚"，孔疏引申为"自死至殡有袭与小敛、大敛，比殡三加衣也"②，杨伯峻从之③。这种理解需要再作讨论。按照礼书，自死至殡确有袭、小敛、大敛三个环节。不过，齐景公与敝无存此时都仍在战场，是否能行完整的丧礼方始归葬，颇难判断。其次，如果《士丧礼》的记载近真，则小敛之后不再有赠襚之礼，也不存在国君亲襚或遣人致襚的情况。反过来说，如果齐景公"三襚之"分别是在袭、小敛、大敛三个环节的话，在其他记载中应能看到国君在不同环节遣使致襚的记载。但是，目前所存的文献中，不管是何种身份的使者，都仅致襚一次。因此，"三襚之"还是应该指齐景公在得到敝无存的尸身后三行襚礼，即加衣于尸上反复三次④。总之，这个例子中齐景公加厚敝无存丧礼的方式，也是以强调襚礼作为主要手段，这与前文对季孙、子产两例的理解一致。

以上所举诸例，或为诸侯国之间相吊致襚（襄公二十九年、文公十年、昭公二年），或为君对臣的襚礼（定公九年），或为同侪相襚（襄公三十年）⑤。致襚的双方若非身份相等，就是致襚者身份略高，这与《仪礼》的记载大致吻合。昭公九年则记载了一件相反的案例。周王室的甘大夫襄与晋国阎嘉争夺阎地，导致晋国与王室发生冲突。周景王派使者到晋国，通过追述祖先的历史说服了韩宣子，晋与周重归于好：

> 王有姻丧，使赵成如周吊，且致阎田与襚，反颍俘。⑥

所谓"姻丧"，杜注曰"外戚之丧"。晋人为了示好，不但归还了阎地，而且派赵成吊丧，并赠送了襚衣。这是《左传》中唯一一例诸侯襚王室成员之例。

总结以上关于"襚"的记载，可以得到两点推论。其一，"襚"是《左传》所记丧礼中的核心礼仪；二，行襚礼者，地位一般等同或高于死者，或为地位较高者的替身，仅馈赠襚衣

---

① 《春秋左传注疏》，第2144页下栏~2145页上栏。
② 皆见《春秋左传注疏》，第2144页下栏~2145页上栏。
③ 杨说见《春秋左传注》，第1575页。
④ 至于孔疏认为"无存旧是贱人，盖初以士服，次大夫服，次卿服也。下与之犀轩，犀轩是卿车，明三襚终以卿服"，则纯属从"卿车"逆推而来，并无根据。
⑤ 良霄死后无人敢于安葬，唯子产愿意为良霄行襚礼，此例未必能直接证明同侪间有相襚之礼。
⑥ 《春秋左传注疏》，第2057页上栏。

则无此限制。

归纳《春秋》与《左传》中出现的助丧形式，称"赗"者皆为周王室赐鲁；称"赙"者仅鲁予周王室一例；称"襚"者使用最为广泛，自大夫至周王都可以使用，互相赠予的级别也限制较少。

二、含、襚、赙、赗名义考

前文所引《公羊传》《仪礼》等文献，提出了区分助丧品的两个标准：助丧财货的形式及其归所。在此之外，郑玄又提出了另外两个标准：助丧次序，以及助丧人和死者的社会等级。《左传》定公五年孔疏引郑玄《箴膏肓》云：

> 礼，天子于二王后之丧，含为先，襚次之，赗次之，赙次之。于诸侯，含之，赗之，小君亦如之。于诸侯臣，襚之。诸侯相于，如天子于二王后。于卿大夫，如天子于诸侯。于士，如天子于诸侯臣。①

郑玄的看法与何休不同，在他的体系中，不同的助丧物应在葬礼的不同阶段馈赠：含最先，次为襚，继之为赗与赙。前文曾引《周礼·宰夫》郑注之"吊而含、襚，葬而赗赙"，《箴膏肓》与之一致，又作了更细致的阐发。除时间顺序外，郑玄还认为，不同的助丧物与助丧者和死者的身份有关。只有天子吊二王后和诸侯相吊，需要四者俱全。天子吊诸侯、诸侯吊卿大夫都仅有含与赗，无襚；天子吊诸侯臣、诸侯吊士，则仅有襚，无含与赗。郑玄所构筑的体系十分严整，但还应证之于其他记载。下文即对照上文整理的《左传》中的记载，对助丧的次序、社会等级与助丧财货的关系、助丧物的名与义等问题略作申说。

含、襚

在《春秋》及《左传》中，除文公四年"王使荣叔归含，且赗"的记载外，含的重要性似未在《左传》中得到体现②。而"襚"的存在，显然更为普遍和通用，且应用范围与时间也略广于郑玄的总结。

赗、赙

《春秋》《左传》中"赙"只出现了一次，但无论是在郑注，还是《仪礼》《荀子》《公羊传》等早期文献中，"赙"都占据了相当重要的位置。春秋时代到底是否有金钱形式的助

---

① 《春秋左传注疏》，第1842页下栏。
② 《左传》中还有两次记载了"含"，一次在襄公十九年："二月甲寅，(中行偃)卒，而视，不可含。宣子盥而抚之，曰：'事吴敢不如事主！'犹视。栾怀子曰：'其为未卒事于齐故也乎？'乃复抚之，曰：'主苟终，所不嗣事于齐者，有如河！'乃瞑，受含。"（《春秋左传注疏》，第1968页上栏）荀偃的身份是卿，符合郑注国君赐含的要求。荀偃卒于著雍（晋地），尚未归绛，此处的"含"看不出是否国君所赐。第二次记录在哀公十一年："将战，公孙夏命其徒歌虞殡。陈子行命其徒具含玉。"（《春秋左传注疏》，第2166页下栏）陈逆令随从准备含玉。不过，陈逆非卿，本不具备国君赐含的资格。当然，《左传》意不在记载完整的丧葬过程，君赐之含可以随葬，未必含于死者之口，仅据此两例，不能否定郑说。只能说，在《左传》的记载中，"含"的地位似乎不如郑玄所示的重要。

丧,似乎还需要更多证据。依《仪礼》的记载,葬礼中自有致币之礼①,这也是郑玄提出"葬而赗赠"的依据。不过,《左传》所载金钱与助丧相关的内容,都较为含混。第一例在文公六年,因听闻晋襄公有疾,提前做了准备:

> 秋,季文子将聘于晋,使求遭丧之礼以行。②

所谓"遭丧之礼"是否皮币一类,难以质言。另一例在昭公十年,晋平公卒,郑罕虎如晋会葬:

> 九月,叔孙婼、齐国弱、宋华定、卫北宫喜、郑罕虎、许人、曹人、莒人、邾人、薛人、杞人、小邾人如晋,葬平公也。郑子皮将以币行,子产曰:"丧焉用币?用币必百两,百两必千人。千人至,将不行。不行,必尽用之。几千人而国不亡?"子皮固请以行。既葬,诸侯之大夫欲因见新君。叔孙昭子曰:"非礼也。"③

在这个故事中,罕虎(子皮)准备携币会葬,子产不同意,认为保管费用太高,并直言"丧焉用币",即言会葬不必携带皮币。揆之文义,子皮求币非为会葬,而是为了朝见新君,即杜注所云"见新君之贽"。但晋人认为服丧之中不宜行见新君之礼,才使子皮"尽用其币"。从此例可见"送死"无需携币,与《仪礼》和郑注不同。至于"吊生"是否需要准备钱币,除前引"武氏子来求赙"事之外,《左传》再无记载。

赗赙二名的混用

《左传》只记录特定的史事,或对特定的经文作出解释,并非巨细靡遗的历史记录。不过,以整部《左传》作为考察对象,不同名称的使用与分别就具有了参考价值。在《左传》中,含、襚、赗、赙从未同时出现在同一次吊生送死之礼中。这些不同的名目,是否如《公羊传》、《荀子》等文献那样,与不同的助丧物品有清晰对应,也还有讨论的余地。

在名称的混用中,赗赙二名最为显著。《春秋》与《左传》中"赙"字的使用很少,"赙"在文公五年后再未出现过。以车马助丧,除了前引定公九年敝无存事之外,还有哀公二十三年的一例:

> 二十三年,春,宋景曹卒。季康子使冉有吊,且送葬,曰:"敝邑有社稷之事,使肥与有职竞焉,是以不得助执绋,使求从舆人,曰:'以肥之得备弥甥也,有不腆先人之产马,使求荐诸夫人之宰,其可以称旌繁乎。'"④

宋元公夫人逝世,季康子使家臣冉有吊丧,奉之以马。宋元夫人是季康子父亲的外祖母,因此康子自称"弥甥"。这不是诸侯国之间的往来,而是家族内部的吊唁之礼。战国楚地遣策中,不止一次出现了助丧物品的记录。这些助丧物品,也多为车马器,偶有

---

① 参《仪礼·既夕礼》。
② 《春秋左传注疏》,第1844页中栏。
③ 《春秋左传注疏》,第2059页上栏、中栏。
④ 《春秋左传注疏》,第2181页上栏、中栏。

少量衣物。在曾侯乙墓遣策、包山 M2 遣策中，都有赗赠车马的记录。陈伟首先识别出包山简中记录助丧车马的木牍，并名之曰"赗书"①。不过，无论是季康子之赠，还是战国楚地遣策，皆未直接使用"赗"字。与《左传》的记载相参照，"赗"字有可能局限在更高的阶层中。

在其他先秦文献中，"赙"、"赗"及其他助丧物品混用的例子不少。《仪礼》中，"赗"即不能完全等于车马。《仪礼·既夕礼》曰："公赗：玄纁束，马两。"②又有"兄弟，赗奠可也"、"所知，则赗而不奠"③。如此看来，则《既夕礼》中的"赗"，更近于宽泛的助丧物品，与币对举，而非专指车马。从所有助丧物品的分类而言，既然《仪礼》中的助丧物品只有"赗"、"襚"、"币"三种名称，那么"赗"似乎可以泛指衣物、金钱外的其他助丧物品。

《礼记》中虽然有"赗"明确指车马的例子④，但大略而言时，往往赙赗对举，也是以赙指币，以赗指其他助丧物品。如《礼记·少仪》：

> 臣为君丧，纳货贝于君，则曰："纳甸于有司。"赙马入庙门；赗马与其币，大白兵车，不入庙门。⑤

据郑注，赗马主于死者，赙马主于生人，二者都指运输助丧财货的车马。这里，赙、赗的含义范围都超过了《公羊传》的规定。还可再举出《礼记·檀弓上》：

> 孔子之卫，遇旧馆人之丧，入而哭之哀。出，使子贡说骖而赙之。子贡曰："于门人之丧，未有所说骖，说骖于旧馆，无乃已重乎？"⑥

孔子临时用骖马助丧，《礼记》称之为"赙"，可见赙未必专指金钱。据此虽不能质言赙、赗二词已可通用，但至少到战国时代，二词之间并不总是存在绝对的分别。

结合前文所引《春秋》中的两条记载，似乎可以推测，春秋时代的"赗"字，有严格的等级限制，不是所有的助丧的车马都可以称为"赗"。自从战国以下，"赙"、"赗"二字的含义也变得模糊，"赙"主要指金钱形式的助丧品，但"赗"可以泛指金钱、衣物以外的助丧之物⑦。

---

① 陈伟：《包山楚简初探》，武汉：武汉大学出版社，1996 年，第 187~192 页。
② 《仪礼注疏》，第 1152 页中栏。
③ 《仪礼注疏》，第 1153 页上栏。
④ 如《礼记·杂记上》："上介赗：执圭将命，曰：'寡君使某赗。'相者入告，反命曰：'孤某须矣。'陈乘黄大路于中庭，北辀。执圭将命。客使自下，由路西。……宰举璧与圭，宰夫举襚，升自西阶，西面，坐取之，降自西阶。赗者出，反位于门外。"（《礼记注疏》，第 1557 页下栏至 1558 页上栏）此处"赗者"与前文"含者"、"襚者"并举，并明言"陈乘黄大路"，显然指助丧之车。
⑤ 《礼记注疏》，第 1511 页上栏至中栏。
⑥ 《礼记注疏》，第 1283 页上栏。
⑦ 此处，有必要回到《春秋》与《左传》的文本中。《春秋》中"赗"凡两见，皆出现在春秋中期之前（隐公元年、文公四年），"赙"仅在隐公三年出现过一次。"襚"在《春秋》中也仅出现过一次（文公九年），但在《左传》中多次出现。虽然词汇的使用具有一定偶然性，但或可说明，春秋中期以后，周王室与鲁国之间的吊丧之礼已不能施行如旧。词汇意义的转换，可能与礼仪本身的变化有关。

三、结　　语

到了西汉,助丧的形式与名称都变得相对单一。先秦常使用的助丧形式中,只有"赗"字作为金钱形式的助丧品依然存在,且具有极强的生命力。"赙"一词几乎不在实际助丧行为中使用。"襚"仅见于先秦,西汉以来一般写作"税",其形式也发生了变化。

所谓"税",严格来说指他人助丧的衣物,即税衣。不过在文献中,"税"往往可以泛指金钱形式的赗赠。传世文献中所载两汉赗赠习俗,杨树达在《汉代婚丧礼俗考》中梳理甚详①。不过,杨书胪列的例证中,仍有一些细节需略作讨论。杨书认为,两汉赗赠可以金钱、力役、缣帛等形式馈赠。细绎《汉书》、《后汉书》,可知其中所记载的同侪、平辈之间的赗赠,大多直接以金钱形式往来,丧家使用赗金筹备丧礼,西汉尤其如此②。西汉国家法赗、官署同僚助丧,也皆以金钱的形式发放。

前文曾论证,《左传》中助丧的核心礼节是"襚"。并且,襚衣的行用范围较广,襚礼则局限在较高的阶层中。从战国至西汉的出土文献来看,"襚"或"税"仍局限在特定的阶层之中。这种情况,很可能继承了东周以来的认识,即襚礼重于襚衣,只能由上赠下。"税"的等级限制,在西汉中后期有所放松。大致可以说,从东周以来,"送终"之礼,特别是赠送衣物的限制,应在不断地松弛和下移之中③。不过,需要说明的是,西汉中后期的助丧衣物,未见被称为"税衣"者,税衣与襚礼之间的关系如何,还需要确实的证据。

死生事大,《春秋》内容简要,而书卒书葬所占比例特高。理解东周以来的丧葬制度,解明经学阐释与实际行用之间的差别,对理解秦汉时代的发展至关重要。通过梳理以《左传》为代表的先秦秦汉文献中的助丧形式,可对传世先秦文献所记助丧之礼的行用有初步的了解。"赙"仅用于周天子对诸侯国的助丧④,"赗"仅出现一次,其他助丧财货的记载也十分有限。"襚"的应用最为广泛,限制也最小。仅就《左传》的记载而言,似乎可以将襚衣看作是助丧财物应用最为普遍的形式,襚礼则是丧葬中最基本的礼节之一。

早期解经者尝试从不同的角度区分助丧形式。以《公羊传》为代表的文献,认为赗、

---

① 杨树达:《汉代婚丧礼俗考》,上海:上海古籍出版社,2000年,第150~154页。
② 杨书中所举有力助丧者,如《汉书》卷四〇《张陈王周传》:"邑中有大丧,(陈)平家贫,侍丧以先往后罢为助。"(北京:中华书局,1962年,第2038页)事实上,陈平作为同邑人,本有"侍丧"和赗赠两种义务,因家贫不能承担赗赠,因此侍丧尤力。这条材料亦能反过来证明同邑人有赗赠之礼。杨书中所举赗以缣帛者情况相同,《后汉书》卷二七《王丹传》载陈遵友人死,陈遵赗助甚丰,王丹"乃怀缣一匹,陈之于主人前,曰:'如丹此缣,出自机杼。'遵闻而有惭色"(《后汉书》,北京:中华书局,1965年,第931页)。此例中王丹特为与陈遵对比,赗以自织之缣,似也不能证明以缣赗赠为当时惯例。
③ 参田天:《西汉遣策中的税衣》,载《出土文献的世界:第六届出土文献青年学者论坛论文集》,上海:中西书局,2018年,第128~139页。
④ 前文所引定公九年"(齐景)公三襚之,与之犀轩与直盖",则是齐侯有赐车,但《左传》并未名之曰"赙"。

赗、襚是形式上的不同。郑玄则为这种分别增添了等级与时间顺序。他提出含、襚是吊丧时所赠,赗、赙是葬礼时所赠。他还认为,只有最高等级的助丧才能够四种兼具。从《左传》中的记载来看,不同助丧形式,确与死者和助丧者的等级相关,但在时间上的顺序先后并不明显。赗、赙、襚三名,在早期或有意义上的区别。战国以来,赗赙二词经常混用。"襚"在西汉以下则改称为"禭",含义也有所扩大,既可以表示禭衣,也可以宽泛地表示金钱的馈赠。两汉以来,助丧的主要形式是金钱,至今犹然。

西周初年周人墓葬中酒器与
食器的变革

张闻捷

厦门大学历史系

刘锴云

中国国家博物馆

《左传·成公三年》云"器以藏礼",《说文解字》释"器"曰"皿也",而释"皿"为"饭食之用器也"。作为商周随葬礼器中的大宗,酒器与食器在礼制研究中的重要性可见一斑。而从商周酒器和食器的比例变化中,或可窥见随葬礼器制度的发展变化规律。回顾既往西周青铜器随葬制度的研究,郭宝钧先生所著《商周铜器群综合研究》一书中,对当时出土并辑录的商周铜器群进行数量统计,提出了商周之际"重酒组合"向"重食组合"转变的重要认识[①]。学者们多强调周代随葬器物制度中礼器组合之核心由酒器转变为食器,即由"重酒"转变为"重食"。笔者从考古资料出发,梳理先周到西周早期阶段,周人墓葬中随葬酒器组合与食器组合的比例,发现虽然酒器地位的下降构成周文化随葬器物组合的重要特征,但实际上其经历了一个相对复杂的消长过程,而非单向线性的蜕变:在西周早期,酒器地位相比先周时期上升,觯爵组合在西周早期开始取代觚爵组合,成为酒器组合中的核心。

一、先周文化时期

邹衡先生基于斗鸡台"瓦鬲墓"和对20世纪50年代考古资料的综合研究,认为先周文化由姜炎文化、姬周文化和商文化相互融合而形成,其年代大致相当于商代祖甲以后至商纣灭亡,主要分布于今陕、甘的泾渭地区[②]。武王克商之前,姬姓周人与子姓商人已有交往。持"周因于殷礼"观点的学者,一般认为崛起于戎狄的先周文化发展水平较低,并受到商文化强烈影响[③]。屈万里在《西周史事概述》中指出,从商王武丁至帝辛之世,周人

---

① 郭宝钧:《商周铜器群综合研究》,北京:文物出版社,1981年。
② 邹衡:《论先周文化》,载氏著《夏商周考古学论文集》,北京:文物出版社,1980年。
③ 如丁山、许倬云、杨宽、徐中舒、邹衡等先生。

臣服于商王朝,同时准备翦商,商周文化因此有密切交往①。

综合关中西部商代晚期遗址发掘资料,可见这一时期遗址中广泛使用联裆鬲、折肩罐等周文化风格器物,而尚未发现典型商文化陶器,因而可取该地区出土的青铜食器和酒器加以考察。这一地区先周文化时期出土的青铜器主要有:麟游史家塬铜器群②,岐山京当铜器群③,扶风县益家堡铜器群④,扶风美阳铜器群⑤,岐山贺家村 M1⑥、M113⑦、M42、M62、M112⑧,2007 年扶风红卫铜器群⑨,1976 年武功郑家坡 M2⑩,1981 年武功郑家坡铜器群⑪,1980 年扶风召公铜器群⑫,1980 王家嘴铜器群⑬,1960 年岐山礼村铜器群⑭,1984 年宝鸡下马营旭光西周墓⑮,1983 年宝鸡林家村铜器群⑯,1971 年礼泉泔河铜器群⑰,1977 年礼泉朱马嘴铜器群⑱,1956 年耀县丁家沟墓⑲,1983 年沣毛 M1⑳。酒器和食器组合情况见表一:

表一 先周文化出土青铜酒器和食器组合统计

出 土 地	酒 器									小计	食 器				小计
	觚	爵	斝	卣	罍	瓿	斗	觯	尊		鼎	鬲	簋	甗	
1970 年麟游史家塬			1							1	1				1
1972 年岐山京当	1	1	1							3		1			1
1980 年扶风益家堡										0	1	1			2
1973 年岐山贺家村 M1		1	1	1	1					4	1		1		2

---

① 屈万里:《西周史事概述》,《中研院史语所集刊》第 42 本第四分,台北:台湾商务印书馆,1971 年,第 775~802 页。
② 雷兴山、张天恩、田仁孝:《陕西麟游县史家塬遗址发掘报告》,《华夏考古》2004 年第 4 期,第 48~62 页。
③ 王光永:《陕西省岐山县发现商代铜器》,《文物》1977 年第 12 期,第 86~87 页。
④ 高西省:《陕西扶风益家堡商代遗址的调查》,《考古与文物》1989 年第 5 期,第 5~9 页。
⑤ 罗西章:《扶风美阳发现商周铜器》,《文物》1978 年第 10 期,第 91~92、99 页。
⑥ 戴应新:《陕西岐山贺家村西周墓葬》,《考古》1976 年第 3 期,第 31~38、67~70 页。
⑦ 陕西周原考古队:《陕西岐山贺家村西周墓发掘报告》,载《文物资料丛刊》第八辑,北京:文物出版社,1983 年,第 77 页。
⑧ 徐锡台:《岐山贺家村周墓发掘简报》,《考古与文物》1980 年第 1 期,第 7~12 页。
⑨ 胡社生、汪玉堂、马林怀等:《陕西扶风县新发现一批商周青铜器》,《考古与文物》2007 年第 3 期,第 2~10、113 页。
⑩ 任周芳、刘军社:《陕西武功郑家坡先周遗址发掘简报》,《文物》1984 年第 7 期,第 1~15、66、98 页。
⑪ 任周芳、刘军社:《陕西武功郑家坡先周遗址发掘简报》,《文物》1984 年第 7 期,第 1~15、66、98 页。
⑫ 罗西章:《扶风出土的商周青铜器》,《考古与文物》1980 年第 4 期,第 6~23 页。
⑬ 巨万仓:《陕西岐山王家嘴、衙里西周墓葬发掘简报》,《文博》1985 年第 5 期,第 1~7、97 页。
⑭ 陕西省博物馆、文管会岐山工作队:《陕西岐山礼村附近周遗址的调查和试掘》,载《文物资料丛刊》第八辑,第 38 页。
⑮ 王桂枝:《宝鸡下马营旭光西周墓清理简报》,《文博》1985 年第 2 期,第 1~3、97 页。
⑯ 阎宏斌:《宝鸡林家村出土西周青铜器和陶器》,《文物》1988 年第 6 期,第 92~93 页。
⑰ 秋维道、孙东位:《陕西礼泉发现两批商代铜器》,载《文物资料丛刊》第三辑,北京:文物出版社,1980 年,第 28 页。
⑱ 《陕西礼泉朱马嘴商代遗址试掘简报》,《考古与文物》2000 年第 5 期,第 3~12 页。
⑲ 贺梓城:《耀县发现一批周代铜器》,《文物参考资料》1956 年第 11 期。
⑳ 卢连成、陈昶:《长安沣西早周墓葬发掘记略》,《考古》1984 年第 9 期,第 779~783、865 页。

续表

出土地	酒器									小计	食器				小计
	觚	爵	斝	卣	罍	瓿	斗	觯	尊		鼎	鬲	簋	甗	
1973年扶风美阳[1]	1			1						2	1	1	1		3
1976年岐山贺家村M113										0	2			1	3
1980岐山贺家村M112										0	1		1		2
1979年岐山贺家村M42										0	1		2		3
1979年岐山贺家村M62										0	1				1
2007年扶风红卫村					2	1	1		1	5	1		2	1	4
1976年武功郑家坡M2										0		1			1
1981年武功郑家坡	1									1	1			1	2
1980年扶风召公	1	1								2					0
1980年王家嘴[2]										0	2				2
1960年岐山礼村										0	1		1		2
1984宝鸡下马营旭光西周墓										0			1	1	2
1983年宝鸡林家村										0	1		1		2
1971年礼泉泔河										0	2		3		5
1977年礼泉朱马嘴	1	1								2	2		2		4
1956年耀县丁家沟墓	1	1					1		1	4				1	1
1983年沣毛M1										0	1		1		2
合 计	6	4	3	4	2	1	1	1	2	24	21	4	14	6	45

注：1. 觚或为高足杯；2. 被盗扰。

由表一可知：在21组主要铜器群中，仅含食器而无酒器的有12个，占57%；包含鼎、簋的组合有2组，仅占不到10%。仅有酒器的只有1980年扶风召公铜器群。酒器总数约为食器总数53%，占酒食器总数的35%。觚和爵是最常见的酒器。由此观之，酒器无论在绝对数量上，还是在每组铜器群中所占比例上，乃至包含酒器的铜器群数量上看，其重要性都低于以鼎、簋、鬲、甗等构成的食器组合，表现出明显的"重食"倾向，同时，稳定的鼎簋食器组合尚未形成。

周人在向东推进的漫长过程中，也对商文化的面貌造成影响。与先周文化同时期典型商文化随葬组合以酒器为核心，由觚、爵、斝、觯、簋、鼎、甗、卣等构成，且小型墓葬的不完整随葬组合仅有酒器爵和觚，大中型墓葬出土觚和爵的数量越多，墓主身份等级越高[①]。商代晚期鼎、簋已经构成较为固定的搭配，如殷墟西区M275、M1573，1971年礼泉

---

① 朱凤瀚：《古代中国青铜器》，天津：南开大学出版社，1994年。

泪河器物群等器物组合中已经开始使用仅有食器鼎、簋的不完整组合形式①。陕西省甘泉县下寺湾阎家沟晚商墓葬中，出现了 4 鼎、5 簋、3 卣、2 觚、1 罍、1 尊、1 甗的器物组合，且不排除存在列鼎现象②，反映了晚商随葬铜器组合初见"重食"之端倪。

二、西周早期

周礼是在殷礼的基础上发展而来的，如《论语·学而》所述"殷因于夏礼，所损益可知也；周因于殷礼，所损益可知也"。多数学者也认为周王朝创建之初，有不少制度取法自商王朝，穆王改制后才创发姬周特有的礼乐文明，即如《左传·定公四年》所谓"启以商政，疆以周索"。

西周早期主要含武王、成王、康王、昭王四个王世，该时期出土青铜礼器的贵族墓葬较多，广布于王畿地区和晋、虢、应、燕、卫等姬姓诸侯国，即关中地区、洛阳地区和冀北地区。故选取关中地区的张家坡西周墓地、宝鸡強国墓地和处在北幽的琉璃河燕国墓地以利观察。

张家坡是西周文化遗存最丰富的地区之一，其所在的沣西地区为"作邑于丰"的丰京都城遗址所在③。建国以来对沣西地区张家坡、客省庄、马王村等地的西周墓地的 7 次主要发掘为研究提供了大量资料，其中西周早期墓葬保存较完好的主要包括：1961 年张家坡 M106、M307、M403④，1967 年张家坡 M16、M28、M54、M80、M82、M87、M91⑤，1977 年客省庄 M1⑥，1976 年张家坡 M3、M1⑦，1979 年张家坡 SCCM2⑧，1983 年张家坡 M183、M284、M285、M145、M167、M294、M136⑨，1984 年沣西 M15⑩，1963 年马王村墓⑪等，这些墓葬中青铜酒器和食器组合如表二：

表二　沣西地区出土西周早期随葬青铜酒器和食器组合统计

出土地	酒器						小计	食器				小计
	觚	爵	觯	卣	斗	尊		鼎	簋	鬲	甗	
1961 年张家坡 M106	1	1	1			1	4	1	1			2
1961 年张家坡 M107							0	1				1

---

① 李丰：《黄河流域西周墓葬出土青铜礼器的分期与年代》，《考古学报》1988 年第 4 期。
② 王永刚、崔风光、李延丽：《甘泉县出土晚商青铜器》，《考古与文物》2007 年第 3 期，第 11~22 页。
③ 中国社会科学院考古研究所：《张家坡西周墓地》，北京：中国大百科全书出版社，1980 年。
④ 赵永福：《1961—62 年沣西发掘简报》，《考古》1984 年第 9 期，第 784~789、866~867 页。
⑤ 中国社会科学院考古研究所沣西发掘队：《1967 年长安张家坡西周墓葬的发掘》，《考古学报》1980 年第 4 期，第 457~502、535~546 页。
⑥ 冯孝堂、梁星彭：《1976—1978 年长安沣西发掘简报》，《考古》1981 年第 1 期，第 13~18、76、98~99 页。
⑦ 中国社会科学院考古研究所沣西发掘队：《1967 年长安张家坡西周墓葬的发掘》，《考古学报》1980 年第 4 期，第 457~502、535~546 页。
⑧ 戴应新：《1979—1981 年长安沣西、沣东发掘简报》，《考古》1986 年第 3 期，第 197~209、289~291 页。
⑨ 中国社会科学院考古研究所：《张家坡西周墓地》。
⑩ 卢连成：《1984—85 年沣西西周遗址、墓葬发掘报告》，《考古》1987 年第 1 期，第 15~32、97~98 页。
⑪ 梁星彭、冯孝堂：《陕西长安、扶风出土西周铜器》，《考古》1963 年第 8 期，第 413~415、3~4 页。

续表

出土地	酒器						小计	食器				小计
	觚	爵	觯	卣	斗	尊		鼎	簋	鬲	甗	
1961年张家坡 M307		1	1				2					0
1961年张家坡 M308							0		1			1
1961年张家坡 M403							0		1			1
1961年张家坡 M404		1	1				2					0
1967年张家坡 M16		1	1				2					0
1967年张家坡 M28[1]		1	1				2					0
1967年张家坡 M54							0	1	1			2
1967年张家坡 M80		1					1					0
1967年张家坡 M82							0		1			1
1967年张家坡 M85	1	1					2		1			1
1967年张家坡 M87	1	2	1	1		1	6	2	1			3
1967年张家坡 M91[2]							0		1			1
1977年客省庄 M1							0	3	2			5
1976年张家坡 M3							0	1	1	1		3
1976年张家坡 M1[3]							0				1	1
1979年张家坡 SCCM2[4]	1	1	1				3					0
1983年张家坡 M183		1					1	2	1		1	4
1983年张家坡 M284							0	1	1			2
1983年张家坡 M285							0	1	1			2
1983年张家坡 M145							0	1				1
1983年张家坡 M167							0		1			1
1983年张家坡 M294							0			1		1
1983年张家坡 M136							0			1		1
1984年沣西 M15	1	1				1	3	1	1			2
1963年马王村墓	1	1					2	2	1		1	4
	6	13	6	1	1	3	30	22	12	3	3	40

注：1. 墓西半角被破坏；2. 被盗；3. 被扰；4. 盗洞未到底。

从表二可知，在27座墓葬中，仅随葬酒器而无食器的有6座，占22%，远高于先周时期；仅随葬食器而无酒器的15座，占56%，低于先周时期；酒器总数占酒食器总数的43%，高于先周时期的36%。在小型墓葬的青铜礼器组合中，仅见酒器爵和觯，如1961年张家坡M307、M404、1967年张家坡M16、M28，甚至仅有1件爵，如1967年张家坡M80，未见食器出现;具有觚、爵酒器组合的有6座墓,具有觯、爵组合的也有6座,似乎反映觯开始比肩于觚,更多地参与到酒器组合中。

再看关中平原西部的宝鸡地区。宝鸡距周人早期都邑极近,弜国是西周时期王畿附近的重要方国之一,然于史书失载。弜国能在周人近畿之地立足,可推测周初弜国与周人保持着较融洽的关系,可能有勋于王室而被分封至此。墓葬资料主要有:宝鸡弜国墓地BZM13、BZM7、BZM4、BZM4 陪葬妾、BZMF1、BZM1、BZM20、BZM19、BZM14、BZM11、BZM3、BZM18①,1970年宝鸡峪泉墓M1,1978年宝鸡峪泉墓M2②,这些墓葬中青铜酒器和食器组合见表三。

表三 宝鸡地区出土西周早期随葬青铜酒器和食器组合统计

出土地	酒器							小计	食器				小计
	觚	爵	觯	卣	罍	斗	尊	壶		鼎	簋	鬲	甗	
宝鸡弜国墓地 BZM13	1	1	1	2			1		7	7	3		1	11
宝鸡弜国墓地 BZM7			1	2		1	1		5	3	2			5
宝鸡弜国墓地 BZM4		1	2	1		1	1	1	7	4	2	1	1	8
宝鸡弜国墓地 BZM4 陪葬妾			1						1	3	1	2		6
宝鸡弜国墓地 BZM8			1	2					5					
宝鸡弜国墓地 BZMF1¹			1		1				2	4	5	2	1	12
宝鸡弜国墓地 BZM1²		1							1	5	3			8
宝鸡弜国墓地 BZM20									0	2	2			4
宝鸡弜国墓地 BZM19									0	1	1			2
宝鸡弜国墓地 BZM14									0	1	1			2
宝鸡弜国墓地 BZM11									0					
宝鸡弜国墓地 BZM3									0	1	1			2
宝鸡弜国墓地 BZM18									0	1	1			2
1970年宝鸡峪泉墓 M1			1	1					2	1	2			3
1978年宝鸡峪泉墓 M2		1	1	2			1		5		2			2
合 计	1	5	9	10	1	2	5	2	35	36	26	5	3	70

注:1、2被扰。

同样可观察到鼎、簋组合构成食器之核心,几乎每墓必出;较少使用商朝代表性酒器觚,而使用觯、爵组合的墓葬约占半数,使用觚配爵的墓葬仅有一座;卣开始增加,且往往

---

① 卢连成、胡智生:《宝鸡弜国墓地》,北京:文物出版社,1988年。
② 王光永:《陕西省宝鸡市峪泉生产队发现西周早期墓葬》,《文物》1975年第3期,第72~75页。

成对出现(图一)。小型墓葬中,往往仅随葬一鼎一簋的食器组合。在酒器中尊的使用也比先周时期增加。

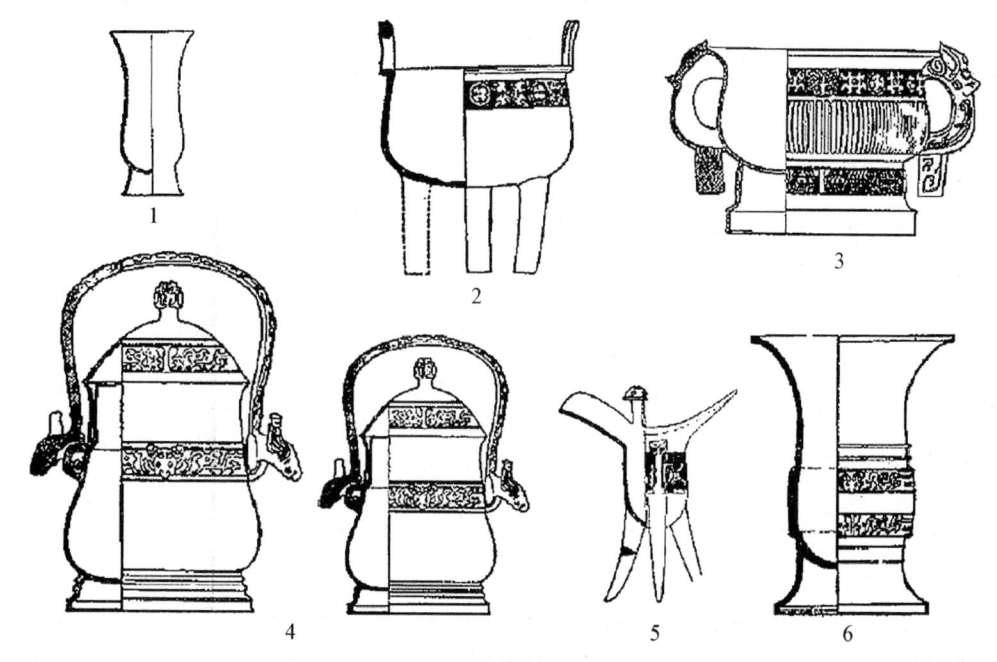

图一 宝鸡弜国墓地竹园沟 BZM8 出土青铜器
1. 觯(BZM8∶4) 2. 圆鼎(BZM8∶2) 3. 簋(BZM8∶1)
4. 提梁卣(BZM8∶5) 5. 爵(BZM8∶3) 6. 尊(BZM8∶7)

以宝鸡弜国墓地竹园沟 BZM8 出土铜器为例(器形、纹饰如图一),该墓出土青铜器 7 件,为 1 套酒器和 1 套食器的复合组合。食器有鼎 1 件,簋 1 件;酒器有爵 1 件,觯 1 件,尊 1 件,卣 2 件;其 2 件卣器形、纹饰、铭文雷同,唯大小有别;1 件尊、2 件卣纹饰与铭文全同,乃同时铸造的一套酒器①。呈现爵和觯相配而无斝的酒器组合形式,为西周早期出现的新酒器组合形式。

在关中平原之外的燕国地区,周人的活动可见于文献。《史记·燕世家》:"召公奭与周同姓,姓姬氏。周武王之灭纣,封召公于北燕。"唐司马贞的《索隐》认为北燕"在今幽州蓟县故城是也"。20 世纪 70 年代初,北京西南郊的房山县琉璃河镇附近,发掘了一批西周时代的奴隶殉葬墓,并且出土带"匽侯"等字样的有铭铜器②。学界一般认为琉璃河墓地Ⅰ区为殷遗民墓地,Ⅱ区为姬姓部族墓地③。琉璃河燕国墓地目前已知的出土青铜酒器和食器的西周早期墓葬考古资料主要包括:琉璃河燕国墓地ⅠM50、ⅠM52、ⅠM53、ⅠM54、ⅠM66、ⅠM205、ⅡM209、ⅡM251、ⅡM253 等④,其青铜酒器和食器组合见表四:

---

① 卢连成、胡智生:《宝鸡弜国墓地》。
② 《北京附近发现的西周奴隶殉葬墓》,《考古》1974 年第 5 期,第 309~321、344~348 页。
③ 曹斌:《宝鸡石鼓山三号墓研究》,《考古与文物》2016 年第 2 期,第 46~57 页。
④ 北京市文物研究所:《琉璃河燕国墓地 1973~1977》,北京:文物出版社,1995 年。

表四　琉璃河燕国墓地出土西周早期青铜酒器和食器

出土地	酒器					小计	食器				小计
	觚	爵	觯	卣	尊		鼎	簋	鬲	甗	
琉璃河燕国墓地ⅠM52		2	1		1	4	1		1		2
琉璃河燕国墓地ⅠM50		1	1		1	3	1		1		2
琉璃河燕国墓地ⅠM53		1	1		1	3		1			1
琉璃河燕国墓地ⅠM66[1]		1	1			2					0
琉璃河燕国墓地ⅠM54						0	1		1		2
琉璃河燕国墓地ⅠM205						0	1	2			3
琉璃河燕国墓地ⅡM209						0	1	1	1		3
琉璃河燕国墓地ⅡM251		2	3	1	1	7	6	4	2	1	13
琉璃河燕国墓地ⅡM253		2	1	2	1	6	6	2	4	1	13
合　计	0	9	8	3	5	25	17	11	9	2	39

注：1. 其觯为铅觯。

由表四可见，西周早期琉璃河燕国墓地出土的青铜酒器组合以爵、觯搭配为突出特点，酒器组合中不复见商代和先周文化常见的觚；尊的使用增加。较低等级的墓葬中较少使用或不使用酒器随葬。在姬姓周人活动的Ⅱ区，可见较完整的包含鼎、簋、鬲、甗的食器组合。

综观西周早期周人活动的不同区域内随葬酒器和食器，可见相较于先周时期，贵族墓葬随葬组合中，酒器的比例并未下降，而实际上提升了。那么，酒器在西周早期作为一组被重视的随葬组合，具体在墓葬中扮演着什么样的角色呢？即是否可用于代表墓主人等级身份？

笔者收集了10座西周早期随葬4鼎以上的中高级贵族墓的考古资料：1954年长安普渡村长由墓[①]，平顶山应国墓地M95[②]，1981年长安花园村M15[③]，灵台白草坡西周墓[④]，琉璃河燕国墓地ⅡM251、ⅡM253[⑤]，鹿邑太清宫长子口墓[⑥]，宝鸡强国墓地BZM4，宝鸡石鼓山M3[⑦]。具体酒器、食器组合见表五。

在一些具有4鼎及以上的高等级贵族墓葬中，均包含酒器和食器，常见食器组合为

---

① 何汉南：《长安普渡村西周墓的发掘》，《考古学报》1957年第1期，第75~85、220~225页。
② 《平顶山应国墓地九十五号墓的发掘》，《华夏考古》1992年第3期，第92~103页。
③ 田醒农、雒忠如：《西周镐京附近部分墓葬发掘简报》，《文物》1986年第1期，第1~31、97~102页；李学勤：《论长安花园村两墓青铜器》，《文物》1986年第1期，第32~36页。
④ 初仕宾：《甘肃灵台白草坡西周墓》，《考古学报》1977年第2期，第99~130、199~214页。
⑤ 北京市文物研究所：《琉璃河燕国墓地 1973～1977》。
⑥ 河南省文物考古研究所、周口市文化局：《鹿邑太清宫长子口墓》，郑州：中州古籍出版社，2000年。
⑦ 刘军社、王占奎、辛怡华等：《陕西省宝鸡市石鼓山西周墓》，《考古与文物》2013年第1期，第3~24、1、113~121页。

鼎、簋、甗、鬲，其中鼎的数量为大；酒器组合为觚、爵、觯、卣、壶、尊，随葬器物组合较完整，其中尊的使用明显高于低等级墓葬；出土的酒器和食器中，酒器比例高达43%；尚未形成与身份等级严格对应的礼器制度，青铜礼器更多地以物质财富形式随葬，以随葬器物丰简程度来区分身份尊卑，随葬品为展现生者现世荣耀和成就的物证。相比于中低等级贵族墓葬，高级贵族墓葬依然有意地靠近殷商旧俗，以多件套酒器组合彰显墓主人特殊的身份地位。

表五　西周早期高等级墓葬出土酒器和食器组合

出土地	觚	爵	觯	卣	尊	罍	斗	角	觥	罍	壶	小计	鼎	簋	鬲	甗	小计
1981年长安花园村M15		2	1	2	2							7	4	2			6
1954年长安普渡村长由墓[1]	2	2		1		1				1	1	8	4	2	2	1	9
平顶山应国墓地M95				1						2		3	5	6	4	1	16
灵台白草坡M1		1	1	3	2	1	1	1				10	7	3		1	11
琉璃河燕国墓地ⅡM251	2	3		1	1							7	6	4	2	1	13
琉璃河燕国墓地ⅡM253		2	1	2	1							6	6	4	2	1	13
鹿邑太清宫长子口墓	8	8	5	6	3	4	2	3	2	5	1	47	22	3	2	2	29
宝鸡𢐗国墓地BZM4		1	2	1		1				1	1	7	4	2	1		8
宝鸡石鼓山M3		1	2	6	1		2			1	1	14	6	6		1	13
宝鸡石鼓山M4					1		4		2			7	15	16		4	35
合　计	12	20	12	22	15	4	9	3	8		8	116	79	46	15	13	153

注：1. 被扰。

三、有关"重酒"、"重食"原因的余论

商人以炽烈的饮酒之风彰著于三代，贵族莫不耽湎于酒。言及殷商，治史者无不惊叹其酒事之炽烈。然而，殷人饮酒，并非只是一种单纯的饮食行为，其产生和发展的物质基础在于剩余粮食的生产、消费和分配。贵族阶层在青铜器铸造上违反"最少致力原则"①，以华美贵重的青铜器作为随葬品，它与当时的经济基础、饮食结构以及宗教意识形态等都有十分密切的联系①。

从某种意义上来讲，殷商酒文化实际上是商文化史的缩影。而周人在西周中期之后

---

① 背离了最少致力（least effort）的制作原理，而引进了奢侈消费或炫耀消费（conspicuous consumption）。索尔斯坦·维布伦（Thorstein Veblen）提出"浪费可以提高消费者的社会声誉和权力"。

"钟鸣鼎食",更重视食文化。《礼记·礼运》云:"夫礼之初,始诸饮食。"为何相继的商周文化在礼仪用饮食器的选择上侧重不同?除了礼制之外,是否可以借用人类学视角、从饮食考古学角度尝试进行解释?

殷人尊神,率民事神,先鬼而后礼(《礼记·表记》)。而周人在此之上又增添了"德"的内涵。周人重食,或与其重"德"的鬼神观有关。周人在人与鬼神之间注入了"德"①的观念,以"德"实现生人与天上祖先神明的沟通,并以之为获得神灵福佑的依据。周人祭祀时以礼乐降神,使高高在上的祖先降福于生人,这过程中需要辅以珍馐美馔上升的香气,强调向神灵奉献的祭品之馨香特性②,是故形成了重食的文化因素。正如西周铜器伯熙簋铭文载"熙肇作朕文考甲公宝将彝,其日夙夕用厥馨香于厥百神",《礼记·郊特牲》载"周人尚臭",《诗经》中的周人祭祀诗反复强调祭品的芳香,《诗·小雅·楚茨》称祭祖为"苾芬孝祀",《诗·大雅·生民》云"其香始升,上帝居歆"。

张光直先生《中国青铜时代》中有一文《中国古代的饮食与饮食具》,认为青铜器在仪式上的作用是建筑在其饮食用途上的③,并提出以"数量、结构、象征记号和心理"四项标准来测量一个民族对饮食的重视程度和创造力④。在人类学研究系统中,如果某种器物的名词种类特别多,代表这种器物在其所属的文化系统中具有重要地位⑤。这或许能为分析"重酒"、"重食"原因提供思路。

结　语

周承殷制而有所增减损益,商文化随葬青铜礼器制度对西周早期周人随葬青铜礼器的影响最为显著。和先周时期相比,"重食组合"固然占有一定地位,但值得注意的是,酒器地位显著提升,青铜礼器组合中形成了"酒食并重"的局面。通过对所选墓葬随葬器物的观察和分析可以看出,西周早期周人随葬青铜酒器和食器特征可简略归纳为以下三点:

1. 随葬青铜食器方面,西周早期几乎所有青铜器墓葬组合都包含有食器鼎、簋,食器组合的作用强化,一些低等级贵族墓葬的不完整随葬组合也是由鼎、簋组成。未形成与墓主人等级身份严格对应的食器随葬制度。

2. 随葬青铜酒器方面,与商代晚期先周文化青铜酒器和食器组合相比较,西周早期周人随葬青铜礼器制度的最大变化是酒器的引进和使用,表现在酒器数量、比例的增加,

---

① "德"之意义与条目,参见陈来:《古代思想文化的世界:春秋时代的宗教、伦理与社会思想》,北京:生活·读书·新知三联书店,2002年。
② 曹建墩:《从"德以事神"至"尽心成德"——两周祭祀观念之嬗变》,《孔子研究》2009年第3期,第69~77页。
③ 张德水:《殷商酒文化初论》,《中原文物》1994年第3期,第18~24页。
④ 张光直:《中国古代的饮食与饮食具》,载氏著《中国青铜时代》,北京:生活·读书·新知三联书店,2013年。原为英文"Food and Food Vessels in Ancient China",*Transactions of the New York Academy of Sciences*, series Ⅱ, Vol. 35, No. 6(1973), pp. 495~520。
⑤ 张光直:《中国饮食史上的几次突破》,《民俗研究》2000年第2期,第71~74页。

酒器组合的调整和完善,觯更频繁地纳入酒器组合。

3. 高等级贵族墓葬中保持了酒器的阶层性,即以随葬多套酒器组合来彰显身份等级。如晋侯墓地诸侯和夫人墓、1954 年长安普渡村长由墓等。

那么,该如何解释西周早期周人贵族墓葬中酒器地位的提升呢?

对于部分墓葬中特别突出的"重酒"倾向,或可归因于其墓主人为殷商遗民或曾受殷商文化影响的方国。其中当属鹿邑太清宫长子口墓为典型,该墓葬酒器多达 47 件,约占出土器物总数的 57%,占出土酒器、食器的 63%,且使用了 8 爵配 8 觚来确定墓主高贵的身份等级。该墓出土的铜器早及殷商晚期,晚至西周昭王。王恩田先生从墓葬规模、墓道数量、国别、族属、"长、微"纠葛入手,推断长子口墓应与微子封宋有关,即应是西周宋国开国国君微子的墓葬①。长子口墓既有西周的特点,又有商的文化因素。多数学者也认同墓主为商遗民微子启②。通过封地授爵等方式被纳入周王朝统治的殷商旧族,其旧俗在西周早期依然具有延续性和生命力,反映在贵族墓随葬青铜礼器上,这或许能解释长子口墓的"重酒"倾向。

此外,作为礼制变动的物化表现,也作为中国艺术和建筑的三个主要传统之一③,随葬青铜酒器和食器形式组合的损益与调整,折射了"定名位,息纷争"的政治动机。克殷之后周人正处于从"小邦周"而转变为天下统治者的关键,天下局势未定,百废待兴,西周初年周人并未建立其一套自有的礼制,而是先因循殷商旧有的典章制度。《尚书·洛诰》:"周公曰:王肇称殷礼,祀于新邑,咸秩无文。"孙星衍引郑玄曰:"王者未制礼乐,恒用先王之礼乐。伐纣以来,皆用殷之礼乐,非始成王之用也。"

一方面周人将商亡归咎于嗜酒,言商纣王"酒池肉林"(或系夸张之辞),并吸取商人因酒亡国的教训,以礼缀淫,崇尚节俭,周人饮酒远逊于商。可见于西周大盂鼎铭文"唯殷边侯甸粤殷正百辟,率肆于酒,故丧师",《尚书·酒诰》:"庶群自酒,腥闻在上,故天降丧于殷。""今惟殷坠厥命,我其可不大监抚于时!"《诗·大雅·抑》:"颠覆厥德,荒湛于酒。"对周代贵族来说,节俭是一种可以遵守也可以放弃的德行④,与其说周人具有节俭的美德,不如说周人刻意消解商人旧俗,而构建新的政治风格。

另一方面,姬周政权积极主动吸收殷商礼俗,巩固从商王朝继承来的政治地位和疆域的合法性,周人追溯、承认并强调商王朝天下共主的地位;吸收殷商礼俗,对商的先王有所尊礼,与其认为是周天子大德兼怀天下,不如说是新生政权为了怀柔境内强大异族政治势

---

① 王恩田:《鹿邑太清宫西周大墓与微子封宋》,《中原文物》2000 年第 4 期。文中依长子口墓带两条墓道的"中"字形墓葬形制而认定其等级高于晋侯大墓,似有待商榷。朱磊先生考察西周大型墓葬的墓道数量与等级制度之间的关系,认为墓道数量非墓葬等级的象征。见朱磊:《试论先秦墓道的使用与墓葬的规格》,《中原文物》2008 年第 1 期,第 31~35 页。

② 王恩田、杨肇清、松丸道雄等。

③ 巫鸿:《中国艺术和建筑的三个主要传统:宗庙和礼器、都城和宫殿、墓葬和随葬品》,《九鼎传说与中国古代美术中的"纪念碑性"》,《中国古代建筑与艺术中的纪念碑性》,上海:上海人民出版社,2009 年。

④ Chang K. C., *Food in Chinese Culture: Anthropological and Historical Perspective*, New Haven, London: Yale University Press, 1977. 中文版参见张光直著,郭于华译:《中国文化中的饮食:人类学与历史学的透视》;[美] 尤金·N·安德森著,马孆、刘东译:《中国食物:附篇一》,南京:江苏人民出版社,2003 年。

力而能动地采取的政治策略,即"启以商政,疆以周索"(《左传·定公四年》)。西周初年,政权的运行依然仰仗殷商旧族的合作与服务。甚至在陕西的宗周,由于有大批殷遗移居,而其中又不乏担任祝宗卜史的职务,无疑对周室的典章文物也有深远的影响。《尚书·康诰》载康叔在卫的使命,康叔移封的原因,自然在于监视宋国与其他的殷民,然而康诰却处处嘱咐康叔必须继续殷商的法律,尊重殷商的传统。《尚书·酒诰》:"又惟殷之迪诸臣惟工,乃湎于酒,勿庸杀之,姑惟教之,有斯明享。"总而言之,卫侯的任务是怀柔殷民以建立稳固的政权[1]。

西周早期的政权为了适应新生政权建立的需要而对礼制作出调整,其反映在随葬酒器和食器的比例上也就顺理成章了。美国人类学家约瑟夫·恩特曾在解释复杂社会时认为:"国家需要建立并不断强化其合法性。政治中心的道德权威和神圣氛围不仅是维系复杂社会的基础,其产生的根源也至关重要。非国家社会的复杂化过程中有一个关键障碍,就是必须去整合许多地方化的自治单元,而每个单元都可能具有自身的特殊利益、世代恩仇和猜疑嫉恨。"[2]周以蕞尔小国取代商而崛起于渭上,既需要强调姬周政权乃"天命所在",又需要以社会等级制度的核心——礼制来对相关政治遗产和利益团体有所回应与模仿,这便顺理成章地反映在人随葬酒器和食器组合的比例变化上,尤其是西周早期酒器地位的显著提升。

直到西周中期穆王改革之后,随葬组合中酒器逐渐式微,具有彰显等级身份作用的包含食器、酒器、水器和乐器的完整随葬礼器组合走向完备,正如郑玄注《尚书·洛诰》:"周公制礼乐既成,不使成王即用周礼,仍令用殷礼者,欲待明年即政,告神受职然后班行周礼。"《论语·八佾》"三代之礼至周大备",故"郁郁乎文哉"的周礼被后世奉为圭臬。

---

[1] 许倬云:《西周史》,北京:生活·读书·新知三联书店,2001年,第64页。
[2] Tainer J., *The Collapse of Complex Societies*, Cambridge University Press, 1988. 中文版参见[美]约瑟夫·恩特著,邵旭东译:《复杂社会的崩溃》,海南:海南出版社,2010年。

武氏墓地的再思考

魏 镇

中国人民大学历史学院

武氏墓地位于山东省嘉祥县城南15公里武宅山北麓,是一处保存较好的汉代家族墓地。目前地表仍保留有一对石阙、一对石狮以及大量画像石祠堂的建筑构件等遗物。早在宋代,欧阳修《集古录》和赵明诚《金石录》就对武氏墓地的碑刻和画像石有著录。其后伴随清代金石学的兴盛,乾隆年间,黄易等人对墓地石刻进行了发掘,再次引起了金石学家的广泛关注。巫鸿先生将其学术研究史总结为"千年学术研究"[1]。20世纪70年代末期,蒋英炬等对武氏墓地石刻和墓葬进行了系统的考察和整理,并在1995年出版了《汉代武氏墓群石刻研究》,为武氏墓地的研究提供了全面和客观的资料。近代以来,伴随着国外考古学者对中国考古的关注,特别是美术史研究的引入,以武氏墓地画像祠堂为代表的汉代画像石研究蔚然成风,而费慰梅[2]、包华石[3]、巫鸿[4]等人针对武氏墓地祠堂画像的研究都取得了重要的成果。

但是武氏墓地所提供给我们的研究材料绝不仅仅是几座祠堂的画像,1981年在考察过程中,蒋英炬先生等人对武氏墓地中的两座墓葬进行了清理。一号墓发掘时尚残存1.8~2.5米的封土,经过夯打。墓葬形制为多室画像石墓,墓室由墓门、前室、南北耳室、主室、阁室(回廊)组成(图一),全部用加工好的石材叠砌而成。墓室内壁涂抹一层厚约0.5厘米的白灰泥,无刻、画痕迹。墓底平铺一层厚约0.24米的石板。墓室外壁东西长6.78米,南北宽4.92~7.57米。墓向西北。被盗严重,残存少量随葬品,主要有壶、盆、钵、盘、碟、魁、盒、樽、耳杯、猪圈等十五件陶器以及一枚残缺的五铢钱。

二号墓也是多室画像石墓,破坏严重。墓室也是用石材叠砌而成,由墓门、前室、中室、后室、阁室(回廊)组成,墓室内壁亦涂抹一层石灰泥,无明显刻、画痕迹,墓向西北。墓室外壁东西长8.95米,南北宽4.95~5.4米。发掘者认为从两座墓内出土的器物来看,

---

[1] 巫鸿著,柳扬、岑河译:《武梁祠:中国古代画像艺术的思想性》,北京:生活·读书·新知三联书店,2006年,第10页。
[2] Wilma Fairbank, "The Offering Shrines of 'Wu Liang' Tz'u", *Harvard Journal of Asiatic Studies*, Vol. 6, No. 1 (1941).
[3] Martin Powers, "Pictorial Art and Tts Public in Early Imperial China", *Art History*, Vol. 7, No. 2(1984).
[4] 巫鸿著,柳扬、岑河译:《武梁祠:中国古代画像艺术的思想性》。

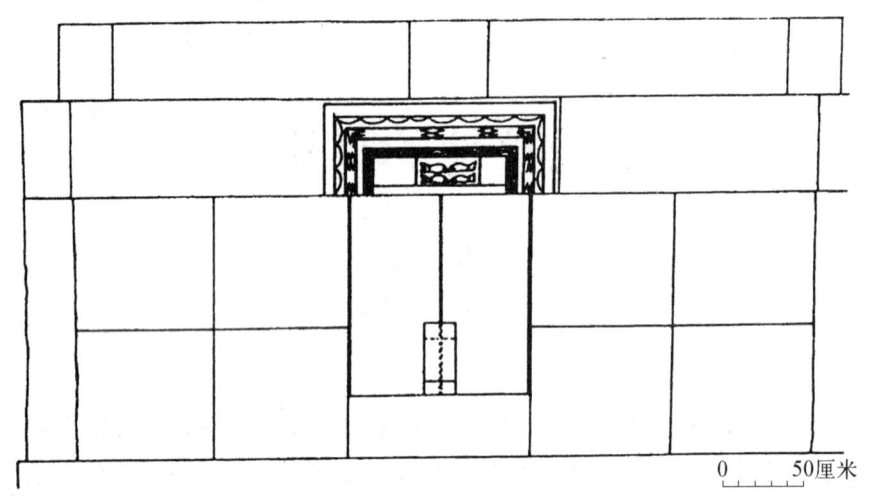

图一　一号墓墓门正视图①

其时代应为东汉晚期,与墓地石阙、祠堂等地面建筑的时间是一致的,墓葬方向也与神道相契合,应是武氏家族墓无疑。但值得注意的是,两座墓葬虽然均由加工好的石材叠砌而成,却未在墓室内发现像墓地祠堂那样丰富的画像。两座墓的墓室内的画像都仅仅是在墓室门楣上以浅浮雕刻画的对鱼和花纹,其他位置未见刻画(图二)。由此看来,相对于墓上祠堂等建筑精雕细琢,墓内的石材显然没有受到重视,正如发掘者指出的那样"当时武氏在墓地建筑物的石刻画像方面,更重视地面上的祠堂建筑"②。

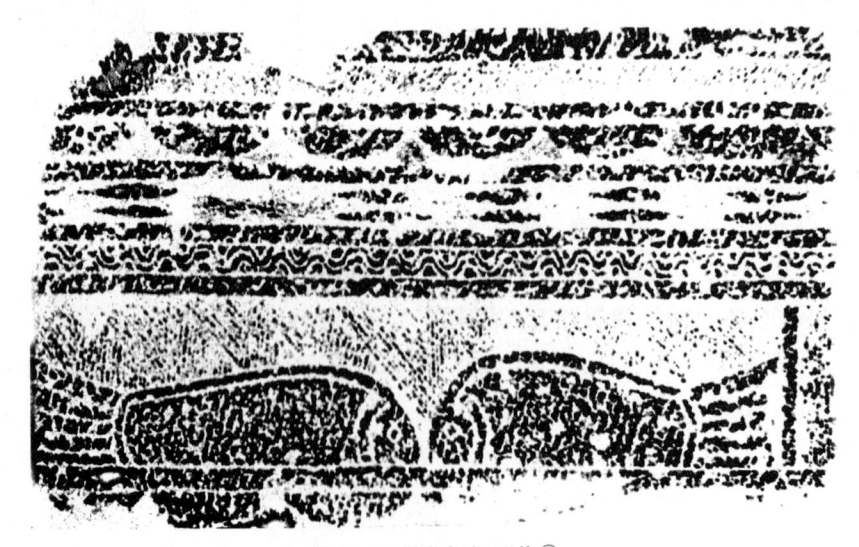

图二　二号墓门楣画像③

---

① 引自蒋英炬、吴文琪:《汉代武氏墓群石刻研究(修订本)》,北京:人民美术出版社,2014年。
② 蒋英炬、吴文琪:《汉代武氏墓群石刻研究(修订本)》,第186页。
③ 引自蒋英炬、吴文琪:《汉代武氏墓群石刻研究(修订本)》。

我们可以看出，建造者的建设重心放在了墓地的地面建筑上，而出现这种现象的原因值得深究。《武梁碑》中载武梁去世后"孝子仲章、季章、季立，孝孙子侨，躬修子道。竭家所有，选择名石，南山之阳，擢取妙好，色无斑黄。前设坛墠，后建祠堂，良匠卫改，雕文刻画，罗列得成行。摅聘技巧，委蛇有章。垂示后嗣，万世不忘"。文中虽多夸耀成分，但从"竭家所有"可推测，在财力一定的条件下这些孝子孝孙把墓地营建的中心放到了墓上。在以往所见的材料中，我们较少能接触到这种墓地祠堂能有地下墓葬所对应的材料。但随着考古工作的逐步推进，我们仍然找到了一些可以对比的材料。例如褚兰两座汉画像石墓①也都发现了墓上画像祠堂。祠堂虽然都已经残损，但是在其残留部分仍然发现大量画像，可以想见原有的完整画像石祠堂应该非常华丽，而对应的地下石室，除前室是画像装饰重点外，其他大多并无过多装饰。也呈现出轻地下而重地上的形态。当然考古发现也有很多画像石墓装饰华丽，但是在财力有限的情况下"轻地下而重地上"应该是一种有意识的选择。

亡者入土为安，对于亡者而言，地下居室才是永居之所。武氏墓地的营建者之所以做出这种重地上而轻地下的选择，应该是在当时社会环境下出于现实利益的考量。时人已经指出当时的社会风尚是"崇伤丧纪以言孝，盛飨宾旅以求名"②。汉代社会，以孝治天下，孝道被上升到了前所未有的高度。思想上，重视《孝经》，"期门羽林介胄之士，悉通《孝经》。……化自圣躬，流及蛮荒"③。《孝经》甚至被神话到打仗不用兴兵，"但遣将于河上北向读《孝经》，贼自当消灭"④。制度上，实行举孝廉。据黄留珠先生统计，两汉共举孝廉约 7.4 万人，其中西汉约 3.2 万人，东汉约 4.2 万⑤。汉代官员选拔制度中，"举孝廉"成为非常重要的一个途径，一旦获得孝子的名誉，也就意味着有机会举荐入仕或者提拔升任。就是在这种社会环境下，遵循"生则养，没则丧，丧毕则祭"⑥的礼仪准则，丧葬活动成了体现孝行的一个重要途径，墓地设施的营建则直接体现了子孙后代遵循孝道与否。

墓地画像祠堂以及墓阙等矗立在墓葬茔域中的"永久性"建筑的建设，正是宣传家族实力和营造孝子形象的良好途径。汉代墓地已经不仅仅是简单的丧葬礼仪场所，已经俨然成为一个重要的社交场所。在很多豪族、官吏的葬礼上，除亲人外，门生故吏等参与的人数也十分庞大，从而为墓地营建者的孝行提供了足够的观众与见证者。《汉书·楼护传》载："（楼护）母死，送葬者致车二三千两。"⑦《后汉书·申屠蟠列传》载："及（黄）琼卒，归葬江夏，四方名豪会帐下者六七千人。"⑧而汉代流行的上冢祭祀活动，更使得墓地建筑被多次瞻仰与参观成为可能。汉代上冢也不是简单的祭祀活动，亦成为团结宗族、迎

---

① 王布毅：《安徽宿县褚兰汉画像石墓》，《考古学报》1993 年第 4 期。
② （汉）王符著，（清）汪继培笺，彭铎校正：《潜夫论笺校正》卷二《务本》，北京：中华书局，1985 年，第 26 页。
③ 《后汉书》卷三二《樊宏列传》，北京：中华书局，1965 年，第 1126 页。
④ 《后汉书》卷八一《向栩列传》，第 2694 页。
⑤ 黄留珠：《秦汉仕进制度》，西安：西北大学出版社，1985 年，第 102 页。
⑥ （清）孙希旦撰：《礼记集解》卷二五《祭统》，北京：中华书局，1989 年，第 1237 页。
⑦ 《汉书》卷九二《楼护传》，北京：中华书局，1962 年，第 3707 页。
⑧ 《后汉书》卷五三《申屠蟠列传》，第 1752 页。

宾交友方式。《后汉书·冯异列传》载:"建武二年……诏异归家上冢,使太中大夫赍牛酒,令二百里内太守、都尉已下及宗族会焉。"①正因如此,墓地建筑为这些前来参加葬礼和上冢活动的亲朋宾客所见,从而成为一个人是否遵守孝道、能否称为孝子的直接凭证。

在很多画像祠堂的题记中,我们也能感受到孝子形象的自我塑造。例如铜山汉王乡东沿村元和三年画像石刻有:"元和三年三月七日,三十示大人侯世子豪,行三年如礼,治冢石室直□万五千。"②滕州姜屯元嘉三年赵寅祠堂画像石刻有:"元嘉三年二月廿五日,赵寅大子植卿为王公,次和更立,负土两年,侠坟相顾若□,有孙若此,孝及曾子。植卿惟夫刻心念,使增垄成坟,不肩一毋,独雇石,直克义,以示祠后,石柿传存,相仿其孝。"③而更多的石刻上"孝子们述说的重点不是已故亲人的道德文章,不是他们关于宗教礼仪和生死观的理解,也不是祠堂画像的具体内容,而是他们在修建祠堂墓葬过程中的辛劳"④。

此外,武氏墓地之所以呈现差异如此明显的重地上而轻地下的情况,与营建者所处的社会阶层也有很大关系。东汉时砖室结构墓葬的制作技术娴熟也颇为流行,但画像祠堂的建造者对石材的偏爱说明建造者或者墓主具有一定的经济能力,但他的使用者又具有一定的民间性,往往都是具有一定经济实力和势力的地方豪族或中下层官吏。"石头远较木头为重,运送更为不易;石头雕刻也较木头制作耗费气力。如此费功费力之葬具,却一直未被汉代士人关注,未载当时史书,一定程度上说明了它的民间性"⑤。通过武氏墓地所发现残碑的内容,可知武梁曾任刺史或郡国佐吏,而且通经明谶,对经史学文颇有造诣;武开明官至吴郡府丞,武斑官任敦煌长使;武荣官至执金吾丞。这几人官职多在六百石到千石之间,这说明武氏家族正是属于东汉社会非常活跃的地方豪族、官吏阶层。

根据刑义田先生的研究,东汉被举孝廉的人出身贫寒之家的极少,"东汉仕宦不只是德行、才能和学识的角逐,也意味着财富、家族势力和政治关系的竞争"⑥。而武氏家族为代表的这些豪族以及地方官吏在仕途前进的道路上,除了真才实学外,道德品质的考量更多地体现在孝道上。因而"孝子"形象的确立,无疑有助于自己仕途的发展。相对于日常生活所体现的孝行,在丧葬活动过程中的表现更容易被人所察觉和知晓。因而花费大量的金钱建设华丽的"永久性"墓地建筑和葬具更成为体现孝行的重要方面。也正是出于对这种政治欲求的迎合,很多建造者不仅不惜花费大量金钱⑦,更在经济财力有限的情况下选择更容易被人铭记和察觉的地面建筑作为整个墓地的营建重心。

在汉代以孝治天下的政治理念下,西汉时期就出现了"今生不能致其爱敬,死以奢侈相高;虽无哀戚之心,而厚葬重币者,则称以为孝,显名立于世,光荣著于俗。故黎民相慕

---

① 《后汉书》卷十七《冯异列传》,第645页。
② 徐州博物馆:《徐州发现东汉元和三年画像石》,《文物》1990年第9期。
③ 杨爱国:《幽明两界——纪年汉代画像石研究》,西安:陕西人民美术出版社,2006年,第58页。
④ 郑岩:《逝者的面具》,北京:北京大学出版社,2013年,第98页。
⑤ 黄宛峰:《汉代画像石与民间丧葬观念》,北京:中国社会科学出版社,2015年,第11页。
⑥ 刑义田:《东汉孝廉的身份背景》,载《天下一家——皇帝、官僚与社会》,北京:中华书局,2011年,第285页。
⑦ 欧阳摩一:《汉画像石题记中堂、阙、墓造价探析》,《四川文物》2009年第1期。

效,至于发屋卖业"①的场景。当时社会也多有这种因丧葬活动过程中体现出独特的孝行,而被举荐"孝廉"的记载。崔寔丧父,"剽卖田宅,起冢茔,立碑颂。葬讫,财产竭尽,因穷困,以酤酿贩粥为业。时人多以此讥之,寔终不改。……隐居墓侧。服竟,三公并辟,皆不就"②。虽然崔寔没有就任,却达到了塑造"孝子"身份宣传自己的实际效果。更有甚者"民有赵宣葬亲而不闭埏隧,因居其中,行服二十余年,乡邑称孝,州郡数礼请之"。而实则"(赵宣)五子皆服中所生"③,因以获罪。巧合的是,据武氏墓地中墓碑所载,上文提到的四人除武梁外,其余三人武开明、武斑、武荣碑文中均明确指出他们都是举孝廉入仕或提拔的,或正是受益于此种厚葬先人营造孝子的活动所带来的影响,或是因为举孝廉被称为孝子而更要加以表现,才使得武氏墓地呈现出如此明显的重地上而轻地下的情况。

在以往对武氏墓地的研究中,学者们多将重点放在墓地祠堂纷繁复杂的画像中,并由此开展一系列关于生死观等精神领域的研究。就本质而言,画像祠堂这类墓地建筑只是后世子孙祭祀墓主神明之处,它的出现与流行归根到底还是要归结于汉代祭祀思想的转变。但是,本文通过武氏墓地地上与地下考古材料的对比所发现的重地上而轻地下的现象也在提醒我们,汉代画像石的兴盛并不是一种简单的社会风潮,它之所以在地方豪族和官吏阶层中风靡,除了经济状况和丧葬思想的推动,它的背后还有一些属于这个阶层特有的现实利益的考量。看似简单的社会风尚,回归到当时社会的大环境中就能发现,它的发展可能糅合了各方面的力量。它所体现的不仅是单纯的精神思想或者物质技术,更是广大民众对当时的社会文化制度做出的能动性反应。

---

① (汉)桑弘羊撰,王利器校注:《盐铁论校注》卷六《散不足》,北京:中华书局,1992年,第354页。
② 《后汉书》卷五二《崔骃列传》,第1724页。
③ 《后汉书》卷六六《陈藩列传》,第2160页。

南京石子冈 M5 所见南朝砖印壁画墓的几个问题

赵俊杰
吉林大学考古学院、吉林大学边疆考古研究中心
崔雅博
南京大学历史学院

南朝是中华文明发展中的重要时期,文化风貌异彩纷呈,虽偏安江南,但士族高门崇尚清谈,追求隐逸生活的风尚却有晋时遗风,这在考古遗存上也有鲜明的反映,墓葬中的大幅竹林七贤与荣启期砖印壁画即代表了当时墓葬装饰的最高水平。目前确认发现竹林七贤与荣启期砖画与纹样砖,以及羽人戏龙、羽人戏虎、狮子等其他相关题材砖画与纹样砖的南朝墓葬仅见于南京与丹阳两地,包括南京西善桥宫山墓[1]、丹阳胡桥仙塘湾墓(又称鹤仙坳墓)[2]、丹阳建山金家村墓(又称金王陈南朝失名墓、金陈湾墓)、丹阳胡桥吴家村墓(又称丹阳胡桥宝山墓)[3]、南京雨花台石子冈 M5[4]、南京雨花台铁心桥小村 M1[5]、南京栖霞区狮子冲 M1、M2[6],以及南京西善桥油坊村罐子山墓[7],学界普遍视其为帝陵或高级贵族墓[8]。

由于这类大型砖印壁画墓的内涵极富研究旨趣,自 20 世纪 60 年代被发现以来,学者从考古、历史、美术等多个方面对其予以高度关注,创见颇多,但以墓葬年代问题作为研究的基点,其认识却呈现出明显的集群分化。关于仙塘湾墓、金家村墓、吴家村墓、西善桥油坊村墓与狮子冲 M1、M2 的时代,学术界的看法比较统一,根据发掘所获和文献记载所进

---

[1] 南京博物院、南京市文物保管委员会:《南京西善桥南朝墓及其砖刻壁画》,《文物》1960 年第 1 期,第 37~42 页。
[2] 南京博物院:《江苏丹阳胡桥南朝大墓及砖刻壁画》,《文物》1974 年第 2 期,第 44~56 页。
[3] 南京博物院:《江苏丹阳县胡桥、建山两座南朝墓葬》,《文物》1980 年第 2 期,第 1~17、98~101 页。
[4] 南京市博物馆、南京市雨花台区文物局:《南京雨花台石子冈南朝砖印壁画墓(M5)发掘简报》,《文物》2014 年第 5 期,第 20~38 页。
[5] 南京市博物馆:《南京市雨花台区铁心桥小村南朝墓发掘简报》,《东南文化》2015 年第 2 期,第 50~60、127~128、131~132 页。
[6] 南京市考古研究所:《南京栖霞狮子冲南朝大墓发掘简报》,《东南文化》2015 年第 4 期,第 33~48、65~67 页。
[7] 罗宗真:《南京西善桥油坊村南朝大墓的发掘》,《考古》1963 年第 6 期,第 291~300、290 页。蒙张学锋先生惠赐新近调查照片,可知该墓亦发现相关题材纹样砖。
[8] 为方便叙述,下文将上述墓葬简称为宫山墓、仙塘湾墓、金家村墓、吴家村墓、石子冈 M5、铁心桥小村 M1、狮子冲 M1、狮子冲 M2 与西善桥油坊村墓。

行的墓主推定大体已有共识①；另一方面，材料最早披露的西善桥宫山墓的时代却至今仍众说纷纭，成为争议的焦点。罗宗真先是将墓葬年代定为南朝晋宋时期，后又改为刘宋、梁陈②。此后蒋赞初③、町田章④、郑岩⑤、韦正⑥、李若晴⑦等均持"刘宋说"，而曾布川宽指出该墓的年代当在齐梁之际，尤以梁的可能性大⑧，邵磊亦认为其应砌筑于南朝中晚期⑨，王志高则推测墓主可能为陈废帝⑩。编年分歧跨度之大，令人困惑。可喜的是，2010年发掘的石子冈M5内发现乱序拼砌的模印竹林七贤与荣启期题材的墓砖，发掘者敏锐地指出其与宫山墓此题材砖印壁画所用砖同模⑪。经过整理后，该墓的墓砖上还发现有狮子、羽人戏龙虎、天人等其他相关题材，这为研究砖画整体传承和流变的脉络提供了契机⑫。

与此同时，近期的研究动向也提示了新的切入视角。耿朔尝试将石子冈M5所出的与宫山墓同模的竹林七贤与荣启期题材乱序砖拼为正确顺序，并总结了这两座墓葬砖画的相似之处⑬。王汉在考察了砖的拼装方式、大小砖后文字后提出砖画存在宫山墓→金家村墓→吴家村墓→狮子冲M1的演变顺序，且认为西善桥油坊村墓的时代与宫山墓相近⑭。郑岩则认为金家村和石子冈M5使用了宫山墓残留的部分模具，以此判定年代序列为宫山墓→金家村墓→石子冈M5→吴家村→狮子冲M1⑮。

本文将以西善桥宫山墓所出较为完整的竹林七贤与荣启期砖印壁画为底本，在前人

---

① 在狮子冲墓未经发掘前，有关狮子冲墓的年代与墓主问题已有诸多争论，王志高通过对陵前石刻的观察和文献的考证，推断狮子冲墓可能与梁昭明太子有关；经过考古发掘后，两座墓均发现萧梁纪年材料，上述问题遂基本形成共识。其他墓葬的争论多在墓主人身份对应的问题上，如施丁对丹阳帝陵的看法与考古学界略有不同，但都一致认为丹阳这几座墓葬为齐梁陵。可参看王志高：《梁昭明太子陵墓考》，《东南文化》2006年第4期，第41~47页；施丁：《丹阳齐梁石刻方位问题——评〈六朝陵墓调查报告书〉》，《历史文献研究》第30辑，2011年；许志强、张学锋：《南京狮子冲南朝大墓墓主身份的探讨》，《东南文化》2015年第4期，第49~58页。
② 罗宗真：《南京西善桥南朝墓及其砖刻壁画》，《文物》1960年第1期，第37~42页。在发掘简报中罗宗真推定宫山墓的时代为南朝晋宋时期；罗宗真：《六朝考古》，南京：南京大学出版社，1994年，2004年。在1994年版本中认为宫山墓年代是刘宋，在2004年版本中认为宫山墓年代为梁陈。
③ 蒋赞初：《南京史话》，北京：中华书局，1963年。
④ [日]町田章、劳继：《南齐帝陵考》，《东南文化》1986年第1期，第43~63页。
⑤ 郑岩：《魏晋南北朝壁画墓研究》，北京：文物出版社，2002年。
⑥ 韦正：《南京西善桥宫山"竹林七贤"壁画墓的时代》，《文物》2005年第4期，第99~111页。
⑦ 李若晴：《是否为南朝葬制及其起止年代——关于"竹林七贤与荣启期"画像砖的两个问题》，《浙江艺术职业学院学报》2005年第4期，第102~107页。
⑧ [日]曾布川宽著，傅江译：《六朝帝陵》，南京：南京出版社，2004年。
⑨ 邵磊：《南京栖霞山千佛崖释迦多宝并坐像析》，《南方文物》2000年第3期。
⑩ 王志高：《简议南京西善桥"竹林七贤"砖印壁画墓时代及墓主身份》，载《六朝建康城发掘与研究》，南京：江苏人民出版社，2015年，第329~331页。
⑪ 南京市博物馆、南京市雨花台区文物局：《南京雨花台石子冈南朝砖印壁画墓（M5）发掘简报》，第20~38页。
⑫ 关于狮子冲M1、M2与铁心桥小村M1砖印壁画的相关问题，笔者拟另文探讨，本文仅提示必要的框架性认识。
⑬ CCTV《国家宝藏》第九集，南京博物院，2018年2月4日；耿朔、杨曼宁：《试论南京石子冈南朝墓出土模印拼镶砖的相关问题》，未刊稿。
⑭ 王汉：《从壁画看南京西善桥宫山墓的年代》，《东南文化》2018年第2期，第81~91页；王汉：《论丹阳金家村南朝墓竹林七贤壁画的承前启后》，《故宫博物院院刊》2018年第3期，第81~91，160页。
⑮ 郑岩：《前朝楷模 后世所范——谈新发现的南京狮子冲和石子冈南朝墓竹林七贤壁画》，《中国美术报》2018年4月16日。后收入氏著《魏晋南北朝壁画墓研究》，北京：文物出版社，2016年。

工作的基础上,将石子冈 M5 中散乱砌筑的同类题材墓砖与其他关联题材墓砖进行最大限度的复位拼对,分析拼砌方式与可能存在的规律,通过比较,以砖印壁画为中心,尝试推定石子冈 M5 与以西善桥宫山墓为代表的南朝砖印壁画墓的相对年代关系,并就此类墓葬的等级问题提出浅见。不当之处,敬请方家斧正。

一、石子冈 M5 内出土壁画砖的复位拼对

这一系列南朝高等级砖印壁画墓出土有多种题材砖画,这些砖画全部由尺寸相近的单砖拼成,每块砖上模印有整体图画的一部分内容,以三顺一丁的砌筑形式呈现在墓壁上。砖呈长方体,面积最大的一面上刻划有表示砖题材与位置的文字(如"向下行廿一"),如果将此面看作长方体顶面,那么顺砖图案模印在长高组成的侧面,丁砖图案则在宽高组成的侧面。其制作流程应当是在砖烧制之前将整幅图案分段画在木模上,将图案印制在砖上,并在侧面刻上表示砖位置的文字。以下笔者将按不同题材对石子冈 M5 内出土壁画砖进行复原拼砌。

(一) 竹林七贤与荣启期

石子冈 M5 的发掘者已经指出,石子冈 M5 中的竹林七贤与荣启期砖与西善桥宫山墓同模,那么以宫山墓的完整砖画布局为底本,将石子冈 M5 所出的乱序砖重新拼对复位(图一、图二)后发现:

1. 石子冈 M5 所出的砖不全,无法拼砌起完整的竹林七贤与荣启期壁画;

2. 许多同纹样(同位置)的砖在石子冈 M5 内发现有至少两块(图三、图四),表明原来一次性制备多套砖的可能性很高。

3. 石子冈 M5 墓砖上的线条似乎比宫山墓的更为立体和清晰(图五)。对比细节,则可发现宫山墓山涛旁的魁中没有桴,而石子冈 M5 可见(图六);石子冈 M5 荣启期旁的树也与宫山墓存在差异,对比《六朝艺术》中宫山墓砖画早期的照片(图七),可能是后期修缮宫山墓砖画时出现了错误。

除此之外,耿朔注意到上述两幅砖画中存在同样的瑕疵(如阮籍袖口上的斜线),进一步证实这两套砖同模;金家村墓竹林七贤与荣启期砖画中亦见部分与宫山墓砖画线条几近相同的纹样砖,反映出此二者也有部分砖同模。

对比现在发现的所有竹林七贤与荣启期砖画,虽然能看出它们在构图和描绘方法上的相似性,但具体到图像本身还是各有差别,各墓中竹林七贤与荣启期形象的老年化倾向已经提示粉本或模具在保存和流传中存在缺失、损耗与毁坏的可能性。石子冈 M5、宫山墓与金家村墓尽管均保留了同模的竹林七贤与荣启期图像,但纹样砖数量与细节多寡的不同又提供了进一步的佐证。

图一 石子岗 M5 嵇康面拼对完整示意图

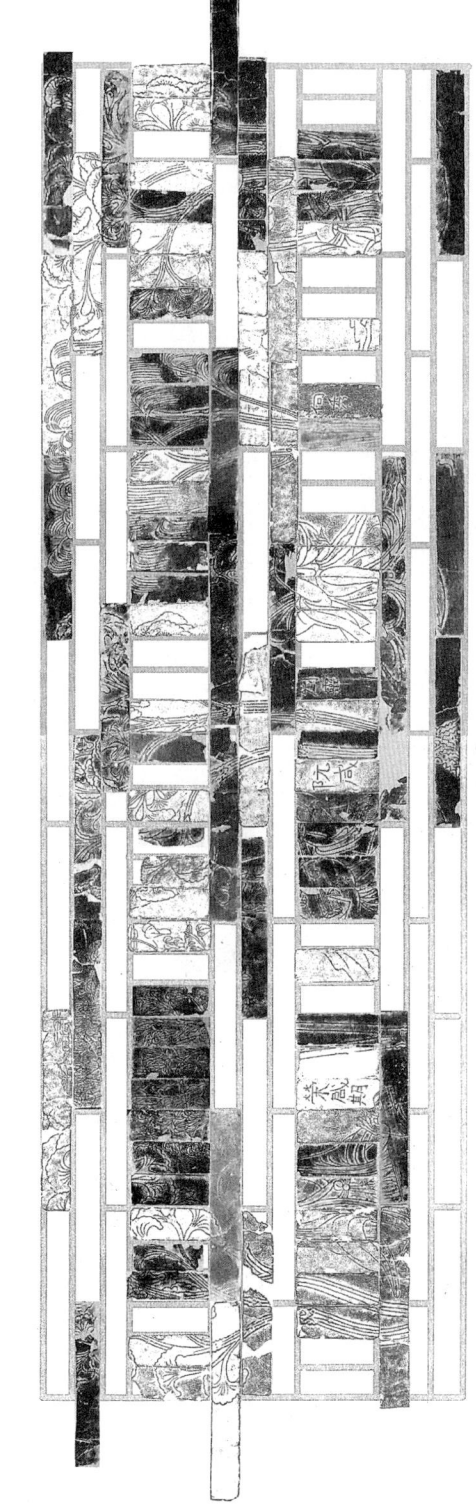

图二 石子岗 M5 向秀面拼对完整示意图

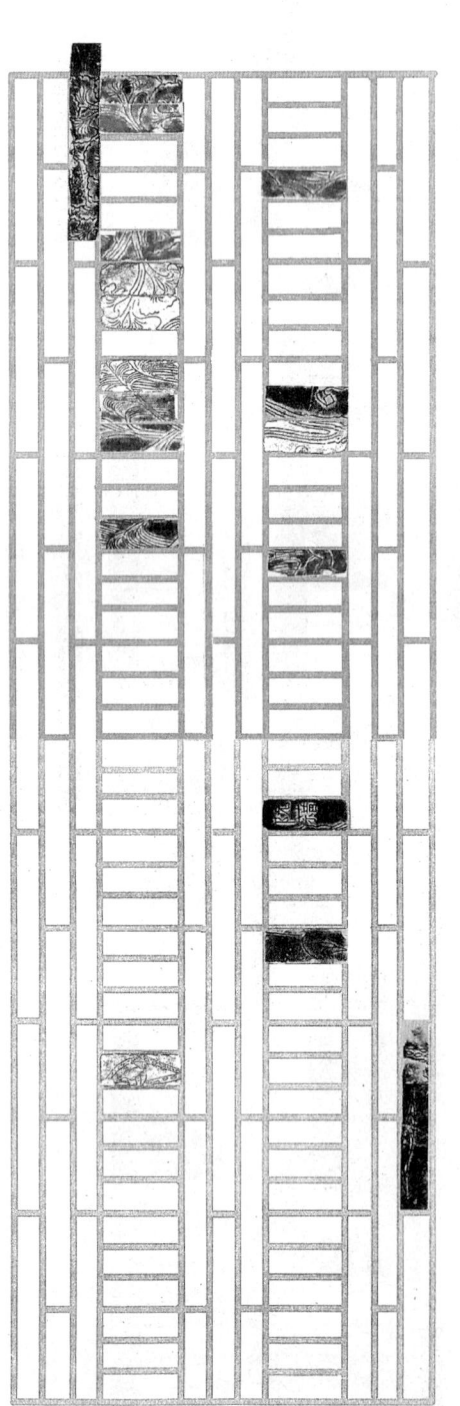

图三 石子岗 M5 嵇康面复砖示意图

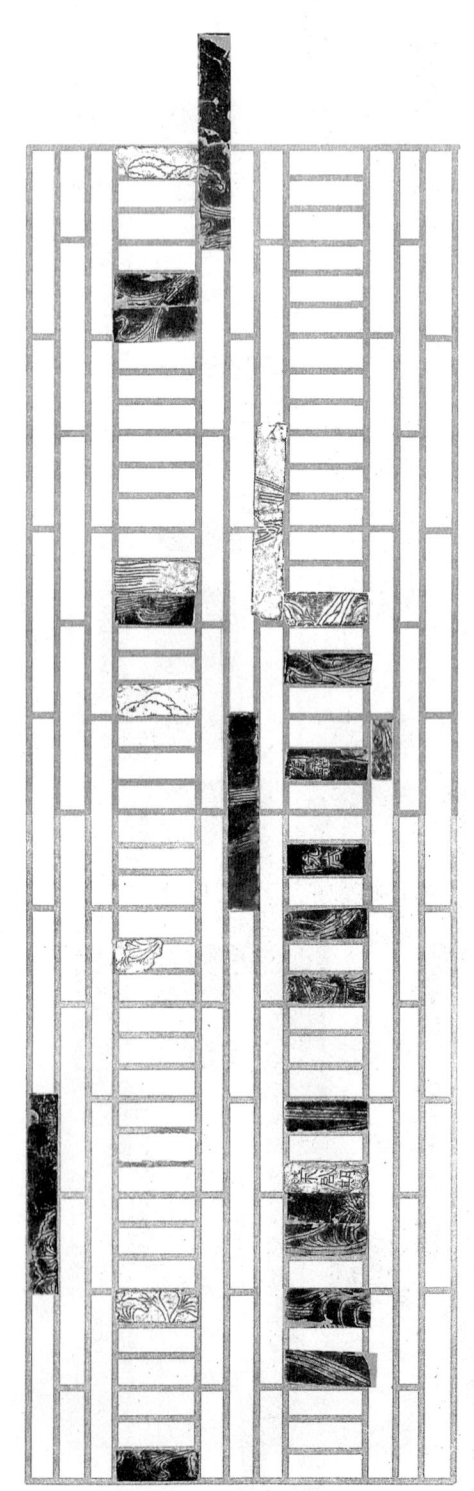

图四 石子岗 M5 向秀面复砖示意图

图五　石子冈 M5 与宫山墓砖线条立体程度对比
1. 石子冈 M5　2. 西善桥宫山墓

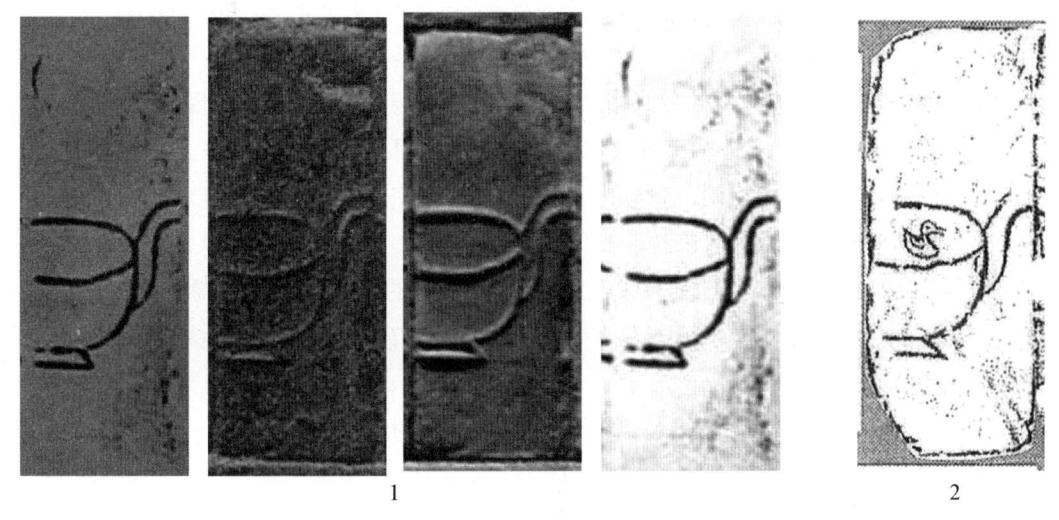

图六　宫山墓与石子冈 M5 魁细节对比
1.《六朝艺术》宫山墓拓片及照片① 　2.《南朝真迹》②石子冈 M5 拓片

（二）其他题材砖画

除竹林七贤与荣启期外，羽人戏龙、羽人戏虎、天人以及狮子等也是大型砖印壁画墓中壁画的重要组成部分，石子冈 M5 内同样发现了大量印有上述题材纹样的散乱墓砖。宫山墓为石子冈 M5 提供了竹林七贤与荣启期砖画的正确排布方式，而石子冈 M5 的砖侧位置文字则可以提示它们与砖的实际位置之间的关系（图八），成为拼砌尚未找到相同模本的石子冈 M5 内其他题材砖画的突破口。拼对时以能否拼出合乎逻辑的图案为先决条

---

① 宫山墓拓片及照片采自张长东：《千载存风流——竹林七贤及荣启期模印拼镶砖画赏析》，《文物天地》2016 年第 4 期。
② 采自南京市博物馆总馆等：《南朝真迹》，南京：江苏凤凰美术出版社，2016 年。

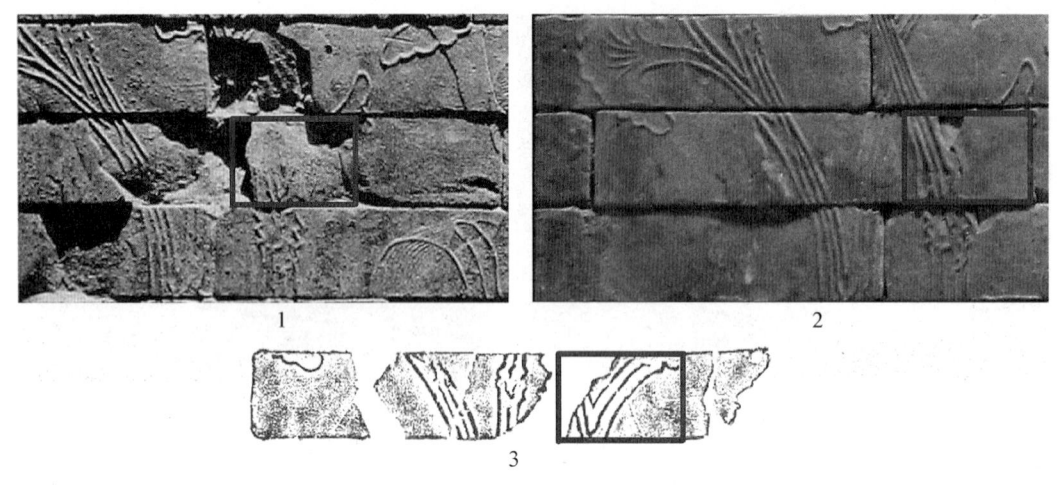

图七　宫山墓与石子冈 M5 嵇康旁树对比
1. 西善桥宫山墓①　2. 西善桥宫山墓（2018 年 9 月摄于南京博物院）　3. 石子冈 M5"向中行　住"

件,辅以砖侧位置文字做重要参考依据。笔者经过观察与分析,有如下发现:

（1）整体来看,两壁砖画图案对称,砖的总数相同,都以三顺一丁的方式砌筑。

（2）三排顺砖上下栏相同位置编号对应,两壁序号一致;丁砖不一定对齐,两壁序号不一致。砌筑时很可能以顺砖来控制整体构图。

（3）一些砖的序号末尾出现了"尽"字,提示其所在的位置为图像末端。

（4）砖侧的位置指示文字可能存在一些错误。如丁砖"嵇下第三",参照宫山墓完整砖画的位置,应为"嵇下第一"。

以下笔者分羽人戏龙虎及天人、狮子两个部分展开讨论。

1. 羽人戏龙虎及天人

羽人戏龙虎位于竹林七贤与荣启期图像前方,天人图像参考金家村等墓葬,可知其直接接续在羽人戏龙虎的后上方。由于石子冈 M5 所出天人砖残损较严重,数量较少,故在这部分一并讨论。观察发现:

（1）砖侧文字中,顺砖有"上中下"三种,丁砖只有"上下"两种。相较金家村墓、吴家村墓、狮子冲 M1 与狮子冲 M2 内同类题材砖画（一丁三顺一丁三顺一丁三顺）,石子冈 M5 少一排丁砖（三顺一丁三顺一丁三顺）,显示出图像体量较小,这一点在砖侧文字上也反映得比较明显（缺少刻有"中"的丁砖）。

（2）参考宫山墓比较明确的竹林七贤排布规律,凭借"虎中行第六　住"、"虎中第十九　尽"等砖侧文字,可推测出仙人与龙虎的分界线以及每排砖的数量。

（3）有部分羽人戏龙虎砖数量较少,线条较粗;另有部分羽人戏龙虎砖数量较多,线

---

① 采自南京市博物馆总馆等:《南朝真迹》。

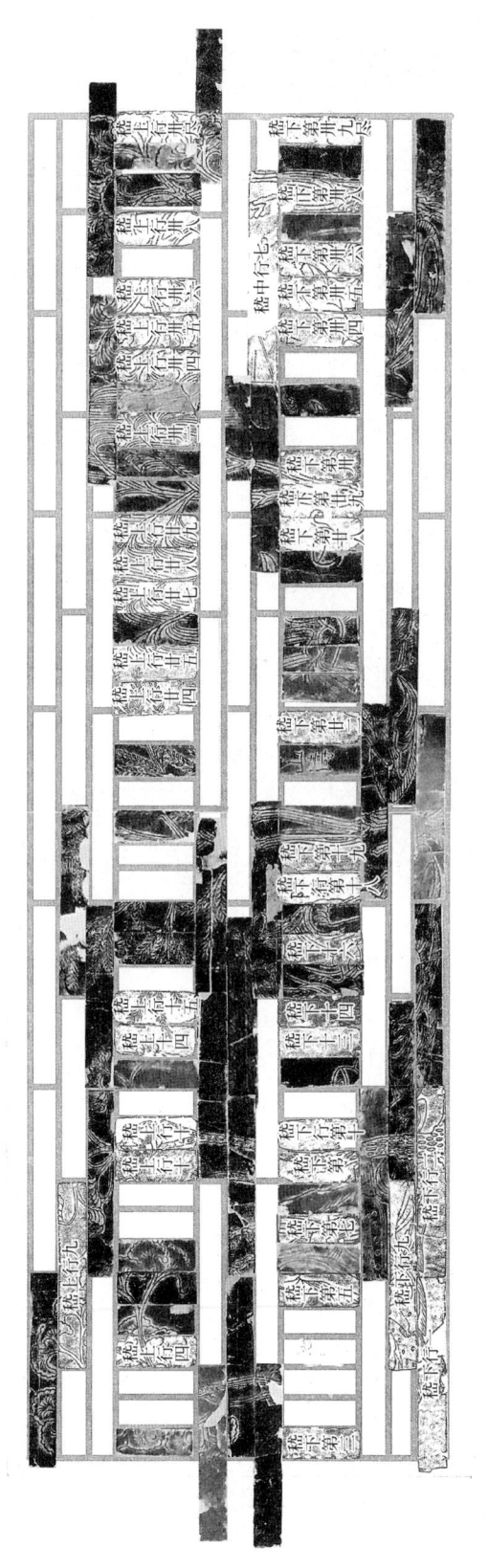

图八 石子岗穆康面砖侧文字示意

图九 六朝博物馆展出石子冈 M5 不同模龙虎示意

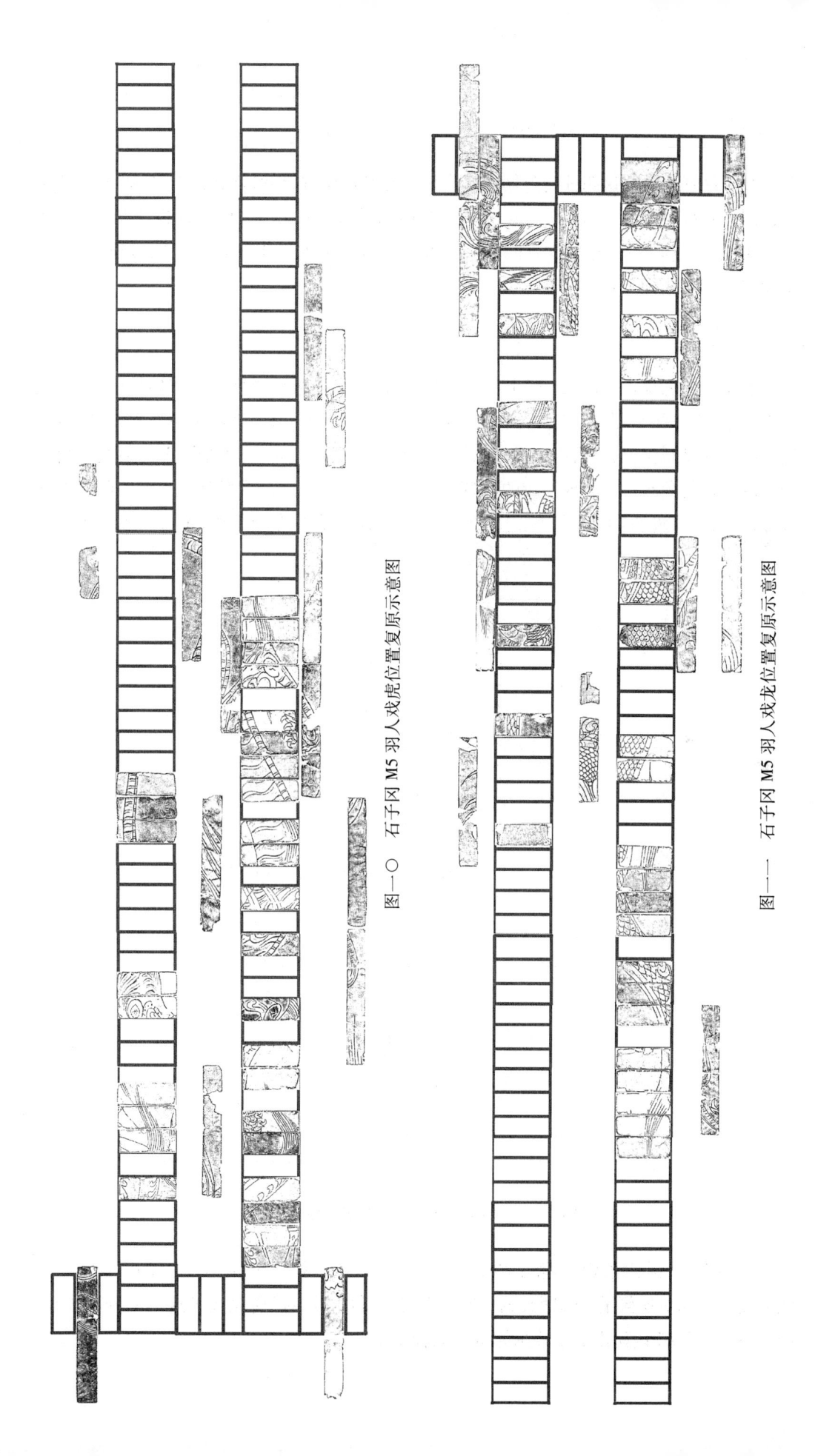

图一〇 石子冈 M5 羽人戏虎位置复原示意图

图一一 石子冈 M5 羽人戏龙位置复原示意图

条较细。尽管也发现这两种砖砖侧文字序号有相邻的情况,但画面无法接续;抑或砖侧文字相同,但纹样不同。实地观察六朝博物馆展出的部分实物,这种区别也清晰可辨(图九),可见石子冈 M5 内应至少有两套羽人戏龙虎题材砖画。本文选取了数量较多,且线条较细的一套进行了复原拼砌(图一〇、图一一)。

2. 狮子

狮子位于墓葬甬道内,石子冈 M5 内同样发现了狮子题材的墓砖,拼对时笔者首先根据丁砖中"左师第十尽"的和顺砖中的"右师子下行第五住"这类表示结束位置的砖,推导出砖的总体排布位置,而后由序号依次排列好数量较多的丁砖,再依据图案拼对情况拼好和丁砖紧挨的顺砖。在完成大致的整理拼对(图一二、图一三)后发现:所有丁砖只有序号,没有表示位置的"上、下",因此构图时可能只有一排丁砖,狮子画面为三顺一丁三顺的组合方式。

图一二 石子冈 M5 左狮子位置复原示意图

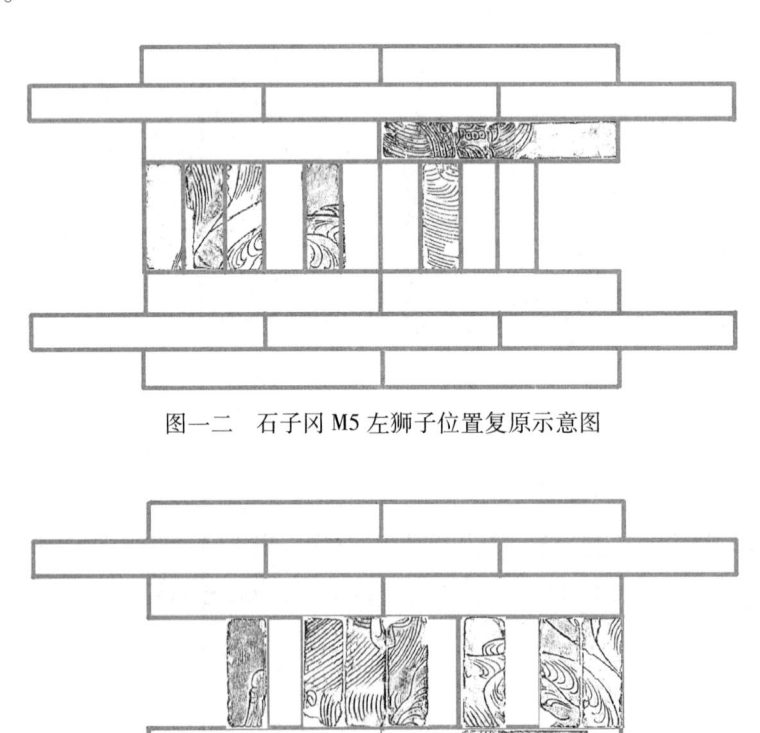

图一三 石子冈 M5 右狮子位置复原示意图

总体来看,石子冈 M5 的狮子图像虽比其他墓葬少一排丁砖,但拼对好的图像也已经较为完整。如对比狮子口部图案,石子冈 M5 已经利用较少的砖完成了这一部分的表现。因此,石子冈 M5 内所出狮子砖画体量也应较小。

二、墓葬的年代与等级蠡测

石子冈 M5 内出现的大量重复砖表明,烧造这类砖画时至少会预备两套备用。观察不同题材砖画中出现的同模现象,可以发现体量较小、画面较简单的图像画面差异较小,使用同一模具的现象更多;而竹林七贤和羽人戏龙虎(包括天人)是体量较大、内容较为复杂的砖画,在这类墓葬中可见多套粉本,砖画之间的差异说明一套完整的粉本有一定的流传时间,从金家村与吴家村砖画的差异看,流传时间应该不长,甚至比较短。

基于砖画所依据的粉本,以及根据粉本制作的模具在逻辑上的演变趋势——由早到晚细节不断丧失,出现补缺、改动,直至另起炉灶,有较多细节和更深线条的石子冈 M5 的墓砖制作年代很可能早于宫山墓。

此前已有多位学者注意到金家村墓和宫山墓竹林七贤与荣启期砖画之间的相似性,指出金家村墓此类题材砖画的部分线条可能直接来自宫山墓砖画的模具①,且部分砖画人物与榜题的对应出现了错讹,从而认为金家村墓略晚于宫山墓。该观点目前学界基本已有共识,此不赘述。以同样的基准,将石子冈 M5 与金家村墓对比后就可以发现:

一方面,石子冈 M5 拼对完成后的砖画比宫山墓还拥有更多细节,金家村墓显然更无法与之相比,对比金家村墓和宫山墓版本的竹林七贤与荣启期,可以看到金家村墓人物旁魁的数量减少,且已经不见内里的桴(图一四);另一方面,石子冈 M5 至少留存了七块人物榜题砖,均与宫山墓同模,而金家村墓只存两块与宫山墓同模的人物榜题砖(即阮咸和山涛),且同时出现了"山涛"和虚构的"山司徒",明显错讹更多,整体与吴家村墓的砖画更为接近(图一五)。综合考量石子冈 M5 与宫山墓之间魁内桴的数量差异,其反映出的模具细节逐渐缺失的趋势与榜题所反映的情况是一致的。

因此单纯从墓砖的制作年代看,大致存在石子冈 M5→宫山墓→金家村墓→吴家村墓的演变序列,而狮子冲 M1 已经明确为萧梁墓,时代应当更晚一些。鉴于目前并没有竹林七贤与荣启期题材砖印壁画始见于刘宋的直接证据,同时考虑到石子冈 M5 与宫山墓的形制与随葬品组合,笔者认为,暂将二者的时代推定在南齐晚期可能是比较合适的。但需要注意的是,墓砖的制作年代与墓葬的修筑年代实际上是两个概念,尽管高等级墓葬中竹林七贤与荣启期、羽人戏龙虎、狮子、天人、卤簿等大型砖印壁画应用的特殊性使得我们通常不太考虑二者之间的时间间隔,但石子冈 M5 中备份画砖的确认,以及本就有缺失、不能拼成完整图像的画砖被毫无规律散乱砌筑的现象都在提醒我们,这种时间间隔有可能是数年、十数年,甚至数十年。从这一点出发,石子冈 M5 的建造年代还有下探至萧梁的可能。还要强调的是,本文基于年代的判断主要围绕砖印壁画展开,这个年代序列表现了

---

① 王汉:《从壁画砖看南京西善桥宫山墓的年代》,《东南文化》2018 年第 2 期,第 81~91 页;王汉:《论丹阳金家村南朝墓竹林七贤壁画的承前启后》,《故宫博物院院刊》2018 年第 3 期,第 81~91、160 页;James C. Y. Watt, *China: Dawn of a Golden Age, 200-750 AD*, Prudence Oliver Harper, 2004。

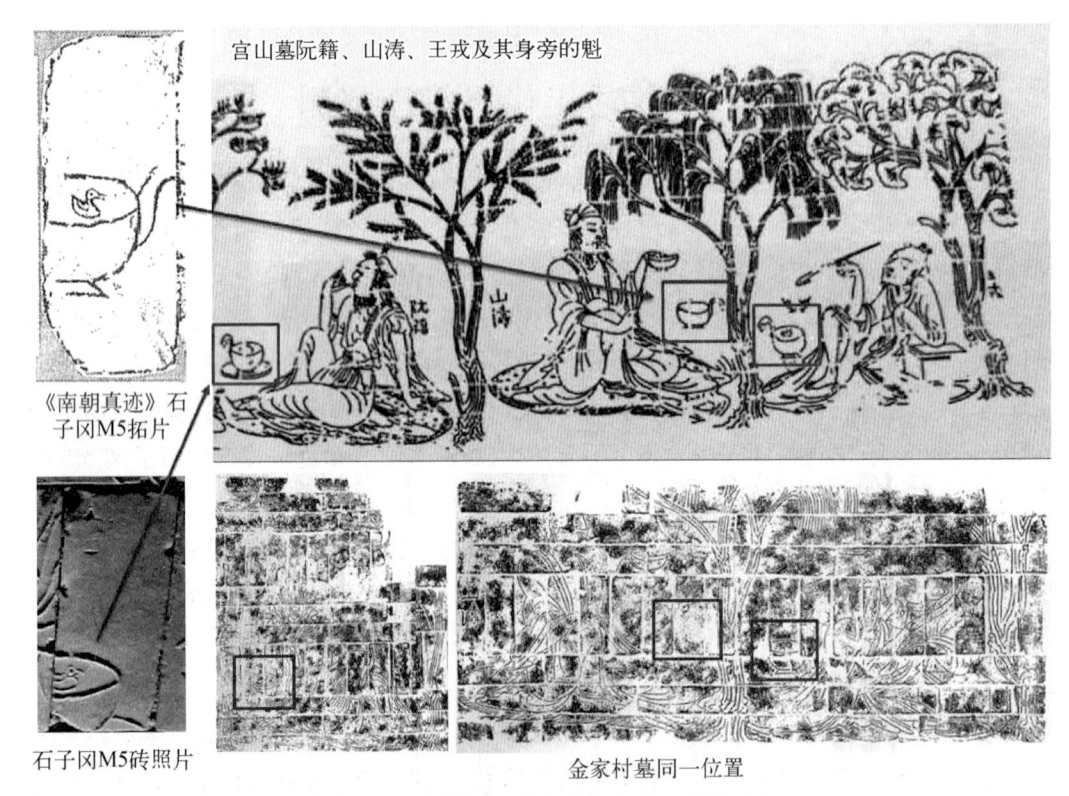

图一四中上部标注："宫山墓阮籍、山涛、王戎及其身旁的魁"
图一四左上："《南朝真迹》石子冈M5拓片"
图一四左下："石子冈M5砖照片"
图一四右下："金家村墓同一位置"

图一四　石子冈M5、宫山墓与金家村墓魁对比

砖印壁画单线条演变的早晚关系，不排除因模具的流转情况复杂等其他原因，造成墓葬年代推定存在出入的可能性。

那么随之而来的一个问题便是，尽管石子冈M5内的画砖是乱砌的，但墓主是如何获得这批画砖的？或者从另一个角度思考，墓主具有什么样的身份才能获得这批画砖？这其实就又回到了墓葬的等级问题上来了。从目前情况看，已经可以发现一座墓中同一题材不同模的砖画共存、不同时期墓葬中同一题材砖画尺寸上的差异、几乎同一时期墓葬中出现不同题材等现象，这种现象是否预示着划分等级的可能性？笔者以为，墓葬时代大体在一个时段内，都遵循同样的丧葬制度，彼此间才有探讨等级高低的可能。上文笔者将宫山墓与石子冈M5的时代推定在南齐晚期，二者又都发现完整的或可拼砌的竹林七贤与荣启期砖画，结合已被推定为南齐帝陵的金家村墓与吴家村墓，也许可以有如下关于墓葬等级的猜测：

1. 具有全部拼砌完整的题材，且砖画尺寸（墓葬尺寸）较大的金家村墓、吴家村墓等属于第一等级；

2. 石子冈M5所反映的理论上具备可以拼砌完整的全部题材，但图像尺寸（墓室尺寸）稍小的墓葬属第二等级；

3. 图像尺寸（墓室尺寸）稍小，且只有完整竹林七贤与荣启期题材，无法容纳其他题材砖画的宫山墓属第三等级；

西善桥宫山墓榜题

石子冈M5榜题

金家村墓榜题

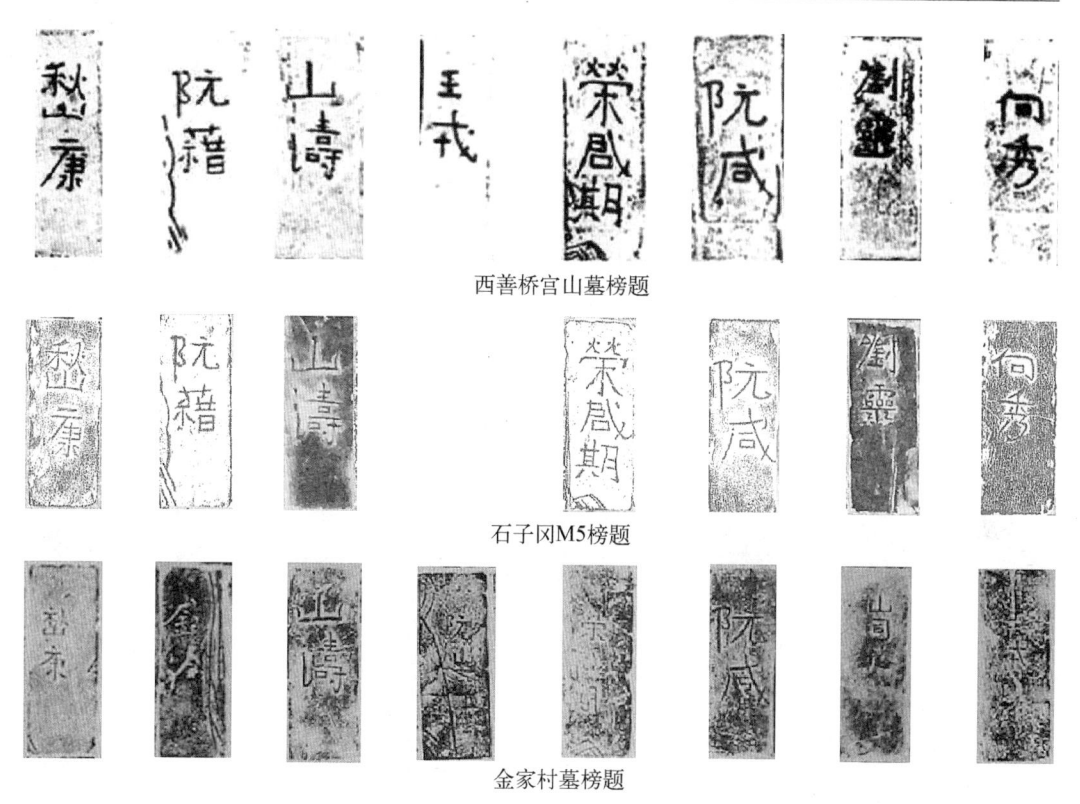

图一五 宫山墓、石子岗 M5 与金家村墓榜题对比

4. 石子冈 M5、铁心桥小村墓等发现大型砖印壁画砖,但散乱砌筑的墓葬等级显然更低,目前进一步细分等级的条件还不成熟。

至于石子冈 M5 墓主为什么能获得这些相当于"东园秘器"的画砖,是与其地位有关,或是担任的职务有关,目前尚无有力的材料可以证实,期待今后考古发现与研究的进一步深入。

宗教与艺术

位置、组合与意义：
汉代西王母神性的图像观察

王 煜

四川大学历史文化学院

由于西汉晚期以后的墓葬中,在各个墓葬艺术流行的地域,都有十分丰富的西王母图像出现,西王母已经成为墓葬艺术中最主要的内容之一了。这种丰富而突出的西王母图像,使得不少研究者产生了一种简单的印象,认为西王母应该为汉代信仰中的主神,不少学者认为汉代人的信仰中有一个以西王母为主宰的神仙世界,甚至有的西方学者将西王母称作"宇宙的根据"①。

我们知道,汉代尤其是汉武帝以后已经完全形成了一个中央集权的大一统帝国,在这个帝国的版图中已经不存在名义上不属于天子的乐郊、乐土,国家观念和官僚体系已经深入人心,社会一般观念中对死后世界的想象应当建立在这种底色之上。所以死后世界中:如人间有帝王和达官显贵一样,天上也有天帝和其重要臣工;如人间有地方官吏和基层执事者一样,地下也有地府的管理者、各级官吏及其执事者。在这样的时代观念中,最多个别人间悠游自得的隐士可以比类为悠游于名山大川之间的散仙,笔者实在不敢相信还有一个超越于天地之外的所谓"仙界"。这一点孙机先生近来也注意到了,并对不少以往的研究提出了尖锐的批评②。不少学者认为这个仙界就是昆仑。实际上昆仑并未超越于天地之外,而正是天地之间的中轴,为登天的中心天柱,一般观念中升仙者的目的恐怕还是要通过昆仑而升天成仙③。笔者更不能相信那个居于昆仑之上的西王母能超越于皇天后土,成为死后世界和神仙世界的最高统治者。那么,西王母在死后世界中,在以昆仑为背景的升仙信仰中到底扮演着什么样的角色?有着怎样的地位?这可以从西王母图像出现在墓葬及其附属遗存中的位置和图像组合来仔细辨析。

---

① Elfriede R. Knauer, "The Queen Mother of the West: A Study of the Influence of Western Prototypes on the Iconography of the Taoist Deity", V. H. Mair, *Contact and Exchange in the Ancient World*, University of Hawaii Press Honolulu, 2006, pp. 62 – 115.
② 孙机:《仙凡幽冥之间——汉画像石与"大象其生"》,《中国国家博物馆馆刊》2013 年第 9 期。
③ 王煜:《汉代太一信仰的图像考古》,《中国社会科学》2014 年第 3 期。

一、西王母图像在墓葬及其附属遗存中的位置和组合

考察西王母的地位和意义,其出现的位置及其图像组合是十分重要的。学界对西王母图像的研究可以说洋洋大观,但却少有对这一问题进行全面的考察。由于西汉晚期以后的壁画尤其是画像材料的地域性明显,以下笔者就按地域和载体对这一问题进行一次较为全面的梳理。

需要说明的是,以往说到西王母的图像组合,往往是将西王母个人的图像作为主体,而以常见的玉兔捣药、三足乌、蟾蜍、九尾狐等为其组合,艺术史学者多称为西王母的图像志(iconography)[1],这种研究当然是西王母图像研究的一方面。与之不同的是,笔者的目的是要考察西王母的地位和性质,所以这里所说的图像组合是整个西王母图像(包括其附属图像)与其他图像的组合。

（一）河南地区

该地区是西王母图像最早出现的地区,主要出现于墓室壁画和画像砖(空心砖)上。

1. 墓室壁画

时代在西汉中晚期的卜千秋墓[2]是目前所见出现西王母图像的最早墓葬(该西王母图像曾经有过争议,目前已得到多数学者的认可[3])。该墓的壁画绘于墓门门额、墓室脊顶和后室山墙上,整体上连为一体,应该是一个系列,方向由外向内。最外面的是墓门门额上绘的人首鸟身神像,接下来是学界十分熟悉的墓主人升仙图像(图一),图像东西两侧分别是伏羲、女娲和日、月(也有意见认为伏羲、女娲为阳神、阴神,或羲和、常羲),其间墓主人在持节羽人、各种神兽的引导和护卫下乘骑神兽向西行进,墓主人前的云中出现了西王母(图一,2,中部)。但西王母并非墓主人的目的地,因为引导这支队伍的持节羽人已经向西行进到女娲和月之前,而且壁画中的西王母也相当不起眼,这使得一些学者只认为她是西王母的侍女而非其本人[4]。升仙队伍的目的地就整个墓室的图像序列来看,应该在最里面的后室山墙上。梯形的空心砖正中绘画着一个猪首的神怪,其下是青龙、白虎夹侍于猪首神怪两侧(据庞政告知,该图像上尚有朱雀和疑似的玄武,实际上是四象围绕于神怪周围,笔者细覆照片,其观察是正确的)。发掘者和孙作云先生将此猪首神怪解释为保护墓主的方相氏[5],其后少

---

[1] Michael Loewe, *Ways to Paradise: The Chinese Quest Immortality*, London: George Allen and Unwin, 1979, p. 103.
[2] 洛阳博物馆:《洛阳西汉卜千秋壁画墓发掘简报》,《文物》1977 年第 6 期。
[3] 李淞:《论汉代艺术中的西王母图像》,长沙:湖南教育出版社,2000 年,第 38 页。
[4] 孙作云:《洛阳西汉卜千秋壁画墓考释》,《文物》1977 年第 6 期。
[5] 孙作云:《洛阳西汉卜千秋壁画墓考释》,《文物》1977 年第 6 期。

图一 洛阳卜千秋墓脊顶壁画摹本①

有不同意见。然而,为何作为保护墓主的方相氏为墓主人升仙图的终点,而且绘制于墓葬后室山墙顶上正中如此重要的位置?笔者这里暂不对此神怪图像作出解释,只需考察西王母的位置和地位,显然这里西王母并非墓主人升仙的目的地,而且从壁画上神人的大小来看,其地位显然不如伏羲、女娲和后室顶部的那个猪首神怪。

偃师新村新莽时期壁画墓③的西王母图像不再绘于墓顶,而绘于呈梯形的后室隔梁上(图二)。此后各地的西王母图像基本都不再出现在墓顶,而往往在此种呈梯形的隔梁、山墙这些门、墙壁与顶部的过渡地带。该墓中的壁画比卜千秋墓要丰富一些,但多是在门两侧的门吏和墓壁上的宴饮、庖厨图像。神祇的形象只有上述西王母和前室横额上的一个巨大兽首,兽首两侧有伏羲、女娲手捧日、月的图像(图三)。若说主神,显然这一个两侧有伏羲、女娲和日、月的神怪更具有资格。值得注意的是西王母图像之下有一突出的门形图像,笔者认为可能是阊阖、天门,将西王母与天门组合在一起的图像在后述材料中还有不少。

图二 洛阳偃师新村墓西王母壁画②

---

① 采自洛阳博物馆:《洛阳西汉卜千秋壁画墓发掘简报》,《文物》1977年第6期,第10页,图三三。
② 采自黄明兰、郭引强:《洛阳汉墓壁画》,北京:文物出版社,1996年,第137页。
③ 洛阳市第二文物工作队:《洛阳偃师县新莽壁画墓清理简报》,《文物》1992年第12期。

图三　洛阳偃师新村墓前室横额壁画①

2. 画像砖

我们知道,河南郑州、新郑、南阳地区的空心画像砖也是早期西王母图像出现的重要载体。不过,一方面,刻画有早期西王母图像的这些画像砖往往出土零散,其图像组合很难探知;另一方面,这些画像砖上的图像往往比较简单,很难对其图像因素进行进一步的考察。但是,在这些画像砖上西王母往往是侧坐于山峦之间,在整个画像上的位置并不突出,毫无一神独尊的气势(图四)。

1

2

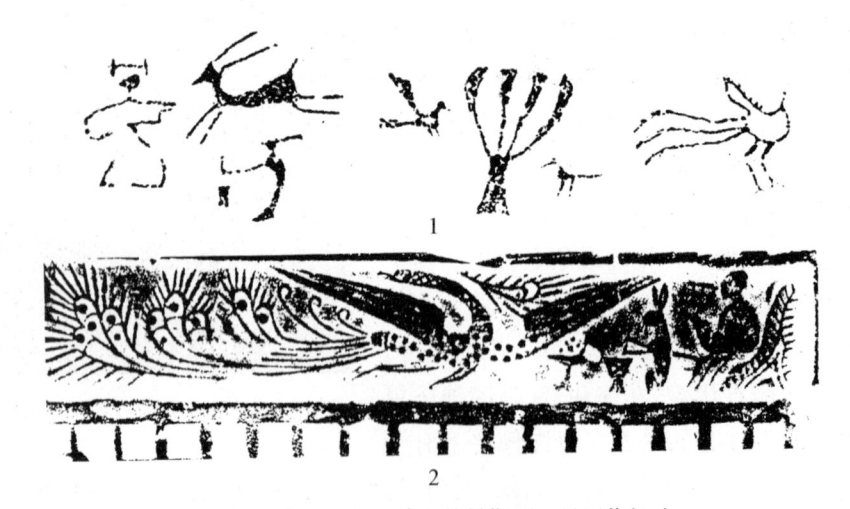

图四　河南地区空心砖上的早期西王母画像拓片
1.南阳出土画像空心砖拓片②　2.新郑出土画像空心砖拓片③

---

① 采自黄明兰、郭引强:《洛阳汉墓壁画》,第126页。
② 采自南阳文物研究所:《南阳汉代画像砖》,北京:文物出版社,1990年,图163。
③ 采自薛文灿、刘松根编:《河南新郑汉代画像砖》,上海:上海书画出版社,1993年,第72页。

南阳新野樊集吊窑画像砖墓 M28,时代在西汉晚期①,其墓门的画像组合保存较为完整,是探讨这一问题极好的材料。其中央由一空心画像砖作为立柱将墓门分为两开,左门柱画像为凤阙和捧盾门吏,中门柱和右门柱画像一致,应该同出一模,上层为树木射鸟图,下层为角抵和乐舞。墓门两开上各有一横向的空心画像砖作为横额,两砖的画像完全一致,也当出于一模。画像下层一车马朝双阙行进,其前有两人迎接,车马前的两导骑刚刚进入双阙,上层为戴胜的西王母,其前有凤鸟,一人正跪地伏拜王母。这里的双阙学界一致认为是阊阖、天门,而整个画像似乎是一幅连续的图式,表达墓主人进入阊阖、天门而拜见西王母②(图五)。这里西王母图像的位置很清楚,处于墓门之上,组合以阊阖、天门这一形式已经见于上述偃师新村壁画墓中,在后述其他地区的材料中还有许多。这里西王母的图像仍然并不突出,墓门是进入墓室的入口,天门是进入天界的入口,其位置和组合似乎更倾向于一种过渡的意义。

图五 南阳新野樊集吊窑画像砖墓 M28 门楣画像拓片③

(二)山东、苏北、淮北地区

该地区也是汉画像出现和流行最重要的地区之一,西王母图像主要出现在早期的画像石椁和后来的画像石墓、祠堂中。

1. 画像石椁

该地区的画像石椁墓是后来画像石墓的先声,西王母的图像出现在一些石椁侧板的最左侧,其上为一座二层楼台,西王母戴胜凭几端坐于楼台上层,下层中有一只凤鸟,其右为玉兔捣药、各类神人和建鼓图像。我们知道,早期画像石椁的头、足两端和侧板上往往刻画双阙和璧,笔者曾经论述过璧与阊阖、天门的关系④,而双阙更加形象地表达了这一

---

① 河南省南阳地区文物研究所:《新野樊集汉画像砖墓》,《考古学报》1990 年第 4 期。
② 李淞:《论汉代艺术中的西王母图像》,第 57 页。
③ 采自南阳文物研究所:《南阳汉代画像砖》,图 148。
④ 王煜:《汉代太一信仰的图像考古》,《中国社会科学》2014 年第 3 期;《四川汉墓出土"西王母与杂技"摇钱树枝叶试探——兼谈摇钱树的整体意义》,《考古》2013 年第 11 期;《也论马王汉墓堆帛画——以阊阖(璧门)、天门、昆仑为中心》,《江汉考古》2015 年第 3 期。

意义。也就是说该地区的早期西王母图像往往与阊阖、天门联系在一起。

江苏徐州沛县栖山 M1 中的画像石椁保存完好,发掘者推测其时代在新莽时期①,对探讨西王母图像的位置和组合具有重要意义。该画像石椁头、足挡和两侧板内外共有八幅画像:头挡外壁中心刻画一璧,上部为两个铺首衔环,下部有两人和一马;头挡内壁画像与外壁大体一致,只是没有中心的璧,右下角有一人正掰开马嘴;东侧板外壁即该地区这一时期典型的西王母画像及其组合,如上述;东侧板内壁两端各有一璧,中央为一虎形兽,虎形兽两侧有树木、凤鸟;西侧板外壁左侧也有一座二层楼台,楼台上为六博,楼台右侧为车马临阙和乐舞、庖厨画像;西侧板内壁两端也各有一璧,只是一对树木、凤鸟画像中为畋猎画像,与东侧板略有不同;足挡外壁中央似一条道路,两侧有一对树木、凤鸟;足挡内壁为一只虎形兽(图六)。

该石椁上的图像虽然复杂,但总结起来大致为三个主题:一是墓主人升仙,包括西王母、仙人六博、建鼓、神人神兽、车马临阙、璧和铺首衔环(象征天门)以及树木、凤鸟;二是墓主人在理想世界中的享乐,包括仙人六博、建鼓、畋猎、车马临阙;三是对墓主人的护卫,包括虎形兽画像。这里西王母虽是升仙主题的最重要代表,但我们发现,她的图像却在侧板的最左侧,画面也不甚突出,依然毫无主神的气势。与其组合的重要图像为璧、铺首衔环、双阙,根据笔者的讨论,这些应该是阊阖、天门的表现和象征,也具有过渡的意义。

2. 画像石墓

该地区早期画像石墓中的西王母图像继承了画像石椁上的许多因素,如西王母与建鼓、六博、乐舞的联系等。西王母往往居于画像石最上层的正中,正面端坐,显然具有重要的地位。不过,由于这些早期画像石多是零散出土,其在墓葬中的位置和图像组合并不清楚,但可以肯定不是在墓顶,其具体的地位和意义还不敢妄加推测。

有一些保存比较完整的东汉晚期的画像石墓,可以帮助我们探讨这一问题。山东苍山城前村元嘉元年(151年)画像石墓②中,西王母画像位于墓门左立柱上,手持一曲状物,侧坐于蘑菇状的平台之上。墓门横额上是一幅车马过桥画像,画像上车马队伍左行,其前部分与头戴尖帽的胡人展开战斗。笔者曾经讨论过,此种"车马出行—胡汉交战"画像的意义在于墓主人的队伍打败阻路的胡人,继续向西域中的西王母和昆仑进发③。这里的西王母虽是墓主人队伍行进的目标,但未必是其最终的目的地,西王母刻画于门柱之上,依然显示着其与门的关系,暗含着过渡的意义。沂南汉墓④中的西王母画像共有两例,一例如苍山元嘉元年墓,刻画于墓门左立柱正面,西王母坐于三平台形的昆仑

---

① 徐州市博物馆、沛县文化馆:《江苏沛县栖山汉画像石墓清理简报》,《考古学集刊》第二集,1982年。
② 山东省博物馆、苍山县文化馆:《山东苍山元嘉元年画象石墓》,《考古》1975年第2期。
③ 王煜:《"车马出行—胡人"画像试探——兼谈汉代丧葬艺术中胡人形象的意义》,《考古与文物》2012年第1期。
④ 南京博物院、山东省文物管理处:《沂南古画像石墓发掘报告》,文化部文物管理局,1956年。

图六　江苏徐州沛县栖山汉墓 M1 出土画像石椁各面画像①

1. 头挡外侧　2. 头挡内侧　3. 足挡外侧　4. 足挡内侧　5. 东侧板外侧
6. 东侧板内侧　7. 西侧板外侧　8. 西侧板内侧

---

① 改制于信立祥：《汉代画像石综合研究》，北京：文物出版社，2000 年，第 209 页，图一一二。

之上②，而且其上还有一个虎首有翼戴冠的神怪和一头象(?)。与之相对的右门柱上东王公（仍然戴着西王母的胜）之上有一戴尖帽大神手拥持规、矩的伏羲、女娲的画像（图七）。另一例在中室八角中柱西面，西王母坐于一平台之上，与之相对应的有东面的东王公和南北两面的早期佛像（或佛弟子像）和仙人像（图八）。可见，在中室中柱上西王母只是平等的几位神祇中的一名，并非唯一大神，在门柱上其依然与具有过渡意义的墓门密切相关，而且其上还有虎首神怪和手拥伏羲、女娲的大神。

值得注意的是，在该地区的一些画像石上，西王母两侧也有人首蛇身的神怪交尾在一起，而作为西王母的胁侍（图九）。不少学者把这种人首蛇身的神怪一律认作伏羲、女娲，由于伏羲、女娲往往手捧日、月和规、矩，从而认为西王

图七　山东沂南汉墓墓门立柱画像拓片①

母为合和阴阳、经天纬地的大神③。人首蛇身神怪不一定是伏羲、女娲，已有学者指出这一问题④，其间还要作仔细的辨析。如典型的伏羲、女娲画像除了为人首蛇身外，更重要的是其手中应该捧抱日、月（如四川画像石棺上的画像）或举持规、矩（如武梁祠画像），而且伏羲的冠往往与常人不同，多作三山形冠，也有作尖帽的（如沂南汉墓），武梁祠中作通天冠，《汉官仪》云"天子冠通天"⑤，也符合其古代帝王的身份。而西王母两侧的人首蛇身神怪中男性一方都是戴一般的进贤冠，二者都手持便面，侍奉西王母，应该不能视作伏羲、女娲。

3. 墓地祠堂

与其他地区不同，该地区流行建造墓地祠堂，其上有丰富的石刻画像。由于祠堂建筑具有特定的形式和规制，其上的画像整体性突出。一般的祠堂由坡状的屋顶、东、西两侧壁和后壁构成，东、西两壁上接屋顶处需有三角形的山墙，西王母图像便出现在西山墙上。

---

① 此种平台应为昆仑，学界已有提及，笔者更进一步认为其为结合昆仑三山观念的昆仑悬圃图像。参见王煜：《昆仑、天门、西王母与天神——汉代升仙信仰体系的考古学研究》，四川大学博士学位论文，2013年。
② 采自南京博物院、山东省文物管理处：《沂南古画像石墓发掘报告》，第25、26页。
③ Jean M. James. "An Iconographic Study of Xiwangmu During the Han Dynasty", *Artibus Asiae*, Vol IV, 1/2, 1995, pp. 17-41.
④ 贺西林：《汉画阴阳主神考》，《古代墓葬美术研究》第一辑，北京：文物出版社，2011年，第121~130页。
⑤ 《后汉书》卷二《明帝纪》注引《汉官仪》，北京：中华书局，1965年，第100页。

图八　山东沂南汉墓中室八角柱画像摹本①

1. 东面　2. 西面　3. 南面　4. 北面

与之相对的东山墙在东汉中期以前往往为风伯和房屋画像,东汉中期以后则对应东王公,由此基本形成祠堂画像的定制。

整个祠堂画像的组合:其东、西、后三面墙上往往为车马出行、拜谒和古代人物故事;西山墙上则为西王母,对应东山墙上的风伯(或是房屋中的人物)和东王公;屋顶上为天界图像,武梁祠以祥瑞和灾异画像表示,具有特殊性②,其他多为天界神祇、神兽,也见有

---

① 采自南京博物院、山东省文物管理处:《沂南古画像石墓发掘报告》,第65~68页。
② 巫鸿著,柳扬、岑河译:《武梁祠——中国古代画像艺术的思想性》,北京:生活·读书·新知三联书店,2006年。

星象(如孝堂山祠堂②)。可见,祠堂壁面上刻画的虽不是当时人间之事,但人间礼教的意味浓厚。而山墙正是壁面与屋顶的过渡设施,也即人间向天界的过渡地带,西王母图像出现于其上,其过渡意义再明显不过了。

武氏祠左石室屋顶前坡东段刻画有一幅升仙图,其天空上缭绕的云气中出现了西王母和东王公③,这是笔者所见西王母出现于祠堂屋顶的唯一材料(图一〇)。虽说在众多程式化的材料面前,这一孤例我们完全可置不论,但笔者观察到这一画像不仅仅是将西王母刻画于屋顶这一点特殊性。仔细观察下部的车马人物,一辆安车前套有三匹马,其上有为榜题留下的方框,车主已经下车,其头戴等级最高的通天冠,其前也有一个没有榜题的方框。说明这应该是一个故事人物,而

图九　山东微山县两城镇出土西王母与人首蛇身神画像拓片①

图一〇　武氏祠左石室屋顶前坡东段画像摹本④

---

① 采自中国画像石全集编委会:《中国画像石全集2·山东汉画像石》,山东美术出版社,2000年,第32页,图四一。
② 罗哲文:《孝堂山郭氏墓石祠》,《文物》1961年第4、5合期。
③ 信立祥:《汉代画像石综合研究》,第160页,图九〇。
④ 采自信立祥:《汉代画像石综合研究》,第160页,图九〇。

不是墓主,因为一则墓主绝不可能戴天子所戴的通天冠,二则基本不见有在墓主画像旁边加榜题的情况(许阿瞿画像石①应该是个特例,因为其为未成年的小孩,小孩的画像若不加榜题恐怕很难能被人理解为墓主)。可见,这幅画像并不是一般的墓主升仙图,而可能是有关一位帝王的故事,所以其与同时同地的一般模式不同。至于是什么样的故事,笔者就不得而知了,但应该与升仙有关。

(三) 陕北、晋西地区

该地区西王母画像虽然最为丰富,但其整个画像主要都是刻画于墓门和墓室中的门上,程式化十分突出,其情况可以简单概括如下。

绝大多数的西王母图像出现在墓门或墓室门的左立柱上,西王母坐于独一平台或三平台之上,与之相对应的右门柱上往往为东王公,早期也有为西王母和仙人对置六博的例子。门柱上往往还有门吏及神兽、博山炉等图像,门扇上往往为成对的铺首衔环、凤鸟和独角兽或龙、虎,横额上往往为车马出行,而且绝大多数都是左行向着西王母的方向,也见有神兽、房屋、墓主、仙人等画像②(图一一、图一二)。这里西王母的意义显然与门的意义紧密联系在一起,其具有的过渡意味与上述各地区一致。

该地区也有个别特例,西王母出现于墓门横额之上。如陕西绥德四十里铺出土的一组墓门画像石上,西王母坐于墓门横额右侧,其旁有仙人侍奉和三足乌、九尾狐、玉兔捣药

图一一　陕西米脂官庄出土墓门画像石拓片③

---

① 南阳博物馆:《南阳发现东汉许阿瞿墓志画像石》,《文物》1974年第8期。
② 如李林、康兰英、赵力光编:《陕北汉代画像石》,西安:陕西人民出版社,1995年,第32、55页。
③ 采自李林、康兰英、赵力光编:《陕北汉代画像石》,第32页。

图一二　陕西绥德王得元墓墓门画像石拓片①

画像。在西王母左侧刻画一门,虽然相对较小,但其上的铺首衔环却十分突出,说明刻画者并非故意将之刻画较小,而是受横向的横额宽度的制约,门左为拜谒图像②(图一三)。邢义田先生认为这里的门应该为天门④,其说可从。因此,即便在这个特例中,西王母仍然与门、天门组合在一起。

(四) 四川、重庆地区

该地区也是西王母图像特别流行的地区之一,其墓葬及附属遗存上的西王母图像主要出现于画像石棺和画像砖上。

1. 画像石棺

画像石棺由于有固定的形制,其图像组合比较稳定,对于整体研究也是特别重要的材料。西王母画像往往刻画于石棺的侧板上,与其附属图像如九尾狐、蟾蜍、三足乌等满满占据一个侧板,也见有个别西王母刻于头挡上的例子(如郫县新胜乡出土石棺⑤)。头挡上往往刻画双阙,学界比较一致地认为这些双阙画像代表天门,也见有天门图像刻画于侧

---

① 采自李林、康兰英、赵力光编:《陕北汉代画像石》,第55页。
② 李林、康兰英、赵力光编:《陕北汉代画像石》,第74页。
③ 采自李林、康兰英、赵力光编:《陕北汉代画像石》,第74页。
④ 邢义田:《陕西旬邑百子村壁画墓的墓主、时代与"天门"问题》,载《画为心声:画像石、画像砖与壁画》,北京:中华书局,2011年,第651页。

图一三　陕西绥德四十里铺出土墓门画像石拓片①

板上的例子(如简阳鬼头山出土石棺②)。足挡上往往是伏羲、女娲手捧日、月或凤鸟。有的盖板顶上也有画像,多为方花(柿蒂纹)、龙虎衔璧(图一四)。盖板上的方花应该代表天文,这一点李零先生已有很好的论述③。郫县新胜乡出土一件石棺④顶部的龙虎衔璧画像上还出现了牵牛、织女的画像,这些关键位置处的璧的图案代表天门是本文中多次提及的,这里的青龙、白虎加上牵牛、织女显然代表着天界的图像。可见,画像石棺的棺盖多是天界的表现。当然,画像石棺上的图像远比上述复杂丰富,而且还有地域特色。但上述的模式和画像组合,应该能代表大多数画像石棺的寓意。

这里西王母仍然紧密地与天门联系在一起,而且处于天界之下,其地位虽然突出,但绝不能是什么统领死后世界的主神,而是与其他地区一样,具有一种过渡的意味。

2. 画像砖

该地区画像砖中的西王母图像虽然十分丰富,但由于该地区的画像砖均是方形和长方形的小砖,基本上是一砖一图,西王母及其附属画像就占据了整个砖面,其与其他画像的组合必须要在完整的画像砖墓中才能考察。而绝大多数的画像砖墓早已破坏(也有早

---

① 四川省博物馆、郫县文化馆:《四川郫县东汉砖室墓的石棺画像》,《考古》1979年第6期。
② 雷建金:《简阳县鬼头山发现榜题画像石棺》,《四川文物》1988年第6期。
③ 李零:《"方华蔓长,此名曰昌"——为"柿蒂纹"正名》,《中国国家博物馆馆刊》2012年第7期。
④ 四川省博物馆、郫县文化馆:《四川郫县东汉砖石墓的石棺画像》,《考古》1979年第6期。

图一四　四川南溪长顺坡砖室墓出土三号石棺画像组合摹本①
1. 盖板画像　2. 头挡画像　3. 足挡画像　4. 右侧板画像

期考古报告自身的问题），图像组合已不得而知。笔者目前所见较为完整的组合有成都羊子山画像砖墓 M1 和大邑董场乡画像砖墓等不多的例子。

十分遗憾的是羊子山画像砖墓 M1 中没有出现西王母的画像。董场乡画像砖墓的时代发掘者定为三国时期，其西壁上保存有较为完整的一列画像砖组合。这列画像砖中共有西王母、天门、车马神龙出行、六博宴乐、仙人骑马、天界神怪、和天仓画像，其中有不少画像砖是重复的②（图一五）。一方面，这列画像砖看起来似乎应该有一个较为清晰的程

---

① 采自罗二虎：《汉代画像石棺》，成都：巴蜀书社，2002 年，第 92、93 页，图八五~图八八。
② 大邑县文化局：《大邑县董场乡三国画像砖墓》，载《四川考古报告集》，北京：文物出版社，1998 年，第 395 页。

序;但另一方面,由于画像砖的商品性和拼凑性,还有墓室长度、工匠操作的影响等,使制作画像砖时的程序在拼凑过程中有所打乱,不能完全按照其现在的组合和次序来依次理解。

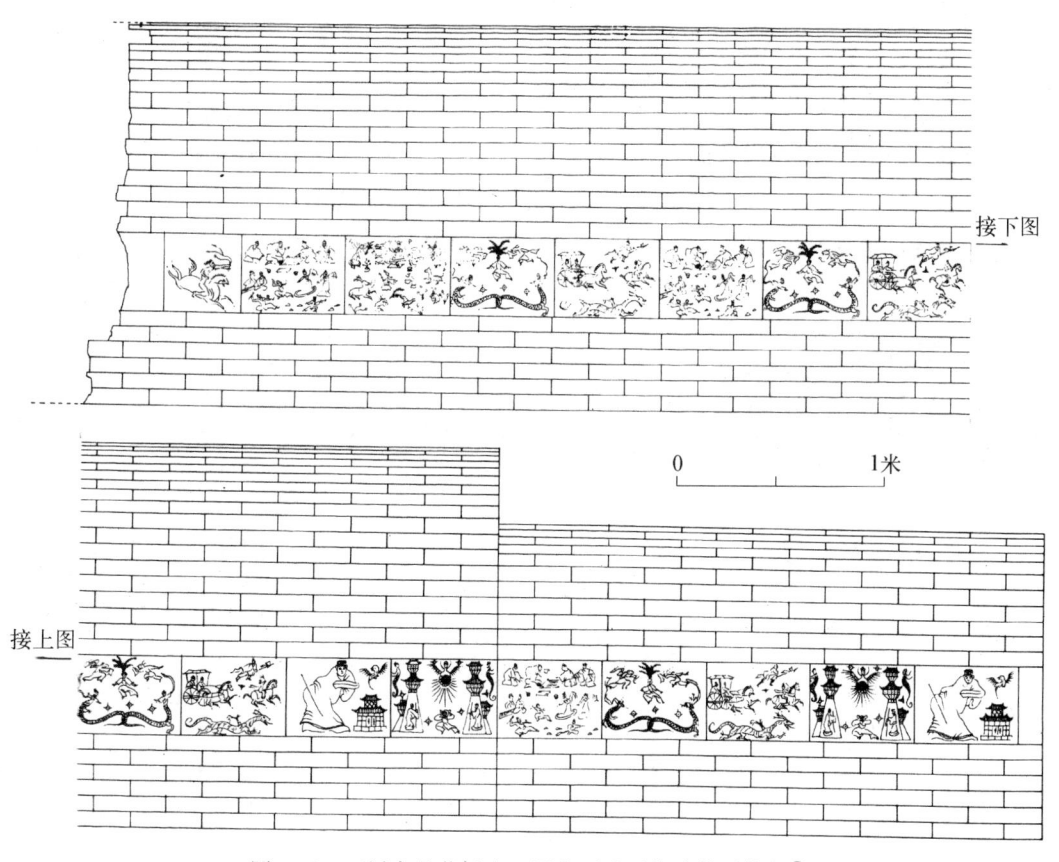

图一五　四川大邑董场乡三国墓西壁画像砖排列摹本①

笔者认为,这列画像砖大体上表达了一个在仙人的引导下,墓主人的车马在神龙的护卫下,拜谒西王母,穿越天门、上食天仓(画像砖上有题刻"食天仓"),并且快乐生活的情景。这里西王母的画像处于墓主升仙的过程中,并非其最终目的地,其最终目的应该是砖上题刻的"食天仓"即在天界快乐的生活。所以,这里的西王母应该与天门一样,仍然具有过渡的意义。虽然这里没有出现昆仑的图像,但我们知道此时的昆仑已经同西王母和天门紧密联系在一起,是升天成仙的背景,作为背景当然可以不必出现在画像上,但我们不能遗忘这个背景的存在。

二、铜镜、棺饰、摇钱树上的西王母图像及其组合

汉晋墓葬中除了墓葬本身及其附属遗存上有西王母图像,墓中出土的铜镜、棺饰、摇

---

① 采自大邑县文化局:《大邑县董场乡三国画像砖墓》,载《四川考古报告集》,第395页,图一五。

钱树等器物上也有西王母图像,这些器物根据各自形制,其图像具体的组合形式虽各不相同,但都具有比较完整的优点,值得好好加以考察。

(一) 铜　　镜

西王母图像出现于铜镜之上,有纪年者最早见于新莽始建国二年(10年)的博局纹镜①,西王母刻画于镜背内区的规、矩符号之间,与该类铜镜上常见的四神或其他神人、神兽看起来没有太大的差别(图一六)。东汉晚期至晋的画像镜上也往往有西王母的图像,其上西王母显得比其他神人、神兽突出一些,但也绝没有主神的气势②。

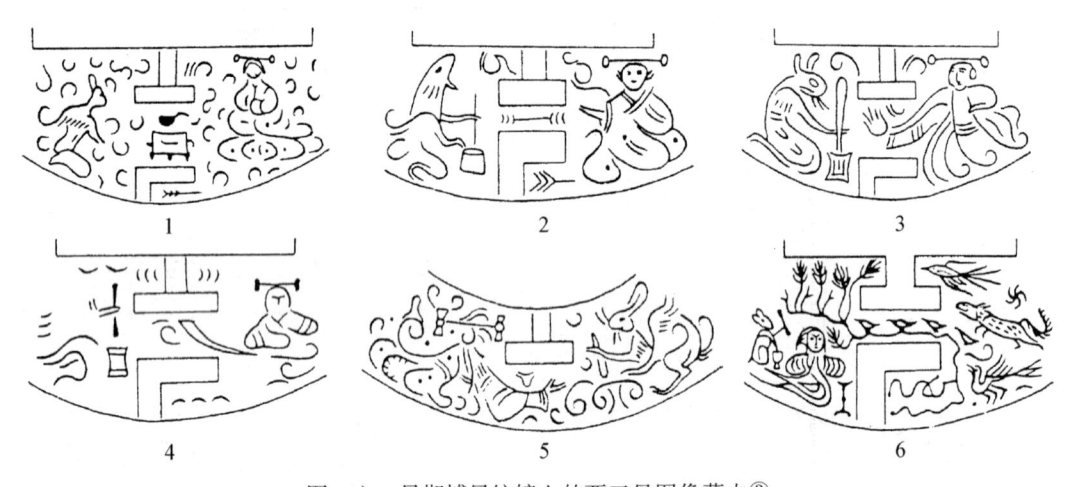

图一六　早期博局纹镜上的西王母图像摹本③
1. 江苏扬州出土　2. 安徽寿县出土　3. 日本私人藏　4. 朝鲜平壤出土
5. 中国国家博物馆藏　6. 安徽寿县出土

能最好地反映西王母地位和意义的铜镜要数东汉晚期至晋的三段式神仙镜和重列式神兽镜。三段式神仙镜镜背内区图像显著地分为上中下三个区段,而学界普遍认为这三个区段表达的是一种立体关系。西王母和东王公的图像固定地刻画在中区镜钮的两侧,上区图像虽然目前尚有争议,但比较一致地认为表现的是天界神祇④,而下区则为仙人和连理神树(图一七,1)。显然西王母处于天界之下,三段之中,并无主神的性质,而仍然具有过渡的意义。

重列式神兽镜比三段式神仙镜的图像组合要复杂得多,但显然也有固定的图像程序和组合。林巳奈夫先生认为该类镜上图案应该是关于宇宙的一种平面图式,上下两端的神人即为南、北两极的南极老人和北极天帝,五帝和其他神人、神兽的图像环列于铜镜之

---

① 孔祥星、刘一曼:《中国铜镜图典》,北京:文物出版社,1994年,第303页。
② 信立祥:《汉代画像石综合研究》,第149页,图八二。
③ 改制于信立祥:《汉代画像石综合研究》,第149页,图八二。
④ [日]林巳奈夫:《汉镜の图柄二、三について》,《东方学报》第44册,1973年。

上，铜镜中段最靠近镜钮处的为西王母和东王公①。该类铜镜上往往有题刻为："吾作明镜，幽湅宫商。周罗容象，五帝天皇。白牙单琴，黄帝除凶。朱鸟玄武，白虎青龙。君宜高官，子孙番昌，……"②后面省略一般是时间和作镜人。这里甚至没有提到西王母，有的镜铭偶尔也提到西王母，但其地位显然不能和"五帝天皇"相比。观其在铜镜图像中的位置也是中段靠近镜钮处，若林巳奈夫所论可靠，镜钮为昆仑之象征，这里的西王母仍然与昆仑组合在一起，其为升天成仙中的关键点，但绝不是最终点和最高神祇（图一七，2）。

图一七 三段式神仙镜与重列式神兽镜内区图像摹本③
1. 西雅图美术馆藏三段式神仙镜 2. 波士顿美术馆藏重列式神兽镜

（二）棺　　饰

重庆巫山县出土不少东汉晚期（有些可能晚到晋）的鎏金铜牌饰④，根据这些铜牌饰的出土位置，有学者认为其应是装在木棺前端正中的饰件⑤。其上图像主要为双阙，阙上有凤鸟，阙中心有一璧形物，如前所述应为天门的象征。阙间有神人端坐，应为门阙的司守，阙旁尚有一些神兽，几乎所有牌饰上都自题为"天门"。有的在双阙的上部刻画西王母图像，将西王母与天门紧密地结合在一起（图一八，1）。天门显然不是升仙者的目的

---

① ［日］林巳奈夫：《汉镜の图柄二、三について》，《东方学报》第44册，1973年。
② 王仲殊：《建安纪年铭神兽镜综论》，《考古》1988年第4期。
③ 采自［日］林巳奈夫：《汉镜の图柄二、三について》，《东方学报》第44册，1973年，图21、35。
④ 重庆巫山县文物管理所、中国社会科学院考古研究所三峡工作队：《重庆巫山县东汉鎏金铜牌饰的发现与研究》，《考古》1998年第12期；武汉市文物考古研究所、巫山县文物管理所：《重庆巫山土城坡墓地Ⅲ区东汉墓葬发掘报告》，《江汉考古》2008年第1期；重庆市文物考古研究所、武汉市文物考古研究所：《重庆巫山县神女路秦汉墓葬发掘简报》，《江汉考古》2008年第2期。
⑤ 赵殿增、袁曙光：《天门考——兼论四川汉画像砖（石）的组合与主题》，《四川文物》1990年第6期。

地,升仙者的目的显然是要穿越天门而进入天界,西王母与之结合在一起,当然也具有相同的地位和意义。有一件四瓣形铜饰上,西王母(虽残,但仍能辨认其核心特征——龙虎座)甚至只居于刻画四象的南方朱雀一侧,与北方玄武下类似蹲张的人物相对,其地位显然不宜过高估计(图一八,2)。

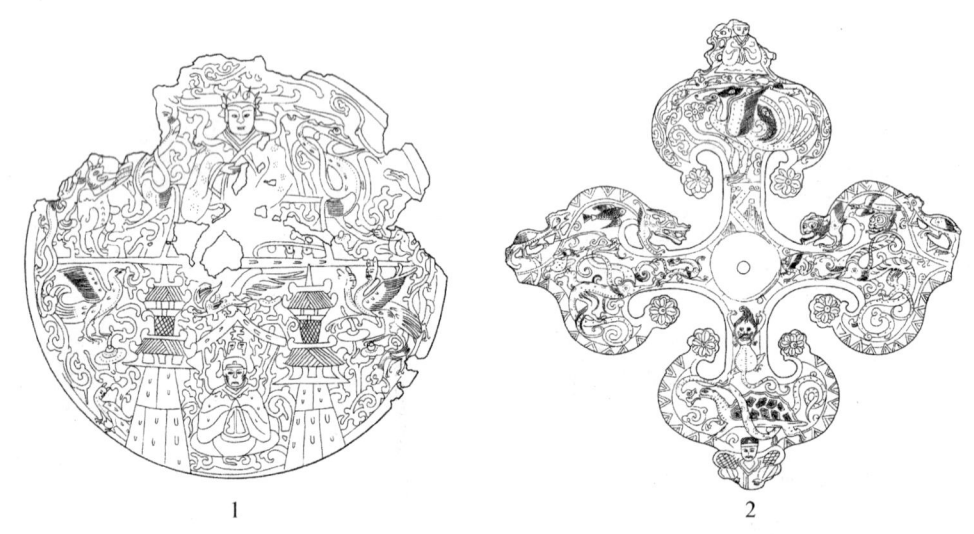

图一八　重庆巫山出土铜棺饰上的西王母图像及其组合①
1. 巫山土城坡南东井坎出土　2. 巫山县磷肥厂出土

(三) 摇 钱 树

摇钱树是西南地区尤其是四川盆地东汉晚期至魏晋墓葬中流行的一种冥器,其由陶质或石质树座和铜质树干、枝叶组成。由于其枝叶上满布方孔圆钱,故而一般称之为"摇钱树"。但是学界日益感觉到其上的神仙和升仙思想更为强烈,所以有许多学者又改称其"钱树"。名称的问题只是个约定俗成的问题,本文中按一般称法称其为"摇钱树",至于其意义,笔者认为其更多是昆仑、西王母、天门的升仙观念的系统表现②。摇钱树的树座和树干枝叶上都有许多西王母图像。

1. 树座

摇钱树的树座形制主要有几类:一类作山形,其上往往有西王母和天门的图像(图一九);一类作圆锥体,其上分为三个层次,西王母图像一般出现于第二层上;一类作有翼神兽相叠,连台座一共也呈三层;其他多是这三种形式的简化和变形。笔者认为,山形的树

---

① 采自重庆巫山县文物管理所、中国社会科学院考古研究所三峡工作队:《重庆巫山县东汉鎏金铜牌饰的发现与研究》,《考古》1998 年第 12 期,第 81、83 页,图四,1;图七。
② 王煜:《四川汉墓出土"西王母与杂技"摇钱树枝叶试探——兼谈摇钱树的整体意义》,《考古》2013 年第 11 期。

座实际上是昆仑山的象征,其上有天门和西王母;而三重的树座同样象征着昆仑的"三重",西王母出现于第二重上,可见其在昆仑信仰中并不占据最高的位置。西王母与昆仑、天门的结合与上述各个地区的材料仍然是一致的,西王母属于昆仑升仙信仰,其与天门一样更多地具有一种过渡的意味。

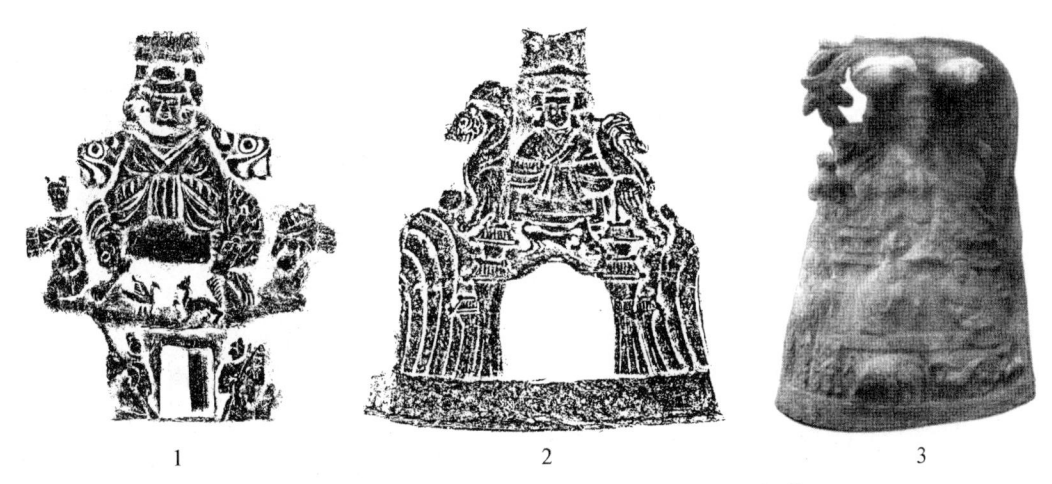

图一九　四川地区摇钱树座上的西王母与昆仑、天门①
1. 绵阳观太乡出土　2. 绵阳河边乡出土　3. 广汉连山出土

2. 枝叶

摇钱树的枝叶是西王母图像出现的一种重要载体,依笔者所见,摇钱树的枝叶大致分为三类:一类呈长条形,枝叶下悬铜钱,其上中心为西王母,两旁多为魔术、杂技的图像(图二〇,5);一类呈短圆形,铜钱满布枝叶,西王母图像往往也处于枝叶中央地带,其上还多有仙人、天马、神兽等图像(图一一,4);一类为顶枝,大多数为一圆璧,其上站立一只凤鸟,偶尔也见有璧上端坐西王母(或具有西王母性质的佛像,图二〇,1),两旁有一对凤阙的图像,如四川茂汶出土的一件摇钱树顶枝②(图二〇,2),也有璧在西王母上方的例子,如绵阳何家山二号崖墓出土者③(图二〇,3)。关于第一类摇钱树的枝叶,笔者曾做过专门的研究,认为其与当时西王母在西域之地,其地有眩人(幻人,即魔术、杂技师)的传说有关④。从第一类和第二类枝叶上都看不出西王母有显赫的地位,只有第三类顶枝上,西王母(个别是类似西王母性质的早期佛像)处于整个摇钱树的顶端,其地位不可小觑。但这类顶枝上西王母又与璧和双阙组合在一起,有时璧在西王母下方,有时在其上方。如

---

① 采自何志国:《汉魏摇钱树初步研究》,北京:科学出版社,2007年,第179、159、33页,图8-10、图7-17、图2-19。
② 何志国:《汉魏摇钱树初步研究》,第58页。
③ 何志国:《四川绵阳何家山2号东汉崖墓清理简报》,《文物》1991年第3期。
④ 王煜:《四川汉墓出土"西王母与杂技"摇钱树枝叶试探——兼谈摇钱树的整体意义》,《考古》2013年第11期。

笔者所论,这里璧为天门的一种象征,双阙更不用多论,因此,这里的西王母仍然与天门紧密联系在一起,还是具有过渡的意义。

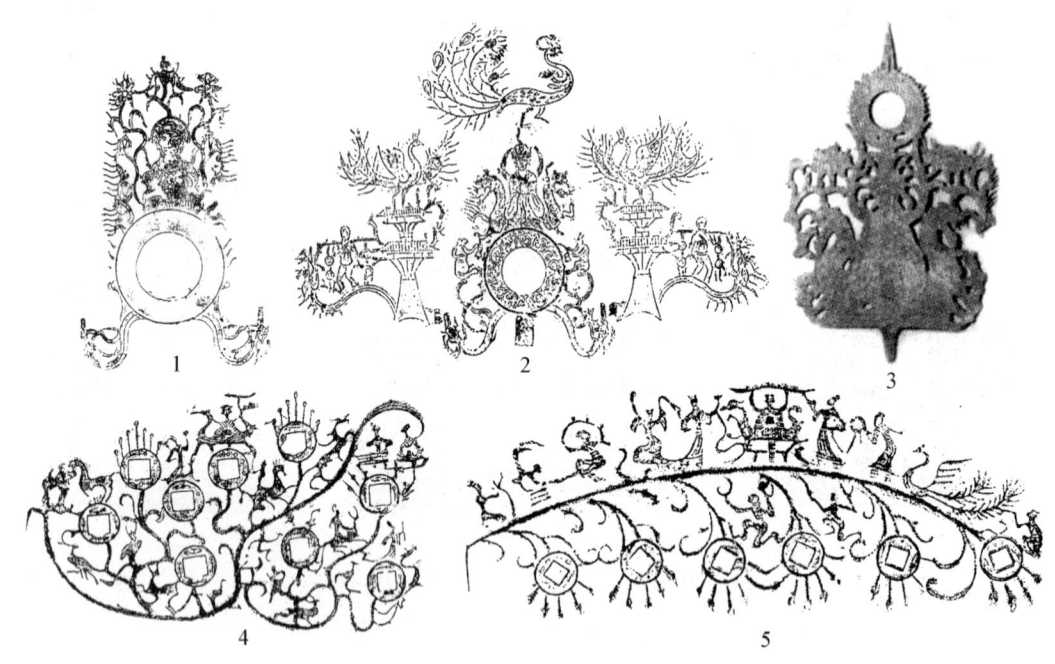

图二〇　摇钱树枝叶上的西王母(佛像)图像①
1. 安县出土顶枝　2. 茂汶出土顶枝　3. 绵阳何家山二号崖墓出土顶枝
4. 成都青白江出土侧枝　5. 成都青白江出土侧枝

三、西王母的地位与意义

根据笔者对墓葬及其附属设施以及一些重要器物上西王母位置和图像组合的考察,发现不论是在河南地区早期的墓室壁画和画像砖上,还是山东、苏北、淮北地区早期的画像石椁及之后的墓葬画像石和墓地祠堂上,或是在陕北、晋西地区的墓门画像石上,或是在四川地区的画像石棺、画像砖、铜棺饰和摇钱树上,甚至在流行于全国的汉晋铜镜之上,虽然由于载体的不同,地域文化的差异,西王母图像有许多突出的地区特征,但其中似乎有一个一致性的规律:西王母图像往往出现在墓门、墓室隔梁、祠堂山墙、石椁或石棺一侧,与门、天门、昆仑组合在一起。其并不具有最高主神的地位,哪怕仅仅是在昆仑山上,遑论整个宇宙。其位置往往多为向最高部位的过渡地区,与具有过渡意义的天门组合,其最浓厚的意义是过渡和关键点而非最终点和最高神。虽然东汉中晚期的西王母图像较以往可能很多时候显得要突出一些,但上述的整体位置和组合情况并没有改变。

西王母与昆仑结合,而作为昆仑信仰的一部分,这种情况在东汉中晚期更是可以完全

---

① 采自何志国:《汉魏摇钱树初步研究》,第239、51、47、22、23页,图11-7、图2-53、图2-47、图2-1、图2-2。

肯定的①。那么,西王母在昆仑信仰中到底扮演着怎样的角色?她为何在墓葬图像中更多地表现出过渡和关键点的意义?西王母的地位和信仰在此时到底如何?这还需要在上述对考古材料进行考察得出的认识上,进一步考察文献材料,才能得出一个较为可靠的结论。

笔者曾经讨论过,战国以来的神话传说中西王母的居所不定,其性质也有一些不同的说法,但西王母拥有不死之药,能使人长生不死并升天成仙在早期神话传说中已能觅见踪影②。西汉中晚期以来,西王母信仰与昆仑登天信仰相结合,成为昆仑不死与升仙信仰的重要组成部分。

造作于西汉末东汉初的《尚书帝验期》云:"王母之国在西荒,凡得道授书者,皆朝王母于昆仑之阙。"③这里的"昆仑之阙"显然即是阊阖、天门,也就是说凡得道(成仙)之人,先要到昆仑阊阖、天门去拜见西王母,取得成仙的资格。这一观念在东汉时期的出土文献上有更好的继承和说明。河南偃师出土的建宁二年(169年)《河南梁东安乐肥君之碑》云:"土仙者大伍公,见西王母于昆仑之虚,受仙道。"④在这里西王母也是能得到"仙道"的关键,但绝不是成仙者的最终目的。五代道士杜光庭编撰的《西王母传》云:

> 西王母者,九灵太妙龟山金母也,一号太灵九光龟台金母,亦号曰金母元君,乃西华之至妙,洞阴之极尊。……所居宫阙,在龟山之春山西那之都,昆仑玄圃阆风之苑。……升天之时,先拜木公,后谒金母,受事既讫,方得升九天,入三清,拜太上,觐奉元始天尊耳。⑤

此传虽成文颇晚,但根据张勋燎先生的研究,其中也包含了不少可以早到汉晋时期的材料⑥,如升仙之时先要至昆仑拜见西王母确实见于上述汉代的传世文献和出土文献中,只是其加入了许多后来的道教因素而已。根据张先生的研究,六朝道书文献中西王母是昆仑之上"总领仙籍"的神祇⑦,也就是说凡要升仙之人皆要到西王母那里去"上户口"。这是后来道教的说法,但根据上述材料其中一定继承了汉晋时期昆仑、王母信仰的主要成分。

昆仑在汉晋信仰中是天地的中央天柱,最为重要的登天神山⑧。但即便到了昆仑,凡夫俗子如何才能由凡入仙,上升天界?这就需要拜见西王母,取得升天成仙的资格。这就是上述汉代文献中所谓的"得道授书"和"受仙道",此点可以参看前述张勋燎先生着眼于

---

① 巫鸿:《武梁祠——中国古代画像艺术的思想性》,第135~142页。
② 王煜:《西王母地域之"西移"及相关问题讨论》,《西域研究》2011年第3期。
③ [日]安居香山、中村璋八辑:《纬书集成》,石家庄:河北人民出版社,1994年,第387页。
④ 河南偃师县文物管理委员会:《偃师县南蔡庄乡汉肥致墓发掘报告》,《文物》1992年第9期,第39页。
⑤ (宋)张君房编,李永晟点校:《云笈七签》卷一一四《西王母传》,北京:中华书局,2003年,第2527~2531页。
⑥ 张勋燎:《重庆、甘肃和四川东汉墓出土的几种西王母天门图像材料与道教》,张勋燎、白彬:《中国道教考古》第3册,北京:线装书局,2006年,第789~796页。
⑦ 张勋燎:《重庆、甘肃和四川东汉墓出土的几种西王母天门图像材料与道教》。
⑧ 王煜:《汉代太一信仰的图像考古》,《中国社会科学》2014年第3期。

早期道教的研究。不过这是倾向于早期道教和修仙者的文献,从图像上看,西王母旁边往往有玉兔正捣着不死之药,可以想象,汉晋时期绝大多数人肯定不会去研究道书和仙道,他们期望的是在西王母那里获得资格及仙药而升天成仙。《淮南子·览冥训》中说"羿请不死之药于西王母,姮娥窃以奔月"①,即是西王母拥有仙药,可以令人升天成仙的明证。

综上所述,从西王母图像出现的位置和图像组合来看,西王母更多地具有过渡和关键点的意义而非最终目的地和最高神。西汉中晚期以后,西王母信仰与昆仑信仰结合在一起,其核心就是升天升仙。这一信仰中昆仑为登天的所在,是这个信仰的大背景,而西王母就是其上的一个关键点,升仙之人需要在西王母处获得资格及仙药,进入天门,上升天界。

张勋燎先生根据四川地区西王母和天门的紧密关系结合上述道书文献,首先提出西王母的这种地位和意义,但他认为这一信仰属于早期道教。张先生的研究无疑是本研究得以开展的一个重要启发,但根据笔者上述的考察,西王母与天门紧密联系的情况不仅在四川地区,而是在全国其他墓葬艺术流行的地区都有大量表现,时代信息明确的最早例子见于新莽时期。虽然,对这一信仰的完整记述确实出于略晚的道书文献,但笔者无法认为上述所有材料都是早期道教的遗物。应该说早期道教与这一信仰有共同的背景,早期道教也是在这一背景中产生的。但根据上述汉代丰富的考古材料和汉代已经出现的有关这种信仰的文献材料来看,这种信仰的范畴应该比早期道教更为宽广而作为当时社会上的一般信仰。

四、结　　论

综上所述,总结认识如下:

第一,汉代墓葬及其附属设施上,以及墓葬中出土的一些与信仰有关的重要器物上的西王母图像,自其一开始出现就没有处于最为重要的位置和图像组合的核心,而是几乎所有地区不同载体上的西王母图像都向我们显示出它的过渡和关键点的地位及意义。西王母图像主要出现在墓门、横梁、隔梁及山墙上这些具有向最高位置过渡的地带,其往往与昆仑(昆仑又往往作为背景被隐去)、天门组合在一起,是昆仑升仙信仰中的一个关键点,但绝非汉代信仰中的主神,哪怕只是在昆仑信仰中。虽然东汉中晚期以来,西王母图像的显著性可能有所增长,其地位可能有所提升,但其位置和组合并没有整体的改变,其性质和地位应该也没有总体的变化。

第二,根据文献的记载,尤其是一些后世道书文献,剔除这些文献中掺入的后世道教的成分,而与汉代相关文献相发明。笔者认为,自西汉中晚期以来西王母与昆仑信仰相结合以后,在当时社会一般信仰中,西王母为昆仑之上的一位重要神祇,其握有仙药,是昆仑

---

① (汉)刘安等著,(汉)高诱注:《淮南子注》卷六《览冥训》,《诸子集成》本,上海:上海书店,1986年,第98页。

升天信仰中的一个关键。欲升天成仙之人,需要登上昆仑,拜见西王母,取得仙药和仙籍后,才能进入天门,上升天界。这里西王母的意义与天门一致,都具有一种由凡向仙的过渡的关键点的意义,所以二者才会在各地的墓葬图像中都紧密地组合在一起。关于此点,张勋燎先生已经指出,不过他认为这些材料和观念皆为早期道教的内容。笔者认为,这些材料的时代、地域和在墓葬及相关物品中的丰富性并非早期道教可以涵盖,应该属于汉代的一般信仰内容,而为早期道教之来源。

另外,以往有一种流行观点认为,升仙与升天是不同的,汉代人没有升天的观念,有的只是升仙,升仙的目的地为西王母所在的"仙界"[1]。从本文的研究来看,汉代墓葬图像中并没有一个独立的所谓"西王母仙界"存在,西王母只是升仙过程中的一个关键点,人们死后真正的理想归宿还是在天帝统领的天界,这一点从汉墓中大量关于天门、天仓的图像和文字题记中都可以看到。《淮南子·精神训》云:"是故精神天之有也,而骨骸者地之有也。精神入其门,而骨骸反其根。"东汉高诱注:"精神无形,故能入天门。骨骸有形,故反其根,归土也。"[2]《说文·匕部》亦云:"真,仙人变形而登天也。"[3]《史记·封禅书》中所记武帝封禅泰山的目的也正是希望效法"黄帝已仙上天"、"能仙登天"[4]。可见,升仙与升天在汉代人的信仰中并不是两个泾渭分明的观念,所以古往今来一直合称为升天成仙。西王母之上应该还有天帝,作为整个宇宙和神仙世界的最高主宰。但在人们的观念中天上的天帝正如人间的帝王一样,并不是每个人随时可以觐见的,人们在墓葬艺术中更为关心的是能否拜见西王母取得仙籍和仙药并进入天门而顺利升天成仙,并不在于最后能否拜见天帝。因此,在墓葬艺术中西王母的图像远比天帝要丰富,由于其图像的丰富性而将其视作升仙信仰和神仙世界的主神的看法,并不符合目前已知的汉代文献和考古材料。

笔者按:此文写定于2012年底,为2013年初定稿的博士论文的一部分,此次抽取成篇,时间紧迫,基本未作修改,只是调整和增添了一些注释并顺通为单篇文章的语句而已。笔者虽自认为仍有独立之可能,但毕竟脱出于大的材料和论述背景,空疏之处自不待言。今读一过,感觉最大之问题,虽然一以贯之,但两汉之中西王母图像位置、组合之细节及西王母神性问题亦应有所变化发展,文中虽注意到此问题,惜未能深入。他日获已,当结合古述今论更深求之。识于此,布于众,以备忘警策。

---

[1] 信立祥:《汉代画像石综合研究》,第61页。
[2] (汉)刘安等著,(汉)高诱注:《淮南子注》卷七《精神训》,《诸子集成》本,第99页。
[3] (汉)许慎著,(清)段玉裁注:《说文解字注》,上海:上海古籍出版社,1981年,第384页。
[4] 《史记》卷二八《封禅书》,北京:中华书局,1959年,第1393、1396页。

马王堆帛画中双龙构成的
"壶形空间"考

朱 磊
山东大学文化遗产研究院

1972年至1974年发掘的长沙马王堆三座汉墓,出土了保存完好的文物3 000多件,为我国汉代的历史文化研究提供了丰富而珍贵的实物资料。其中1号墓和3号墓内棺上的彩绘T形帛画,色彩鲜艳,内容丰富,保存完整,是不可多得的艺术珍品。众多学者著书撰文,尝试解读帛画所绘内容之意。利用古代文献、考古资料、葬俗实例和民族、民俗学资料等各种材料,从不同的角度引以为证。各种解法众说纷纭、莫衷一是。而唯一的共同点便是将帛画内容分裂成若干单元,然后逐一寻找文献解释研究。近四十年来,鲜有说法能够系统地、合理地将整个帛画内容贯穿起来。鲁惟一(Michael Loewe)则干脆认为这幅帛画并非反映某一种传统神话,而是吸收了多元的神话传说和哲学思想,因此画中各部分内容并不存在连续性①。

要知道,T形帛画乃是丧葬专用之物,庄严而神圣。画中内容必然严格地代表着特定的宗教象征性符号,从而达到其神学功用。它不是一般意义上供观赏之用的艺术作品,因此,绝不会任由绘者天马行空地创作发挥。画中的每一处构成元素,必有其相应的宗教来源,相互之间也必然有着符合其神学逻辑的连续性。早在20世纪80年代,美国学者谢柏轲(Jerome Silbergld)就曾质疑这种以零散文献附会帛画内容的做法:"我们真能相信如此精工细作、天衣无缝的画面,是以如此散漫不一的文献材料为背景创作的吗?一个形象来自这个文献,另一个形象来自那个文献?"②

汉初,统治者鉴于秦代严刑酷法,祚运短暂,便反其道而行之,推崇清静无为的黄老思想。作为正统的士大夫轪侯家族,不可能摆脱社会环境的影响和制约,对黄老之术必然笃信尤甚③。马王堆墓葬中出土大批帛书及简策,其中尤以数术、方术类居多,如《篆书阴阳五行》、《隶书阴阳五行》、《符箓》、《神图》、《养生图》、《导引图》等,在三号墓中发现有《道德经》、《十大经》、《经法》等不少黄老经籍,可见墓主人乃是原始道教的虔诚信徒。而此

---

① Michael Loeve, *Ways To Paradise: The Chinese Quest For Immortality*, SMC PUBLISHING INC, 1994, p. 31.
② Jerome Silbergld, "Mawangdui Excavated Materials And Transmitted Texts", *Early China*, No. 8(1982 – 1983): p. 83. 译文引自巫鸿:《礼仪中的美术:马王堆再思》,载氏著《礼仪中的美术:巫鸿中国古代美术史文编》上册,北京:生活·读书·新知三联书店,2005年,第101页。
③ 李建毛:《马王堆一号汉墓帛画新解》,《南方文物》1992年第3期,第78页。

墓中的诸多明器与图像反映出其宗教意识之核心观念,实为道教文化中的通过"太阴炼形"修炼方式达到尸解升天的神仙信仰①。

一、双龙组成的壶形空间

马王堆一号汉墓出土的T形帛画,上宽下狭。在下部细长的画面上,由赤色和白色两条巨龙组成了一正一反的两个底部相交合壶形空间(图一)。这两个壶形结构是绘者无心插柳,妙手偶得?还是刻意为之,内含深意?

壶形空间的上部内容,是由凤鸟与华盖构成的壶盖,使中间正立之壶的壶形结构更加完整,显然是绘者精心设计的。如此良苦用心,其中必有深意。

"壶"是道教神仙境界的一个象征性符号。《后汉书》和葛洪《神仙传》都有关于神仙壶公和他的弟子费长房的故事。《后汉书·方术列传》载:"费长房者,汝南人也。曾为市掾。市中有老翁卖药;悬一壶于肆头,及市罢,辄跳入壶中。市人莫之见,唯长房于楼上睹之,异焉,因往再拜奉酒脯。翁知长房之意其神也,谓之曰:'子明日可更来。'长房旦日复诣翁,翁乃与俱入壶中。唯见玉堂严丽,旨酒甘肴盈衍其中,共饮毕而出。"③

传说在渤海中的蓬莱、方丈、瀛洲三座神山④,也为壶形,道门称之为"三壶山"。在《列子·汤问篇》中,方丈也称"方壶",而到六朝的《王子年拾遗记》中:"三壶,则海中三山也。一曰方壶,则方丈也;二曰蓬壶,则蓬莱也;三曰瀛壶,则瀛洲也。形如壶器。此三山上广、中狭、下方,皆如工制,犹华

图一 马王堆一号汉墓T形帛画中阴阳双龙构成的底部相连的两个壶形空间②

---

① 基于汉代的"太阴炼形"信仰对中国古代墓葬及相关问题的最新研究,参见姜生:《长沙金盆岭晋墓与太阴炼形——以及墓葬器物群的分布逻辑》,《宗教学研究》2011年第1期。
② 采自湖南省博物馆、中国科学院考古研究所:《长沙马王堆一号汉墓》上集,北京:文物出版社,1973年,第40页(局部)。
③ 《后汉书》卷八二下《方术列传》,北京:中华书局,1965年,第2743页。
④ 《史记》卷二八《封禅书》,北京:中华书局,1959年,第1369页。

山之似削成。"①

蓬莱仙岛不但是传说中"不死之药"的所在,亦是仙人所居之处,时人梦想中的彼岸乐土。先秦两汉的神仙思想中,要想升仙,比较理想的途径是能够得到来自仙界的仙药。现藏于西安碑林的汉碑《仙人唐公房碑》记载了唐公房有幸得到"仙药",居然能够全家拔宅飞升。"仙药"神力如斯,令世人垂涎。但在西汉早期,尚未形成通过炼丹术获取"仙药"的手段,只能从仙人处求得。据《史记·封禅书》记载,在东海三神山上有仙人及不死之药,而且"其物禽兽尽白,而黄金银为宫阙"②,因此,秦始皇、汉武帝等均遣人赴东海蓬莱仙山,找寻"不死药"。

于是,有学者认为帛画中的这个壶形结构所代表的乃是"蓬莱仙岛"③。

然而,分析此帛画的逻辑结构,此处的壶形结构似不大可能是蓬莱仙岛。因为,倘若帛画中表现的是墓主人已经置身于蓬莱仙境之中,那么墓主人的终极关怀已经达成,帛画上部的内容便无从解释。

在帛画上部出现日月、仙官、珍禽、异兽,显然这里才是帛画中所要体现的神仙世界——墓主人成仙后的理想归宿。而此壶形结构在整幅帛画中只代表一个中间过渡阶段,所以不可能是蓬莱仙岛。

(一)蓬莱仙岛:龙尾部分构成的颠倒之壶

帛画下部由龙尾部分构成的颠倒之壶,或可解释为蓬莱。

按《史记·秦始皇本纪》记载:

> 方士徐市等入海求神药,数岁不得,费多,恐谴,乃诈曰:"蓬莱药可得,然常为大鲛鱼所苦,故不得至,愿请善射与俱,见则以连弩射之。"始皇梦与海神战,如人状。问占梦,博士曰:"水神不可见,以大鱼蛟龙为候。今上祷祠备谨,而有此恶神,当除去,而善神可致。"乃令入海者赍捕巨鱼具,而自以连弩候大鱼出射之。自琅邪北至荣成山,弗见。至之罘,见巨鱼,射杀一鱼。遂并海西。④

可见,要得到蓬莱仙药,最大的障碍便是大鲛鱼。只有制服鲛鱼,方可得到仙药。在帛画底部绘有两条相互缠绕的大鲛鱼,两条大鲛鱼之上站着一个力士,双手高举一案,上置两鼎两壶。以此推测,此处的鲛鱼所象征的乃是蓬莱仙岛。

《史记·封禅书》对海上三神山有这样的描述:"未至,望之如云;及到,三神山反居水下。"⑤因此,帛画下部的倒立之"壶"正是"反居水下"的蓬莱。

马王堆三号汉墓出土的T形帛画中也出现了相同的由龙构成的两个壶形空间

---

① (东晋)王嘉撰,(梁)萧绮录,齐治平校注:《拾遗记》卷一《高辛》,北京:中华书局,1981年,第20页。
② 《史记》卷二八《封禅书》,第1370页。
③ Michael Loewe, *Ways To Paradise: The Chinese Quest For Immortality*, p. 59.
④ 《史记》卷六《秦始皇本纪》,第263页。
⑤ 《史记》卷二八《封禅书》,第1370页。

(图二),并且,在帛画的最下部多了一个巨罐(盛放仙药的容器),使整个帛画的神学逻辑更加清晰:力士双脚踏在两条大鲛鱼之上(力士制服了鲛鱼),双手高举鼎壶(得到了蓬莱仙岛罐中的仙药),以呈献给墓主人。

图二 马王堆三号汉墓 T 形帛画底部两鲛鱼下有一巨罐,象征蓬莱盛放仙药的容器[①]

(二)太阴世界:龙头部分构成的正立之壶

既然龙尾部分构成的颠倒之壶是为蓬莱仙岛,那么龙头部分构成的正立之壶如果不代表神山仙境又能代表什么?

这里要解释一下道教为什么要将神山仙境想象成壶形的世界。据姜生考证,在心理学本质上,道教的壶、葫芦、洞天等仙境概念,其实都是引人回归道之母体的路径,表达着道教独特的"子宫情结":

> 在道教中,这个"母体"就是"道",只是较之道家更为具象化,比如在早期道教的地母崇拜中,大地就是母体,男女"合气"术中,女子就是母体的象征。此外,道教的壶、葫芦、洞天、丹炉及其推崇和寻觅的"宝地",以及道教建筑,……都是母体的象征符号,这些象征符号发挥作用的方式虽各有不同,但都是使人回归与道同体的路径。修道者研究天地之学,目的就是要把握天门地户开阖之机,以期飞升天门金阙,得道成仙。[②]

---

① 采自高至喜、熊传薪主编:《中国音乐文物大系Ⅱ·湖南卷》,河南:大象出版社,2006年,第273页。
② 姜生:《论道教的洞穴信仰》,《文史哲》2003年第5期,第55页。

帛画中赤色和白色两条巨龙交缠于玉璧之中,象征阴阳二气交合(雌雄交配),在壶形的子宫(太阴)中孕育生命。因此,帛画龙头部分所构成正立的壶形结构,乃是炼形之宫——太阴世界。

何为太阴世界?要回答这个问题,首先要厘清汉代人神仙思想中的升仙逻辑。

二、汉代人的升仙思想

当前许多学者都认为,在先秦至汉初,人们的思想观念中是不存在死后升仙信仰的。

关于马王堆T形帛画表达的主题,起初学界几乎一致认为其所反映的是"引魂升天",但是不久就遭到一些学者的质疑。俞伟超认为:"在先秦典籍中,升仙思想找不到明显踪迹。它只是到汉武帝以后,尤其是在西汉晚期原始道教发生以后,才日益成为人们普遍的幻想。"[①]

20世纪90年代,在马王堆T形帛画的解释问题上,"引魂升天"说渐被否定,"灵魂入地"说成为主流的学术观点。其主要依据为宋玉在《楚辞·招魂》中的描述:"魂兮归来,君无下此幽都些!土伯九约,其角觺觺些!敦脄血拇,逐人駓駓些。参目虎首,其身若牛些。此皆甘人,归来!恐自遗灾些。"[②]以此判断,战国时楚人的灵魂是要去往地下幽都的。

加之先秦文献中多有人死后到"黄泉"、"九泉"的记载,如《左传·郑伯克段于鄢》:庄公将其母姜氏幽禁在今河南省临颍县,发誓说"不及黄泉,无相见也"。《乐府诗集·孔雀东南飞》中焦仲卿对其新妇说"吾独向黄泉"。新妇答曰:"同是被逼迫,君尔妾亦然。黄泉下相见,勿违今日言。"从而认为,到了汉代,楚人意识里的亡魂仍旧属于地下黄泉。

再有,汉镇墓文中也提到过许多的"地吏"名称,如:地下三千石,冢丞冢令,丘丞墓伯,伯(陌)上游徼,主墓狱史,陌门卒史,墓皇墓主,墓门亭长,魂云亭长,蒿里君,蒿里父老……乃是汉人灵魂入地观的有力实证。综上,在战国到汉代人们的观念中,死后灵魂将下地府幽冥,而非升入天界[③]。

(一)死后世界观之"灵魂升天"说

俗话说:百里不同风,千里不同俗。在一个多民族杂居的庞大帝国里,其死后世界观必然是呈现多元化的面貌。在先秦两汉时期人们的意识中,认为死后"灵魂入地"的信仰虽然存在,但并非独此一说,灵魂升天的观念亦同时存在。东汉时期的早期道经《太平经》中有"人死魂神以归天,骨肉以付地"的记载[④],可见在汉代是存在灵魂升天观念的。

---

① 俞伟超:《马王堆一号汉墓帛画内容考》,《先秦两汉考古学论集》,北京:文物出版社,1985年,第156页。
② (宋)洪兴祖撰,白化文等点校:《楚辞补记》,北京:中华书局,2012年,第201、202页。
③ 颜新元:《长沙马王堆汉墓T形帛画主题思想辩证》,《楚文艺论集》,武汉:湖北美术出版社,1991年,第149页。
④ 王明:《太平经合校》,北京:中华书局,2014年,第53页。

而具体到此帛画,其主题绝不可能是在描绘墓主人"灵魂下幽冥"的经历。

自从人的"自我意识产生后,人类将面临另一种永远不能改变的结局:此后人将是有死的,准确地说,对死亡的意识和恐惧也一起进入了人的自我意识,他再也不能指望返回到原初的前意识的那种无知无忧状态"①。所以,"对死亡的恐惧无疑是最普遍最根深蒂固的人类本能之一"②。虽然先秦两汉时期某些人的观念中认为死后灵魂要到幽冥地府,但总是心有不甘,千方百计寻找方法以逃脱"下幽冥"的命运,断然不会"画幡以引导","欣然而往之"。毕竟《楚辞·招魂》中描写的地下情景是非常可怕的。招魂的作用,也是阻止亡魂进入恐怖的"幽都"所做的最后努力。

其实,同样是在《招魂》中,亦有灵魂可以升天的描述:"魂兮归来!君无上天些。虎豹九关,啄害下人些。一夫九首,拔木九千些。豺狼从目,往来侁侁些。悬人目娱,投之深渊些。致命于帝,然后得瞑些。归来!往恐危身些。"③只不过宋玉所描述的天上世界也比较危险恐怖,不像是灵魂理想的归宿。

何以如此?

世界上只有人有修建墓穴埋葬同类的行为。因为"墓葬乃是人运用自我意识对抗生命终结现象的一种方式。墓葬空间和所有器物同死者一起,共同表达着与人类同时产生的超越死亡这个千古梦想"④。丧葬过程就是将死者之灵魂转化、发送到彼岸世界的通过仪式。各个步骤必须严格符合其宗教逻辑要求方可达成其"终极关怀"的实现。在先秦两汉的神仙思想中,凡人想要升天成仙,不是件容易的事情,除了要修习道术,亦需要适当的机缘、完备的条件和繁复的程序。

《招魂》曾被认为是宋玉的作品,后经学者多方考证,基本可以确定是屈原为楚怀王招魂所作⑤。怀王由于被秦所囚,最后客死于秦国,属"凶死"之人。死后未经巫觋的超度、仪式的发送,在时人的宗教逻辑中,此类死于非命者之灵魂是为游魂厉鬼⑥,不能转化成仙。天国不纳,四方不收,虎豹豺狼啄害驱赶,故而屈原要将楚怀王之游魂招回楚国故土以安顿之。

(二)"太阴炼形":不死升仙的道门途径

原始道教思想中,有一种可以通往不死成仙之路的修炼方式——"太阴炼形"。

---

① 姜生、汤伟侠主编:《中国道教科学技术史·汉魏两晋卷》,北京:科学出版社,2002年,第65页。
② [德]恩斯特·卡西尔著,甘阳译:《人论》,上海:上海译文出版社,1985年,第111页。
③ (宋)洪兴祖撰,白化文等点校:《楚辞补注》,第201页。
④ 姜生:《长沙金盆岭晋墓与太阴炼形——以及墓葬器物群的分布逻辑》,《宗教学研究》2011年第1期,第36页。
⑤ 王逸《楚辞章句》、朱熹《楚辞集注》曾认为《招魂》系宋玉所作,为屈原招魂。郭沫若《屈原研究》认为《招魂》系屈原所作,为楚怀王招魂。今之学者多从此说。
⑥ 陕西长安县二里村曾出土一件汉代朱书陶瓶,上绘北斗七星,图下朱书四行文字:"主乳死咎鬼,主白死咎鬼,主币死咎鬼,主星死咎鬼。"乳死咎鬼为年幼夭折之鬼;白死(应为"自死")咎鬼为自杀身死之鬼;币死(应为"师死")咎鬼为在军事冲突中死去之鬼;星死(应为"刑死")咎鬼为受过肉刑,形体亏损者死后所成之鬼(参见王育成:《南李王陶瓶朱书与相关宗教文化问题研究》,《考古与文物》1996年第2期,第63页)。

关于升仙的理想,按《史记·封禅书》记载:"黄帝采首山铜,铸鼎于荆山下。鼎既成,有龙垂胡髯下迎黄帝。黄帝上骑,群臣后宫从上者七十余人,龙乃上去。"①黄帝应该是史书所载第一位由凡人通过封禅,成功登龙升仙之人。无奈仅此一例。其后之秦皇汉武亦想步其后尘,通过封禅白日飞升,然不可得,只好另寻其他升仙途径。

秦始皇时期的方士"宋毋忌、正伯侨、充尚、羡门高最后皆燕人,为方仙道,形解销化,依于鬼神之事"②。汉武帝时方士李少君通长生之道,"居久之,李少君病死。天子以为化去不死"③。《抱朴子·论仙》引《汉禁中起居注》云,武帝对人说他梦见有天帝的使者乘龙持节请少君,少君将离他而去了,"数日,而少君称病死。久之,帝令人发其棺,无尸。唯衣冠在焉"。方士能够通过方术形解销化,即死后尸解成仙。这种方法的可操作性无疑再次点燃了时人渴望成仙之梦想。

马王堆墓葬中除帛画的图像内容之外,其他诸多随葬器物中亦表现出浓厚的升仙文化。如马王堆一号汉墓中出土的素纱襌衣"薄如蝉翼"、"轻若烟雾",既不能保暖,又不能遮羞,绝非墓主生前日常衣物,或是为墓主人升仙之后所准备的"霓裳羽衣"。

死后升仙的宗教理论依据便是以"太阴炼形"为基础的"形解之术"(尸解)。马王堆三号汉墓出土帛医书《十问》中亦论及"刑(形)解":"坡(彼)生之多,尚(上)察于天,下播于地,能者必神,故能刑(形)解。"④足见马王堆墓葬是在原始道教"形解"的方术理论支配下建造完成的,在其丧葬仪式及随葬器物等墓葬文化中必然会对这种信仰有所体现。

东汉五斗米道首领张修所撰《老子想尔注》⑤,较为详细地介绍了这一能够达到老子所说的"没身不殆"、"死而不亡"要求的"太阴炼形"理论:

> 太阴道积,练形之宫也。世有不可处,贤者避去,托死过太阴中,而复一边生像,没而不殆也。俗人不能积善行,死便真死,属地官去也。⑥

> 道人行备,道神归之,避世托死过太阴中,复生去为不亡,故寿也。俗人无善功,死者属地官,便为亡矣。⑦

可见,由于"俗人不能积善行",所以"死便真死,属地官去也"。而轪侯母子皆修道之人,岂能甘心"真死"进入幽冥地府"属地官去"?他们进入坟墓只不过是"托死"过太阴中炼形,终将炼成而复生,变形而仙,修得"死而不亡"之彼世仙寿。

---

① 《史记》卷二八《封禅书》,第1394页。
② 《史记》卷二八《封禅书》,第1368、1369页。
③ 《史记》卷一二《孝武本纪》,第455页。
④ 马王堆汉墓帛书整理小组编:《马王堆汉墓帛书(肆)》,北京:文物出版社,1985年,第148页。
⑤ 姜生:《〈老子想尔注〉三题》,载饶宗颐主编《华学》第9~10辑合刊,第4册,上海:上海古籍出版社,2008年,第1514~1527页。
⑥ 饶宗颐:《老子想尔注校证》,上海:上海古籍出版社,1991年,第21页。
⑦ 饶宗颐:《老子想尔注校证》,第43页。

关于"太阴炼形"的详细过程,更加具体的描述见于晋代《真诰》①卷四《运象》篇:

> 人死,必视其形:如生人,皆尸解也;视足不青,皮不皱者,亦尸解也。要目光不毁,无异生人,亦尸解也。头发尽脱而失形骨者,皆尸解也。白日尸解自是仙,非尸解之例也。
>
> ……
>
> 若其人暂死,适太阴,权过三官者,肉既灰烂,血沉脉散者,而犹五藏自生,白骨如玉,七魄营侍,三魂守宅,三元权息,太神内闭,或三十年二十年,或十年三年,随意而出。当生之时,即更收血育肉,生津成液,复质成形,乃胜于昔未死之容也。真人炼形于太阴,易貌于三官者,此之谓也。天帝曰:"太阴炼身形,胜服九转丹。形容端且严,面色似灵云。上登太极阙,受书为真人。"②

可见,要确保死后能够尸解升仙,首先要有保护完好的尸体。以待炼形完成,死而复生。《太平经》中也提到:

> 凡天下人死亡,非小事也,壹死,终古不得复见天地日月也,脉骨成涂土。死命,重事也。人居天地之间,人人得壹生,不得重生也。重生者独得道人,死而复生,尸解者耳。是者,天地所私,万万未有一人也。故凡人壹死,不复得生也。③

这正是墓葬中对墓主人尸体采取各种各样防腐措施的原因。由河南永城芒山的梁孝王墓,到河北满城刘胜之妻墓、江苏徐州狮子山汉墓和北洞山汉墓等,其中的玉棺或玉衣及镶嵌的玉璧"是汉代人相信玉棺与玉衣一样,能使死者尸体不朽,灵魂升天思想的反映"④。这也是马王堆汉墓的建造者不遗余力,终于通过密封墓室和化学手段,成功实现了尸身千年不腐的奇迹的原因。

《真诰》还举了一个太阴炼形成功后死而复生的例子:"赵成子死后五六年,后人晚山行,见此死尸在石室中,肉朽骨在。又见腹中五藏自生如故,液血缠裹于内,紫包结络于外。"于是可见:

> 夫得道之士,暂游于太阴者,太乙守尸,三魂营骨,七魄卫肉,胎灵(揉)[录]气。
>
> 其用他药得尸解,非是用灵丸之化者,皆不得反故乡,三官执之也。有死而更生者,有头断已死乃从一旁出者,有未敛而失尸骸者,有人形犹在而无复骨者,有衣在形去者,有发脱而失形者。白日去谓之上尸解,夜半去谓之下尸解,向晓向暮之际,而谓之地下主者也。⑤

---

① 任继愈主编《道藏提要》、朱越利著《道藏分类解题》均认为该经出于晋代。
② 《真诰》卷四《运象篇第四》,《道藏》第 20 册,第 514、515 页。
③ 王明:《太平经合校》,第 298 页。
④ 李银德:《汉代的玉棺与镶玉漆棺》,载《两汉文化研究》第三辑,北京:文化艺术出版社,2004 年,第 48 页。
⑤ 《真诰》卷四《运象篇第四》,第 515 页。

后来道门则更深信"太阴炼身形,胜服九转丹",以至形成了汉墓葬文化中的太阴炼形信仰。

(三) 面对死亡的抉择

有了上述宗教背景,回头再看考古资料,便会发现在此神仙信仰之下,古人面对死后即将"下幽冥"的命运,通常采取两种应对措施:

1. 贿赂或威慑"地府官员"

此措施多见于中小型墓葬中。春秋战国时期和汉代,只有得道之人有升天的资格。普通民众不具备条件,虽想成仙但登天无门,只好通过贿赂或威慑"地府官员",期望在阴间能够得到关照,日子好过一些。同时厌镇鬼祟,不去烦扰生人。如一些镇墓文中所见:"黄豆,瓜子,死人持给下地赋",及"传到,约救地吏,勿复烦扰张氏之家"等,便是此种努力,实为无奈之举。

2. 得道成仙,超越生死

此措施多见于大中型墓葬中。长沙陈家大山战国楚墓中出土的人物龙凤帛画,画中老妇人上空左龙右凤,所表现的为龙凤前来接引墓主人升天成仙。同样,长沙子弹库一号楚墓出土的人物御龙帛画,其所表现也是如此。此外,西安理工大学一号西汉墓墓顶绘青龙白虎①,洛阳卜千秋西汉墓顶绘男女墓主升天情景②,嘉祥武氏祠左石室室顶前坡东段的祠主升仙图③,以及广州西汉南越王墓壁画④、河南永城西汉梁王墓壁画⑤、辽宁大连营城子汉墓壁画等⑥,均有表现墓主人升天成仙的丧葬主题。盖因修道升仙是需要巨大的经济实力支持的奢侈之举,只有王公贵族能够负担,平民百姓是不敢奢望的。

结　语

综上所述,在春秋战国时期和汉代,人们从来没有停止过对升天成仙的向往和追求。无奈修道升仙不但需要巨大的经济基础,亦需要适当的机缘、完备的条件和繁复的程序。仅少数王公贵族勉强能以负担,平民百姓自然不敢奢望。軑侯家族富甲一方,钟鸣鼎食,

---

① 西安市文物保护考古所:《西安理工大学西汉壁画墓发掘简报》,《文物》2006年第5期,第19、21页。
② 洛阳博物馆:《洛阳西汉卜千秋壁画墓发掘简报》,《文物》1977年第6期,第9~10页。
③ 蒋英炬、杨爱国:《汉画像石的题材内容》,载《汉代画像石与画像砖》,北京:文物出版社,2001年,第63页。
④ 广州市文物管理委员会:《西汉南越王墓》,北京:文物出版社,1991年。
⑤ 河南省商丘市文物管理委员会、河南省文物考古研究所、河南省永城市文物管理委员会:《芒砀山西汉梁王墓地》,北京:文物出版社,2001年。
⑥ [日]森修:《营城子》,东亚考古学会1934年版,第二号墓,图版36。

使得轪侯母子得有修道之条件、成仙之资本。马王堆墓葬文化中多处体现了原始道教通过"太阴炼形"达到尸解升天的神仙信仰。T形帛画中由巨龙构成了一正一反底部相连的两个壶形空间，正者代表墓主所处的"太阴世界"；反者，则象征拥有不死仙药的"蓬莱仙岛"。帛画所要表现的主题，乃是墓主人得到了蓬莱仙岛的不死仙药，在墓葬中暂死"太阴炼形"，之后变形而仙①，往升天界的道教神仙理想。

---

① "变形而仙"之说参见姜生：《马王堆帛画与汉初"道者"的信仰》，《中国社会科学》2014年第12期，第195页。

魔神之变：鬼子母信仰在中国和东亚地区的传播与变容

袁 泉

首都师范大学历史学院

国人历来重视求子延嗣，崇奉之神不下十数，衍生出数量庞大的送子神信仰体系。早自高禖、女歧，晚近至观音、妈祖，这一庞大神系内各神尊来源不同，或起源自古老的印度教和佛教传说，或生发于东亚本地的土生宗教和民教信仰。在长期共存和融合中，不同系统的神祇群体通过身份叠加、演化和重组，逐渐形成了相同或相似的供奉模式和形象特征。鬼子母就是这种宗教文化和艺术传播演变的重要个例，亦是管窥不同信仰体系彼此交融的视镜。

鬼子母，又名诃利蒂（Hāritī），最早是印度神话中猎食人类婴儿的女魔；在佛教传说中，她因受到佛祖释迦牟尼的教诲而幡然悔悟，皈依佛教，转变为广大妇婴的保护神。随着佛教在东亚的传播，鬼子母信仰也广泛流行于中国、日本、韩国等地。在这一传播过程中，鬼子母崇拜日渐与当地文化传统因素相互融合，这一发端于印度的佛教神尊在称呼和形象上都逐步本土化和世俗化，成为东亚"求子万神庙"中的重要一员。本文基于历史文献和文物资料的整理，分析鬼子母神在中国乃至整个东亚地区的传播和流变过程，力图从文化互动的角度探讨这一外来神祇在东传过程中如何与当地社会文化、信仰体系和装饰艺术相互影响。

一、母神仪轨：鬼子母"中国化"的形象演化和表现方式

随着佛教在印度和中亚的传播，鬼子母作为妇婴保护神和送子神的母神形象以多种艺术形式广为表现，多为怀抱婴儿的慈母面目。至迟在5世纪后半叶，"鬼子母"之名已出现在中文佛教典籍中。随之又与"九子母"的译名相混用。因其"夺民子而食之"的因缘

---

* 本研究为"北京市教委青年哲学社科创新团队项目"所属课题"冥界与乐土：唐宋墓葬仪制与佛教美术的交融互动"成果。

故事,也被称作"魔母"或"九子魔"①。这一印度神祇对中国的文化信仰与艺术样式产生了重要影响;与此同时,作为外来的宗教偶像,其供奉模式和相容特征又必然会被中国文化选择性吸收与改造:在这种磨合、重组的过程中,佛教女神诃利蒂最终完成了其神格与仪轨的华化转变。下文将以视觉艺术为中心,参佐文献,探讨鬼子母的译名与形象是怎样以中国文化的传统方式来阐释和流传的。

(一) 九 子 之 母

作为佛教文化的组成部分,早期鬼子母的崇奉信仰和塑画形象多随着求法、传道的佛教僧侣在中土散播。北魏吉迦夜和昙曜译的《杂宝藏经》中,诃利蒂这一源自印度的多子魔母被赋予了一个契合中国传统的名字——"鬼子母"②;这一译名随后广泛用诸佛典,并在社会文化中日渐普及。唐代高僧西行求法的行纪中,直接以"鬼子母"之名描述印度和巴基斯坦地区诃利蒂信仰的情况。如玄奘在《大唐西域记》中记载了犍陀罗地区立塔供奉"鬼子母""祭以求祀"的风俗③;义净更明确指出"神州鬼子母"源出印度诃利蒂,详述了鬼子母生平,载录了"西方诸寺"对其的供奉仪轨与塑画形象,"其有疾病无儿息者,飨食荐之,咸皆遂愿"④。从这些记载可知,在4~7世纪,鬼子母已日渐为中土熟知,并成为诃利蒂的固定译名。

佛典和僧侣行记之外,鬼子母在中古中国的崇拜信仰也见于南方地区地方志和神异故事中,但多取"九子母"之名。此"九子母"神,荆楚之地供奉尤盛,供奉神座或石像用以求祀和佑护妇女⑤。从其神像样制和祈祀方式看,4世纪以来,文献中的"九子母"与释典中的"鬼子母"常常相互混用,均应指来自印度的诃利蒂女神。

小林太一郎指出,作为外来文化,佛教诸神的定名转译和形象表现中往往选择与流传

---

① (唐)张彦远:《历代名画记》卷七载:"梁·解倩,中品下。姚最云:'全法蘧章,笔力不及,通变巧捷,寺壁最长。'丁贵人弹曲项琵琶图、五天人像、九子魔图,传于代。"北京:人民美术出版社,1963年,第191~192页。
② (北魏)吉迦夜、昙曜译:《杂宝藏经·鬼子母失子缘》:"此鬼子母……杀人儿子,以自啖食。"[日]高楠顺次郎等辑:《大正新修大藏经》卷四,"鬼子母失子缘"条,东京:大正一切经刊行会,1924年,第492页。
③ 当玄奘以朝圣者的身份到达犍陀罗时,这座塔香火旺盛,当地妇女纷纷前往供奉鬼子母来求祷子嗣。即使在稍后阶段佛教不再流行的情况下,信奉印度教和伊斯兰教的妇女仍然会从佛塔所在的山丘上收集土壤,然后放置在护身符中以保佑婴儿度过天花之劫。今天在白沙瓦地区保存下来的众多鬼子母雕像,很可能就与这座佛塔相关。Alfred Foucher, "Beginnings of Buddhist Art and Other Essays in Indian and Central Asia Archaeology", English ed., Varanashi: *Indological Book House*, 1972. pp. 122, 282。
④ (唐)义净:《南海寄归内法传》卷一:"复于行食末,安食一盘以供诃利帝母。其母先身因事发愿,食王舍城所有儿子。因其邪愿舍身,遂生药叉之内,生五百儿。日日每食王舍城男女……佛因化之……神州先有名鬼子母焉。"《大正新修大藏经》No. 54,第209页。
⑤ "四月八日,长沙寺阁下有九子母神,是日市肆之人无子者供养薄饼以乞子,往往有验",见(南朝梁)宗懔:《荆楚岁时记》,(元)陶宗仪《说郛》卷六九,文渊阁《四库全书》册八七九,第738页。(东晋)刘欣期:《交州记》,载《太平寰宇记》卷一七十,"石九子母祠"条,文渊阁《四库全书》册四七十,第576页。"晋张应,历阳人,本事俗神,鼓舞淫祀。咸和八年(333年),移居芜湖(安徽)。妻得病,应请祷备至,财产略尽。……夜梦见人长丈余……应眠觉,便秉火作高座及鬼子母座。……屏除神影,大设福供。妻病有间,寻即痊愈",见(东晋)王琰:《冥祥记》,(唐)释道世:《法苑珠林》卷六二,《大正新修大藏经》No. 2212,第756页。类似的故事内容另见(东晋)荀氏:《灵鬼志》卷七,载《大正新修大藏经》No. 2110,第538页。

地区的本土文化相融合,借以扩大其接受度和影响力①。基于此,我们或有疑问:诃利蒂的中译名"鬼子母"、"九子母"有什么语源和文化依据? 佛教女神鬼子母与中国传统的母神信仰体系是否存在直接联系? 鬼子母的图像模式又如何逐步本土化和世俗化?

1. "九子"语源

佛教传入中国前,九子母之名和一母九子的母神形象已存在于中国传统信仰体系中。"九子"由来,古今学者多认为取自"女歧九子"之说。《楚辞·天问》有言:"女歧无合,夫焉取九子?"按东汉王逸《楚辞章句》之解,"女歧,神女。无夫而生九子也"。这一多子神女的形象迎合了中国古代农业社会广嗣的人伦诉求,自战国时期盛行于荆楚地区。而追究女歧九子的神话传统,则与更古老的女娲信仰有关。女歧不夫而生九子即由女娲无夫而造人之传说变化而来,所谓"九子乃人类之种,女歧乃生育之母"。

两汉时期,九子之母的女歧更在社会道德体系和民间传说中衍生出相应变体,在宫廷和民间艺术中均有表现,名为"鬼(九)子母"或"母师"。其形象曾绘饰于宫室,以彰女德,歆享供奉。《汉书·成帝本纪》记:"元帝在太子宫,生甲观画堂。"东汉应劭注曰:"甲观,在太子宫甲地,主用乳生也。画堂画九子母。"对于甲观画堂的功能,清人沈钦韩的《汉书疏证》、王先谦的《汉书补注》均考证其应为产舍。据此或可推断,九子母之名至迟出现于东汉,与多子、求祀的诉求有一定关系②,并曾作为供奉、祭祀对象,绘于宫廷产室。究其得名与形象来源,似与"生九子"的"女歧"相关。这一多子女神在民间亦有变相。《列女传》中记载的"鲁之母师"③,是西汉鲁地一位独立抚育九子而又通达治理的寡母。其无夫的母亲身份和九子的子嗣数量,均与女歧相合,可视为女歧传说及由之衍生的九子母崇拜在民间的深耕。

另一方面,墓葬出土文物和墓室装饰图像也为东汉九子母信仰的普行提供了实物佐证④。河南灵宝张湾三号汉墓发现的人形陶灯⑤和山东莒县双合村汉墓出土的铜像⑥,均表现一母抱拥多子的场景;相似图像也见于山东微山两城山东汉墓画像石⑦。这些艺术形象的身份和文化来源虽存在争议,但其在墓葬中的频出,从一个侧面彰示出至迟在东汉时期,诸子满前的母神形象作为多嗣、爱子的女德壸范,已形成相对广泛的受众信仰基础,

---

① [日] 小林太一郎:《支那に於ける訶利帝—その信仰とその図像とについて—》,《支那佛教史学》第 2 卷第 3 号,1938 年,第 1~48 页。
② 赵邦彦:《九子母考》,《中研院史语所集刊》第二本第三分,1931 年,第 261~262 页。
③ "鲁有九子之母,教儿造次于礼,鲁人以为母师"。转引自张敬:《列女传今注今译》,台北:台湾商务印书馆,1994 年,第 40~43 页。
④ 关于鬼子母在汉代绘塑文物中的表现、身份认定和图像起源,详见谢明良:《鬼子母在中国——从考古资料探索其图像的起源与变迁》,载《美术史研究集刊》第 27 辑,第 110~121 页。
⑤ 河南省博物馆:《灵宝张湾汉墓》,《文物》1975 年第 11 期,第 92 页,图 58。
⑥ 刘云涛:《山东莒县双合村汉墓》,《文物》1999 年 12 期,第 27 页,图 4。
⑦ 傅惜华编:《汉代画像全集二编》,巴黎:巴黎大学北京汉学研究所,1950 年,图 21。此资料转引自谢明良:《鬼子母在中国——从考古资料探索其图像的起源与变迁》,第 114 页。

在宫室、祠堂和墓葬中接受礼敬与供养。

接下来的问题是,源自女歧、出现在东汉文献和墓葬艺术中的九子之母,是否就是佛典中的鬼子母?来自印度的多子魔母诃利蒂和"无夫而生九子"的女歧传说是否存在同源继承关系?

针对这一问题,闻一多认为上古楚地文学中提及的女歧与佛教鬼子母同源;该观点虽有偏颇,但其根据音转推论九子母之名由女歧化来的说法却与前述小林太一郎的"本土文化先入论"不谋而合,值得肯定。按闻式《天问疏证》所论:"九子母,释典作鬼子母,九、鬼、歧一声之转。女、母古字亦每相乱。故九子母一变而为歧母,再变为女歧。"①可谓有理有据。由此看来,佛教鬼子母译名对女歧多有参考应无疑义。而在佛教转译过程中,随俗从变的现象十分常见,释典译著上亦对中国固有的文化传统和词汇构成多有借鉴;在外来神祇造像仪轨和绘塑表现的流传上,同样离不开对中国传统固有文化体系的引介和吸收。

除了定名上的"语源"借用,鬼(九)子母和女歧在身份上是否存在直接的继承关系呢?随着佛教入华日深,尤其是魏晋以来,凡言九子母,均为佛教体系中的鬼子母,二者与"无夫九子"的女歧无甚关联。前引《冥祥记》就明确交代东晋咸和年间芜湖地区为鬼子母座"大设福供"的行为属于"作佛事",而与荆楚地区以女歧为代表的上古母神祭祀体系不同。《荆楚岁时记》则描述了南朝长沙民众以薄饼向九子母祭祀祈子的风俗②;虽未明言"九子母"信仰之来源,但其供奉方式和祝佑诉求的细节,与《南海寄归内法传》中印度佛寺"每日于(鬼子母)前盛陈供食"的记载完全一致。长江流域外,4世纪前后的交州地区亦有鬼(九)子母崇拜的实例:"石九子母者,坐高七尺,在今州寺中,九子悉附于石体。传云浮海而至,士庶祷祀,求子多验,于今不绝。"③交州位于今越南与中国广西交接处,是佛教经海路入中国的要冲;而"浮海而至"的描述或可知在南朝文人的认知中九子母并非中国本土的神话人物,而是藉由海路自域外传入的异域之神;其传布路线,大率就是由印度地区经东南亚蹈海而来的④。

从这一点出发,释典中的"鬼子母"和"九子母",应是诃利蒂在东传转译时参考了女歧这一国人熟知并有信众基础的神女之名;这种本土化的表达,既暗示了鬼母失子的因缘故事,又取借中国传统文化和信仰,从而推动了外来神祇崇拜的扩展与传布。

综上,从语源上看,东汉文献中的"九子母"很大程度上受女歧的影响,生发于中国上古以来固有的母神神话传统。而魏晋以来,随着佛典的传入,佛教女神诃利蒂以女歧为参考,取九子母与鬼子母为译名,二者虽与女歧有所因据,但无论是形象来源还是供奉习俗,均是佛教中国化、世俗化的结果,与女歧或女娲的上古母神体系并没有直接沿

---

① 闻一多:《天问疏证》,上海:上海古籍出版社,1985年,第12页。
② (南朝梁)宗懔:《荆楚岁时记》:"长沙寺阁下有九子母神,是日市肆之人无子者供养薄饼以乞子,往往有验。"转引自《说郛》卷六十九下"四月八日"条,文渊阁《四库全书》册八七九,第738页。
③ (宋)乐史:《太平寰宇记》卷一七十,"石九子母祠"条,文渊阁《四库全书》册四七十,第576页。
④ 美国学者梭柏认为,汉晋时期,印度佛教艺术已由海路通过印尼和马来西亚地区传入中国。见 Alexander C. Soper, "South Chinese Influence on the Buddhist Art of the Six Dynasties Period", *BMFA*, No. 32(1960): pp. 47 – 112。

承关系①。

那么,佛教九(鬼)子母的定名除对女歧九子的传说有所参照,是否有更深的中国文化渊源呢？我们或可从"九"的数字入手考察。

按佛典所记,鬼子母生子众多,具体数目在不同版本中万、千不一。如《杂宝藏经》言有子一万,《诸天传》云一千,而《南海寄归内法传》则记五百。而随着鬼子母信仰和艺术表现在中土的日渐流行,百千万的不同子息数量逐渐为"九"数所替代。孟棨《本事诗》记妻有三畏,其中"及男女满前,视之如九子魔母"②,《山堂肆考》据此有按语为"九子母,鬼母也,生子最多"③。按此处数九即为最多,可知九与前述佛典所记万、千、百者,皆虚言其多,并非确指。而选择"九"数来指代子嗣之多,又可在中国传统文化中找到文化依据。古时九为盈数,极言其多,所谓九天、九五、九州之属。同时"九"按象形文字读解,作虫豸形之曲其尾;而蛇又与生殖崇拜相关,作为女歧神话来源的女娲,就是蛇躯的上古母神④。故而"九子"之说,从语音学上考释"鬼、九"互通是为一解,更可能是以九极言数量之多,"九子"即"多子"。

需要注意的是,鬼子母虽与女歧并无直接的传承关系,但在转译表达上对女歧有所参考,二者在神格特征上也有共通之处；除"多子"特征外,似乎还有其他相似性。事实上,古人将鬼(九)子母与"无夫而九子"之女歧并相提比的背后,暗示着这一来自印度的多子母神在中国发生了形象表现上的重大变化——摒弃婚姻系统,忽略配偶存在,仅强调其作为母神的存在。

2. 配偶缺失

在犍陀罗佛教雕刻中,鬼子母通常与其配偶半支迦(Panchika)一并出现。现存最早的此类实例出土于巴基斯坦,均为 2 至 3 世纪左右的犍陀罗风格石雕⑤。在这些石刻中,鬼子母被表现为诸子环绕的丰满妇人,与半支迦并坐(图一)。这一极具代表性的造像模式在秣菟罗(Mathura)和笈多(Gupta)石雕艺术中依然盛行⑥,并一直持续到 6 世纪前后,尤以阿旃陀(Ajanta)和埃洛拉(Ellora)石窟中的造像最为典型⑦。

---

① 赵邦彦也提出九子母和"女歧九子"仅为偶合,并非同源。详见赵邦彦：《九子母考》,第 261~274 页。
② (唐)孟棨：《本事诗》"嘲戏第七"条,文渊阁《四库全书》册一四七八,第 245 页。
③ (明)彭大翼：《山堂肆考》卷九四,"畏如魔母"条,文渊阁《四库全书》册九七五,第 734 页。
④ 针对九子母、女歧和女娲的关系,以及数字九与生殖崇拜的论述,参看李连生：《〈西游记〉、鬼子母与九子母》,《中国典籍与文化》2002 年第 4 期,第 38~39 页。
⑤ 东京国立博物馆：バキスタン・ガンダーラ雕刻展,东京：东京国立博物馆,2002 年,图 32；Martha L. Carter, "The Bacchants of Mathura: New Evidence of Dionysiac Yaksha Imagery from Kushan Mathura", *The Bulletin of the Cleveland Museum of Art*, Vol. 69, No. 8(Oct., 1982): pp. 247 – 257. J. Marshall, *The Buddhist Art of Gandhāra*, New Delhi: Oriental Books Reprint Corporation, 1980, pp. 144。
⑥ A. D. H. Bivar, "Hāritī and the Chronology of the Kusānas", *Bulletin of the School of Oriental and African Studies*, University of London, Vol. 33, No. 1, In Honour of Sir Harold Bailey (1970): pp. 10 – 21.
⑦ Richard S. Cohen, "Nāga, Yaksinī, Buddha: Local Deities and Local Buddhism at Ajanta", *History of Religions*, Vol. 37, No. 4(1998): pp. 360 – 400; Upinder Singh. "Cults and Shrines in Early Historical Mathura(c. 200 BC – AD 200) Cults and Shrines in Early Historical Mathura(c. 200 BC – AD 200)", *World Archaeology*, 2004, Vol. 36, No. 3 (2004): pp. 378 – 398.

图一 犍陀罗鬼子母、半支迦并坐像（白沙瓦博物馆，3世纪）

图二 鬼子母壁画（和田 F. XII 寺庙遗址出土，6世纪）

在沿陆上丝绸之路东传的过程中，夫妇并坐的鬼子母表现模式也曾流行于5至6世纪的于阗和龟兹地区，鬼子母多作怀抱婴儿的慈母，与配偶并肩或相对而坐，装饰于门道两侧。英国考古学家斯坦因第二次中亚考察期间（1906~1908年），曾在新疆和田发掘了一处佛寺废墟①，命名为"法哈特伯克亚依拉克遗址"（Farhad Beg Yailaki Site）。其中编号F. XII 的遗址为一座佛教寺院遗址，寺院门道南侧保存有一幅"鬼子母"壁画。壁画正中是一位女神，周围环绕嬉戏的裸体小儿（图二）。壁画构图与义净关于鬼子母的记载甚为相符，画风和人物形象也具有明显的印度风格。富歇指出，这处画作的女神形象在耳环、颈纹、头光等处均体现出典型的印度风格，且对面本应绘饰其配偶半支迦②。此外，于阗故地的丹丹乌里克（Dandan Oilik）佛教遗址也有相关发现。20世纪初，斯坦因首次对丹丹乌里克遗址进行大规模考古发掘，在2号遗址（斯坦因编号D. II）发现了鬼子母形象的木版画（图三），其中鬼子母怀抱着婴儿、与半支迦并坐③。而在克孜尔198窟的壁画中，鬼子母作为说法图中的护卫神众，以怀抱幼子哺乳的姿态和半支迦并坐（图四），装饰于石窟门道两侧或门拱之上④。

---

① ［英］斯坦因著，巫新华等译：《西域考古图记》，南宁：广西师范大学出版社，1998年，第712~715页。
② A. Foucher, translated by L. A. Thomas and F. W. Thomas, *The Beginnings of Buddhist Art*. London: Humphrey Milford, 1914, pp. 285–287.
③ ［英］斯坦因著，巫新华译：《西域考古图记》，第293页。
④ ［德］格伦威尔德著，赵崇民、巫新华译：《新疆古佛寺：1905~1907年考察成果》，北京：人民大学出版社，2001年，第232页。关于此处夫妇神祇身份的辨认，格伦威尔德之判定为"一组天神"；李翎则根据女神特征以及与犍陀罗、印度、交河等处相关文物的比对，将其认定为鬼子母与半支迦（李翎：《以鬼子母图像的流变看佛教的东传——以龟兹地区为中心》，《美苑》2008年第4期，第88~89页）。

图三 鬼子母夫妇并坐图木版画（丹丹乌里克 D.II 遗址）

图四 鬼子母与半支迦并坐壁画
（克孜尔 198 窟）

图五 因缘故事中的鬼子母与半支迦浮雕（云冈石窟第 9 窟）

北魏时期，以夫妇组合表现的鬼子母形象深入传布到中原北方地区。云冈石窟第九窟主室南壁西部第一层中央，表现的正是鬼子母因缘故事。该浮雕开凿的年代恰是与于阗往来密切的北魏时期，故而云冈石窟的鬼子母造像，很可能受到于阗佛教的影响。第九窟中鬼子母怀抱幼子，与其夫半支迦双双半跏状坐于筌蹄上（图五）。然而，此处夫妇两人的性别特征均表现得十分模糊，面貌相近，难以辨别。针对这一现象，水野清一认为相较于犍陀罗造像，云冈石窟在处理鬼子母夫妇并坐的表现模式时明显趋于形式化①；长广

---

① ［日］水野清一等：《云冈石窟》第 6 卷第 9 洞，京都：京都大学人文科学研究所，1951 年，第 70~71 页，图版 61。

敏雄进一步指出,在云冈第9窟的开凿过程中,工匠很可能只了解鬼子母因缘故事的大略内容,而没有得到细节清楚的图像粉本作为雕刻参照①。至此可见,以夫妇组合形象表现的鬼子母塑画模式,在西域和中土出现和流行的时间主要集中于5~6世纪,而愈往东传影响愈弱,图像表现得愈加粗略模糊。云冈第9窟之外,中国腹地在隋唐以降暂未发现相应的绘塑记载和文物实例。我们或可推测,6世纪之后,鬼子母夫妇并坐的形象表达在核心中国地区并不流行,并逐渐弃用失传。

唐以降,中土鬼子母的形象表现几乎完全摒弃了夫妇并坐的组合形式,转而演化出一套中国化的表现模式:南朝以来在荆楚地区盛行的"九子母"模式逐渐影响到北方,并与通过西域传至中土的鬼子母塑绘仪轨相融合,最终在唐代确立了环拥九子的雍容母神形象。如前所述,在鬼子母初传中国的过程中,借助了上古神女女歧的部分形象和定名因素,二者均作为独立的母神接受供奉,而其婚姻关系和配偶则被回避忽视。相应的,鬼子母在中古和近世中国最重要的变化,就是和配偶半支迦(后演变为毗沙门天)的脱离。入宋以来,在汉地各种类型的绘画、雕塑中,已难见到鬼子母配偶的存在;而在神话体系中,半支迦演化而来的毗沙门天也有独立的谱系书写,与鬼子母完全形成了两个互不相连的系统。针对这一现象,我们也可从宋以来的文学创作中找到更多线索。

宋人笔记载:"钱穆父风姿甚美,有九子。都下九子母祠作一巾绔美丈夫坐于西偏,俗以为九子母之夫。故都下谓穆父为九子母夫。东坡赠诗云:'九子羡君门户壮。'盖戏之也。"②笔记中,鬼子母祠堂中居于偏侧的"美丈夫"塑像从其供祀位置推断应非鬼子母配偶;俗间的比附恰恰从侧面暗示出宋时鬼子母崇拜体系中配偶的缺失,才为时人提供了讨论和想象的空间。更为明显的例证见于明代小说《金瓶梅》,书中对王婆的"皮条客"行径有以下形容:"略施奸计,使阿罗汉抱住比丘尼;才用机关,交李天王搂定鬼子母。"③此处的"李天王",指托塔天王李靖,是毗沙门天在中国流变的又一身份,而毗沙门天则由半支迦演化而来④。由是观之,至迟在明代,原本作为配偶比肩而坐的鬼子母和半支迦(毗沙门天),已经被视为完全互无关联的两个独立个体了。

要之,夫妇并坐的鬼子母形象随着其东传逐渐淡出历史舞台,而作为配偶缺失的单独个体,一母九子的母神形象自南朝时期由南及北广为传布,并继续向西对吐鲁番地区的佛教艺术产生影响,成为唐以来鬼子母中国化造型的主流。

---

① [日]长广敏雄:《云冈石窟第9、10窟特征》,载《中国石窟·云冈石窟(二)》,第206页。
② (宋)陆游:《老学庵笔记》卷十,北京:中华书局,1979年,第132页。
③ 王汝梅校:《金瓶梅》第二回"俏潘娘帘下勾情,老王婆茶坊说技",济南:齐鲁社,1989年。
④ 在犍陀罗艺术中,半支迦或作持枪的夜叉大将,或手握金囊,并与诃利蒂(鬼子母)一起被视为象征财富和丰饶的象征。而在中印度的笈多艺术中,半支迦的形象又和财神俱罗(Kubera)相融合。而四天王之一的北方毗沙门天亦被视为波罗门教、印度教的北方守护神俱毗。相关论断,详见[日]田边胜美:《毗沙门天像的起源》,东京:山喜房佛书林,2006年,第37~38页;另毗沙门天的形象和身份演变,参看徐梵澄:《关于毗沙门天王等事》,《世界宗教研究》1983年第3期。

3. 众子环绕

至迟在 8 世纪前后,鬼子母已成为中国佛教造像和绘画艺术中的常见题材,盛行南北。又因"九子母"的译名,从六朝起即有"九子环绕"的表现模式①。按文献记载,以长安为中心,唐五代时期不少寺庙和神龛中均可见九子母的塑像和壁画,也涌现出诸多名家、名工。《酉阳杂俎》中记载了唐长安雕塑家李岫为光明寺中所作九子母"举止态度如生"塑像;贞元年间的画工李贞则在崇义坊招福寺库院留下了鬼子母壁画;而据《宣和画谱》,中唐时期擅长仕女画的周昉亦曾创作三幅九子母图。逮至五代,塑工刘九郎的鬼子母塑像被评为神品,其在幽州、陕郊和河南府广爱寺共塑鬼子母像三堂,妙传远近,声动天下;画工韩求、李祝在绘制陕郊画龙兴寺回廊列壁时,也描绘有鬼子母的形象。可惜的是,这些画作均未传世。不过,借助现存于今的唐代石窟造像,我们仍可勾勒出 7~9 世纪鬼子母艺术形象在中国的发展面貌;四川巴中石窟南龛第 68、81 窟就是典型代表。

巴中石窟第 68 窟(图六)、74 窟和 81 窟(图七)的鬼子母造像开凿于 8~9 世纪前后。这三窟中的鬼子母均作高髻、丰颊的唐装贵妇造型,盘腿而坐,怀抱稚儿,另有八名肥胖可爱的孩童分列两旁②。韩国首尔崇实大学教会博物馆也藏有一件相似的合范陶塑③,只是年代略晚,当在宋金时期。陶偶正中一宫装贵妇端坐莲台之上,怀抱小儿,两侧各列孩童四名。其造型细节和构图模式与巴中石窟鬼子母造型如出一辙,显然应为鬼子母像。这

图六 装彩石雕鬼子母像(巴中石窟第 68 窟,唐)

---

① (东晋)刘欣期:《交州记》,"石九子母者,坐高七尺,在今州寺中,九子悉附于石体。传云浮海而至,士庶祷祀,求子多验,于今不绝"。
② 雷玉华等:《巴中石窟内容总录》,成都:巴蜀书社,2006 年,第 101、128 页。
③ 详见袁泉:《首尔崇实大学教会博物馆藏圣母像考》,《文物》2017 年第 8 期,第 89~96 页。

图七　装彩石雕鬼子母像(巴中石窟第81窟,唐)　　图八　鬼子母麻布画像(交河故城出土,8~9世纪)

些艺术形象摆脱了印度和中亚地区的造型模式,完全呈现出中国本土的文化特征和艺术风格。

这一唐代盛行于中土的鬼子母表现模式也向西对西域地区产生了影响。在塔里木盆地东部的吐鲁番地区,就有两处这一时期的此类鬼子母画像遗存。20世纪初,德国吐鲁番考察队在交河故城一所佛教寺院内发现了一幅麻布画①,推测其年代在8~9世纪。画中绘一母神坐像,怀中抱一婴儿哺乳,周围环绕八个嬉戏的裸体小儿(图八)。法国艺术史家富歇最先指出,画中表现的应是鬼子母及其子女②。交河鬼子母的形象与当地5~6世纪深受印度影响的塑绘样式完全不同,更多表现出汉地文化特征。这种一母九子的图像模式也在龟兹地区9世纪的佛教壁画中有所体现。库木吐拉石窟第85窟就发现有一处壁画,表现的恰是鬼子母环拥九子的场景③。我们注意到,九子环绕的题材并不见于印度或中亚佛教艺术,故而吐鲁番地区这两处鬼子母图像和前述四川巴中石窟造像,都应是唐代长安佛教艺术波及影响下的产物④。

唐代之后,"九子母"模式的鬼子母形象也在不同艺术形式上有所体现。辽代厌胜铁泉上常见一母九子的形象,无论是人物表现模式还是构图结构都与巴中石窟极为相似(图九)。宋代以来,鬼子母的形象融合了密教仪轨与民间信仰,进一步发展了华化鬼子母的图像体系。宋代的同类造像、绘画作品虽未见传世,我们仍可从文献中找到部分线索。考

① Cf. Walter Raunig und Hans-Joachim Klimkeit, *Kunst des Buddhismus*, Staatliches Museum: 2000, p. 137.
② A. Foucher, *The Beginning of Buddhist and other Essays in Indian and Central-Asian Archaeology*, translated by L. A. Thomas and F. W. Thomas, Paris: P. Geuthner, 1917, pp. 271-291.
③ 刘铭恕:《龟兹库木吐拉发现的鬼子母壁画》,《西北史地》1996年第1期,第38页。
④ Julia K. Murray, "Representations of Hāritī, the Mother of Demons, and the Theme of 'Raising the Alms-Bowl' in Chinese Painting", *Artibus Asiae*, Vol. 43, No. 4 (1981-1982): pp. 253-284; A. Soper, "A Vacation Glimpse of the T'ang Temples of Chang'an", *Artibus Asiae*, Vol. 23, No. 1(1960): p. 33.

图九　鬼子母厌胜铁泉（吉林农安出土，辽）

张奭《法门寺重修九子母①记》载："其母则慈柔婉约，且丽且淑，端然处中，视诸子如有抚育之态。其子则有裸而携者，有襁而负者，有因戏而欲泣者，有被责而含怒者，有迷藏而相失者，有羁舞牵衣而争恩者二人焉，有胜冠服膺而夹侍者二人焉，拥恋庭间，千姿百态，不可得而谈悉。……塑人王泽、画人王文德。庆历五年（1045年）闰五月初一日记。"②此处诃利蒂被描绘为优雅的宫装美妇，诸子相随；并对各小儿的姿态与特征有生动记载。有趣的是，如将文中所记的各态小儿做一统计，恰为九子之数。

8世纪中叶以来，密宗的兴盛又为鬼子母本土化的表现模式增加了新的因素。在这一过程中，高僧不空引入的一些密宗释典起到了关键作用。其中有两部重要的鬼子母经：大药叉女欢喜母并爱子成就法（Sadhana of Yakshini Abhirati and Pingala）和诃利蒂母经（the Kariteimo Sutra）③。《成就法》提供了一套详尽的鬼子母仪轨模式："画我欢喜母，作天女形，极令姝丽。身白红色天缯宝衣，头冠耳珰，白螺为钏，种种璎珞，庄严其身。坐宝宣台，垂下右足。于宣台两边，傍膝各画二孩子，其母左手于怀中抱一孩子名毕哩孕迦，极令端正。右手近乳掌吉祥果。于其左右并画儿女眷属，或执白拂，或庄严具。"《诃利帝经》亦载："画诃利帝母，作天女形，纯金色，身着天衣，头冠璎珞。坐宣台上，垂下两足。于垂足两边画二孩子。傍宣台立。于二膝上各坐一孩子。以左手怀中抱一孩子。于右手中持吉祥果。"以之为蓝本的唐宋塑画如今仅可从金代岩山寺鬼子母经变图中窥其概貌；但从日本平安、镰仓时代的文化财和大理的相关绘画中，仍可寻见这一表现模式的深远影响。

大理画家张胜温的名作设色纸本《梵画长卷》为我们提供了形态更优雅华丽、细节更丰富的鬼子母形象模式（图一〇）。这一创作于12世纪后期的艺术佳作中，鬼子母华服藻饰，垂右足端坐宝台之上，左手掬一幼儿，另有八子由乳婢看顾，环绕四周，其旁侍女相随。这些精致生动的细节描绘，忠实遵照了《成就法》所提供的尊像仪轨④。同时，随着日莲宗的盛行和法华经的传布，日本的鬼子母信仰和艺术创作在平安时代末期和镰仓时代出现了一次高峰。我们可从日本保存《大正藏》的密宗经卷插画（图

---

① （明）胡我琨：《钱通》卷八，"面文亦曰天下太平，背为九子母之形，疑为厌胜之流"，文渊阁《四库全书》册六六二，第503页。
② （宋）张奭：《法门寺重修九子母记》，载（清）陆耀遹《金石续编》卷一四，《续修四库全书》册八九三，第730页。
③ 这两部经典均被翻译为法文，详见 Peri, Noel, "Hāritī la Mere-de-Demons", Bulletin de l'Ecole Francaise d'Extreme-Orient, Vol. 17, pp. 83－96, 96－99。
④ 张胜温《梵画长卷》收藏于台北博物馆。关于此画作的研究，参看 Helen B. Chapin, "A Long Roll of Buddhist Images, revised and supplemented by A.C. Soper", Artibus Asiae, Vol. 33(1971): p. 144。

一一)中,找到与张胜温画作年代相近、构图相似的鬼子母图像①。佛经插画外,日莲宗信众也流行在寺庙供奉鬼子母,或作木像供于神龛,或作卷轴画挂于殿阁。这些鬼子母的雕像与绘画,自13世纪至今一直保存在东京、大津和奈良的寺院中接受供奉:京都醍醐寺存有镰仓时期的传世绘作鬼子母设色绢本像(图一二),同时代的彩绘木雕则以滋贺县大津市园成寺(图一三)和京都东大寺的传世文物为代表。

图一〇　鬼子母众(张胜温《梵画长卷》,12世纪)

图一一　鬼子母众(《阿娑缚抄》插图,13世纪)

另需注意的是,张胜温《梵画长卷》中的鬼子母图像,除描绘了一位华贵慈母形象的鬼子母外,其神座前后的一众女性眷属的形象也颇为引人注目。她们或作为奶娘乳婢看顾幼儿于前,或作为协侍执掌宝盖、仪扇居后。这些丰富的细节,表现出佛典关于鬼子母左右眷属"或执白拂,或庄严具"的概略描述已在视觉艺术中被极富中国意味地具象化,从而形成了各司其责、分工明确的鬼子母侍众体系。

---

① [日]承澄:《阿娑缚抄》,《大正新修大藏经》卷九,图73。

图一二　鬼子母设色绢本像（京都醍醐寺，镰仓时期）

图一三　鬼子母彩绘木雕像（滋贺县大津市园成寺，镰仓时期）

（二）眷属侍众

鬼子母的眷属、侍众在古代东亚地区有不同的称呼与职能。在中国，她们通常表现为乳母或产婆的形象；而在日本流传有另一套仪轨，即以十罗刹女的身份作为护卫环绕在鬼子母身旁。这些女性眷属的出现从一个侧面反映出鬼子母神职的不断扩大和信仰体系的日渐流行：作为一位法力强大、象征丰饶多产的母神，鬼子母承担着送子、安产和护佑妇婴等诸多职能，而为了充分回应信众的诉求，一个分工明确、各司其职的眷属体系也就应运而生。

1. 乳婢哺子

除张胜温的设色纸本图像，我们在宋代的佛教造像遗存和文献记载中也发现了相同的鬼子母眷属表现模式。洪迈曾描绘了超觉寺鬼子母中土偶的神异故事，涉及鬼子母侍众乳婢的形象："超觉寺鬼子母堂在山颠，……土偶中有乳婢乳垂于外……"[①]可见其时专设殿堂以供奉鬼子母，旁有乳婢侍众相随侍立。这种组合模式在两宋石窟造像

---

① （宋）洪迈：《夷坚甲志》卷一七，《续修四库全书》册一二六四，第752页。

中可以找到更多实证。大足诃利蒂母石刻像位于北山石窟第122号窟（图一四），开凿于北宋靖康元年。正壁刻宫装诃利蒂母，居中高坐，怀抱婴儿。身后各立一女侍。左下表现两个游戏孩童，右下雕出一抱子乳婢，其形态正合洪迈所记"乳垂于外"的哺子之态①。无独有偶，在四川安岳石窟和石篆山石窟南宋年间的鬼子母窟中（图一五、图一六），无论是鬼子母装束、乳婢哺子之态，还是二者的位置关系，都与大足诃利蒂母窟几无二致。由是观之，两宋的鬼子母供奉，盛行主尊座下随侍乳婢的表现模式。

而与中国隔海相望的日本，则从其他佛教经典中找到了鬼子母侍众的另一表现模式：十罗刹女。

图一四　鬼子母窟（大足北山佛湾第122号窟，北宋末）

图一五　鬼子母窟（安岳石窟，南宋）

---

①　详细描述参见胡文和：《大足石篆山石门山妙高山宋代石窟与文氏镌匠世家的关系研究》，《中华佛学学报》2001年第14期，第55~90页。

图一六　鬼子母龛（石篆山石窟，南宋）

图一七　鬼子母（十罗刹女绢本画，日本，16世纪）

2. 十罗刹女

《妙法莲华经》中明确记载了鬼子母及十罗刹女立誓皈依、护人子女的故事："尔时有罗刹女等，一名蓝婆，二名毗蓝婆，三名曲齿，四名华齿，五名黑齿，六名多发，七名无厌足，八名持璎珞，九名皋帝，十名夺一切众生精气，是十罗刹女；与鬼子母并其子及眷属，俱诣佛所，同声白佛言：'世尊，我等亦欲拥护读诵受持法华经者，除其衰患，若有伺求法师短者，令不得便。'"[1] 16世纪以来，这一释典成为日本鬼子母众造型仪轨的重要依据，并在日莲宗信众中广受供奉：十罗刹女位列护法侍众之位，形成了以鬼子母为首、保护妇幼的神众体系（图一七）。富山县高冈大法寺藏有长谷川等伯所绘《鬼子母神十罗刹女图》绢画，年代为1564年，画中居中掬子而立者为鬼子母，其衣装发式和手持吉祥果的动作特征均严

---

[1]（后秦）鸠摩罗什：《妙法莲华经》卷七，《陀罗尼品第二十六》，《大正新修大藏经》卷九，第59页。

格遵照《成就法》的仪轨记载,也与张胜温笔下的鬼子母形象极为一致;罗刹女十人,华衣宫装,环侍而立。鬼子母与十罗刹女的供奉模式在日本一直被广为崇拜,至今仍随处可见立龛供奉的场景,其形象多以木雕表现,依旧保持着鬼子母居中、诸罗刹女环立的组合模式①。

这种左右随侍"眷属"的鬼子母众尊像体系,在细节和人物上均无疑是佛教艺术东传中的风格创新;它的出现,是佛教与中国本土信仰彼此影响的产物。而鬼子母崇拜的中国化,更进一步体现在其与其他宗教信仰相互融合、共存的过程中。

二、融合与改组:鬼子母和中国本土延嗣神系的互动与混融

鬼子母信仰和表现模式在东传过程中,必然要根据当地的传统文化作出调整与变容。作为母亲神和送子神,鬼子母的形象和供奉模式也在这一过程中和中国本土宗教中的诸多母神进行着融合与改组。我们或有疑问:在与中国本土信仰彼此融合的过程中,鬼子母信仰是如何传布和转化的?在融合过程中,鬼子母这一源自印度的佛教女神如何最终实现了其神名和表现仪轨的中国化?送子观音和鬼子母又存在何种联系?

(一)佛与道:鬼子母众和九天监生神系

左右女侍执拂、乳婢眷属环绕的鬼子母供奉模式形成于唐宋之际,而我们在当时的道教信仰中也可找到相似的神系组合。

宋代道教诸神体系中有"监生司",其下计有十八位神真,分别作"九天监生大神、九天卫房圣母、九天定生大神、九天感化大神、九天定胎大神、九天易胎大神、九天助生君、九天顺生君、九天速生君、九天全生君、六甲符吏、催生童子、保胎童子、速生童子、南昌分胎功曹、南昌主产功曹、南昌主死功曹、南昌起死功曹"②。我们注意到"九天"诸神在其中占有重要比重。据《大慈好生九天卫房圣母元君灵应宝签》记载,九天注生诸神"高居九天之上,总职三界之中,宣太上好生之圣德,敕阴阳生成之号令,上自后妃,下及民妇,俱蒙敕命人物生成,录人间之善恶,察女子之贞邪"③。尤其是妇女怀孕、临产时,皆须恭请圣母及诸神护佑。《道法会元》更提及,监生司神灵多达百千,其中即有"九天卫房三十六圣母、注生君、催生君、乳母君、导生君、生母君、三天都禁司命君、卫房灵妃、天门紫户速生君、卫房夫人、救生玉女、抱送卫房仙女"等④。

大足南山第4号窟道教石刻,表现的应该就是道教中的"监生司"诸神。该窟凿造于南宋绍兴二十四年(1154年)之前,龛正壁上雕刻主像三圣母:中像圣母凤冠宫妆,上悬

---

① 详见 http://www.nichirenscoffeehouse.net/bodhisattva/Kishimojin.html。
② (宋)林灵真:《灵宝领教济度金书》卷五七,载《道藏》本第7册,北京:文物出版社等,1988年,第280页。
③ 《道藏》本第32册,第806页。
④ 《道法会元》卷二一,《道藏》本第28册,第795页。

宝盖,上刻"注生后土圣母"六字;左侧"卫房圣母";右侧"保产圣母":皆翟冠宫装,宝盖相随。圣母像两侧,各立一执拂侍者。另有左壁甲胄神将,题"九天监生大神";右壁霞帔褚裙妇人,题"九天送生夫人"(图一八)。

图一八　大足南山注生三圣母龛(南宋绍兴年间)

有趣的是,大足南山圣母龛的神众组合与前述"鬼子母眷属"在表现模式上极为相似,如注生圣母和鬼子母神皆宫装华服、身后侍从均手持白拂、身旁眷属肩负送生保产、照顾子女之责。同时,鬼子母和一众道教"圣母"在名称上也存在混同的趋势。谢明良注意到,巴中石窟第68龛龛外阴刻有南宋绍兴年间的妆彩记,有"奉佛杨俊夫妇重装□金圣母像"的文字,从中可知鬼子母在宋代亦被称为"圣母"①。这种相似性是中国佛、道注生、送子神相互融合的产物,共同体现着中国社会求子重嗣的文化背景。此类佛、道送生神系与民间信仰渐趋结合,衍生出明清时期盛行的娘娘(圣母)崇拜,其尊崇的神祇有碧霞元君、金花夫人、注生夫人等;她们在延续子息、护佑妇婴的功能上,均与鬼子母同职;而数量众多的眷属女侍,则在数量和职能上进一步丰富和细化。

(二) 民间宗教:娘娘信仰和乳母崇拜

尽管鬼子母及其眷属的形象提供了"主尊居中、眷属环侍"的送子神群像模式,但元以降无论是文献记载还是艺术创作,这一模式都鲜少用于表现鬼子母。与之相对,民间宗教则将其加以吸收、扩展,形成了体系庞杂、支脉众多的娘娘信仰和乳母崇拜。美国私人收藏的明清注生圣母像中,上部为端坐案后的三圣母,俨然大足九天圣母龛的翻版,这一组合模式在福州地区直到清代仍然沿用(图一九)②;画卷下部处于辅神之位的在诸多产

---

① 谢明良:《鬼子母在中国——从考古资料探索其图像的起源与变迁》,第124页。
② Keith Stevens, *Chinese Gods: the Unseen World of Spirits and Demons*, London: Collins & Brown Limited, 1997, p. 119.

图一九 福州地区供奉的注生夫人及眷属像(18世纪)

婆乳母,则体现出"女侍眷属"数众逐步庞大、职责日渐细化的变化。乳母、产婆群体之间,陈放一鲜花满盛的大盆。在中国宗教题材的图像语汇中,"花"具有"子息婴儿"之意。此类以花喻子的实例,在另一位送子续嗣神——金花娘娘上体现得更为明显①。

金花娘娘崇拜主要盛行于南方,尤其是闽广地区。按清道光时《佛山忠义乡志》卷十四记:"金花会盛于省城河南,乡内则甚少。惟妇人则崇信之。如亚妈庙各处,内有十二奶娘,妇人求子者入庙礼拜,择奶娘所抱子,以红绳系之,则托生为己子,试之多验。"这种神尊排列和供奉模式至今仍保存在香港金花庙中:主神为金花夫人,附祀十二奶娘神像,又名子孙娘娘②(图二〇~图二二)。其名目包括保胎、白花、红花、转花、送子、养育、保痘等。"白花"指男孩,"红花"指女孩。"转花"表胎儿性别转换。奶娘群体分工细致,从投胎、怀胎、定男女、保胎,直到分娩、养育、祛病等无所不包。

图二〇 金花夫人木雕(香港金花庙,清)

① Keith Stevens, *Chinese Gods: the Unseen World of Spirits and Demons*, London: Collins & Brown Limited, p. 119.
② Keith Stevens, *Chinese Gods: the Unseen World of Spirits and Demons*, London: Collins & Brown Limited, p. 120.

图二一　十二奶娘木雕（一）（香港金花庙，清）

图二二　十二奶娘木雕（二）（香港金花庙，清）

与之相对,河北、山东等北方地区,另一位道教圣母——碧霞元君有时也随侍有诸多产婆、乳母眷属,在胎儿生产、成长的不同阶段保佑母子平安。北京东岳庙的娘娘殿中,碧霞元君像位居正中,又称天仙娘娘;另有八位娘娘分列左右,分别为作子娘娘、送生娘娘、催生娘娘、培姑娘娘、眼光娘娘、乳母娘娘、斑疹娘娘、引蒙娘娘。崇文门外的旧药王庙则通过神像前的牌位,将其职衔和职能表述得更为明确:眼光圣母惠照明目元君、子孙圣母有德广嗣元君、痘疹圣母立毓隐形元君、斑疹圣母保佑和慈元君、送生圣母锡庆保产元君、催生圣母顺安保幼元君、乳母圣母哺婴养幼元君、引蒙圣母通颖导幼元君。

娘娘信仰和乳母崇拜也随着17世纪以来华人下南洋的迁徙活动流传至东南亚地区。在新加坡牛车水附近的普陀寺（图二三）和东岳庙（图二四）中，均有哺乳的乳母立像。同时，受闽广地区民生宗教的影响，金花娘娘和其乳母侍众也在今天的马来西亚地区受到尊崇①；新加坡万山福德祠同样供奉着金花夫人和十二奶娘的塑像②（图二五、图二六）。

图二三　新加坡牛车水普陀寺乳母塑像　　图二四　新加坡牛车水东岳庙乳母塑像

图二五　新加坡万山福德祠金花夫人木像

① The photos of statues kept in Singapore were all taken by the author.
② 吕世聪、洪毅瀚：《投桃之报：万山港福德祠历史溯源》，新加坡：石叻学会，2008年。

图二六　新加坡万山福德祠十二奶娘木像

这些后土母神和乳母产婆代替唐宋时广受崇祀的鬼子母及其眷属，成为明清时代新兴的主流送子神组合，以致不少学者认为，鬼子母神逐渐转化为"送子娘娘"，二者存在直接的承袭关系。实际上，明清的送子娘娘和乳母侍神虽受宋代鬼子母众组合模式的影响，却是民间宗教催育的相对独立的神系。另一方面，鬼子母虽在民间送子神系统中逐渐淡出，却通过其他表现方式继续流存并活跃于晚近中国的宗教艺术中。

三、元明新相：揭钵图和诸天系中的鬼子母

赵邦彦认为"元明以来，关于塑绘鬼子母神之记载，除所谓'揭钵图'外，极少概见"[①]，此说确之。这一时期源自密宗的经典"众子环绕、眷属胁侍"的表现模式逐渐淡出历史舞台，但鬼子母作为佛教神众依然存在，只是在文学和美术作品中的表现题材发生了转移，渐渐集中在"揭钵图"和"诸天"体系中。

---

① 赵邦彦：《九子母考》，第 270 页。

(一)佛降鬼子母揭钵

"佛降鬼子母揭钵"是鬼子母因缘故事中极富戏剧化的一个情节。这一题材的释典持据,最早见于北魏昙曜所译《杂宝藏经》:"此鬼子母凶妖暴虐,杀人儿子,以自啖食。人民患之,仰告世尊。世尊尔时,即取其子嫔伽罗盛着钵底。时鬼子母周遍天下,七日之中,推求不得。……佛即使鬼子母见嫔伽罗在于钵下,尽其神力,不能得取,还求于佛。佛言,汝今若能受三归五戒,尽寿不杀,当还汝子。鬼子母即如佛敕。"义净在《南海寄归内法传》对这一鬼母皈依的过程也有相对简化的记载,"(鬼子母)日日每食王舍城男女。诸人白佛,佛遂藏其稚子名曰爱儿"。相似的文献证据也见诸宋僧《诸天传》,"鬼子母……常食人子,佛为化彼,将爱奴钵下藏之。母于天上人间觅之不得,佛遂化之"①。

这一题材的艺术创作,目前已知的最早例证来自印度阿旃陀石窟第2窟②,时代不晚于5世纪。在鬼子母和半支迦坐像的左上角,表现有释迦和合十跪拜的妇女、小儿,而这三者正是上述释典和高僧行纪所提及的鬼子母揭钵题材三大要素(图二七)。这一表现模式随后也对5~6世纪于阗、龟兹地区的佛教艺术产生了影响。

图二七 鬼子母因缘浮雕(印度阿旃陀石窟第2窟,5世纪)

斯坦因第一次中亚考察期间(1900~1905年),曾在丹丹乌里克D.Ⅱ遗址发现一座8世纪末期的小型佛殿遗迹③,推测或为唐代文书所提及的于阗王城东北边境杰谢镇护国寺。寺院东墙上绘有一组壁画,可见持钵而坐的佛祖和弟子迦叶、印度装扮的殊丽女神和

---

① (宋)行霆《诸天传》,载《永乐大典》第8册,第7311页。
② Richard S. Cohen, "Nāga, Yakṣiṇī, Buddha: Local Deities and Local Buddhism at Ajanta", *History of Religions*, Vol. 37, No. 4(May,1998): pp. 360–400. Fig. 4–2 is cited from Richard Cohen, fig. 10, p. 387.
③ M. A. Stein, Serindia. *Detailed Report of Explorations in Chinese Turkistan* 1907, London, pp. 253–254.

其脚边牵曳衣裙的小儿形象;失子因缘故事中的各个要素——佛世尊、鬼子母和嫔伽罗三个主要人物均在此处壁画中一一呈现(图二八)。

图二八　鬼子母失子因缘壁画(丹丹乌里克D.Ⅱ遗址寺庙遗址,8世纪)

图二九　鬼子母因缘壁画(克孜尔石窟第80窟窟顶,5~6世纪)

据李翎统计,克孜尔石窟中绘有鬼子母图像者计七处,其中第34、80和171窟所表现的就是典型的揭钵题材,年代均在5~6世纪①。这些窟顶通常绘有千佛图和菱格轮廓内的因缘故事,鬼子母失子因缘的彩绘也在其中②。以80窟为例,菱格轮廓内释迦居中而坐,右侧一女子合掌跪拜,佛正前方座下的钵中有一半身裸儿,所示正为失子因缘故事中鬼子母跪拜释迦皈依的场景(图二九)。

唐以后,"揭钵图"的题材逐渐用细节化的叙事手法来展示神魔之间这一动人心魄的冲突场景③,画工充分发挥想象,表现出佛众和鬼子母众各色神魔栩栩如生的样态。目前存世的"揭钵图"绘画作品主要为宋、元代画作,亦有明清以来的摹古之作,数量相对丰富。据乐愕玛统计,世界公私收藏的揭钵图画作传世品有近30件,纸、绢本兼备,或为白描,或为设色重彩④。其中流散国外的文物主要集中在大英博物馆、吉美博物馆、京都国

---

① 新疆龟兹石窟研究所编:《克孜尔石窟内容总录》,乌鲁木齐:新疆美术摄影出版社,2000年,第61~62、132~133、136~142页。

② Emmanuelle Lesbre, "An Attempt to Identify and Classify Scenes with a Central Buddha Depicted on Ceilings of the Kyzil Caves", *Artibus Asiae*, Vol. 61, No. 2: pp. 305-352. 李翎:《以鬼子母图像的流变看佛教的东传——以龟兹地区为中心》,第87~91页。

③ Julia K. Murray, "Representations of Hārītī, the Mother of Demons, and the Theme of 'Raising the Alms-Bowl' in Chinese Painting", *Artibus Asiae*, Vol. 43, No. 4: pp. 266-267.

④ [法]乐愕玛:《揭钵图卷研究略述》,《美术研究》1996年第4期,第24页。揭钵图绘本中的国外藏品主要集中在大英博物馆、吉美博物馆、京都国立博物馆、大都会美术馆、弗列尔美术馆、纳尔逊美术馆、印第安纳波利斯艺术博物馆、波士顿艺术博物馆和丹佛艺术博物馆等;国内的相关图卷文物则收藏于北京故宫博物院、浙江省博物馆、国家图书馆等处。关于揭钵图类型、版本、年代等问题,Julia K. Murray和乐愕玛均做过考证。

立博物馆、大都会美术馆、弗列尔美术馆、纳尔逊美术馆、印第安纳波利斯艺术博物馆、波士顿艺术博物馆和丹佛艺术博物馆;国内的相关图卷文物则收藏于北京故宫博物院、浙江省博物馆、国家图书馆、炎黄艺术馆等处。

  文献中首次明确提及揭钵题材的画作,见于北宋汴京的佛殿壁画;与其他外道皈依佛教的故事场景同绘于佛殿两廊,以彰佛迹。按《东京梦华录》所记"(相国寺)大殿两廊,皆国朝名公笔迹,左壁画炽盛光佛降九鬼百戏,右壁佛降鬼子母揭盂"①。另一件可能为北宋画作的史载例证,为李公麟之《玻璃鑵图》,收录于《宣和画谱》;参考大都会博物馆的《揭钵图》,释迦困住鬼子母稚儿嫔伽罗的钵盂,即呈透明状,似为"玻璃"材质,由此推测李氏之《玻璃鑵图》很可能表现的也是佛降鬼子母揭钵题材。随后《鬼子母揭钵图》的手卷画开始出现,画面构图明显分为三个组成部分:佛众、鬼子母和鬼卒。手卷正中为宫装贵妇状的鬼子母,拢袖于胸,面现焦虑地等待鬼众救出钵下爱儿。在其指挥下,图卷尾部各路魔兵鬼族各显神通,或攻击佛众,或试图搬移佛钵。参考山西繁峙县岩山寺金代壁画鬼子母经变图和其他传世宗教画作,在对手卷图像布局、人物细节和笔法风格的比较研究基础上,我们基本可确定目前存世揭钵图手卷的年代上限为南宋—金代,而这种表现形式在元代画作中已表现得十分成熟②。北京故宫博物院也藏有元代设色绢本《揭钵图》卷,见于清内府编撰《秘殿珠林》著录;浙江省博物馆则保存有元代朱因的白描纸本《鬼子母揭钵图卷》,这两者均是目前相对可靠的鬼子母揭钵题材的元代手卷代表。现藏于印第安纳波利斯艺术博物馆的《揭钵图》(图三〇),题为元人王振鹏

图三〇 鬼子母揭钵手卷(印第安纳波利斯艺术博物馆藏,传元王振鹏作)

---

① (宋)孟元老:《东京梦华录(外四种)》卷一,"相国寺内万姓交易"条,北京:中华书局,1962年,第19页。
② 关于传世鬼子母揭钵图手卷的年代判定以及两种构图类型的划分及母本来源,详见乐愕玛:《揭钵图卷研究略述·下》,《美术史研究》1997年第1期,第85~90页。

所作①。此外,手卷画所确立的构图模式也见于宋代鬼子母花钱(图三一)和西夏张掖彩绘鎏金的"鬼子母揭钵"砖雕中,不难想见其对民间艺术和其他工艺门类的巨大影响力。

图三一　鬼子母揭钵花钱(宋)

绘画作品外,元代杂剧中也不乏表现鬼子母揭钵的场景。如杨景贤的《西游记杂剧》即有"鬼母皈依"一折;同时期的另一位杂剧家吴昌龄有剧本《鬼子母揭钵记》,收录在钟嗣成所编的《录鬼簿》②中。从前述相关题材手卷绘本的存世情况来看,文学作品和绘画创作存在相互推动、共同繁荣的趋势,也是"佛降鬼子母揭钵"成为元代鬼子母最为突出的表现形式。

揭钵题材在明代以来仍然存在于绘画主题和释典插图③中。仇英的设色绢本图轴④,就明显可见宋元画风的影响。然而,这一图像模式无论是构图还是细节均再无发展,明清及民国的此类画作均为尊摹前代的临古之作。事实上,揭钵图的表现形式在明清以降已不是鬼子母题材的主流模式;这一时期盛行的创作题材,是将鬼子母纳入诸天系统来表现。

(二) 诸天系统中的鬼子母

诸天神系在晚近中国的佛教艺术中是非常重要的表现题材。其形象和谱系渊源可追溯到4世纪以来由西域传入的神王和八部众等佛教护法神系⑤。

从文学作品来看,诸天系统的鬼子母,最初是和揭钵题材紧密相连的。考杨景贤《西

---

① 乐愕玛认为印第安纳波利斯博物馆的此件藏品实为清代白描摹本(乐愕玛:《揭钵图卷研究略述》,第26页)。但无论如何,这幅手卷展示了元代风格的揭钵题材构图和细节表现应无疑义。
② (元)钟嗣成:《曹栋亭刊本录鬼簿》,载《录鬼簿(外四种)》,北京:中华书局,1959年,第72页。
③ 如现藏于北京国家图书馆的明永乐《金刚经》扉页版画、明插图本《释氏源流应化事迹》中的相关木版插画等。详见乐愕玛:《揭钵图卷研究略述》,第27~28页。
④ 转引自 Julia K. Murray, "Representations of Hariti, the Mother of Demons, and The Theme of 'Raising the Almsbowl' in Chinese Painting", Artibus Asiae, Vol. xlⅢ, 4。
⑤ 针对鬼子母和佛教护法神的关系及形象演变,参见 Yuan Quan, "Praying for Heirs: the Transformation of Hāritī in East and Southeast Asia", The journal of Chinese Historical Researches, Daegu, vol. 74, pp. 117-205。

游记》杂剧"鬼母皈依"一折:"[佛曰]……这妇人我收在座下作诸天的……谓之鬼子母。"①则可见佛降鬼子母揭钵于先、鬼子母皈依入诸天体系于后的逻辑顺承关系。至吴承恩的《西游记》,"观音慈善缚红孩"代替了"鬼母揭钵救爱奴",鬼子母一出场即为诸天身份:"行者作礼毕,道:'要见菩萨。'诸天道:'少停,容通报。'时有鬼子母诸天来潮音洞外报道:'菩萨得知,孙悟空特来参见。'"②文学创作中鬼子母身份和场景的变化,实际反映出元明之际鬼子母表现题材由揭钵故事向诸天系统转变的发展过程。

明清时期的鬼子母诸天,多盛冠华服,宝盖相随,旁携爱儿,或轻抚其顶,或执手而行。此类鬼子母天与其他诸天一并,作为护法神众环立于主尊四周,计有壁画、泥塑和浮雕三种表现形式。石家庄正定隆兴寺摩尼殿的墙壁上绘有佛教壁画,存世者悉为明代民间工匠之作。其中即包括一手执莲花、一手抚爱儿的鬼子母天形象(图三二)。北京法海寺正殿北壁西侧鬼子母天壁画与之相似,只是右手的宝扇代替了莲花③。相同造型的鬼子母天也表现在塑像作品中,如北京大慧寺有一尊鬼子母泥塑,为明正德八年(1513年)司礼监太监张雄捐建(图三三),山西临汾铁佛寺则保存有手携爱儿的鬼子母天琉璃砖雕(图三四)。民间艺术家在塑造鬼子母和嫔伽罗的形象时,没有拘泥于佛经上关于"刻像法"、"造像法"的刻板模式,而是以真挚生动的时俗之态,展现出母子间的脉脉温情。

揭钵图和诸天系中的鬼子母形象的变化,可以看出元明以来鬼子母逐渐在续嗣送子

图三二 隆兴寺鬼子母天壁画(15世纪) 　　图三三 北京大慧寺鬼子母泥塑(15世纪) 　　图三四 临汾铁佛寺鬼子母天琉璃砖雕(17世纪)

---

① (元)杨景贤:《西游记》杂剧第三本,第十二剧"鬼母皈依",载隋树森编《元曲选外编》第二册,北京:中华书局,1959年,第663页。
② (明)吴承恩:《西游记》第四十二回"大圣殷勤拜南海 观音慈善缚红孩",北京:人民文学出版社,1972年,第583页。
③ 图片转引自北京法海寺网站http://www.china-gallery.com/gb/kucun/huihua/bh_4.htm。

神系中居于次位,转移到新的题材领域中。其原因除前文提到民间宗教中娘娘信仰的日渐盛行,"送子观音"形象的日渐成形亦不可忽视。

四、东方圣母:鬼子母和送子观音

在近世中国,鬼子母作为送子神和妇婴保护神的神职功能和表现模式除影响了前述分支众多的娘娘信仰与乳母崇拜,也对送子观音的产生与形象发展起到了重要作用①。

(一)送子观音图像的成形与发展

唐宋之际,中国佛教艺术中的女子抱婴像多为鬼子母,其后则通过佛典、应验传说和民间信仰的交互融合,催生出一位新的祈子延嗣神——送子观音。《妙法莲华经·观世音菩萨普门品》记载,"若有女人,设欲求男。礼拜供养观世音菩萨,便生福德智慧之男;设欲求女,便生端正有相之女"②(图三五)。送子观音的理论根据即典出于此。以此为据,南朝时南方各地即有不同版本的"颂持观音经得子"故事③,但尚未出现与送子神职相对应的具体的观音形象。

唐宋之际,白衣观音送子的应验神迹开始频频见于文献记载。如《白衣经纪验》载:"唐衡阳一士人,年高无子,祈嗣靡所不至。忽遇老僧,持白衣观音经授之,曰:'……若欲求子,即生智慧之男,有白衣重包之异。'……数年遂生三子,果有白衣重包。"《五灯会元》记:"……母无子,祷白衣大士乃得……"④《北磵集》

图三五 《观世音普门品》插图之送子观音(15世纪)

---

① 胡适就曾做出了"送子观音也是从鬼子母演变出来的"推测,见胡适:《魔合罗》,载《胡适古典文学研究论集》,上海:上海古籍出版社,1988年,第639页。
② 《妙法莲华经·观世音菩萨普门品》,《大正新修大藏经》卷九九,第56页。
③ (南朝齐)王琰:《冥祥记》,"(南朝)宋益州孙道德素为奉道祭酒,年逾五十未有子。居近精舍,景平中,有僧谓曰:'能至心礼诵观世音经,子可冀也。'孙从之。一日得异梦,妇果有孕,产男"。又"(南朝)宋卞悦之,济阴人……年五十未有子。妇为娶妾,复积载不孕。祈求继嗣,发愿诵观音经千遍,其数垂息,妾即有娠,遂生男,时元嘉十四年"。载(清)周克复《观音持验记》之"宋孙道德"条、"宋朝请卞悦之"条,《续藏经》第一辑第二编,乙第七套第五册,上海涵芬楼影印本,1925年,第481、482页。
④ (宋)普济:《五灯会元》卷十六,"慧林本禅师法嗣"条,文渊阁《四库全书》册一〇五三,第689页。

中也有相似的应验故事,"祷于白衣大士,愿得佳子"①。宋人笔记有言:"宋京师人瞿楫,居湖州四安镇,五十无子,绘观音像虔祷。其妻方娠,梦白衣妇人以盘送一儿,姿甚韶秀。"②此期"白衣大士"作为送子观音的身份虽逐渐固定,但仍不见相关的塑画作品流传于世。推究原因,应是当时送子系统仍以崇奉鬼子母众为盛,而观音送子的艺术表现尚未展开。考《避暑录话》:"戬母梦有伟男子持双儿授之,云:予孔丘以是与尔……晁无咎每举以为戏,曰:孔夫子乃为人作九子母耶!"③则可知宋人言及送子神,必以鬼子母为先,而"观音送子"的形象此时尚未以图像艺术的形式确立和彰显。

元至明清,送子观音的表现模式最终确立成型。于君方认为,"送子观音的信仰在中国坚固地建立起来,应在公元1400年至1600年之间"④。自此,送子观音才取代了盛行于唐宋的鬼子母神众,成为民间宗教中最为重要的祈子神。其图像表现杂糅了水月观音、白衣观音、鱼篮观音、南海观音和狮子吼观音等诸多构图模式和形象因素⑤,涌现出绘画、雕塑、版画和纸马等各种门类的艺术造型(图三六~图三八)。

图三六　送子观音纸马(艾尔米塔什博物馆,18世纪)

图三七　1603年刻《白衣大悲五心印陀罗尼经》封面之南海观音(现藏于北京法源寺)

---

① (宋)居简:《北磵集》卷十,"道场山北海禅师塔铭"条,文渊阁《四库全书》册一一八三,第162页。
② (宋)洪迈:《夷坚乙志》卷十七,"瞿楫得子"条,《续修四库全书》册一二六五,第105页。
③ (宋)叶梦得:《避暑话录》卷下,文渊阁《四库全书》册八六三,第688页。
④ Chun-fang Yu, *Kuan-yin: The Chinese Transformation of Avalokiteśvara*, New York: Columbia Univ. Press, 2001. p. 258.
⑤ 宋明之际"白衣送子"形象多与水月观音等类,如(明)徐宏祖《徐霞客游记》卷十载:"台之北复进一小龛,……前列以小坊,题曰'水月',中供白衣大士。"(元)胡助《纯白斋类稿》卷十七,"和道心姪湖上三首"条:"一片湖光静如练,白衣大士坐中间,玉盘夜向波心堕,水冷鱼沉万籁闲。"(文渊阁《四库全书》,册一二一四,第653页)。清《秘殿珠林》记:"元赵雍画白衣大士像一轴。……左方上倪瓒题云:'……水在盆中,月在天上。'"(文渊阁《四库全书》册八二三,第616页)。至于明清多见的麒麟送子观音和骑狮持如意送子观音,则是将送子神职附加在狮子吼观音和如意观音上的产物。《观世音菩萨普门品》插图中俗妇装扮的送子观音,则明显可见鱼篮观音的图像影响。

然而,送子观音虽逐渐在延嗣神系中取代了鬼子母,但一直到近现代,其在民间的供奉方式却仍与鬼子母存在内在关联。

(二)鬼子母和观音的组合供养

唐宋时期的观音崇奉,虽已具备"祷验得子"的功能,但其送子的神职往往是通过鬼子母分担的。唐代文献记载其时观音院:"创观音像堂三间,南边佛舍五间,山头大阁三层七间,房廊厨库门庑十五间,皆尽雕饰之妙,宏状之丽。……又有石龛四五,兼鬼子母,下临方泉,里巷以禖之飨……"①可见在唐代观音院中,同样供奉鬼子母和高禖的神龛,则或可推测唐人在观音院参拜,如涉及子嗣求乞,也需通过崇奉鬼子母乃至更古老的高禖神来实现。这种状况直到元代依然存在,"(智全)寺之制,正殿位三世佛,前殿位观世音菩萨,右为九子母之殿,左为大藏经之殿"②,从中可见,由唐至元的寺庙供奉中,观音和鬼子母间亦存在一种主从组合关系。在这种组合中,鬼子母作为观音大士的配祀神,分担了送子的神职功能。要之,在观音信仰日益隆盛壮大的过程中,曾经作为主尊神供奉的鬼子母逐渐充当起"观音"的分职,仍司监生续嗣之职,在民间崇奉中,多作为观音的配祀神存在。

图三八 德化白瓷送子观音像

这种组合模式发展到明清,又产生了新的变化。明代李戴的《大觉寺白衣大士像》记载,"……寺后塑白衣大士像……楼下为水陆会所,东西各三楹,左为送生菩萨,右为眼光菩萨"③。在这组明代观音殿的供奉神众中,鬼子母的位置被"送生菩萨"所取代。李戴的记载并非孤例,陕西太兴山清代民国时期的民间宗教遗存中,也多处保留着相似组合的尊像模式④。在百神洞、白衣洞、朝阳宫和老母殿中,均可见到"中为主尊观音,左为送子观音(或送子菩萨),右为眼光菩萨"的组合样式。而创建于清康熙年间的台北宝严寺的大雄宝殿中,主供观音菩萨. 右侧是妈祖殿,内奉妈祖娘娘,左侧为注生殿,供奉送子观音。这些实例证明,曾经在观音崇奉中处于配祀之位、主司延嗣送子的鬼子母,在明清之际已彻底被送子观音和诸多娘娘圣母取代;而观音崇拜和娘娘信仰的新组合在民生宗教中日渐形成,并一直影响至今。

---

① (唐)侯圭:《东山观音院记》,(清)董浩等编《全唐文》卷八百六,中华书局,1983年。
② (元)刘敏中:《中庵集》卷十四,"大智全寺碑"条,文渊阁《四库全书》册一二零六,第 116 页。
③ (明)李戴:《大觉寺白衣大士像》,载《延津县志》,转引自赵邦彦:《九子母考》,第 272 页。
④ 李立安:《一处罕见的民间宗教活化石——太兴山民间宗教调查研究》,《世界宗教研究》2003 年第 3 期,第 129~135 页。

实际上,民间的送子神系是一个庞杂纷乱的系统,加之供奉的女神多宫装凤冠,形象相似,故而送子观音、鬼子母和诸多圣母娘娘往往很难严格曲分开来。这些母神形象的混淆在宋元时期也已存在,据《武林梵志》记载"普济院俗呼观音娘娘殿,居栖水之西市。世愚误称泰山娘娘,非也"①。可见在当时就有误辨送子观音和碧霞元君的情况;而巫山神女庙在清代则出现了上古天帝之女瑶姬和鬼子母、送子观音同庙并祀的情况,见载于乾隆年间巫山县令朱斐然的《神女记》一文:"治东神女祠,巫之胜迹也……惟是祠止两层,年远倾圮,颇失壮观。而土人又妄添置观音、九子母等塑像于其中,不伦不次,岂专庙独尊之义乎!"

五、结　　语

综上,本文通过丰富的文物和文献资料,尝试对鬼子母在东亚地区的传播与转化问题作出探讨。随着佛教在东亚的传播,鬼子母信仰广泛流行于中国、日本、韩国等地。这一源自印度的佛教神祇一方面对中国传统信仰体系与艺术形式产生了重要影响;另一方面,其供奉模式和相容特征又与中国本土文化逐渐融合:这种文化体系不断磨合、重组,使鬼子母最终完成了其形象特征与供奉仪轨的中国化转变,成为东亚"求子万神庙"中的重要一员。

---

① (明)吴之鲸:《武林梵志》卷四,文渊阁《四库全书》册五八八,第81页。

器用与方物

汉代胡人俑座陶灯研究

宋 蓉

北京联合大学考古学研究中心

胡人俑座陶灯是以胡人俑为造型主体,将功能部件——灯盘有机融入其中的一类陶质灯具[①]。目前已发现的此类陶灯均出自粤、桂、湘等地的汉墓,陶质多疏松,制作欠精致,应是专为埋葬而设的明器[②]。汉墓随葬灯具的做法,在《后汉书·礼仪》以及罗泊湾M1"从器志"中均有明确记录[③]。南北方汉墓中普遍可见的豆形陶灯也进一步印证了《尔雅·释器》中"瓦豆谓之登"的记载。两广、湖南汉墓所出胡人俑座陶灯(以下简称"胡俑陶灯")因其灯座部分以体貌迥异于华夏族形象的胡俑为之,而备受研究者关注。聚焦灯座胡俑,有关其来源、族属及相关奴隶贸易的研究成果颇丰,但以随葬灯具为视角的研究则少有论及。基于此,本文拟从墓葬整体着眼,通过对胡俑陶灯器形及墓葬形制、共出器物的综合考察,探讨其起源、发展及其所反映的岭南与中原、南海的交通交流等问题。

一、胡俑陶灯的发现与器形演变

汉代的番禺是胡俑陶灯的分布中心,半数发现集中于今广州市区的珠江以北区域,其余则零星分布在广东的三水、顺德、韶关,广西的合浦、贵港、梧州、兴安、钟山以及湖南资兴、常德、耒阳等地。广州汉墓中的发现不但数量多,而且延续性强,分属西汉中、后和东汉前、后四期墓葬。其他地区的发现则可依墓葬年代归入广州汉墓分期,从而形成胡俑陶灯器形的演变序列。此类陶灯均为手制捏塑成型,器形的细节处理往往较为随意,尤其胡俑面貌、神态每件皆有不同,须把握器形主体,从特征部位观察其演变规律。基于上述考量,本文选取灯盘形态和灯座胡俑姿态、体貌三个方面,梳理各个时期胡俑陶灯的器形特征及演变规律(详见附表)。

---

① 有研究将此类器称为"托灯胡俑",从其灯盘以及盘内清晰的灯钎痕迹看,这类器物应是照明灯具而非人物俑,因此本文将其称为"胡人俑座陶灯"并从随葬灯具的角度对其进行研究。

② 本文认为这类陶灯为明器而非实用器还基于以下两点考虑:首先,在目前已发表的资料中,灯盘中心均留有安插火主的凹窝,却从未见使用痕迹的报道;其次,在同一随葬品组合中,这类陶灯的陶质多与模型明器相同。

③ 《后汉书·礼仪下》:"东园武士执事下明器……瓦镫一……"(《后汉书》志第六,北京:中华书局,1965年,第3146页。)罗泊湾M1:161背面第五栏"烛征一"(广西壮族自治区博物馆编:《广西贵县罗泊湾汉墓》,北京:文物出版社,1988年,第84页)。

西汉中期的胡俑陶灯仅广州龙生岗 M2046∶45 一例①，虽其灯盘、胡俑双臂已失，但从胡俑坐姿、体貌看，与西汉后期诸灯颇多近似，故可将两期一并分析。西汉后期，胡俑陶灯的数量明显增加，器形特征也较为清晰。灯盘形态有折腹钵形和直腹盆形两种，后者有的环绕器壁镂刻一周排布均匀的长条镂孔，风格与共出的瓿、熏炉等岭南本土陶器一致，典型如大元岗 M3018∶25（图一，6）。灯盘大小不一，大多盘径略大于俑首，也有个别盘径超大、比例失调者，如大元岗 M3020∶35（图一，9）。胡俑坐姿多是跪坐或箕坐。跪坐不同于中原常见的并膝踞坐，而是分膝臀坐于地，如刘王殿 M3026∶6（图一，2）；或一腿前踞一腿后屈的所谓胡跪，如大元岗 M3021∶87（图一，3），西汉中期的龙生岗 M2046∶45 亦为此种坐姿（图一，1）。箕坐与胡跪姿态近似，只是将后屈腿平铺于身前，如农林上路 M6 所出（图一，4）。凡胡跪与箕坐胡俑均一手扶膝一手托灯至头侧，或目视前方，或仰头望灯，绝大多数身体中正，仅大元岗 M3021∶87 动作幅度稍大，仰头至上身后倾（图一，3）。跪坐胡俑则多双手或单手托举灯盘置于头顶（图一，5、6）。体貌方面，高鼻、络腮髯须、裸体是其最为突出的特征。但在表现形式上，托灯者与顶灯者有着明显差异，前者面容、体貌清晰，后者则多含混模糊。除上述三点样貌特征，托灯者均束髻于头顶，发髻有的似馒头状，有的上宽下窄似"椎结"；圆形泥片贴塑成大而圆的双目；刻划扁圆条孔表现微张的口部，个别还做出吐舌的表情；上身捏塑出明显的胸部，有的阴刻疏密有致的短线以象体毛。典型如大元岗 M3021∶87（图一，3）。顶灯者头顶与灯盘经刮抹连接，发式未作表现，五官也多被抹平（图一，5、6），表现手法极草率，且其数量很少，似尚处于造型技法的探索阶段。

西汉后期，胡俑陶灯的分布越过南岭。资兴 M40 出土陶灯，灯座人物也是大眼、高鼻、络腮胡须、多毛、裸身的胡人形象，较为特别的是胡俑脊柱划毛、双手举灯负于项后，并且整器也略小于广州胡俑陶灯的平均体量（图一，10）②，应为岭北自产的仿制品。

东汉前期，广州胡俑陶灯的器形基本延续了前期风格。灯盘多折腹钵形，灯座胡俑的坐姿、面容和体貌几无变化。改变主要表现为托灯向顶灯的转变。其中，大元岗 M4019∶39 和狮带岗 M6 出土的胡俑陶灯均有多个灯盘，胡俑托、顶并举，正表现了这一转变中的过渡形态（图一，8）。此时，顶灯者的造型技法渐趋成熟，俑首不再与灯盘底混为一体，而是清晰塑造出头缠发巾的发式。胡俑的姿态也更为多样，如狮带岗 M6 所出，胡俑交脚踞坐，当由前期分膝踞坐演变而来（图一，7、9）③。

东汉前期，广州胡俑陶灯的总量有所减少，但分布范围已向北拓展至漓水上游，向西

---

① 中国社会科学院考古研究所等：《广州汉墓》，北京：文物出版社，1981 年，第 221 页。下文广州出土胡俑陶灯凡未注明出处者皆出自此报告。
② 湖南省博物馆等：《湖南资兴西汉墓》，《考古学报》1995 年第 4 期。
③ 广州市文物考古研究所：《铢积寸累——广州考古十年出土文物选粹》，北京：文物出版社，2005 年，第 57 页。

器用与方物 ·117·

图一 西汉中期至东汉前期胡俑灯举例

1. 广州 M2046:45 2. 广州 M3026:6 3. 广州 M3021:87 4. 广州农林上路 M6 5. 广州 M3020:36
6. 广州 M3018:25 7. 广州狮带岗 M6 8. 广州 M4019:39 9. 广州 M3020:35 10. 资兴 M40

影响波及合浦①。兴安石马坪 M10 所出灯盘已失，但胡俑姿态、体貌及造型风格、体量均与同时期广州胡俑陶灯相同②。合浦所出则略显特别。寮尾 M13b：12，托灯胡俑的形象更似刘王殿 M3026：6 和大元岗 M3021：87 等广州西汉晚期的风格。另外，其胡俑双臂短粗不合比例且与灯盘混为一体，表现出不及广州成熟的造型技法。凸鬼岭 M3 所出，灯座部分塑成分膝踞坐、背负灯柱的马首人身形象，其余造型风格与人形胡俑陶灯一般无二③，应可视为人形胡俑陶灯的变体形式。

东汉后期，胡俑陶灯的器形发生了较大改变。灯座体量普遍增大，灯盘则渐趋缩小，盘径与俑首相当或略小。灯座胡俑多为膀壮腰圆、体型臃肥、踞坐顶灯的形象，依然表现着圆目、高鼻、络腮髯须的面容和多毛、裸身、缠巾的体貌装束。但表现方式已有不同。双目不再以泥片贴塑，而改为阴刻似立目的眼型，典型如广州 M5036：22（图二，1）。颔下胡须少见塑出外形者（图一，2~4、8、9），而多阴刻长短线条以示意（图二，2、6）④。身体装束分化为两类，一类仍为体毛、胸部、肚脐等身体细节清晰、具象的裸身者。另一类则在胸口阴刻"V"形，似身着贯头衣衫，虽仍有个别衣纹与身体俱见的衣不遮体形象（图二，1），但更多的则是仅见衣纹、身体抹平的衣衫覆体形象（图二，2）。

东汉后期，胡俑陶灯的分布范围北至沅江下游、南抵桂南。其中梧州、钟山、耒阳等位于分布区边缘的地点，胡俑陶灯往往具有较多特性。器物尺寸普遍偏小，如耒阳 M361：1 与广州 M5046：16 均只存灯座，前者通高仅有 12.6 厘米，后者则有 25 厘米。胡俑体型略瘦，面部颧骨突出。此外，还多有姿态特殊者，如钟山英家山汉墓所出，胡俑双肩并置灯盘（图二，3）⑤；梧州云盖山汉墓所出，胡俑踞坐双手胸前合十（图二，4）⑥；韶关芙蓉山汉墓所出，胡俑双掌向上交叠置于膝上（图二，5）⑦。

综上所述，自西汉中期至东汉后期，胡俑陶灯器形的演变规律可概括为：灯盘逐渐减小，灯座胡俑从托灯到顶灯，从体型瘦长到膀壮腰圆，从裸身露体到身着贯头衣衫。胡俑陶灯的发展可以东汉后期为界，分为初兴与成熟两个阶段。前一阶段自西汉中期至东汉前期，灯盘形态、大小较为随意，胡俑样貌虽着意突显了大眼、高鼻、多须及椎结、多毛裸身的特点，但造型多变，形式未统一。后一阶段为东汉后期，灯盘形态、尺寸基本定型，胡俑

---

① 合浦寮尾 M13b 的年代在已发表简报中被定为东汉晚期（参见广西文物考古研究所等：《广西合浦寮尾东汉三国墓发掘报告》，《考古学报》2012 年第 4 期）。但从墓葬形制看，该墓采用的砖木合构墓葬是广西南部东汉早期墓葬的常见形制（参见黄秋红：《广西东汉墓的考古学研究》，广西师范大学硕士学位论文，2009 年，第 67 页）。随葬品方面，寮尾 M13b 中鼎、壶等陶礼器，陶屋、井、灶等模型明器以及各型陶罐、提筒等，从组合到器形基本均与年代属东汉早期的九只岭 M5 相同（参见广西壮族自治区文物工作队等：《广西合浦县九只岭东汉墓》，《考古》2003 年第 10 期）。综合考虑到上述种种特征，本文认为寮尾 M13b 的年代在东汉前期更为合宜。
② 广西壮族自治区文物工作队等：《兴安石马坪汉墓》，载《广西考古文集》，北京：文物出版社，2004 年，第 238~258 页。
③ 广西壮族自治区文物工作队等：《合浦县凸鬼岭汉墓发掘简报》，载《广西考古文集》。
④ 衡阳市博物馆：《湖南耒阳市东汉墓发掘报告》，载《考古学集刊》第 13 集，北京：中国大百科全书出版社，2000 年。
⑤ 图片采自张玉艳：《两广地区出土汉代灯具研究》，广西师范大学硕士学位论文，2011 年，第 60 页，图 2-32。
⑥ 图片采自陈小波：《广西出土的两件汉代佛教文物》，《文物鉴定与鉴赏》2015 年第 4 期。
⑦ 香港博物馆：《南海海上交通贸易二千年》，香港市政局，1996 年，第 71 页。

图二　东汉后期胡俑灯举例

1. 广州 M5036：22　2. 广州 M5046：16　3. 钟山英家山墓　4. 梧州云盖山汉墓
5. 韶关芙蓉山汉墓　6. 耒阳 M361：3

也形成了大眼、高鼻、多须、体型臃肥、多毛,缠发、裸身或身着贯头衣衫的模式化形象。胡俑陶灯有规律可循的器形演变,表明它已逐渐具备了成熟稳定的生产工艺。胡俑逐渐清晰、具象的体貌,也显示出当地社会对这一"他者"群体了解的深入。此外,胡俑陶灯自番禺不断向外扩展的过程中,分布地点均位于秦时所开中原通岭南的"新道"沿线。韶关、兴安、耒阳是源耒水出阳山关沿连江入北江达番禺线路上的重要交通节点。兴安、钟山则位于著名的灵渠道与九疑道沿线。梧州更是汇集多条自西江入番禺线路的交通枢纽[①]。这些地点出土的胡俑陶灯往往距离分布中心越远自身特性就越显著,由此也反映出其传播的模式应是器物风格及其相关葬俗的流布而非器物的直接输入。

二、墓葬背景分析

随葬胡俑陶灯的墓葬,除常德南坪 M1 可据石印推断其墓主为东汉酉阳长,其余均无

---

① 王元林:《秦汉时期南岭交通的开发与南北交流》,《中国历史地理论丛》2008 年第 4 期。

明确身份信息。以下将以资料相对完整且丰富的广州汉墓为中心,从墓葬形制、规模及随葬品组合、数量等方面分析推断胡俑陶灯兴起与流行的社会群体,从摆放位置、共出器物等方面分析其随葬的意义与功用。

西汉中、后期,广州的胡俑陶灯几乎均出自带墓道的竖穴分室木椁墓。有研究认为,这种形制的墓葬是南越人吸收楚文化加以改造而成①,具有鲜明的岭南特色。竖穴分室木椁墓中多有丰富的随葬器物,尤其墓室长度超过5米的墓葬,多伴出有五铢钱以及玛瑙、水晶、琉璃珠饰等象征财富之物,属同期规格较高者。此类高规格大墓在随葬品组合方面,表现出两种完全不同的倾向,或仅有成组的岭南风格模型明器和日用陶器,或同时共出一组相对完整的汉式陶礼器②。汉式陶礼器的有无通常被看作是墓主对汉文化身份象征认同与否的表征。联系西汉中后期岭南历史发展的背景,上述随葬陶礼器者可能为奉派至番禺的汉人官吏或南下贸易的中原商贾,也有可能是越人集团中支持汉庭的留任官员,甚或是汉化的越商。总之无论其族属为何,都已融入汉文化并成为番禺社会的中上层群体。西汉中、后期的胡俑陶灯均出自此类陶礼器大墓之中,初兴的西汉中期,仅14.3%的陶礼器墓随葬此物,西汉后期这一比例已升至41.7%,足见其流行之势。陶礼器墓中与胡俑陶灯同时兴起的还有同时期中原广为流行的豆形陶灯,二者灯盘样式一致,并都是放置于棺旁边箱或椁下层器物室之内。由此推知,胡俑陶灯的功能应与汉式豆形灯相当,同是受汉文化影响而随葬的灯具明器。

东汉前期,广州汉墓的形制发生变化,分室木椁墓退化为假分室木椁墓③。墓葬规模和随葬品组合延续前期,胡俑陶灯还是仅见于墓室全长5米左右并随葬成组陶礼器的墓葬。但其流行度明显下降,占比仅25%左右。而豆形陶灯流行愈广,占比可达50%。虽然胡俑陶灯在广州的流行趋缓,但其向外的影响增强。桂北兴安和桂南合浦的一些高规格墓葬中也出现了随葬胡俑陶灯的现象,这些墓葬的随葬品中也有一组汉式陶(或铜)礼器以及大量外来珠饰,墓主身份当与广州随葬胡俑陶灯者相当。

东汉后期,广州盛行砖室墓,墓葬规模普遍扩大,此前的墓葬分类标准已不适用。从随葬品看,仍有以成组汉式陶礼器随葬者,这类墓葬均为前后双室的砖室墓,有的还带侧室,规模普遍较大,墓主身份大体应与前期陶礼器墓相近。胡俑陶灯还是仅见于此类大墓。不过,其摆放位置发生了较大变化,多与熏炉、瓶等置于棺前旁侧,与棺前正中摆放的陶案以及案上耳杯,案前温酒樽、卮等共同组成墓内设奠的场景。这种棺前置案设奠的做

---

① 高崇文:《试论岭南地区先秦至汉代考古学文化的变迁》,载《西汉南越国考古与汉文化》,北京:科学出版社,2010年。
② 相对完整是指具备鼎、盒、壶组合中的两类以上器物,或鼎、盒、壶组合,或鼎、壶组合,这种陶礼器的组合形式与同时期中原情况相近。
③ 罗二虎等:《论汉代岭南与巴蜀地区的文化交流——以双层木椁墓为中心的考古学考察》,载《西汉南越国考古与汉文化》。

法与中原汉墓一般无二,如灵宝张湾 M3、M5 也均是将豆形陶灯放置于棺前案旁①。再度显示出胡俑陶灯与豆形灯功能的近似,以及与中原同步的丧俗。

东汉后期,胡俑陶灯在广州的流行度持续下降,占比降至 19.4%;豆形灯则稳步上升,占比增至 58.1%(图三)。与此同时,随着分布范围的进一步拓展,在其他地区的出土量却明显增多。限于材料多以图录形式发表,能够获知墓葬详情的仅有常德南坪墓、耒阳 M361 和顺德西淋山 M6 三座。其中常德南坪墓出土印文显示墓主为地方官吏。西淋山 M6 虽已损毁,但从残存的砖室墓底以及鼎、簋、壶等陶礼器判断,其规模、墓主身份约与同期广州陶礼器墓近似。而耒阳 M361 则规模略小,随葬品稍简,虽有陶鼎但不成组合,胡俑陶灯也较粗疏。据此推断,胡俑陶灯向外扩展的过程中,流行群体可能也有所扩展,影响逐渐波及中下层群体。

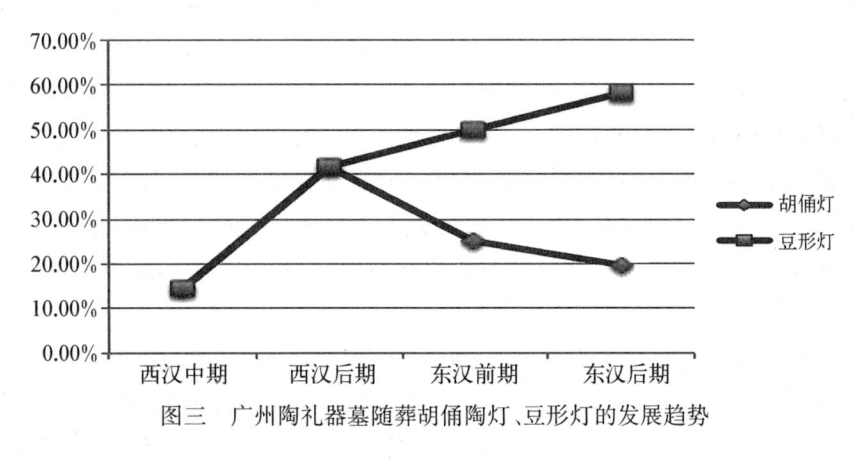

图三 广州陶礼器墓随葬胡俑陶灯、豆形灯的发展趋势

综上所述,胡俑陶灯的出现与流行均与汉代番禺的中上层社会群体密切相关。西汉中期起汉墓随葬生活明器之风日盛,受其影响加之南北交通、交流的日益开拓,番禺的中上层社会出现了随葬陶灯的做法,并将其与当地某些独特的文化因素融合形成了颇具地域特性的胡俑陶灯。它们与汉式豆形灯并行发展,并在西汉后期风靡一时,后渐式微。但从西汉后期起,胡俑陶灯的影响不断向北、向西扩展,沿中原通岭南的交通线路,进入湘桂,自中上层社会而下多有仿效。

三、胡俑陶灯的源起及其相关问题

汉墓随葬灯具之俗可上溯至战国中晚期。大型墓葬中常有造型精巧、制作精良的青铜灯具,其中也不乏姿态多变的人物俑灯,立姿者如诸城发现的铜人擎双灯、平山出土的

---

① 河南省博物馆:《灵宝张湾汉墓》,《文物》1975 年第 11 期。

银首人俑灯①;坐姿者如三门峡出土的跽坐人漆绘灯②;骑乘者如江陵出土人骑骆驼铜灯③。这些灯座人俑无论坐、立、骑乘,皆为华夏族面容装束、姿态(图四,1~3)。进入汉代,人物俑铜灯依然可见于大中型墓葬之中,如满城 M2 出土的长信宫灯、满城 M1 出土的当卢锭以及洛阳 IM1779 出土铜灯(图四,4~5)④。前者为典型的汉代宫女形象,后两者则均为非华夏族装束。当卢锭据其铭文可知灯座人物为匈奴官吏形象。洛阳 IM1779：10 灯座的披发人物在杭锦旗乌兰陶勒盖 M9 出土陶俑及嘉峪关魏晋壁画墓描绘的生产场景中均可见到⑤,应为北方或西北民族形象。可见,汉代的青铜人物俑灯中已有胡俑灯。以上铜灯灯座的胡俑也作胡跪单手托灯状,与广州胡俑陶灯初兴之时的器形颇为近似。广州的胡俑陶灯兴起于武帝元封元年至元帝时期,满城 M1 葬于公元前 113 年,时代稍早,洛阳Ⅰ M1779 约在元、成之际,年代相当。从兴起时间看,陶灯晚于铜灯。墓葬随葬灯具的传统,岭南也远滞后于中原。目前所见年代较早者仅南越国时期的南越王墓和罗泊湾 M1⑥,其中出土的豆形灯、连枝灯的造型风格与满城 M1、大云山 M1 等同时期墓葬所出同类器几近相同⑦,中原的影响清晰可见。此外,前文分析也已表明,广州汉墓中的胡俑陶灯是在汉文化因素日趋深化的背景下,在已认同汉文化的中上层社会中,与汉式豆形陶灯同时兴起的随葬明器。由此可见,西汉中期广州汉墓随葬的胡俑陶灯,完全有可能吸收借鉴中原胡俑铜灯的造型风格。而二者灯座截然不同的人物形象,可能正表现了两地实际能够接触到的不同的"他者"群体。毕竟广州与中原山水相隔,两地自然、人文环境全然不同。

广州胡俑陶灯的人物形象由"大眼、高鼻、多须"与"体型肥圆、椎结缠发、裸身跣足或着贯头衣衫"两组符号化的样貌组成。其中"大眼、高鼻、多须",邢义田先生将其归结为汉代社会集体记忆中的胡人样貌,认为其代表了中原与北方、西域民族在长期接触中形成的刻板印象⑧。这组样貌在胡俑陶灯中始终被着意突显,在一定程度上折射出汉文化对番禺中上层社会集体意识的影响。而"椎结、裸身、跣足"等刻板的字眼,在三国之后的官方文献中常被用以描述东南亚土著。如《三国志·吴书》记载薛综上疏孙权时即以"椎结徒跣,贯头左衽。……日南郡男女倮体,不以为羞"等语陈表交州的特

---

① 既陶:《山东省普查文物展览简介》,《文物》1959 年第 11 期;河北省文物管理处:《河北省平山县战国时期中山国墓葬发掘简报》,《文物》1979 年第 1 期。
② 河南省博物馆:《河南三门峡上村岭出土的几件战国铜器》,《文物》1976 年第 3 期。
③ 湖北省文化局文物工作队:《湖北江陵三座楚墓出土大批重要文物》,《文物》1966 年第 5 期。
④ 中国社会科学院考古研究所等:《满城汉墓发掘报告》,北京:文物出版社,1980 年,第 72 页;洛阳市第二文物工作队:《洛阳火车站西汉墓(IM1779)发掘简报》,《文物》2004 年第 9 期。
⑤ 伊克昭盟文物工作站:《杭锦旗乌兰陶勒盖汉墓发掘报告》,《内蒙古文物考古》1991 年第 1 期;甘肃省文物队等:《嘉峪关壁画墓发掘报告》,北京:文物出版社,1985 年,彩版一、三。
⑥ 广州市文物管理委员会:《西汉南越王墓》,北京:文物出版社,1991 年,第 288~290 页;《广西贵县罗泊湾汉墓》,第 43 页,图版二二。
⑦ 《满城汉墓发掘报告》,第 74 页,图版三八;南京博物院等:《江苏盱眙县大云山西汉江都王陵一号墓》,《文物》2013 年第 10 期。
⑧ 邢义田:《古代中国及欧亚文献、图像与考古资料中的"胡人"外貌》,载《画为心声:画像石、画像砖与壁画》,北京:中华书局,2011 年。

殊民情①。这些符号化的词语与"深目、高鼻"一样,也为历代官方文献所继承,直到明清时期仍出现在对台湾、暹罗、真腊等地土著居民的描述中②。可以说"椎结缠发、裸身跣足、贯头衣衫"正是岭南胡人意象的表达,显示出汉化的岭南社会对东南亚土著族群的刻板认识。

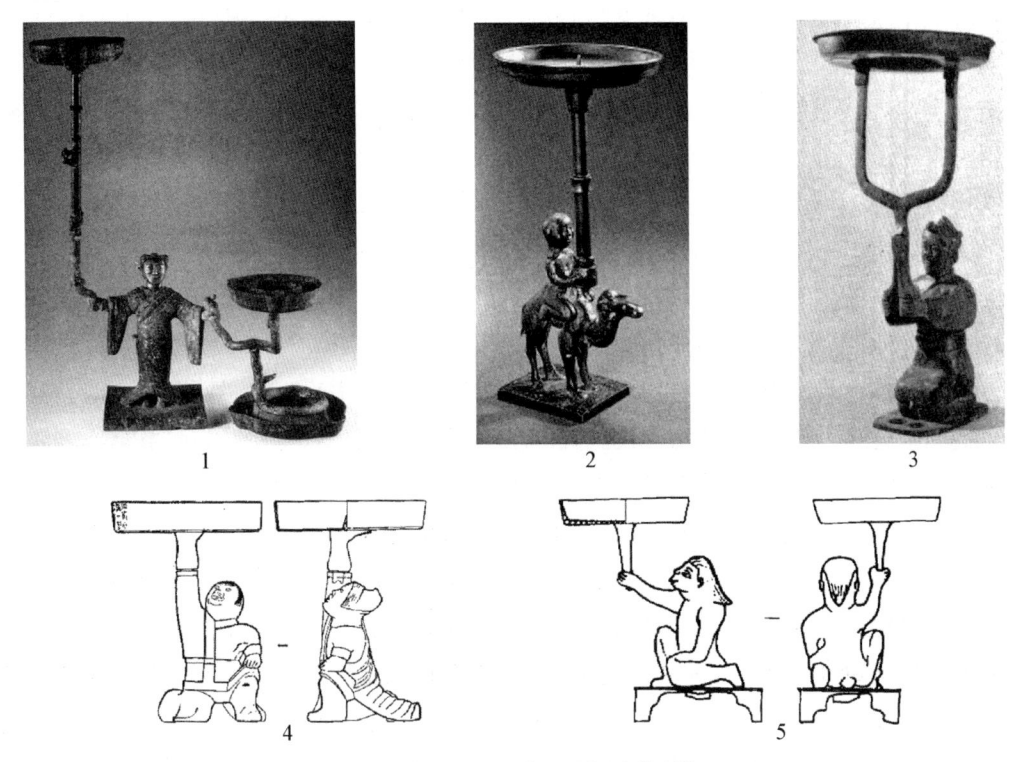

图四 战国至西汉中原青铜人物俑灯
1. 银首人俑灯(平山中山国墓) 2. 人骑骆驼铜灯(江陵望山 M2) 3. 跽坐人漆绘灯(三门峡上村岭 M5∶4)
4. 当卢锭(满城 M1∶4112) 5. 人物铜灯(洛阳 IM1779∶10)

有关汉代南海贸易的文献记载与研究成果也佐证了这一推论。王赓武先生认为早在中原王朝控制岭南之前,百越人已将番禺经营成了南海贸易的商业中心③。《汉书·地理志》有关南海航路的著名记载更是明确了"自武帝以来皆献见"的地区可远至印度南部④。也就是说,西汉中期的番禺社会完全有可能因贸易而接触到东南亚土著族群,并随着贸易的扩大,累积认识,逐渐形成全社会的集体记忆。余英时先生曾对汉代佛教的流传有过精辟论断,他认为汉胡贸易的本质是奢侈品的贸易,胡商与贵族有着比与平民百姓更加密切

---

① 《三国志》卷五三《吴书八·张严程阚薛传第八》,北京:中华书局,1964 年。
② 参见《明史》卷三二三《列传第二百一十一·外国四》、卷三二四《列传第二百一十二·外国五》,北京:中华书局,1974 年;(清)钱仪吉纂:《碑传集》卷一百五《乾隆朝守令中之上》,北京:中华书局,1993 年。
③ 王赓武著,姚楠编译:《南海贸易与南洋华人》,中华书局香港分局,1988 年,第 13 页。
④ 《汉书》卷二八下《地理志下》,北京:中华书局,1962 年。

的接触,因此带来了汉代社会自上而下的宗教胡化①。这一论断也适用于胡俑陶灯,其之所以产生于番禺中上层社会,是因为这一群体具有与东南亚商贾贸易的经济能力,墓葬中大量的外来珠饰证明了这点。不过,陶灯灯座的胡俑形象是否代表了富人之家的海外奴隶值得深入思考。

反观中原,西汉中期之后虽未见胡俑陶灯随葬,但兴起了造型手法与之近似的熊形俑座陶灯。川渝地区更是出现了龟形、兔形、蟾蜍形、西王母形、兽首人形等造型丰富的神仙瑞兽俑陶灯(图五,1~3、6)。这些灯座形象均为汉代民间信仰中常见的祥瑞,将其做成照明器具寄托了逝者对死后世界的美好期许。从这个层面看,若将广州胡俑陶灯的灯座形象视作奴隶,似乎有悖于时代风格。贵岗铁路新村 M3 中,与胡俑陶灯共出的还有一件人物形象与之完全相同的胡俑陶瓮,器高近半米,戴盔俑首为器盖,踞坐、双手端于胸前的身体为器身(图五,4、5),有研究者推断其为瓮棺②。若如此,以奴隶形象为葬具更与葬俗大相径庭。此外,唐代长沙窑的外销瓷中也还有造型风格与胡俑陶灯相类的力士顶盆俑瓷灯,瓷俑大眼大鼻、体型臃肥、裸身、箕坐、双手举盆(灯盘)置于头顶(图五,6)。两类器物虽时代相距遥远,但人物形象相近,也符合文献中的东南亚土著意象。若此形象代表海外奴隶,则必不会出现在外销东南亚的贸易瓷器之中。

综合上述种种,本文认为胡俑陶灯的人物形象可能另有内涵。在有关东南亚历史的研究中,法国学者赛代斯提出了"印度化"概念,认为早在史前时代印度的航海者就已与东南亚诸地建立了联系,印度移民带去了湿婆信仰,印度文化植根当地,1 世纪东南亚就已出现了最早的印度化王国——扶南③。在汉廷向西的陆路交往中,胡商、胡僧带来的佛教自上而下影响了汉代社会的信仰体系,佛教图像与本土民间信仰结合,生发出了饰有佛像的钱树、仙人骑白象等独特的随葬器物与墓室画像。那么,在汉朝向南的海路贸易中,除了珠玑、犀象和异香,南海商贾是否也会带来当地印度化的文化、信仰乃至宗教?并在一定程度上影响了与之接触较多的社会中上层群体,他们又将其与深受汉文化影响的本土葬俗融合,创造出了胡俑陶灯这类特别的随葬明器?囿于儒家天下观,汉代的官方记录对远离政治中心的岭南及南海贸易少有涉及。东南亚现存最古老的造型艺术一般也都在印度化开始之后的好几个世纪,前吴哥时代的石像中常见胸部突出的裸身者形象,也有马首人身的毗湿奴造像。然而,以上材料与胡俑陶灯的时代相距遥远,不宜直接用以比较。依据现有资料固然尚不能明确胡俑身份,但透过这些历史文献与考古资料,可以看出汉代的岭南与东南亚之间有着复杂的文化交流格局。故而,至少不宜将胡俑陶灯灯座的"他者"形象简单比附为"奴隶"。

---

① 余英时著,何俊编,邬文玲等译:《汉代的贸易与扩张——汉胡经济关系结构研究》,上海:上海古籍出版社,2005 年,第 175~176 页。
② 熊昭明:《汉风越韵——广西汉代文物精品》,南宁:广西科学技术出版社,2014 年,第 206~207 页。
③ [法] G·赛代斯著,蔡华译,蔡华校:《东南亚的印度化国家》,北京:商务印书馆,2008 年,第 32~79 页;梁志明等主编:《东南亚古代史:上古至 16 世纪初》,北京:北京大学出版社,2013 年,第 140~151 页。

图五 相关造型的陶、瓷器
1. 熊形陶灯（西安白鹿原 M71∶2） 2. 兽首人身形陶灯（绵阳三台崖墓） 3. 西王母陶灯（三台崖墓）
4. 胡俑陶瓮（贵港铁路新村 M3） 5. 胡俑陶灯（贵港铁路新村 M3）
6. 兔形陶灯（乐山大湾嘴崖墓） 7. 力士顶盆瓷俑（长沙窑出土）

四、小　　结

汉代的番禺是富庶多珍的濒海都会。从秦王朝南进岭南到汉武帝统一南越，奉派而至的汉人官吏，跋山涉水南下逐利的商贾，加速了番禺社会的汉化进程。西汉武帝以来日渐繁盛的南海区域贸易，东南亚使团、海商又带来了海外奇珍和异域文化。两者交汇融合，为胡俑陶灯的出现提供了文化土壤。与佛教对汉代社会的影响类似，胡俑陶灯也起于番禺的中上层社会，通过秦时所开沟通岭南与中原的交通系统自上而下影响岭北地区。

附表 胡人俑座陶灯器形统计

时代	器物号	灯盘		俑座姿态				俑座体貌								器高（厘米）
		钵形	盘形	跪	坐	托灯	顶灯	束发	缠发	圆目	高鼻	口微张	多髯	多毛	裸体	
西汉中期	M2046:45			胡						√	√				√	14
西汉后期	M3021:87	√		胡		√		√		√	√	吐舌	长	√	√	25
	M3026:6	√		分膝		√		√		√	√	吐舌	√		√	21
	大宝岗 M5:30	√			箕	√		√			√		长		√	23
	M3029:64				箕					√	√				√	16
	农林上路 M6:1	√			箕	√			√	√	√	吐舌	长		√	
	M3018:25		√	分膝			举									21
	M3020:35	√			踞		单举			√					√	15
	M3020:36		√	分膝			单举				√		长			21
	资兴 M40:25	√		胡			举			√	√			√	√	12
东汉前期	M4016:24		√	胡			单举	√		√			长	√		21
	M4019:39	√		分膝		√	√	√		√	√				√	19
	狮带岗 M6	√				胡	√	√		√	√				√	40
	寮尾 M13b	√			箕	√		√		√	√				√	20
	兴安 M10				箕		√			√	√				√	19
东汉后期	M5061:2			胡						√	√	吐舌	√		√	20
	M5036:22	√			箕			√		√	√	吐舌			√	28
	M5018:1	√			踞			√		√	√					22
	M5032:12	√			踞			√		√	√					29
	M5043:21	√			踞			√		√	√					30
	M5046:16				踞			√		√	√					25
	M5063:1	√			踞		单举	√		√	√		√			28
	三水丝竹岗		√		箕			√		√	√		√		√	19
	西淋山 M6:4	√			踞					√						25
	韶关芙蓉山	√			踞			√		√	√	√				25

续表

时代	器物号	灯盘		俑座姿态				俑座体貌								器高(厘米)
		钵形	盘形	跪	坐	托灯	顶灯	束发	缠发	圆目	高鼻	口微张	多髯	多毛	裸体	
东汉后期	钟山英家	√		踞			√	√	√	√	√		√	√	√	
	酉阳长墓	√		胡			√	√	√	√					√	23
	耒阳M361：3			踞			√	√	√	√	√			√		13
	梧州河西淀粉厂	√			箕		√	√	√	√	√			√		
	梧州云盖山			踞			√	√	√	√		长			√	
	梧州松脂厂	√		踞			√	√	√	√	√					
	贵港中学M14	√		踞			√	√	√	√	√			√	√	30
	贵岗铁路新村M3	√		踞			√	√	√	√	√			√		27

注：表中未标记出土地点的胡俑陶灯均出自广州，器物号为《广州汉墓》中的统一编号。

"黑石号"沉船出水铜镜初探

陈灿平

河北师范大学历史文化学院

1998年,印尼苏门答腊岛东南方勿里洞岛(Belitung Island)西岸Batu Hitam(印尼语:黑岩石)附近海底发现了一艘古代沉船,被命名为黑石号(Batu Hitam)。据研究,这是一艘从唐代中国返航的阿拉伯商船[2],回航途中不幸在此海域沉没。依据对出水器物的年代学研究,其沉没的年代为9世纪上半叶(不早于826年)[3]。"黑石号"沉船出水的器物以瓷器为大宗,数以万计,铜镜数量不多,但这批带有贸易性质[4]且共时性极强的铜镜对唐代铜镜的研究具有特殊意义。本文依据目前发表的材料,将这批铜镜与9世纪上半叶唐墓出土铜镜进行比较,初步分析两者的异同及其对唐镜研究的启示。

一、出水铜镜的类型及其流行年代

"黑石号"沉船出水唐镜共计29面(见表一)[5]。就外形而言,有圆形镜16面,花式镜(包括菱形和葵形)7面,方形镜2面,弧方或委方形镜4面。从镜背主题纹饰论,则有葡萄纹镜6面、花鸟纹镜(主要为雀绕花枝镜)5面、花卉纹镜4面、素面镜7面、人物故事纹镜2面、瑞兽花草纹镜2面、汉式镜1面、八卦纹镜1面和瑞兽铭带镜1面。以流行时代论,这些铜镜大致可以分为开元、天宝之际以前和以后两组。

---

[1] 本研究获得河北师范大学博士基金项目"魏晋隋唐时期'古镜'的考古学研究"(S2011B07)、国家社科基金项目"隋唐墓葬出土铜镜及其所反映的社会生活研究"(13CKG018)资助。

[2] Regina Krahl, John Guy et. al eds, *Shipwrecked: Tang Treasures and Monsoon Winds*, Washington D. C., Smithsonian, 2010, pp. 101 – 120.

[3] 谢明良:《记黑石号(Batu Hitam)沉船中的中国陶瓷》,《美术史研究集刊》第13期,台湾大学艺术史研究所,2002年9月。

[4] 29面铜镜被发现于沉船遗址的不同位置,报道者因此认为它们应该是船员的私人物品。笔者认为,不论是船员的物品,还是这艘船的商品,都不会影响这批铜镜的贸易性质,因为这些来自海外的船员本身已经构成海外市场的一个部分。

[5] *Shipwrecked: Tang Treasures and Monsoon Winds*, p. 214. 另有1面圆形镜当属东南亚一带所产镜(p. 230)。

表一　"黑石号"沉船出水铜镜

镜名（英文）	镜名（中文）	数　量
Circular with floral medallions	圆形花卉纹镜	4
Circular with concentric rings	圆形素面镜（分区）	3
Circular with lion and grapevine relief	圆形瑞兽葡萄镜	6
Circular with auspicious animals and inscription	圆形瑞兽铭带镜（"玉匣"铭）	1
Circular Yangxin mirror	圆形江心镜（四神八卦铭带镜）	1
Circular Han Dynasty mirror	圆形汉式镜（四乳鸟兽纹镜）	1
Lobed with bird and flower relief	花式（葵、菱）花鸟镜	5
Lobed with zither player (zhenzi feishuang)	花式（葵）真子飞霜镜	2
Square with rounded corners, undecorated	弧方或委方形素面镜	4
Square with felines and garlands in relief	方形瑞兽花草纹镜	2

注：引自 Shipwrecked: Tang Treasures and Monsoon Winds. p. 214；中文镜名系笔者所译或据实物定名。

（一）第一组　开元、天宝之际以前流行的镜类

1. 圆形瑞兽铭带镜

一面，内区为四只瑞兽，间以植物纹，外区为"玉匣"铭带，径 15 厘米（图一，1）。这是隋代初唐时期常见的镜类之一。西安郊区初唐墓 M577 曾出土一面，其外形、布局和纹饰内容与此镜十分相似，"仙山"铭，径 18.8 厘米；初唐墓 M551 出土一面圆形团花"玉匣"铭镜①。初唐以后，这种具有汉魏镜风格的瑞兽铭带镜已不再流行，但并没有绝迹，中晚唐墓中也偶有发现。广东英德浛洸镇中唐墓 M37 出土一面圆形瑞兽"团团"铭镜②，偃师杏园会昌三年（843 年）李郁夫妇墓（M1921）出土一面圆形瑞兽"照心"铭镜（图一，2）③。

2. 圆形葡萄纹镜

六面，仅发表两面，形制、纹饰基本相同，径 10.5~12.5 厘米（图一，3）。众所周知，唐代的葡萄纹镜主要见于 7 世纪后半叶至 8 世纪初的墓葬中，这已被反复证实，这里不再赘述。之后虽很少发现，但从未绝迹。河北邢台邢钢东生活区唐墓 M19 出土一面，径 13.9 厘米，伴出有"盈"字款白瓷和"乾元重宝"④。偃师杏园大中元年（847 年）穆悰墓

---

① 中国科学院考古研究所：《西安郊区隋唐墓》，北京：科学出版社，1966 年，第 72、74 页。
② 徐恒彬：《广东英德浛洸镇南朝隋唐墓发掘》，《考古》1963 年第 9 期，第 491 页。
③ 中国社会科学院考古研究所：《偃师杏园唐墓》，北京：科学出版社，2001 年，第 212 页。
④ 李恩玮：《邢台市邢钢东生活区唐墓发掘简报》，《文物春秋》2005 年第 2 期，第 48 页。

(M1025)出土一面,径9.4厘米(图一,4)①。甘肃平凉大中五年(851年)左右刘自政夫妇墓出土一面,径13.8厘米②。

3. 圆形分区素面镜

两面,仅发表一面,分内、外区,经抛光,径10.5厘米(图一,5)。素面镜是整个隋唐时期都存在的一种镜类,在各个主要时期都占有一定的比例,但中晚唐时期有增多的趋势。虽然没有纹饰,但演变的轨迹比较清楚,主要体现在外形和镜背的空间布局上。约750年以前,主要流行圆形素面镜(镜背作分区布局),或花式素面镜(镜背不作分区布局)。纪年材料有偃师杏园长安元年(701年)宋扬墓M1004∶3(圆形,径11.7厘米)③;神龙二年(706年)宋祯墓M1008∶3(圆形,径9.8厘米)④;景龙三年(709)李嗣本墓M1928∶2(菱式,径9.6厘米)⑤。约750年以后的素面镜外形多样,有圆形、方形、弧方形或委方形,镜背一般不分区,甚至无镜缘,多数经抛光处理,有的表面粗糙,原先可能施有特殊工艺。偃师杏园元和九年(814年)郑绍方墓M2544出土两面,其中一面窄缘隆起,通体抛光,径19.5厘米,另一面镜背平整无缘,制作不甚精细,径9.2厘米⑥(图一,6)。

4. 花式雀绕花枝镜

五面,外形有菱、葵两种,各自数量不详。发表的有两面,其中一面为葵式的雀绕花枝镜,此类纹饰镜十分常见,径12厘米(图一,7)。唐代的葵式镜大约出现于7世纪末至8世纪初。目前所见较早的纪年材料有开元十年(722年)年号镜⑦和同年偃师杏园唐墓卢氏墓M1137∶35⑧。葵式的雀绕花枝镜及与之相似的鸾兽花枝镜多见于8世纪中叶,如偃师杏园天宝九载(750年)郑琇墓M2731∶24⑨。唐代的花鸟镜有代表性的主要是雀绕花枝镜、鸾兽花枝镜和对鸟镜三种,外形流行采用花式设计,菱形出现较早,葵形稍晚。这类铜镜流行于8世纪初至8世纪中叶。9世纪的唐墓中偶有发现,如河北临城咸通十一年(870年)赵天水夫妇墓曾出土一面菱形雀绕花枝镜,径20厘米⑩(图一,8)。另一面为菱式雀绕花枝镜,经海水浸泡腐蚀,纹饰不清,一周较宽的弧面凸棱将镜背分为内、外两区,内各饰蔓枝,间有禽鸟,径9.5厘米(图一,9)。与之几乎相同的一面铜镜见于偃师杏园中

---

① 中国社会科学院考古研究所:《偃师杏园唐墓》,第212页。
② 平凉地区博物馆:《唐刘自政墓清理记》,《考古与文物》1983年第5期,第28页。
③ 中国社会科学院考古研究所:《偃师杏园唐墓》,第65页。
④ 中国社会科学院考古研究所:《偃师杏园唐墓》,第65页。
⑤ 中国社会科学院考古研究所:《偃师杏园唐墓》,第68页。
⑥ 中国社会科学院考古研究所:《偃师杏园唐墓》,第212页。
⑦ 陈佩芬:《上海博物馆藏青铜镜》,上海:上海美术出版社,1986年,图89。
⑧ 中国社会科学院考古研究所:《偃师杏园唐墓》,第71页。
⑨ 中国社会科学院考古研究所:《偃师杏园唐墓》,第138、139页。
⑩ 李振奇、史云征、李兰珂:《河北临城七座唐墓》,《文物》1990年第5期,第22~24页;河北省文物研究所:《历代铜镜纹饰》,石家庄:河北美术出版社,1996年,图122。

唐墓 M9104，径 9.3 厘米（图一，10）①。该镜本身保存较好，无大的锈蚀面，但纹饰略显模糊，同出有陶器座、陶俑和铜钱。这类铜镜大约出现于开元年间，与之十分相似的一面出自甘肃庆城开元十八年（730 年）穆泰墓②。唐代雀绕花枝镜的外形有圆形及花式的菱、葵形，其中圆形者一般镜背分内、外两区，花式的多不分区。较常见分区的花式雀绕花枝镜即为"黑石号"沉船和偃师杏园 M9104 出土的这一类。此类镜发现较多，流通甚广，在俄罗斯阿尔泰地区的中世纪墓葬中也有发现③。

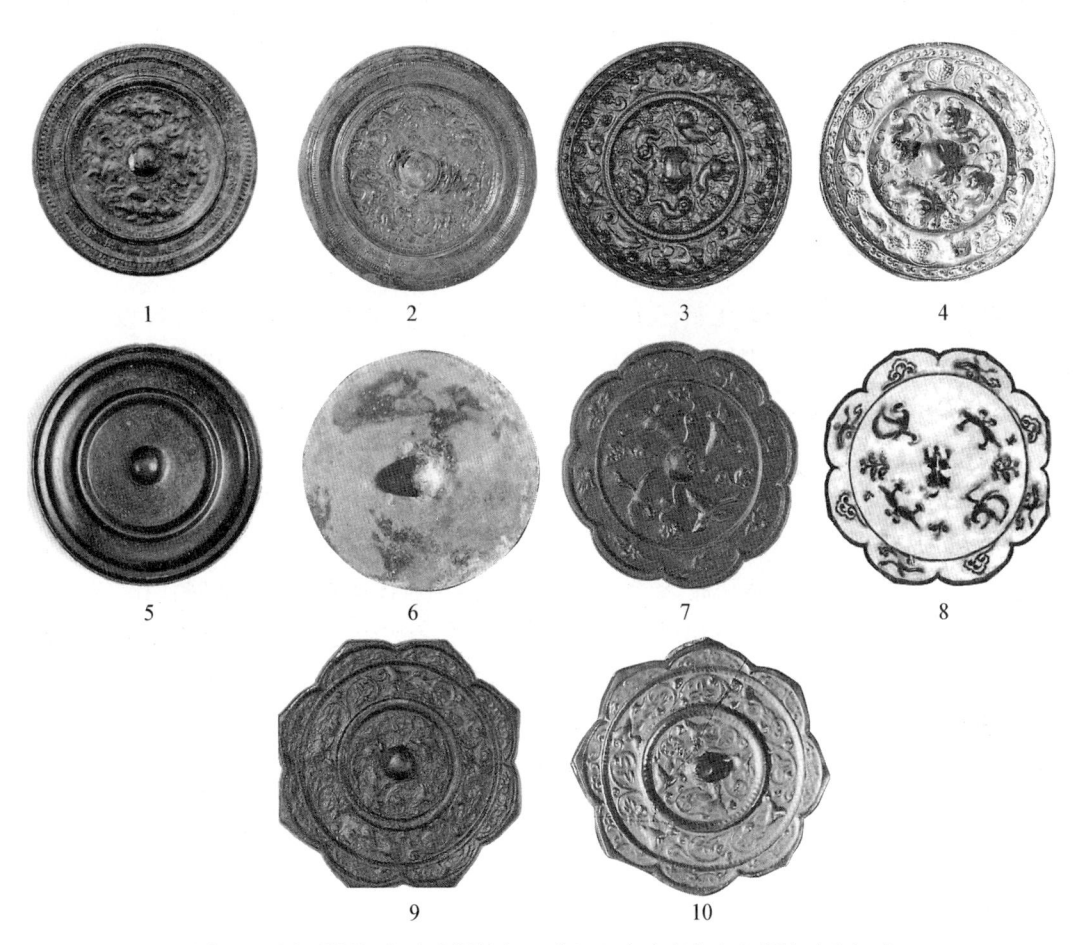

图一　"黑石号"沉船出水铜镜与 9 世纪上半叶唐墓出土铜镜对比（一）

1、3、5、7、9. "黑石号"沉船出水（见 *Shipwrecked: Tang Treasures and Monsoon Winds*. p.262, fig.288、284、281、282、287）
2. 河南偃师杏园会昌三年（843 年）李郁夫妇墓出土　4. 河南偃师杏园大中元年（847 年）穆悰墓出土
6. 河南偃师杏园元和九年（814 年）郑绍方墓出土　8. 河北临城咸通十一年（870 年）赵夫水夫妇墓出土
10. 河南偃师杏园中唐墓 M9104 出土

---

① 中国社会科学院考古研究所：《偃师杏园唐墓》，第 138 页。
② 庆阳市博物馆、庆城县博物馆：《甘肃庆城唐代游击将军穆泰墓》，《文物》2008 年第 3 期，第 47、48 页。
③ ［俄］A·A·提什金，H·H·谢列金著，陕西省考古研究院译：《金属镜——阿尔泰古代和中世纪的资料》，北京：文物出版社，2012 年，第 87 页，图九，1。

（二）第二组：开元、天宝之际以后流行的镜类

1. 圆形花卉纹镜

四面。因报道中没有提供图像资料，具体纹饰不得而知。隋唐时期纯粹以花卉为装饰主题的铜镜主要有团莲镜①和折枝花镜，另有一些类似用印花、刻花、剔地和刻划等工艺制模作范而成的花卉纹镜。从沉船的年代看，"黑石号"沉船上发现的花卉纹镜可能是团莲镜或折枝花纹镜。这两类铜镜的流行时间比较清楚。纪年材料中，前者最早见于辽宁朝阳天宝三载（744年）韩贞夫妇墓②；后者最早见于河南平顶山苗候天宝十三载（754年）刘府君夫妇墓③。两类铜镜出现和流行的时间大体相同，大概创制于玄宗开元年间，流行于8世纪后半叶至9世纪上半叶。

2. 方形素面镜

四面，弧方形或委方形，无具体文字描述和图像资料，可能是8世纪中叶及以后流行的素面镜。方形是战国以来铜镜的传统外形之一，但弧方或委方外形的设计始于8世纪中叶，纪年材料可知湖南益阳县赫山庙宝应二年（763年）墓（委方，卍字纹）④；四川成都南郊贞元二年（786年）爨公墓（委方，素面）⑤。山西长治北郊永昌元年（689年）崔挐夫妇墓曾出土一面弧方形的双鹰猎狐纹镜⑥，但该墓并非一次下葬而成，至少安葬了9人，应有几组年代不同的随葬品。这面铜镜应该是中晚唐时置入的。报道者推测这4面铜镜原先可能是金背、银背、金银平脱、螺钿等特种工艺镜。唐代特种工艺镜的时代比较明确，除金背、银背镜之外，其他大约出现于8世纪中叶，之后较为流行。如果这4面铜镜原先确属特种工艺镜，它们就有可能跟偃师杏园韦河墓（M2003）出土的一面委方形银平脱镜⑦类似。总之，不论是单纯的弧方形或委方形的素面镜，还是再施有特种工艺，"黑石号"沉船出水的这4面铜镜都应该是8世纪中叶至9世纪中叶流行的镜类。

3. 方形瑞兽花草纹镜

两面，方形、弧方形或委方形。发表一面，为方形，半球形钮，圆形钮座，钮座外一周边框，似由联珠纹构成。边框四边外各有一奔兽，四隅各饰一花状物，其外再环绕一周联珠

---

① 镜背团簇六或八个俯视呈正面开放的花朵，以莲花为主要花形，镜外形多为葵形。此类镜，学界常称为宝相花镜或团花镜，我们称之为团莲镜。
② 朝阳地区博物馆：《辽宁朝阳唐韩贞墓》，《考古》1973年第6期，第358页。
③ 平顶山市文管会：《河南平顶山苗候唐墓发掘简报》，《考古与文物》1982年第3期，第28页。
④ 益阳县文化馆：《湖南益阳县赫山庙唐墓》，《考古》1981年第4期，第315、316页；周世荣：《铜镜图案——湖南出土历代铜镜》，长沙：湖南美术出版社，1987年，第143页，图122。
⑤ 成都市文物考古研究所：《成都市南郊唐代爨公墓清理简报》，《文物》2002年第1期，第68页。
⑥ 长治市博物馆：《山西长治市北郊唐崔挐墓》，《文物》1987年第8期，第48页。
⑦ 中国社会科学院考古研究所：《偃师杏园唐墓》，第216页。

纹,边长 11 厘米(图二,1)。纹饰与之相近的有偃师杏园咸通十年(869 年)李棁墓 M4537：13①(图二,2)。这是中晚唐时期流行的一类小型瑞兽镜,其主体纹饰相当于"截取"了隋代初唐时期瑞兽镜的内区部分。

4. 花式人物故事镜

两面,发表一面,葵形,具体则为圆缺葵形,是众所周知的"真子飞霜"镜,径 19 厘米(图二,3)。这类铜镜的时代较明确,为中晚唐。墓葬出土材料方面,无"真子飞霜"铭的此类镜目前见于偃师杏园至德元年(756 年)前后窦承家夫妇墓(葵形)②；河南新郑薛店镇中晚唐墓(葵形)③；河北邯郸城区中晚唐墓 M402(圆形)④和广州曲江县马坝镇中晚唐墓(葵形)⑤。有"真子飞霜"铭的此类镜目前均属墓葬出土,但相应墓葬资料不多。安徽青阳县唐墓曾出土一面(葵形,径 24 厘米)⑥；湖南常德唐墓曾出土一面(葵形,径 21.4 厘米,另有一周"凤凰双镜南金装"铭带)⑦。"真子飞霜"镜属人物故事镜的一种,元和四年(809 年)河南三门峡印染厂唐墓出土一件葵形山水人物故事镜⑧(图二,4)。

5. 圆形八卦四神纹镜(江心镜)

一面,圆形,伏龟钮,钮外四方列四神,其外依次为八卦纹和铭文带,铭云："扬子江心百炼造成唐乾元元年(758 年)戊戌十一月廿九日于扬州",径 21 厘米(图二,5)。该镜被认为是沉船出水铜镜中最不寻常的一面,因为它不仅是其中唯一一面有道教旨趣的铜镜,而且还自铭其产地和铸造时间,为探讨这艘商船承载货物的来源地(港口)提供了重要线索。笔者认为,这或是一面仿道教镜,重要的指征不仅在于四神、八卦纹,还在于铭文的布列特点及字数。这圈铭文位于八卦纹之外,分布匀称,又恰好为 24 字,基本符合《上清长生宝鉴图》中第二种镜式的特征,即钮外依次为四神、八卦、十二生肖和 24 秘字⑨。该镜省略了十二生肖,并用汉字拼凑出一则 24 字铭文替代了 24 秘字。这则铭文所反映的信息应该是真实的,而非任意编造假托,原因有二：其一,扬州"江心镜"之名兴起于唐玄宗天宝年间,所以乾元元年铸此镜时间合理⑩；其二,依据文献记载和铜镜实物,最著名的江心镜标榜铸于五月五日午时。如非实际时间,"十一月廿九日"作"五月五日午时"即可。

---

① 中国社会科学院考古研究所：《偃师杏园唐墓》,第 215 页。
② 中国社会科学院考古研究所：《偃师杏园唐墓》,第 142 页。
③ 新郑市博物馆：《河南新郑清理一座唐墓》,《中原文物》2002 年第 6 期,第 85 页。
④ 邯郸市文物保护研究所：《邯郸城区唐代墓群发掘简报》,《文物春秋》2004 年第 6 期,第 96 页。
⑤ 曲江县博物馆：《广东曲江县发现一座唐墓》,《考古》2003 年第 10 期,第 95 页。
⑥ 青阳县文物管理所：《青阳县三增唐墓》,《文物研究》第五辑,1989 年。
⑦ 刘廉根：《常德地区收集的孙吴和唐代铜镜》,《文物》1986 年第 4 期,第 90、91 页。
⑧ 河南省文物考古研究所：《河南三门峡市印染厂唐墓清理简报》,《华夏考古》2002 年第 1 期,第 13 页；河南省文物考古研究院：《三门峡市印染厂墓地》,郑州：中州古籍出版社,2017 年,第 218~220 页。
⑨ 王育成：《唐代道教实物研究》,《唐研究》第六卷,北京：北京大学出版社,2000 年,第 45~47 页。
⑩ 拙文《扬州铸镜与隋唐铜镜的发展》,载扬州博物馆《江淮文化论丛》第二辑,北京：文物出版社,2013 年,第 285~287 页。

《上清长生宝鉴图》第二种镜式的年代问题目前不是十分明确。隋或初唐王度《古镜记》中即有记载①，但目前出土此类镜的墓葬均属中晚唐。西安东方机械厂中晚唐墓有方形且完整的此类镜出土②；偃师杏园未被盗扰的会昌五年（845年）李廿五女墓则出土有圆形镜的残片③（图二，6）。"黑石号"沉船出水的这面铜镜因受海水浸泡，纹饰不是十分清楚，该镜是传世而来，还是后世仿造无法明确。

6. 圆形汉式四乳四神纹镜

一面，半球形钮，桃形瓣四叶纹钮座，钮座与外区之间界以一周凸面纹和一周栉齿纹，外区四乳间饰四神纹，径13厘米（图二，7）。笔者曾经指出，隋唐墓葬出土的旧式镜实际上可以分为时代较鲜明的前后两组：前一组见于隋代初唐墓葬，镜类较杂，多数应该由南北朝沿用而来；后一组见于中晚唐墓葬，与前一组存在约100年左右的年代缺环，其镜类相比前一组显单一，常见博局镜、七乳鸟兽纹镜（七子镜）和四夔纹镜等，有的有明显的仿制痕迹，如葵式博局镜、四夔纹镜，该组镜应以仿制镜为主④。该镜为汉镜直接传世的可能性不大，当属中晚唐时期的旧式镜范畴。826年前后的发现有：河南偃师长庆三年（823

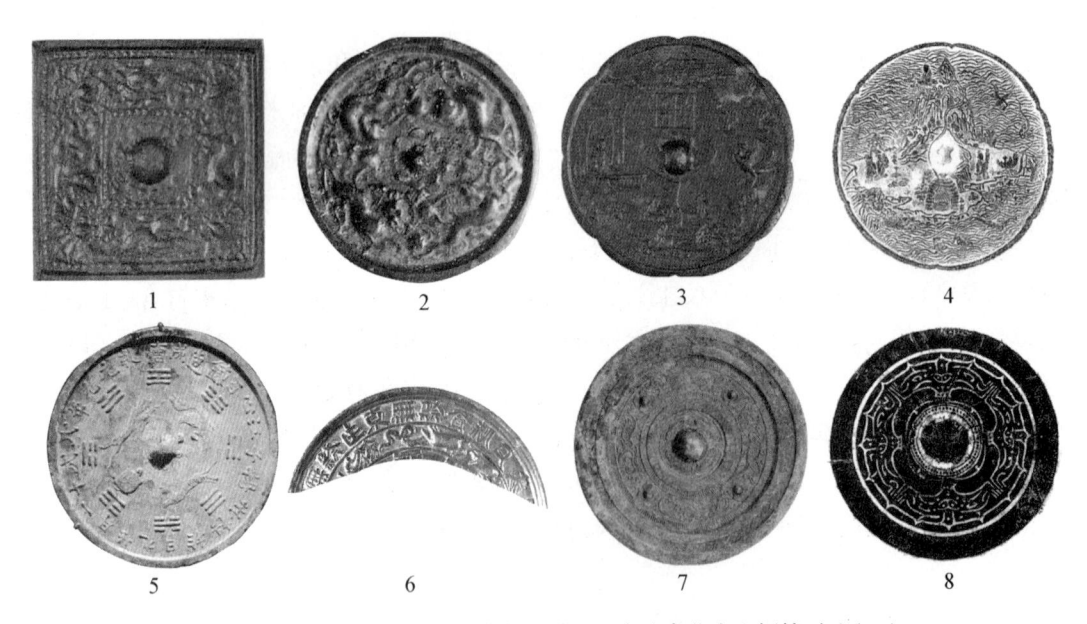

图二 "黑石号"沉船出水铜镜与9世纪上半叶唐墓出土铜镜对比（二）
1、3、5、7. "黑石号"沉船出水（见 Shipwrecked: Tang Treasures and Monsoon Winds. p.262, fig.286,283; p.37, fig.26,27）
2. 河南偃师杏园咸通十年（869年）李悦墓出土　4. 河南三门峡印染厂元和四年（809年）墓出土
6. 河南偃师杏园会昌五年（845年）李廿五女墓出土　8. 河南偃师长庆三年（823年）薛丹夫妇墓出土

---

① 此据李剑国辑校：《唐五代传奇集》第一册，北京：中华书局，2015年，第2、5页。
② 陈安利、马志祥：《西安东郊发现一座唐墓》，《考古》1991年第3期，第286页。
③ 中国社会科学院考古研究所：《偃师杏园唐墓》，第214页。
④ 拙文《扬州铸镜与隋唐铜镜的发展》，第289~291页。

年)薛丹夫妇墓①(图二,8)和内蒙古乌审旗郭梁元和癸巳岁(813年)麻君墓(M5)②,分别为四叶连弧纹镜和铭文镜。"黑石号"沉船出水铜镜可能的来源地——扬州的中晚唐墓也有旧式镜的发现。仪征南洋尚城晚唐墓曾出土一面圆形昭明镜③。仪征胥浦中晚唐墓(M9)出土过一面圆形博局镜④。

二、与唐墓出土铜镜的一致性及启示

根据以往对隋唐铜镜的分期研究,约8世纪末9世纪初至唐亡构成唐镜发展演变的一个重要时期⑤。这一时期流行的铜镜外形主要是圆形和委方、弧方等方形,流行的具体纹饰大致有两类,其一是有宗教旨趣的纹饰,如八卦镜和万字镜等;其二是颇显工艺粗放的纹饰,如蝶花镜、花叶纹镜、波浪纹镜等。这一宏观的结论对我们认识"黑石号"沉船出水铜镜具指导意义,但不够具体。据笔者初步统计,目前明确属于9世纪上半叶,并出土有铜镜的墓葬共有32座,出土铜镜38面(附表),以外形划分圆形镜21面,委方、弧方或方形镜9面,葵形镜4面,不明确4面。很显然,这一时期流行圆形和各式方形镜,花式镜已很少出现。以纹饰划分:素面镜14面、特种工艺镜4面(纹饰不再单独统计)、团莲或折枝花镜4面、对鸟镜(对称式)2面、双鸟镜(环绕式)2面、旧式镜3面、人物故事镜1面、卐字镜1面、道教镜1面、瑞兽铭带镜1面、葡萄镜1面、花卉纹镜1面、刻划纹镜1面、不明确2面。整体而言,两者在外形和纹饰方面存在较多的一致性。沉船出水铜镜中,圆形镜和方形镜所占的比例最高,符合9世纪上半叶唐墓出土铜镜外形的基本特征。出水铜镜纹饰的多样性也与这一时期纪年墓出土铜镜相符。仔细比较后会发现,沉船中绝大多数铜镜在826年前后的纪年墓中都可以找到与之相同或相近者(图一、图二)。

在考古学意义上,"黑石号"沉船出水的器物具有极强的共时性。该船承载的货物主要是瓷器,所包含的种类、数量与历年来扬州地区考古发现的陶瓷器有极大的一致性,再加上扬州本是唐代铜镜的重要产地,出水的江心镜又直接指向扬州。因此,"黑石号"商船上的货物主要应获自扬州,该船应由扬州出港⑥。隋唐时期,扬州铸镜长期得到了官方的认可,也在民间获得了普遍的赞誉,其兴盛和繁荣的时间恰好是在8世纪下半叶和9世纪上半叶⑦。这29面铜镜虽然数量不多,但是外形和纹饰多样,至少具备5种外形,8种

---

① 赵会军、郭宏涛:《河南偃师三座唐墓发掘简报》,《中原文物》2009年第5期,第11页。
② 内蒙古文物考古研究所、鄂尔多斯博物馆:《乌审旗郭梁隋唐墓发掘报告》,载《内蒙古文物考古文集》第二辑,北京:中国大百科全书出版社,1997年,第494页。
③ 仪征博物馆:《仪征南洋尚城唐墓发掘简报》,《东南文化》2008年第5期,第30、31页。
④ 扬州博物馆:《江苏仪征胥浦发现唐墓》,《考古》1991年第2期,第190页。
⑤ 孔祥星:《隋唐铜镜的类型和分期》,载《中国考古学会第一次年会论文集(1979)》,北京:文物出版社,1980年,第380~399页;徐殿魁:《唐镜分期的考古学探讨》,《考古学报》1994年第3期,第299~342页。
⑥ 谢明良:《记黑石号(Batu Hitam)沉船中的中国陶瓷》,《美术史研究集刊》第13期,台湾大学艺术史研究所,2002年9月,第27~28页。
⑦ 拙文《唐代扬州铸镜考实》,《四川文物》2011年第4期,第55~62页;《扬州铸镜与隋唐铜镜的发展》,载扬州博物馆《江淮文化论丛》第二辑,北京:文物出版社,2013年,第275~301页。

纹饰大类,每种各有数面,有的几乎相同。这似乎是先广为"博采",再特别"遴选"的结果,这批铜镜来自扬州地区或即为扬州所产的可能性自然极大。所以,它们或许可以作为9世纪上半叶扬州地区,甚至扬州市场可见铜镜的一个缩影,反映出这一时期市面流通铜镜的一些细节。这是以往依据墓葬出土材料的铜镜研究很难捕捉到的重要信息。

通过以上比较,这种一致性给了我们两点启示:其一,以往研究中基于墓葬出土铜镜类型的统计确实能在较大程度上反映出铜镜实际流行的情况。这也提醒我们,在将来的考古工作中似乎有必要去注意出土铜镜的新旧问题,即尽量展示出使用痕迹方面的信息,诸如钮穿、边缘和纹饰的磨损(拭)情况等。铜镜固然是相对耐用的器物,"嫁时明镜老犹在"①的现象也必然存在,但因此而得出墓葬中的铜镜都是"曾被使用过的"结论,只是出于一般逻辑的惯性思维。至少依据目前的资料报道方式及所展示的有限信息,我们仍无法完全否定这样一种假设:即很多随葬到墓中的铜镜实际上是出于丧葬的需要而新购置的,它们跟俑类明器一样能较准确地反映出时代的风尚。其二,从9世纪上半叶开始,唐代铜镜从"重装饰"向"重实用"转变的趋势比较明显,主要表现在素面镜的流行和简易工艺镜②的出现上。必须要指出的是,中晚唐时期使用的镜类实际上颇为丰富,但除了素面镜和简易工艺镜外,其余镜类虽多但显得零散。这自然与目前明确属于这一时期的墓葬数量较唐代前期有所减少有关,但笔者认为这种现象的出现也可能有其他原因。8世纪中叶及稍后,唐代铜镜设计已经到达巅峰,几乎完成了全部的设计创新,之后很少再有能引领时尚的新工艺或新设计出现。中晚唐时期,这种分散、多点、颇为随意的镜类设计选择并非是"复古"使然,而是当时铜镜设计乏力的体现。因此,这一时期墓葬中有少量早期镜类的发现应该不足为奇。

三、与唐墓出土铜镜的矛盾性及启示

"黑石号"沉船出水铜镜与墓葬出土铜镜的矛盾性是我们应该关注的另一个重要问题。如前所述,若将这29面铜镜放入基于墓葬出土铜镜梳理出来的隋唐铜镜流行时代的谱系中,其中属流行于750年左右之前和之后的铜镜约各占50%。我们不禁会有这样的疑问:为什么会有如此多"过时"的铜镜,如瑞兽铭带镜、葡萄镜、花式花鸟镜出现在一艘外国商船上?从前面的比较中,我们知道这些镜类在9世纪以来年代明确的墓葬中颇为少见。这一时期不流行随葬这些镜类是被墓葬资料反复证明的事实。如果我们扩大年代范围,对所有出铜镜的中晚唐墓(包括无纪年墓)一并统计,结论也是如此。从逻辑上分析,在重实用、轻装饰的消费导向之外,铜镜的生产者没有必要,也不太可能花费大的工本去大量铸造那些既已过时又显繁缛的铜镜。这一疑问的合理性还在于,这种现象同样存

---

① 王建:《老妇叹镜》,《全唐诗》卷298,第9册,第3377页。
② 本文将中晚唐时期所谓的"印花"、"刻花"、"剔地"、"划刻"纹镜定名为"简易工艺镜",这类铜镜有不少实际上应该是模仿特种工艺镜的,特别是其中的金银平脱镜和螺钿镜。

在于 2003~2005 年在印尼爪哇北岸井里汶外海发现的"井里汶"沉船出水铜镜中,其年代约当 10 世纪上半叶①。这艘沉船出水的铜镜同样包含了一定数量的葡萄镜、双鸾衔绶镜(对鸟镜)等明显早于沉船年代的镜类。那么,应该如何来解释这种矛盾性?

"黑石号"沉船铜镜的报道者在分析这些早期铜镜时提出了独到的见解,认为:不是所有的旧镜(older mirrors)都会终结于墓葬之中,其中很多会进入二手市场,因为样式古老使得它们缺乏吸引力,故而价格低廉;外国商人是它们最为理想的买家,因为他们只需将"唐朝"的商品销往"海外"牟利,唐人的喜好和风尚对他们来说是无关紧要的②。齐东方先生认为,扬州作为民间用镜的集散地,市场上应该会出售"旧镜"和"古镜"③。另外,在讨论井里汶沉船所载中国铜镜的来源时,齐先生则提出两种可能,其一,五代时期仍然生产中晚唐的镜类;其二,这些属于过时不再制作的铜镜,由于较为精良,还在市面上流通④。如果我们将这两批铜镜放在一起考虑的话,晚唐、五代时期还在生产唐镜中曾经的"经典"类型应该是合理的解释。因为这两批相距约 100 年的"过时"铜镜不太可能都是市面上流通的"传世镜",又如此巧合地存在镜类上的相似性。

五代十国时期(包括同时期的契丹或辽国),唐式镜屡见不鲜。山西大同西北郊桀燕"故河东道横野军副使"贾府君墓(911~913 年)出土葵形对鸟镜和菱形雀绕花枝镜各一⑤。陕西宝鸡后唐同光三年(925 年)秦王李茂贞墓出土有葵形对鸟镜残片⑥。辽境的发现尤多,纪年墓葬中,内蒙古赤峰市阿鲁科尔沁旗辽太宗会同五年(942 年)耶律羽之墓有圆形盘龙纹镜、圆形瑞兽"练形"铭镜各一⑦;辽穆宗应历九年(959 年)驸马赠卫国王萧沙姑夫妇墓出土有菱形鸾兽花枝镜和团莲镜各一⑧。内蒙古多伦县小王力沟辽圣宗统和十一年(993 年)墓(M2)出土菱形雀绕花枝镜和圆形雀绕花枝镜各一⑨。辽代早期墓出土的唐式镜还有辽宁法库叶茂台辽墓的圆形瑞兽葡萄镜⑩、辽宁锦州张扛村辽墓 M1 的圆形瑞兽"光流"铭镜⑪。这一时期,南方地区唐式镜的发现主要见于浙江杭州雷峰塔塔基地

---

① 关于井里汶沉船的资料以《井里汶沉船出水文物笔谈》(《故宫博物院院刊》2007 年第 6 期)为依据。
② *Shipwrecked: Tang Treasures and Monsoon Winds*. p. 214.
③ 齐东方:《"黑石号"沉船出水器物杂考》,《故宫博物院院刊》2017 年第 3 期,第 8~10 页。
④ 齐东方:《琉璃料与八卦镜——井里汶沉船文物札记》,《故宫博物院院刊》2007 年第 6 期,第 131、132 页。
⑤ 大同市考古研究所:《山西大同西北郊五代墓发掘简报》,《文物》2016 年第 4 期,第 28 页。
⑥ 宝鸡市考古研究所:《五代李茂贞夫妇墓》,北京:科学出版社,2008 年,第 117 页。从残片看,该镜甚至有可能是"千秋"铭对鸟镜。
⑦ 内蒙古文物考古研究所、赤峰市博物馆、阿鲁科尔沁旗文物管理所:《辽耶律羽之墓发掘简报》,《文物》1996 年第 1 期,第 6、12、13 页;盖之庸:《探寻逝去的王朝——辽耶律羽之墓》,呼和浩特:内蒙古大学出版社,2004 年,第 30、31 页;内蒙古自治区文物考古研究所:《文物华章——内蒙古自治区文物考古研究所 60 年重点出土文物》,北京:文物出版社,2014 年,第 115 页,图 85。
⑧ 前热河省博物馆筹备处:《赤峰大营子辽墓发掘报告》,《考古学报》1956 年第 3 期,第 18、19 页;刘淑娟:《辽代铜镜研究》,沈阳:沈阳出版社,1997 年,第 9、10 页。
⑨ 内蒙古文物考古研究所、锡林郭勒盟文物保护管理站、多伦县文物局:《内蒙古多伦县小王力沟辽代墓葬》,《考古》2016 年第 10 期,第 72 页。
⑩ 辽宁省博物馆、辽宁铁岭地区文物组发掘小组:《法库叶茂台辽墓纪略》,《文物》1975 年第 12 期,第 31、32 页;刘淑娟:《辽代铜镜研究》,第 18 页。
⑪ 刘谦:《辽宁锦州市张扛村辽墓发掘报告》,《考古》1984 年第 11 期,第 993 页;刘淑娟:《辽代铜镜研究》,第 16 页。

宫等吴越国重要佛寺的塔宫,以及吴越国王室成员的墓葬中。雷峰塔塔基地宫出土铜镜10面,较为明确的唐式镜有圆形瑞兽"光流"铭镜、圆形瑞兽葡萄镜、葵形对鸟镜①。浙江东阳中兴寺塔(北宋建隆三年,962年建成)出土的18面铜镜中,唐式镜有葵形五岳山水镜1面、圆形瑞兽葡萄镜2面等②。此外,浙江杭州临安钱宽夫人水邱氏墓(临M24,901年)出土一面圆形瑞兽"练形"铭镜③。

唐式镜在五代十国时期的使用还可以获得文献的支持。《十国春秋》卷四六《前蜀十二·王承休传》云:"王承休,事后主为宣徽北院使,用便佞得后主心。……承休妻严,有殊色,后主绝加宠爱,秦州之行,后主颇以严故临幸焉。至则赐以妆镜,铭曰:'练形神冶,莹质良工。当眉写翠,对脸傅红。如珠出匣,似月停空。绮窗绣幌,俱涵影中。'其亵昵有如此。"④宋陶谷《清异录》卷下《器具·玉平脱双蒲萄镜》载:"开运(指后晋出帝石重贵)既私宠冯夫人,其事犹秘。会高祖(指石敬瑭)御器用有玉平脱双蒲萄镜,乃高祖所爱,帝初即位,举以赐冯,人咸讶之。未久,册为皇后。"⑤

综上所述,如果将两艘沉船的发现和同时期的墓葬材料等相比较,那些"过时"铜镜的出现是合理的。但必须要注意的是,至少墓葬中的发现较清晰地表明,这些"过时"铜镜的工艺水平不仅不低,而且经常优于那些"当代"铜镜。前已述及的纪年材料中,偃师杏园会昌三年(843年)李郁夫妇墓出土的瑞兽"照心"铭镜"镜身厚重,表面打磨光亮",与初唐时期同类镜几乎没有差别;大中元年(847年)穆悰墓出土的葡萄镜"与盛唐时期没有什么差别",共出的圆缺葵式二鸾二兽镜则"图案模糊,工艺简陋",圆形对鸟镜(环绕式)"工艺简陋,铸造模糊"(图三,1);大中五年(851年)左右刘自政墓出土的葡萄镜"镜体厚重,工艺精巧",同出的一面葵形对犀镜则"工艺较粗糙";咸通十一年(870年)赵天水墓出土的雀绕花枝镜"镜面呈银白色,工艺精美";河北邢台邢钢东生活区M19出土的葡萄镜"银白色","纹饰繁缛,刻画工巧"。辽穆宗应历九年(959)驸马赠卫国王萧沙姑夫妇墓出土铜镜5件,其中的菱形鸾兽花枝镜和宝相花镜,工艺水平反而优于同出的缠绕花草纹镜、四蝶连球纹镜和四蝶龟背纹镜等"当代"镜。

晚唐、五代十国时期屡见唐代前期流行的镜类,其质量又经常高于"当代"铜镜。那么,这些镜子从何而来?它们究竟是传世镜,还是新制镜?如前一节所言,唐墓随葬铜镜的新旧问题,目前在各类相关墓葬报告或简报中并没有引起关注,进行必要的说明和揭示。研究者很难依据发表的有限资料分辨出它们是传世的,还是新制的。但可以注意的是,出土"过时"铜镜的墓葬的墓主一般身份等级不低。前述墓例中,李郁为知盐铁庐寿

---

① 浙江省文物考古研究所:《雷峰塔遗址》,北京:文物出版社,2005年,第157~162页。
② 据王牧的调查,王牧:《五代吴越国的铜镜类型及纹饰特点(上)》,《收藏家》2018年第6期,第39页。
③ 浙江省文物考古研究所、浙江省博物馆、杭州市文物考古研究所、临安市文物馆:《晚唐钱宽夫妇墓》,北京:文物出版社,2012年,第41、43、50、83页。
④ (清)吴任臣撰,徐敏霞、周莹点校:《十国春秋》第二册,北京:中华书局,2010年,第666、667页;黄正建对此有论说,见《隋朝铜镜与前朝史迹》,《文物天地》1997年第6期,第16~18页;后收入氏著《走进日常——唐代社会生活考论》,上海:中西书局,2016年,第321~324页。
⑤ (宋)陶谷、吴淑撰,孔一校点:《清异录·江淮异人录》,上海:上海古籍出版社,2012年,第85页。

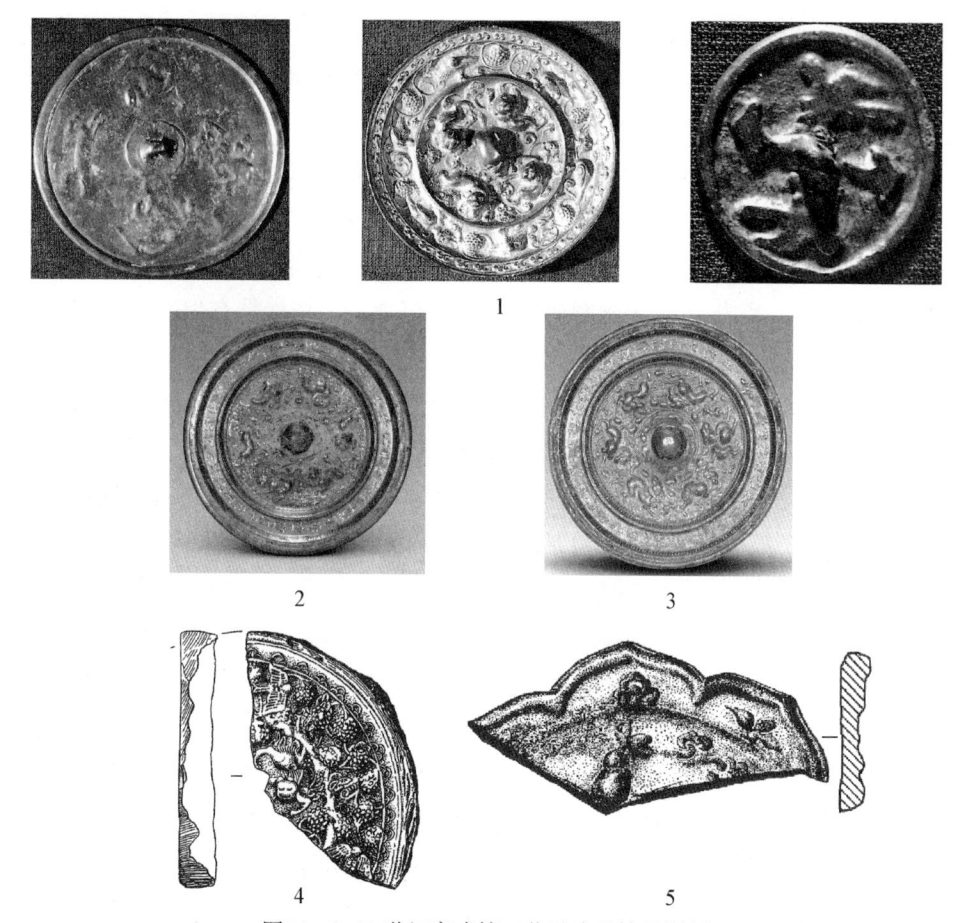

图三 9、10世纪唐式镜工艺及流通情况举例
1. 河南偃师杏园大中元年（847年）穆悰墓出土 2. 浙江临安天复元年（901年）钱宽夫人水邱氏墓出土
3. 内蒙古赤峰辽会同五年（942年）耶律羽之墓出土 4. 俄罗斯阿尔泰塔拉斯金-Ⅴ山墓地冢M6出土葡萄镜残片
5. 俄罗斯阿尔泰亚罗夫斯科耶-Ⅲ墓地冢M1出土菱式花鸟镜残片

院、殿中侍御史、内供奉、赐绯鱼袋。穆悰"不幸短命，生一纪而终"，出自中级官吏世家。祖父名穆赞，为宣州刺史、御史中丞，充宣歙观察使，父亲穆依梧曾任泗州刺史、大理评事等职。该墓出土器物颇丰，包括银器、铜器、铁器、陶瓷器、玉石等45件。刘自政为潘原镇十将、朝散大夫、太子宾客、殿中监等。赵天水的具体身份不详，墓中除"镜面呈银白色，工艺精美"的菱形雀绕花枝镜，还出土了鎏金铜带具等。伊川鸦岭长庆四年（824年）齐国太夫人墓出土有带葡萄、禽鸟纹的铜镜残片，属葡萄镜或对鸟纹镜[①]。五代十国时期的唐式镜很多更是直接与契丹贵族、十国王室有关。这些在较高等级墓葬中出土的数量不少的唐镜，很难想象只是传世而来。已发表的材料中似乎可以找到这些"过时"铜镜应该是新制镜的例子。关于仿制镜的制作方法和特征，铜镜鉴赏界有相关的论说。仿制古镜的方法大致有两种，一是用旧镜直接翻模浇铸，这类仿镜与原镜在大小、纹饰上几乎完全相同，

---

① 洛阳市第二文物工作队：《伊川鸦岭唐齐国太夫人墓》，《文物》1995年第11期，第43页。

但一般来说纹饰或铭文的线条总是偏粗,形象刻画不如原镜生动,铸制亦不如原镜精致;二是仿旧镜的形制、纹饰另制新模铸造,因系真正的模仿,故常常有所增减或创新,此类仿镜数量最多①。前述《十国春秋》卷四六《王承休传》记载了一面"练形"铭镜。巧合的是,唐天复元年(901年)钱宽夫人水邱氏墓和辽会同五年(942年)耶律羽之墓各出土一面此类镜,两者外形、尺寸、纹饰十分相近(图三,2、3)。尽管两者镜面光洁,整体呈银白色,工艺水平较高,但都有纹饰线条不明,铭文模糊的现象,可能是用旧镜直接翻模浇铸的"新镜",而非传世镜。总之,笔者认为,晚唐、五代十国时期,高质量的经典唐镜依然是有生产、有销售的,只是有能力购买或愿意购买者变少了而已,这应该是它们少见于墓葬中的主要原因。

"黑石号"沉船出水的铜镜虽然数量不多,但是外形和纹饰多样,每种各有数面,有的几乎相同,具有"采购"的特征,可以作为当时扬州市场或作坊中所销售铜镜的一个缩影。但过半"过时"铜镜的存在提醒我们,海内外市场对于铜镜的类型可能有不同的需求,这是它们少见于唐墓却多见于沉船中的原因。虽然葡萄镜、雀绕花枝镜、对鸟镜等经典唐式镜一般只见于晚唐、五代十国时期较高等级的墓葬中,但仍可能是当时外销铜镜中非常重要的门类。俄罗斯阿尔泰地区发现的唐代铜镜也提供了9、10世纪唐镜在海外流通的一些信息②。阿尔泰地区广泛分布着来源于中国的葡萄镜或其仿制品,遗址年代多为7~9世纪,其中塔拉斯金山-Ⅴ墓地M6发现一件葡萄镜残片,经X射线荧光分析,应为中国所产,墓葬年代为9世纪下半叶至10世纪上半叶(图三,4)。这一地区发现的花式花鸟镜或人物镜的数量也不少,所属遗址的年代多为8世纪至9世纪。亚罗夫斯科耶-Ⅲ墓地M1出土一件菱式花鸟镜残片,墓葬年代为9世纪至10世纪初(图三,5)。正如唐人乐于仿制汉代的博局镜、七子镜,后世习惯仿制唐代的葡萄镜、花式花鸟镜一样,那些经典的镜类或是唐代外销铜镜中的标志性符号。

四、结　　语

秦汉以来的历史时期,铜镜是古代人们生活中的一种日常用品。在"事死如生"观念的影响之下,绝大多数铜镜由为生者"映容"的实用品转变成为死者"照面"的棺内随葬品进入墓葬。唐代铜镜除少量见于建筑遗址③和窖藏④外,绝大多数都出自墓葬。"黑石

---

① 许晓东:《中国古代仿镜浅析》,《故宫博物院院刊》1998年第4期,第66~69页。
② [俄]A·A·提什金、H·H·谢列金著,陕西省考古研究院译:《金属镜——阿尔泰古代和中世纪的资料》,第12、13页,图三,1;第49页,图版三三。
③ 渤海都城上京龙泉府遗址城北9号佛寺遗址正殿附近曾出土铜镜残片,参见中国社会科学院考古研究所:《六顶山与渤海镇——唐代渤海国的贵族墓地与都城遗址》,北京:中国大百科全书出版社,1997年,第86、109页。大明宫清思殿遗址曾出土铜镜残片,参见马得志:《唐长安城发掘新收获》,《考古》1987年第4期,第329页。寺院地宫遗址出土稍多,可以法门寺为例,见陕西省考古研究院、法门寺博物馆等:《法门寺考古发掘报告》上册,北京:文物出版社,2007年,第195~197、208、211、286页。
④ 1982年,在浙江义乌县曾发现一处唐代铜镜窖藏,见许文巨:《浙江义乌发现唐代窖藏铜镜》,《文物》1990年第2期,第94、95页。2012年上海青龙镇考古发掘了一处唐代居址,其中21号水井出土有圆形双鹦鹉纹铜镜,见上海博物馆:《千年古港——上海青龙镇遗址考古精粹》,上海:上海书画出版社,2017年,第13、24、25页。

号"沉船出水的这批带有贸易性质的铜镜为唐镜研究带来了新的启示。

"黑石号"沉船所承载的货物具有极强的共时性,这批铜镜首先具有"采购"的特征,反映了当时扬州市场或作坊中所销售铜镜的一个侧面。通过与9世纪上半叶唐墓出土铜镜的对比可见,两者存在较大的一致性,这表明基于墓葬出土铜镜类型的统计和分析,确实能在较大程度上反映出铜镜实际流通的情况。但显而易见的矛盾性也提示我们,当时海内、外市场对于铜镜的类型可能有不同的需求。分析两艘沉船出水铜镜的特征,并结合同时期墓葬中的发现,我们似乎可以推测,在唐宋铜镜完成重装饰到重实用转变的9、10世纪,仍有不少经典的唐镜品类面世,其品质往往高于"当代"镜,但它们似乎不被大众所接受,却是身份较高人士的"偏爱",并受到海外市场的青睐,成为外销商品中一个特色门类。

附表 9世纪上半叶纪年唐墓出土铜镜统计表

序号	镜　名	墓葬年代	墓　葬	出　　处
1	圆素面镜	贞元十七年(801年)	河南洛阳龙门提水站唐墓	洛阳博物馆:《洛阳出土铜镜》,北京:文物出版社,1988年,图107
2	葵素面镜	元和元年(806年)	河南洛阳十六工区唐墓	王与刚、赵国璧:《洛阳十六工区清理唐墓一座》,《文物》1956年第12期,第77页
3	葵人物故事镜葵对鸟镜	元和四年(809年)	河南三门峡印染厂唐墓	河南省文物考古研究所:《河南三门峡市印染厂唐墓清理简报》,《华夏考古》2002年第1期,第13页
4	圆旧式镜(铭文镜)	元和癸巳岁(813年)	内蒙古乌审旗郭梁麻君墓M5	内蒙古文物考古研究所、鄂尔多斯博物馆:《乌审旗郭梁隋唐墓葬发掘简报》,《内蒙古考古文集》第2辑,北京:中国大百科出版社,1997年,第494页
5	圆素面镜圆素面镜	元和九年(814年)	河南偃师杏园郑绍方墓M2544	中国社会科学院考古研究所:《偃师杏园唐墓》,北京:科学出版社,2001年,第212页
6	弧方素面镜	元和十二年(817年)	浙江象山樊岙村沈氏墓	符永才、顾章:《浙江南田海岛发现唐宋遗物》,《考古》1990年第11期,第1050页
7	圆形博局镜	元和十二年(817年)	陕西西安紫薇田园都市K区M23	张小丽:《西安新出土唐代铜镜》,《文物》2011年第9期,第82~83页

续表

序号	镜 名	墓葬年代	墓 葬	出 处
8	均为残片,无法修复,锈蚀严重,镜背纹饰已不可辨	元和十四年(819年)	陕西西安郭锜夫妇墓	西安市文物保护考古研究院:《唐太府少卿郭锜夫妇墓发掘简报》,《文博》2014年第2期,第11页
9	圆旧式镜(四叶连弧纹镜)	长庆三年(823年)	河南偃师薛丹夫妇墓	赵会军、郭宏涛:《河南偃师三座唐墓发掘简报》,《中原文物》2009年第5期,第11页
10	弧方花卉纹镜 圆形刻划风格网纹镜	长庆三年(823年)	内蒙古王逆修墓	张郁:《唐王逆修墓发掘纪要》,《内蒙古文物考古文集》第2辑,第506页
11	委方素面镜	长庆四年(824年)	西安西郊热电厂基建工地李霸夫妇墓(M61)	西安市文物管理处:《西安西郊热电厂基建工地隋唐墓葬清理简报》,《考古与文物》1991年第4期,第81页
12	葡萄禽鸟纹残片	长庆四年(824年)	河南洛阳伊川鸦岭齐国夫人墓	洛阳市第二文物工作队:《伊川鸦岭唐齐国太夫人墓》,《文物》1995年第11期,第43页
13	圆?素面镜	宝历二年(826年)	江苏镇江唐墓M9	镇江博物馆:《江苏镇江唐墓》,《考古》1985年第2期,第137页
14	圆花鸟纹平脱镜 菱鸾兽银背镜 圆素面镜	大和三年(829年)	洛阳东明小区高秀峰夫妇墓	洛阳市文物工作队:《洛阳市东明小区C5M1542唐墓》,《文物》2004年第7期,第60~61页
15	委方蝶花平脱镜	大和三年(829年)	河南偃师杏园韦河墓M2003	中国社会科学院考古研究所:《偃师杏园唐墓》,北京:科学出版社,2001年,第212~218页
16	素面铜镜残片	大和四年(830年)	陕西西安长安区大德和尚墓	陕西省考古研究院:《西安韦曲韩家湾村唐大德和尚墓发掘简报》,《文博》2018年第1期,第6页
17	葵折枝花纹镜	大和五年(831年)	河北邢台桥西区康夫人墓(M47)	邢台市文物管理处:《河北邢台市唐墓的清理》,《考古》2004年第5期,第52页
18	方划刻纹镜	大和七年(833年)	河南偃师杏园韦友直墓M2019	中国社会科学院考古研究所:《偃师杏园唐墓》,第212~218页

续表

序号	镜　名	墓葬年代	墓　葬	出　处
19	圆？"团花"镜	大和八年（834年）	江苏镇江唐墓 M10	镇江博物馆：《江苏镇江唐墓》，《考古》1985年第2期，第137页
20	圆折枝花镜	开成二年（837年）	上海松江沈仁儒墓	《上海唐宋元墓》，北京：科学出版社，2014年，第24、25页
21	弧方卐字镜（"永寿之镜"）	开成三年（838年）	河南陕县刘家渠 M5	黄河水库考古工作队：《一九五六年河南陕县刘家渠汉唐墓葬发掘简报》，《考古》1957年第4期，第17页
22	圆花卉纹髹漆鎏金镜	开成四年（839年）	江苏扬州唐墓	扬州博物馆：《扬州近年发现唐墓》，《考古》1990年第9期，第832页
23	圆素面镜	会昌二年（842年）	河南偃师杏园崔防夫妇墓 M5013	中国社会科学院考古研究所：《偃师杏园唐墓》，第212~218页
24	圆瑞兽铭带镜	会昌三年（843年）	河南偃师杏园李郁夫妇墓 M1921	中国社会科学院考古研究所：《偃师杏园唐墓》，第212~218页
25	圆双鸟镜	会昌三年（843年）	河南偃师杏园李郃墓 M2443	中国社会科学院考古研究所：《偃师杏园唐墓》，第212~218页
26	方形素面镜	会昌三年（843年）	浙江宁波马岭山唐墓 M49	宁波鄞州区文物管理委员会、宁波市文物考古研究所：《浙江宁波市马岭山古代墓葬与窑址的发掘》，《考古》2008年第3期，第42页
27	圆双鸟镜	会昌五年（845年）	河南偃师徐府君季女墓	偃师商城博物馆：《河南偃师唐墓发掘报告》，《华夏考古》1995年第1期，第27页
28	圆道教镜	会昌五年（845年）	河南偃师杏园李廿五女 M2901	中国社会科学院考古研究所：《偃师杏园唐墓》，第212~218页
29	圆？素面镜	会昌六年（846年）	江苏镇江唐墓 M12	镇江博物馆：《江苏镇江唐墓》，《考古》1985年第2期，第137页
30	圆葡萄镜 圆对鸟镜 圆双鸟镜	大中元年（847年）	河南偃师杏园穆悰墓 M1025	中国社会科学院考古研究所：《偃师杏园唐墓》，第212~218页

续表

序号	镜　名	墓葬年代	墓　葬	出　处
31	委方素面镜	大中三年(849年)	山西长治郝家庄郭密墓	王进先、朱晓芳:《山西长治县郝家庄唐郭密墓》,《考古》1989年第3期,第284页
32	委方素面镜	大中四年(850年)	浙江宁波祖关山冢地M11	宁波市文物考古研究所:《浙江宁波祖关山冢地的考古调查和发掘》,《考古》2001年第7期,第45页

金炉考

——台湾清代寺庙传世金炉研究

李建纬

台湾逢甲大学历史与文物研究所

一、前 言

在台湾寺庙祭祀活动中,常见焚烧纸钱之习俗。《事林广记》和《困学纪闻》皆称汉以来有瘗钱之事,而《封氏闻见记》则以魏晋为始。根据清人赵翼考证,唐代文献有大量关于纸钱的记载:"唐临《冥报录》、曾三异《同话录》谓唐以来始有之。名曰寓钱,言其寓形于纸也。"① 又《旧唐书·王玙传》载:"开元二十六年,玙为祠祭使,乃以纸钱用之于祠祭。《通典》亦谓玙用纸钱类巫觋,习礼者羞之。"② 由前观之,可知最晚唐代已有烧纸钱之习俗,但未成为官方正式祭典上之必需品,多是民间习俗为之。另宋人陶谷《清异录》则提及使用金银钱宝造型之纸钱,为后世所称"黄白纸钱"(即金银纸)之始③。焚烧金银纸的习俗,在明清以后已广为流行,如民国时期的四川《泸县志》有"彩舆至壻家,悬黄白纸钱于桌"之说④。普遍来说,"金纸"上贴有金箔,是烧给神明或祈福之用;"银纸"则粘上银箔,烧给祖先或者鬼魂。

闽粤汉人于明清迁台以后,自然也延续了中国过去烧金银纸钱的民间习俗,如《云林县采访册》提到台湾云林一带岁时烧纸钱的情形:"三月三日及清明节,……备牲醴品馐祀先……或仅以纸钱挂墓……"⑤ 而且在20世纪初,台湾金银纸业已然发达,金纸种类可细分成大太极金、大才子金、天金、九金、寿金、刈金、福金、中金、盆金;银纸有三六银、二五银、大箔透、中箔透、小箔透等。当时纸的原料从福州、永春、温州输入,全台各地都有制作,并以台北、台南最盛⑥。根据神明位阶不同,所烧的金纸种类也有差异。

在寺庙中为了避免金纸飞散造成祝融之灾,因此会有盛装金银纸钱的器具或结构体,在台湾通常被称为"金炉"。金炉又称"金鼎"或"金亭",从造型来看,金炉可分成仿鼎造形的

---

① (清)赵翼:《陔余丛考》,北京:中华书局,2012年,第633页。
② (清)赵翼:《陔余丛考》,第633页。
③ (清)赵翼:《陔余丛考》,第634页。
④ 转引自朱介凡:《中国谚语志》,台北:台湾商务印书馆,1989年,第2674页。
⑤ (清)倪赞元:《云林县采访册》,南投市:国史馆台湾文献馆,1993年,第26页。
⑥ [日]片冈岩:《台湾风俗志》,台北:台湾日日新报社,1922年,第139~141页。

"金鼎",以及仿建筑造型的"金亭"两种(图一)。以传世金炉的出现年代来说,在台湾鼎式金炉的年代要早于楼阁形的金亭。早期台湾庙宇中,该类容器用来焚烧金纸或祷告神明的疏文时,因需耐高热,故常以铁或石质材料制作;大约在清后期逐渐以砖砌成亭状,金亭的正面也会注明"金炉",反映了民间保留"金亭"原来是保留有关"金炉"的记忆。其中,一部分金亭不只是烧纸钱,也作为烧字纸的场所,称为"惜字亭"(图二)。近年因焚烧纸钱被认为会产生空气污染,因此金亭逐渐以水泥或不锈钢等材质制作,并于金炉上方加装抽风机。

图一　彰化鹿港龙山寺20世纪砖砌金亭
（笔者拍摄）

图二　南投竹山武德宫旁的砂岩敬圣亭
（造型与金炉虽相似,但其作用是焚烧字纸,笔者拍摄）

二、金炉造型考

（一）过去对金炉的认识

关于金炉中鼎式金炉的实物,创建于清雍正年间的台中市南屯区的犁头店万和宫,庙方成立的文物馆内保存一件八卦纹炉,和一般供桌上所见方形或圆形炉造型迥异。该件炉具全高50厘米,口缘直径80厘米。器形独特,外观上为盘口、筒形腹、三足,三足皆作螭虎吞脚(图三、图四)。炉身中段一周为浮雕八卦文,下段则为四方连续之浅凸起水滴纹。炉口铸有浅浮雕之"万和宫观音佛祖",右侧为"道光拾伍年瓜月谷旦"

图三 万和宫文物馆内观音佛祖殿金炉
1. 金炉　2. "道光拾伍年瓜月谷旦"年款

(1835年,图三,2),字体模糊;左侧为"犁头店街众弟子全置"。依据手持式X射线荧光分析仪(XRF)检测该炉炉身成分,得知铁成分为100%(图五),也就是以銑铁铸造①。

从款识"万和宫观音佛祖"来看,该件炉原来应该是陈设于万和宫后殿的观音殿内。此外,该炉为犁头店街当地居民共同捐赀铸造,也反映出万和宫为犁头店街当地的信仰中心。

有关该炉的认识,《台中市犁头店万和宫调查研究与修复计划》曾记录其收藏位置、年款、赞助人(犁头店街众弟子)与使用物件(观音佛祖)等讯息②;而《台中市万和宫志》也注明该炉的工艺(铸造)、年代与赞助人及供奉物件③。值得深思的是,同一件器物,上述二文名称却分别有"金炉"与"香炉"之别。

认为该类炉具作香炉用者,以《物质文化与族群识别关系问题——以鄞山寺八卦文铁香炉为例》一文

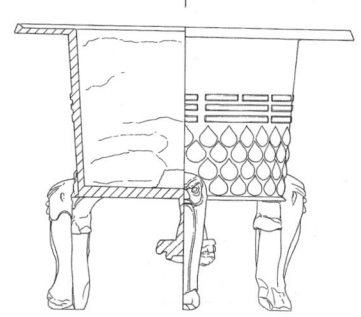

图四 万和宫文物馆内道光十五年
(1835年)款金炉线图

---

① 成分测定由台南艺术大学卢泰康老师协助检测,所采用仪器为α6500-掌上型X射线荧光分析仪(XRF),分析模式:Alloy Plus。
② 何肇喜建筑师事务所主持:《台中市犁头店万和宫调查研究与修复计划》,台中:兴兴出版社,1998年,第172页。
③ 廖财聪主编:《台中市万和宫志》,台中:财团法人万和文教基金会,2004年,第315页。

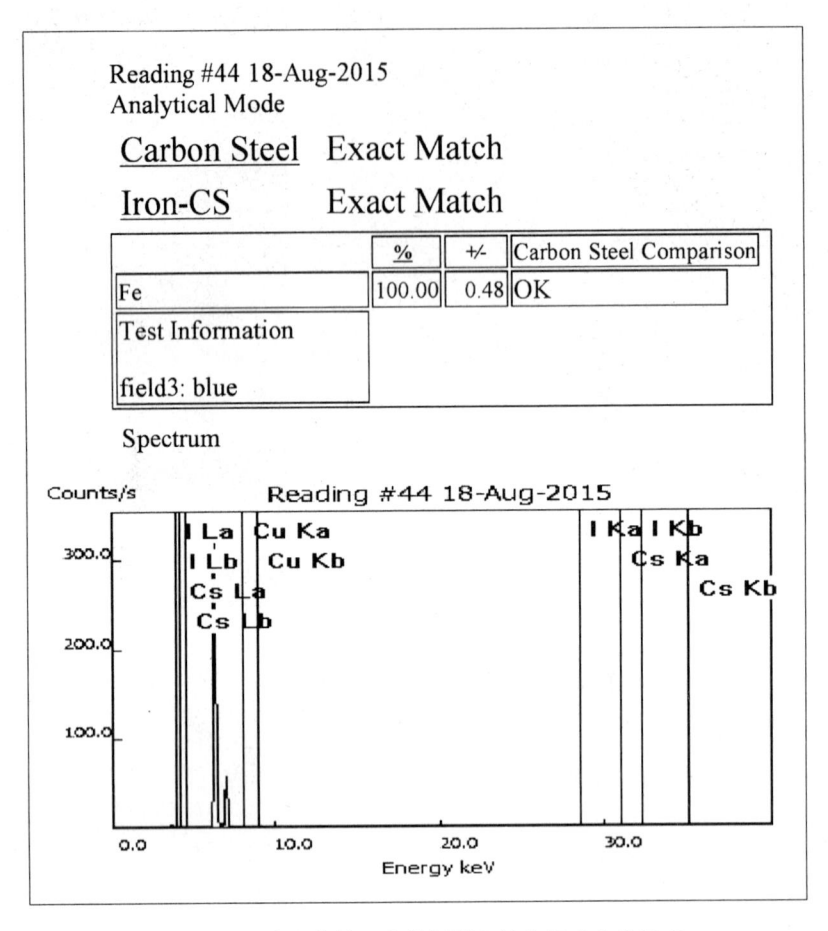

图五　万和宫文物馆观音佛祖殿金炉金属成分检测表

为代表①。该文称新北市淡水鄞山寺所藏的一件与万和宫相似造影的八卦文炉为"香炉",而其造型和炉身的八卦纹饰(图六),明显有别于同时代台湾其他石或木质方形香炉,与宋元瓷香炉风格相近。鄞山寺八卦文铁香炉所反映的"复古"现象,与鄞山寺寺内楹联不断强调的宋代思想相呼应。然而,该铁炉上八卦文的巽卦重复,震卦从缺,显示这种复古在历史发展中又产生失误,表达出19世纪的赞助者汀州人对于族群过去"历史记忆"的追寻,但尚未对台湾本土完全认同②。

实际上,该类炉具的功能非但不是"香炉",在台湾清代寺庙中也是颇为流行的一种器具(详见后文案例),未必是一种刻意选择的"复古"造型,不全然反映闽西汀州人对宋

---

① 陈芳妹:《物质文化与族群识别关系问题——以鄞山寺八卦文铁香炉为例》,台湾大学艺术史研究所《美术史研究集刊》2007年第3期,第91~190页。
② 陈芳妹:《物质文化与族群识别关系问题——以鄞山寺八卦文铁香炉为例》,台湾大学艺术史研究所《美术史研究集刊》2007年第3期,第91~190页。

代的历史记忆②；再者，从实物来看，八卦文亦属清代台湾宗教文物中常见的一种题材，尤其是寺庙中的炉具。鉴此，吾人实难以从"复古"一词来诠释鄞山寺的八卦文铁炉；同理可证，我们也不能将此意义套用在对其他传世铁炉的认识上，视为反映当地汉人移民的原乡认同与历史记忆，尤其各寺庙移民来源非常复杂。因此，八卦文与盘口筒式炉造型是由大时代下的区域风格所决定的，并非族群的标志。

（二）鼎式金炉考

这种盘口、筒腹、三足之大型鉎铁炉具，在台湾寺庙中并不罕见，通常是一庙一件。普遍来说，器物名称与其功能息息相关，将这样造型的炉称为"香炉"，则将其

图六　淡水鄞山寺八卦文炉，道光四年（1824年）款①

视为插线香用的一种；反之，若是"金炉"，则是祭祀活动中用以盛烧疏文、纸钱等金属容器。令人生疑的是，该类八卦文鉎铁炉究竟是金炉还是香炉？不论是万和宫还是鄞山寺的铁炉，笔者都认为其功能并非香炉，而是金炉。其理由如下：

1. 1976年出版的《台湾金石木书画略》一书，将台南开元寺、竹溪寺所见此类炉具皆称为"金炉"③。此外，笔者于2011年5月在淡水鄞山寺天井的八卦鉎铁炉内，见有焚烧金纸之灰烬，显示它是作为金纸燃烧盛放之器。

2. 新庄慈佑宫清光绪十一年款（1885年）的圆形金炉，炉口有焚化疏文、符令、油香感谢状、还愿凭条等铸铭，证实此类炉具功能为焚纸容器之用。另台南郑成功文物馆收藏的一件鉎铁炉，盘口铭文有"城隍府"、"内宫后街弟子高会东芳源号全叩谢"、"嘉庆丁丑二年（1817年）"等讯息，炉口也见"金炉"二字。

3. 在《重修台郡各建筑资料图说》的《孔庙礼器图说》（图七）中央一排，从上到下分别是爵、方鼎、太尊、展耳香炉与盘口三足炉。在台南孔庙目前释奠礼仪式中，爵、方鼎、太尊与展耳香炉仍在使用，且方鼎与展耳香炉是作为插线香之用的香炉；也就是说，《孔庙礼

---

① 采自台湾大学艺术史研究所：《美术史研究集刊》总第22期，第144页。
② 事实上，以彰化定光佛庙文物来看，其结论则与《物质文化与族群识别关系问题》一文不同。透过文物年代与赞助者身份的对照可知，彰化定光佛庙早期的兴建、重修与捐献行为，虽与汀州移民、地方官员存在着紧密联系；但随着会馆功能的衰退，以及汀州移民在台湾的融合，定光佛庙文物捐赠者反映其居住在彰化地区的在地化特点，以及将自身视为一位"虔诚信徒"，早已不见道光年以前以"永定"、"鄞江"自称的原乡认同。参见李建纬、张志相：《彰化定光佛庙调查与研究——其历史、信仰与文物》，《台湾文献》第64卷第1期，第129~192页。
③ 台湾省立台中图书馆编：《台湾金石木书画略》，台中：台湾省立台中图书馆，1976年，第16~19页。

图七 《孔庙礼器图说》中的三足盘口炉①

器图说》②最下排的盘口三足炉并非香炉,而另有其他功能。

4. 此外,从台湾传世的此类炉具高度来看,大多在50厘米上下,多半未及腰部,若要插香需前屈身体,甚为不便。

5. 目前万和宫观音殿案桌上所见的木质三足鼎式圆炉(图八,口径46、炉身高27、最宽47厘米),器腹前左右两边有金漆阴刻行书年款之"犁头店万和宫"、"道光戊申年置"。年款显示道光二十八年(1848年)所制。从常理推测,倘若前文提到的"道光拾伍年瓜月谷旦"(1835年)款的观音佛祖八卦文鉎铁炉是作为香炉使用的,则短短的13年后又汰换成另一件香炉,实有违香炉不宜经常更换的一般认知。因此,说明两件造型迥异、年代相

图八 万和宫观音殿案桌上的圆形木香炉

---

① 采自台湾银行经济研究室:《清代台湾职官印录、重修台郡各建筑图说》,图八。
② (清)蒋元枢著:《重修台郡各建筑图说》,《清代台湾职官印录、重修台郡各建筑图说》,南投:台湾省文县委员会,1994年,第15页。

近的炉具,其功能是不同的。

同时,在20世纪初由日人筹划调查的《寺庙台帐·台中州大屯郡Ⅱ(中)》中所记录的万和宫炉具共19件,计有圆大炉2、圆瓷炉10、金炉2、陶炉4、锡炉1件。万和宫正殿与观音殿案桌上所见的圆形木香炉,即上文所称之2件圆大炉;至于前引《寺庙台帐》中的2件金炉,其中一件应该就是本文所讨论的观音佛祖八卦文銈铁炉,至于已遗失的另一件,则可能是原来作为妈祖正殿金炉使用的。

基于以上理由,证明这种口缘呈盘状或盆状、器体呈筒状的铁质炉具,应该是金炉而非香炉。

三、与台湾其他传世金炉的比较

(一)铁质金炉

在实物方面,除了万和宫和前文所提及的淡水鄞山寺之外,还见于新北市新庄慈佑宫、台中市丰原慈济宫、嘉义县朴子配天宫,以及台南市的开元寺、竹溪寺、法华寺与府城隍庙等。以下按年代分别叙述。

目前笔者掌握的台湾金属金炉资料,以台南竹溪寺落款为最早。该件金炉最早发表于《台湾金石木书画略》一书①,然因出版品年代久远,未着年款。2018年1月初笔者在庙方、曾国栋与黄秀蕙的协助下,得以检视该件金炉,发现口缘处有"竹溪寺",上款为"乾隆壬辰年造",下款为"弟子马仕杰敬置"。显示此金炉为乾隆三十七年(1772年)之文物。

图九 台南竹溪寺传世金炉(竹溪寺提供拍摄)

---

① 王国璠编:《台湾金石木书画略》,第16~19页。

台南开元寺所藏盘口金炉一件（图一〇），口沿铸有铭文"海会寺金炉，乙未年季冬造"，高45、口径92、厚2.1厘米①。开元寺建于康熙二十九年（1690年），时称"海会寺"，是台湾官方主导佛寺中最早的几座之一。台湾知府蒋元枢曾于乾隆四十二年（1777年）修建并确立伽蓝配置，成为三开间四进，并改称"开元寺"②。由此可知，乙未年为改称以前的年款，故应为乾隆四十年（1775年）。

图一〇　台南开元寺金炉③

嘉义朴子配天宫相传系康熙二十六年（1687年）布袋嘴半月庄（布袋贵舍里）人士林马，自鹿港（另有自湄州迎回之说）迎回妈祖金身一尊，并在神意指示下于牛稠溪（朴子溪）南岸一棵朴仔树下奉祀。康熙年间庙成，甚见灵威，因庙宇在朴仔树下，故得名为"朴树宫"；同治四年（1865年），因重修庙宇，改谓"配天宫"④。该宫朴树宫铣铁炉（图一一），器身正面有"朴树宫"之名，另一面有"天上圣母"四字。有关该炉年代，原庙方资料标示为1785年，即乾隆五十年之制品，证据不明，唯可确认的是年代应早于"配天宫"更名前，即早于19世纪前半叶。

台中丰原慈济宫位于丰原镇中心，其创始时间不可考，但庙志以汉人在清雍正年间大量在"葫芦墩"（即丰原）开垦年代作为创庙年代。该庙在光绪四年（1878年）与民国年间曾重修⑤。宫内所见铣铁三足炉，外形为带折沿之盘口、内收之弧腹、三足，正面书有"慈济宫"之阳文，其上有"清嘉庆六年"（1801年）之年款（图一二），是该宫重要的历史证据。

台南市郑成功文物馆所藏一件已残破的铁炉（图一三，馆方编号0-692、693），从盘

---

① 阚正宗等撰：《物华天宝话开元：台南市二级古迹开元寺文物精华》，台南市：开元寺编印，2010年，第224页。
② 阚正宗：《开元寺传承发展史》，《物华天宝话开元：台南市二级古迹开元寺文物精华》，第17页。
③ 采自阚正宗：《物华天宝话开元：台南市二级古迹开元寺文物精华》，第224页。
④ 黄琡珺：《朴子配天宫》，洪性荣编："全国"佛刹道观总览·天上圣母南区专辑（上）》，台北市：桦林出版社，1987年，第340~349页。
⑤ 黄志贤：《丰原慈济宫沿革志》，台中：丰原慈济宫管理委员会，2006年，第13页。

图一一　嘉义朴子配天宫鈝铁炉(1785年，乾隆五十年)① 　　　图一二　台中丰原慈济宫鈝铁炉②

口铭文可知，原属台南府城隍庙之文物。该庙相传建于明郑永历二十三年(1669年)位于东安坊右，时称"承天府城隍庙"，系台湾最早的官建城隍庙。金炉作盘口，折沿直腹，器腹隐见八卦纹，下方三足为外展造型的螭虎吞脚。盘口铭文有"城隍府"、"内宫后街弟子高会东芳源号全叩谢"、"嘉庆丁丑二年"等讯息，显示原来是府城隍庙所有，也可知该炉为嘉庆二十二年(1817年)铸造。最重要的是，炉口见有"金炉"二字(图一三)，明确指出该件铁炉的功能。而府城隍庙的文物陈列室，同样保存有另一件盘口金炉，亦为嘉庆年间所铸③(图一四)。

图一三　台南市郑成功文物馆八卦纹鈝铁炉（图片由南艺大卢泰康教授提供） 　　　图一四　台南府城隍庙鈝质金炉(笔者拍摄)

---

① 采自朴子配天宫官方网页。
② 采自黄志贤：《丰原慈济沿革志》，第14页。
③ 《数字典藏与数字学习联合目录》，网址：http://catalog.digitalarchives.tw/item/00/32/ef/45.html，2014年9月。

台中市元保宫八卦纹金炉（图一五），炉身高42、盘口直径73厘米。盘口阳文年款"大清道光十三年岁次癸巳腊月谷旦"、捐赠者（姓名已模糊难辨，部分落在破损的盘口），使用物件"保生大帝"。此件八卦纹铣铁炉上的八卦，与万和宫相同，属于文王八卦。从线图来看（图一六），该炉炉口略倾斜，炉身歪斜，与足部铸造时发生歪斜现象有关。

图一五　台中市元保宫金炉（笔者拍摄）

淡水鄞山寺的八卦纹金炉（图六），高59、口径宽72厘米。器口为盘口，器腹呈直筒状，腹部上面为浅浮雕八卦纹，下半部则为浅浮雕的火焰纹；三足为螭虎吞脚造型。口缘处铸有20个字，中央为"鄞山寺"之使用地点，右为"道光四年（1824年）桂月吉置"年款，左为"永邑徐姓众弟子仝叩"之赞助人款。这件炉具，陈芳妹指出腹部的巽卦重复，震卦从缺，且应是在台湾铸造的，唯理由不详①。从造型上来看，鄞山寺的八卦纹铁香炉与万和宫最相仿，年代亦相近。其后，淡水鄞山寺又于己巳年（1989年）复制另一件相近的金炉（图一七）。

新北市新庄区新庄路的慈佑宫位于台湾北部早期开发的地区，其建筑具潮州风格。传庙建于康熙二十五年（1686年），最初为小庙，后因香火鼎盛，故修建成天后宫②。余文仪的《续修台湾府志》载有"慈佑宫，雍正九年修整"。乾隆十三年（1748年）时新庄街大火，天后宫亦被波及，故于乾隆十八年（1753年）重修，而陈培桂在《淡水厅志》中也提到"乾隆十八年二次修整"，慈佑宫所见盘口铣铁金炉同样作盘口筒形、三足，高35、口径92厘米（图一八）。从盘口铸字来看，为光绪十一年（1885年）由李干扬等善信所捐献，系庙方祭祀时，焚化疏文、符令、油香感谢状、还愿凭条等使用，足部已脱落。

此外，在台南法华寺也有类似造型的炉具（图一九）③。然因出版品年代久远，未着年

---

① 陈芳妹：《物质文化与族群识别关系问题——以鄞山寺八卦纹铁香炉为例》，第107页。
② 《台湾妈祖文化展》，第141、177页。
③ 王国璠编：《台湾金石木书画略》，第16~19页。

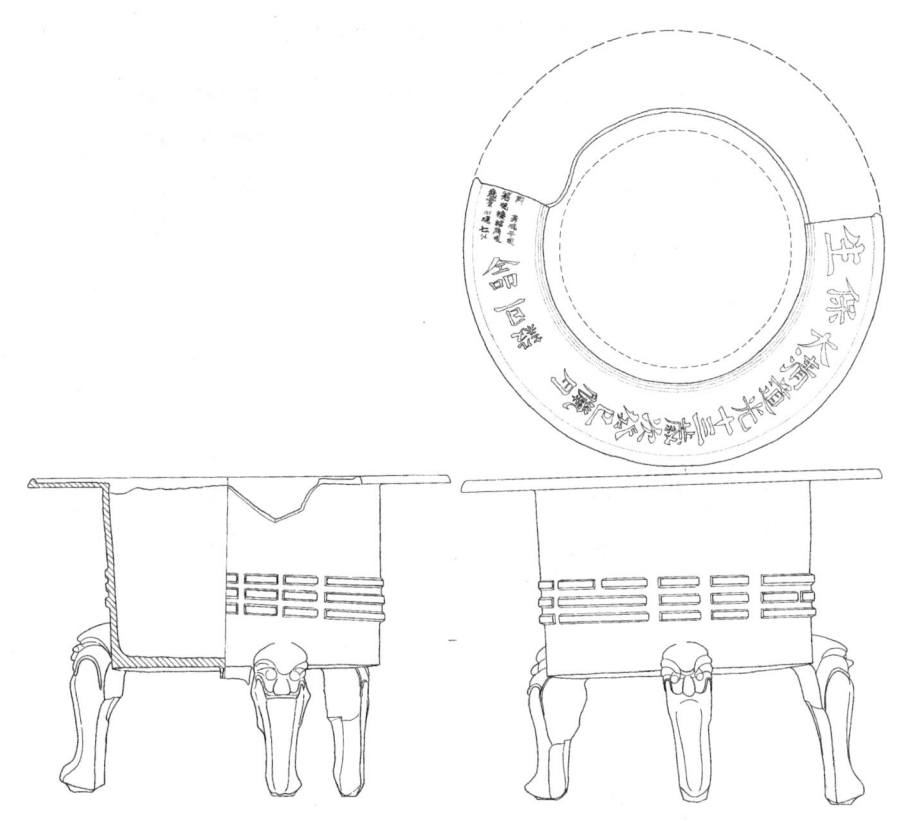

图一六　台中市元保宫鈒铁金炉线绘图(廖伯豪测绘)

图一七　淡水鄞山寺于己巳年(1989年)复制的八卦纹铁炉(笔者拍摄)

款,且因器表锈蚀,铭文涣漫,难以识读。但从寺庙历史沿革及金炉造型风格来看,应该不晚于19世纪末。

归纳前文所见传世盘口金炉,目前以台南的5件数量最多。其流行范围为清乾隆至光绪年间,约为18世纪后半至19世纪后半的百年间,为台湾汉人在台开发的鼎盛时期,

图一八　新庄慈佑宫所藏之銑铁金炉（笔者拍摄）

图一九　台南法华寺金炉①

反映出各地寺庙格局扩大，信徒增加，衍生出承烧疏文、金纸等器具的需要。其后因民众燃金的需求增加，而被砖造金炉所取代。

（二）青铜金炉

目前已知青铜金炉仅有一件，是彰化鹿港天后宫的三足鼎炉（图二〇）。该炉通高（含耳）83、不含耳高65、口径53厘米。铜质，直口、束直颈、圆腹、螭虎吞脚三足，脚下有托起。双耳大，为升龙造型，以焊接方式结合于炉身，并有接合痕迹，龙首在炉顶之上，而四爪则贴附于炉身，龙身拱起，尾摆向炉后。炉身满布铭文与纹饰，全器的阴刻纹以铸造、錾刻方式处理。

炉口正面横书右至左"鹿港"、"天后宫"阳文楷体，颈部为"天上圣母"阳文楷体。腹中央则饰有浅浮雕之盘龙纹，龙首向前，抓一印与珠。右侧铭"大正七年（1918年）戊午春立"阳文，其中"大正七"三字被刮除，残痕隐见；左侧铭"福兴 沈伟钦 杜友绍 林锦堂 林禧灼 林禧辉 陈金奏 吴子和 敬献"阳文。背面炉口阴刻双龙戏珠，炉颈有"海国安澜"四字；腹正中铭"卓升利造"，其中卓字为阴刻字体，其他为阳文；在卓字两侧有"福省"二阴刻字体，字侧还有装饰性双直行文字，字体难辨，其余则饰五蝠与彩云纹，炉内还残存有香灰。

有关成分部分，三足鼎式金炉的器身成分为铜Cu（81.68%）、锡Sn（8.60%）、铅Pb（3.9%）、锌Zn（2.93%）、铁Fe（1.52%）；器身第二个检测成分是铜Cu（79.19%）、锡Sn

---

① 采自王国璠：《台湾金石木书画略》，第18页。

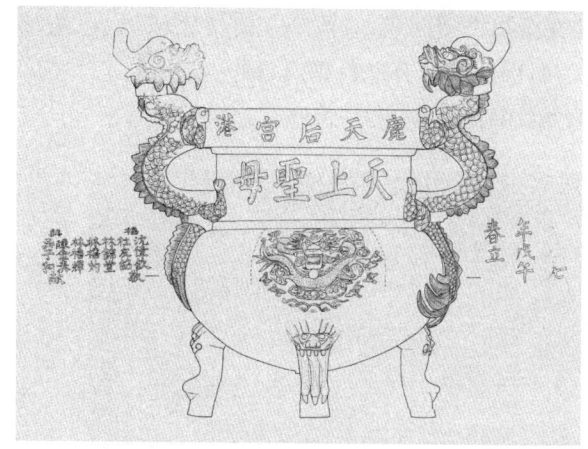

图二〇　鹿港天后宫鼎式金炉①

(7.55%)、铅 Pb(5.93%)、锌 Zn(5.01%)、铁 Fe(1.41%);器耳的成分则为 Cu(69.01%)、锡 Sn(15.57%)、铅 Pb(8.28%)、锌 Zn(4.06%)、铁 Fe(1.65%)②。整体来说,该件三足鼎式铜炉属于青铜系统的炉具,非黄铜系统的宣炉。

从年款、工艺与造型来看,该件金炉是大正七年(1918年)制作,应无疑义。值得注意的是,铸造者应为"卓升利"或"升利"(图二〇);两旁"福省"二字,所指应是在福建省(福州)铸造。也就是该件三足鼎式金炉,是向福州铸户订制,然后船运送至鹿港天后宫的。其实台湾早期大型金属供器,也常向福州订制,例如,万和宫文物馆藏梵钟有"福省铸人林国琡";金门南门境天后宫"道光丁未年"款(1847年)鈇铁鼎式香炉,炉身一侧也铸有"莲宅铸匠林国蒲";而台湾清代铜钟上也有"福州莲宅"之说③,可知福州供器在早期是台湾订制的主要地点之一。

通过放大显微镜观察,金炉正面龙纹鳞片线条锐利且较深(图二一),反映出金炉并

图二一　鹿港天后宫鼎式金炉局部④

---

① 采自"彰化鹿港天后宫妈祖文物馆文物登录与研究计划"。
② 成分同样是由台南艺术大学卢泰康老师协助检测,仪器为α6500-掌上型X射线荧光分析仪(XRF),分析模式:Alloy Plus。
③ 王国璠编纂:《台湾金石木书画略》,第149~166页。
④ 采自"彰化鹿港天后宫妈祖文物馆文物登录与研究计划"。

非完全以铸造制成,应该是在铸器完成后,以金属錾头錾刻细部线条,如龙鳞、龙须等细节;而铜器表面有平行磨痕,则是器表经过打磨后造成的现象。此外,金炉局部残留有非常少量的红彩痕迹,是否原有施彩尚待考证。

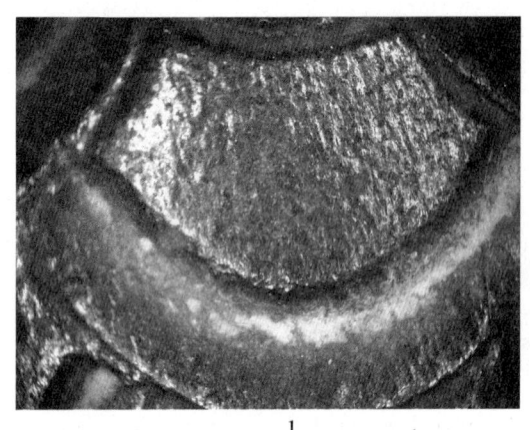

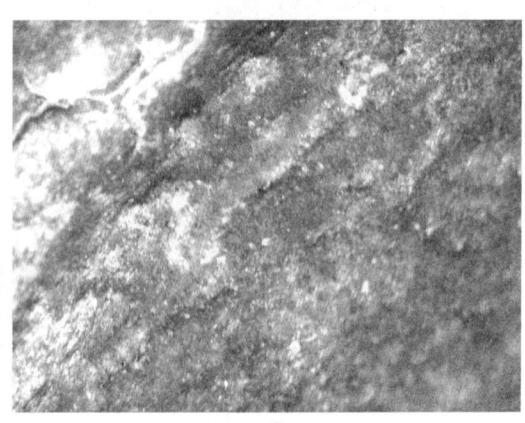

图二二　鹿港天后宫鼎式金炉微痕分析①
1. 龙纹鳞片　2. 金炉局部残留的红彩

此炉原置于正殿御路前,现藏置于天后宫文物陈列室。过去笔者曾认为其功能是作为天公炉②,但透过1959年、1960年许苍泽先生拍摄的资料照片可知③(图二三),该炉原有盖,平常不使用时则覆盖,而天公炉不用盖,故它应是作为焚烧线香等使用的金炉。由于该器的高度较低,故原来在其下方垫三个圆筒来衬高。

整体来说,台湾在日据时期以前如鹿港天后宫这类大型铜炉相当罕见,残存者多属铁质,铜质者甚为稀有,大半于太平洋战争中被熔铸再利用。

（三）石 质 金 炉

澎湖马公武圣庙保存一件石炉(图二四),平直口,直身,斜腹,平底,三足方,内壁直凹底。口沿前方阴刻三字"关帝庙",口沿测缘正面阴刻"乾隆五十一年桂月吉旦　澎湖协魏大斌"④,炉身浮雕双龙拱珠,足为螭虎吞脚⑤。根据澎湖马公市的地方文史工作者王文良先生提供的讯息,该件石炉原来作为金炉,而非香炉。再根据他田野收集的资料显示,澎湖以石作金炉实例有四,显示该件石质金炉并非孤例。

同样在澎湖县湖西乡中寮的代天宫,根据庙方沿革碑记载,此庙建于清代道光年间。

---

① 采自"彰化鹿港天后宫妈祖文物馆文物登录与研究计划"。
② 李建纬:《炉香袅袅——鹿港地区庙宇内早期香炉形制与功能初探》,《2011年彰化研究学术研讨会——彰化文化资产与在地研究》,彰化县文化局,2011年,第42页。
③ 陈仕贤等著:《鹿港天后宫志》,第115页。
④ 魏大斌,广东嘉应州长乐县人,乾隆五十年任澎湖协副将。
⑤ 王嵩山、李建纬:《澎湖县百年历史庙宇及教堂文物普查(一)成果报告书》,澎湖县政府文化局委托、逢甲大学历史与文物研究所执行,2016年,第61~62页。

图二三　鹿港天后宫鼎式金炉（许苍泽摄）
1. 当时有盖，用烧金　2. 不使用时以金属盖覆盖

庙内现存一件已废弃的三足石炉（图二五），造型与武圣庙相同，唯足部更高，与前述清代中后期銑铁金炉样式相近，估计可能是道光年间建庙时所制作。

图二四　澎湖马公武圣庙石炉① 　　图二五　澎湖湖西中寮代天宫石炉② 　　图二六　宜兰昭应宫观音佛祖殿石炉（笔者拍摄）

无独有偶，在宜兰昭应宫正殿前的庙埕，放置有一件束颈鼓腹三足石炉（图二六），炉身浅浮雕二狮首为耳，足部下方另置有一件石圆盘为底。在炉口部分阴刻有"昭应宫观音佛祖"，显示该件炉具原来放在观音佛祖殿，由于台湾寺庙习俗是天公炉一庙仅一炉，由此

---

① 采自《澎湖县百年历史庙宇及教堂文物普查（一）成果报告书》，第62页。
② 采自《澎湖县百年历史庙宇及教堂文物普查（三）期中报告书》，陈英豪拍摄。

可以推测该件大型石炉的功能不是天公炉。通常放置于地面的大型炉具,作为金炉使用的可能性更高。

四、与其他地区金炉比较

有关三足鼎式八卦文炉具的流行,南宋的四川遂宁金鱼村窖藏、四川重庆容昌窖藏、元代的新安沉船等考古资料可为证。研究指出,宋代兴起的八卦文鼎式三足炉,可能与北宋士大夫和皇家所带动的对三代古器物学研究的兴趣,而引起的收藏三代古铜器风气有关,南宋以后则是应江南与海外市场需求而流传①。以南宋到元代的龙泉窑瓷炉(图二七)为例,其造型和台湾寺庙传世的盘口八卦文金炉非常相似。

图二七 龙泉窑八卦纹炉
1. 南宋龙泉窑八卦纹炉② 2. 元龙泉窑八卦纹炉③

以金属制作、盘口造型的炉具,则见于浙江与江西的元代实物。浙江丽水市博物馆收藏有2件铁炉,系盘口、兽足造型。其中大尺寸香炉(图二八,1)全高62厘米,重200多公斤,铁质,五兽足,兽足作螭虎吞脚。炉身有铭文:"前住持当山□梅□才,偕能仁寺比丘□,铸大香炉一口,恭入大佛宝殿,永充宝粮,上资恩有者。皇庆元年即日提,五都匠者国成之小助。"另一件小尺寸铁炉(图二八,2)造型虽也相似,但高度仅25厘米,尺寸不及能仁寺铁炉一半,重量仅为其十分之一(22公斤),采集于浙江南明湖一带④。

另一件铁炉(图二八,3)位于江西永新县湘赣革命纪念馆,高36厘米,铁铁,炉身铸有元大德元年(1297年)制造之铭款。铭文透露出原来是元代永新洲才德乡(今日江西省永

---

① 陈芳妹:《物质文化与族群识别关系问题——以鄞山寺八卦文铁香炉为例》,第109~110页。
② 采自《世外万象:道教文物展》,第190页。
③ 采自《世外万象:道教文物展》,第191页。
④ 王成:《丽水市博物馆藏元能仁寺铁香炉》,《东方博物》第61辑,2016年,第88~91页。

图二八　元代盘口铁炉
1. 浙江丽水博物馆藏盘口鉎铁炉,元代皇庆元年(1312年)① 　2. 浙江丽水博物馆藏盘口鉎铁炉②
3. 江西永新县湘赣革命纪念馆藏铁炉③

新县江畔乡)六十都江北洲石塘临江院僧义暹铸造④。

以上三件盘口炉的实物尺寸有大有小,大者如元代皇庆元年(1312年)款铁炉高62厘米,小者如浙江丽水博物馆铁炉仅25厘米。调查报告虽未言明其功能,但大者很可能也是作金炉之用。

此外,在北方特别是皇宫内,常见一类盛放炭火、取暖用的火炉,又称"熏笼",主要是由火盆与铁笼两部分组成。上半部铁笼的功能是防止炭火溢出引发火灾;下半部的火盆,其造型则与本文所讨论的鉎铁金炉非常接近。其中讲究者甚至是装饰有掐丝珐琅的青铜材质。上述例子反映出,不论是金炉还是火盆,大约都是用来承装燃烧材料如炭或纸钱的金属容器,随着功能的不同而导致其名称上的差异。

澳门传世的鉎铁金炉数量很庞大。清代以前建立的庙宇平均每座1件以上,而大型庙宇甚至每殿1件。这些金炉主要用作焚烧纸钱、纸元宝等,与铜炉作为神明炉插线香的功能不同。在氹仔关圣帝君案前的金炉书有"聚宝龙炉"四字,氹仔观音岩庙金炉有"聚宝炉"之称,其中的"宝"指的是纸元宝,即金纸;大多数的清代金炉迄今仍在使用,如先锋庙便是在光绪年款金炉上方加设环保烟囱。

从造型来说,澳门金炉有双耳外撇式三足圆炉(图二九,1)、无耳兽足三足圆炉(图二九,2)与双耳四足鼎式方炉(图二九,3)三种,以双耳外撇式三足圆炉为主。这类金炉同样落有年款、赞助者、铸造地点等讯息。以澳门氹仔、路环的鉎铁炉铸造年代与地点来看,其产地有佛山(隆盛、巨源、合记)、澳门(□源原、聚兴)与香邑(全福堂)。

澳门半岛上金炉产地以佛山铸坊为大宗,如隆盛(莲峰庙嘉庆年款与光绪年款、康真君庙咸丰年款、观音古庙宣统元年款)、信昌(普济禅院咸丰年款)、万全(莲溪新庙道光年款,图三〇)、源兴(普济禅院咸丰年款)等。从目前资料来看,这些传世金炉的年代为整

---

① 采自《东方博物》第61辑,第89页。
② 采自《东方博物》第61辑,第90页。
③ 采自《东方博物》第61辑,第89页。
④ 王成:《丽水市博物馆藏元能仁寺铁香炉》,第90~91页。

图二九　澳门鉎铁炉
1. 普济禅院　2. 莲溪新庙　3. 沙梨头土地公庙

表一　氹仔、路环鉎铁炉铸造年代与地点

序号	名称	年代	铸造地点	资料来源
1	天后宫龙鼎	同治十一年（1872年）	香邑全福堂敬造	《金石铭刻的氹仔九澳史》
2	武帝殿铁香炉	光绪辛巳年（1881年）	澳门口源原造	《金石铭刻的氹仔九澳史》
3	武帝殿聚宝龙炉	光绪八年（1882年）	（佛山）隆盛炉造	《金石铭刻的氹仔九澳史》
4	武帝殿三角铁炉	光绪八年（1882年）	佛山巨源造	《金石铭刻的氹仔九澳史》
5	北帝庙玄天上帝三脚铁鼎炉	光绪十六年（1890年）	合记炉造	《金石铭刻的氹仔九澳史》
6	鲁班庙铁鼎	光绪二十一年（1895年）	合记炉造	《金石铭刻的氹仔九澳史》
7	谭公先圣铁香炉	光绪二十五年（1899年）	澳门聚兴造	《金石铭刻的氹仔九澳史》

图三〇　莲溪新庙道光庚寅年款万全造铁炉
1. 方形铁炉　2. 圆形铁炉

个 19 世纪到 20 世纪初,与台湾金炉流行年代相近。

众多铸坊中以"隆盛"出现的比例最高(图三一)。"隆盛"也是目前清代南洋地区梵钟常见的作坊名称。根据广州银行会馆神坛钟上铭文"康熙五十三年岁次甲午季春吉旦佛山隆盛炉造"①,可知隆盛是佛山知名的铸造坊。除了广州之外,澳门金属钟或炉主要来自佛山。李时珍在《本草纲目》中提及,"秦晋淮楚湖南闽广诸山中,皆产铁,以广铁为良",显见广州铁质成分优良。而《佛山市志》载:

> 佛山早年冶铁作坊多在洛水河岸,为当年佛山八景之一"孤村铸炼"。明代初,佛山居民以铁冶业为多,达三千余家。八图氏族在明代开拓铁冶大业,使铁冶大发展,细巷李氏、东头冼氏、佛山霍氏、江夏黄氏、纲华陈氏、金鱼堂陈氏、石头霍氏、石湾霍氏等为佼佼者。作坊称之炉户,也称房,如万兴炉、隆盛炉,世代经营称之信昌老炉、万聚老炉等。②

图三一 莲峰庙的嘉庆二十二年(1817 年)隆盛炉造铁炉

和台湾金炉以三足銑铁圆炉为主且年款多在盘口处③不同,澳门金炉的落款方式以炉身为主。

澳门常见的圆腹三足或方体四足之鼎式金炉,在香港寺庙中也常发现。例如,香港铜锣湾天后宫一件三足鼎式金炉(图三二),炉身铸有"天后宫"、"道光岁次戊申孟夏立"、"万明炉造";此外,建于清朝光绪三年(1877 年)的筲箕湾城隍庙④,庙旁摆设有一件残有一足的三足鼎式金炉(图三三),炉身见"沐恩梁门陈氏敬奉 咸丰十年孟秋吉旦立 隆盛炉造"之铸造款。由于该城隍庙前身是福德祠,因此该炉应该是原福德祠所使用之金炉。

---

① 李乔:《中国行业神(下卷)》,台北:云龙出版社,1966 年,第 1 页。
② 佛山市地方志编纂委员会编:《佛山市志》,深圳:广东人民出版社,1994 年。
③ 李建纬:《台中市万和宫所见道光年款八卦纹銑铁炉研究》,《台湾古文书学会会刊》第 15 期,2014 年,第 1~20 页。
④ 引自华人庙宇委员会之筲箕湾城隍庙,网址:http://www.ctc.org.hk/b5/directcontrol/temple6.asp,2018 年 6 月 22 日。

图三二　香港铜锣湾天后宫三足鼎式金炉

图三三　香港筲箕湾城隍庙旁发现的三足鼎式金炉

从目前香港发现的几处金炉样式与铸造地点（如万明、隆盛等）来看，与澳门所见金炉的年代、产地非常接近，显示都是在佛山的产销范围内。

五、鉎铁炉铸造工艺分析

有关鉎铁炉的制作方式，以万和宫观音佛祖金炉为例，器底见有铸造时留下的浇铸口（图三四，1），显然是倒过来铸造的。这种铸造方式是出于金属热熔液流动的考虑，一方面盘口很难设计浇铸口，再者，若从盘口浇铸可能会有热铁液不易均匀流注到陶范空隙处。此外，从炉足观察，范线痕迹相当明显（图三四，2），显示系以陶范铸造。由于炉身未见明显的范接线，其工序可能是炉足先制作，其后再与炉身铸在一起。

澳门莲峰庙嘉庆二十二年款鉎铁金炉（图三五，1）、台湾台中市元保宫道光十三年款鉎铁炉（图三五，2）及年代更早的台湾台南市竹溪禅寺乾隆三十七年鉎铁金炉（图三五，3），底部皆明显可见浇铸口，而且足部有明显的铸接痕迹，显示这类大型金炉采用分铸法，器足与器身分开铸造,而炉身从底部浇铸,证明原来应该是倒立铸造。参考中国商代青铜圆鼎的铸造方式(图三六)①,也可以解释该类銩铁金炉的铸造工艺。

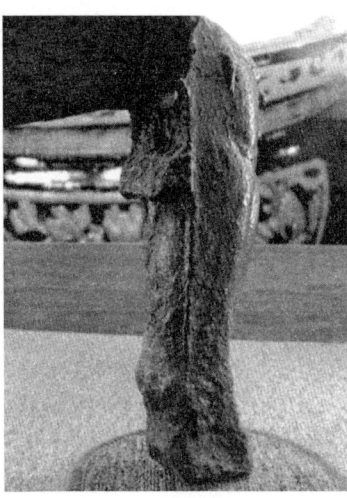

图三四　万和宫观音佛祖殿銩铁炉的铸造痕迹(笔者拍摄)
1. 器底绕铸口　2. 器足范线痕迹

图三五　銩铁炉底部浇铸口
1. 澳门莲峰庙隆盛炉造銩铁炉底部浇铸口　2. 台湾台中市元保宫銩铁炉底部浇铸口
3. 台湾台南市竹溪禅寺銩铁炉底部浇铸口

台湾金炉大多未附铸造地点,而澳门的铸造作坊多来自广东佛山。连横在《台湾通史·铸造》中称台湾清代的金属工艺为:"台湾铸造铁器,前由地方官举充,藩司给照。通台凡二十有七家,谓之铸户。所铸之器,多属锅、鼎、犁、锄,禁造兵,虑藉寇也。同治十三年,钦差大臣沈葆桢奏请解禁。"②从文中可知,清代中期以后台湾已有铸铁匠,但由于此器铸造工艺难度较大,又落款"道光拾伍年",铸户尚未解禁,可能并非台湾本土所生产,

---

① Robert W. Bagley, "The Beginnings of the Bronze Age: The Erlitou Culture Period", in *The Great Bronze Age of China*, Wen Fong (ed.), N.Y.: The Metropolitan Museum of Art, 1980, p. 72, fig. 16.
② 连横:《工艺志》,载高贤治主编《台湾方志集成 40·台湾通史(下)》,台北:宗青图书出版有限公司,1995年,第 693 页。

图三六　鉎铁金炉范铸法示意图①

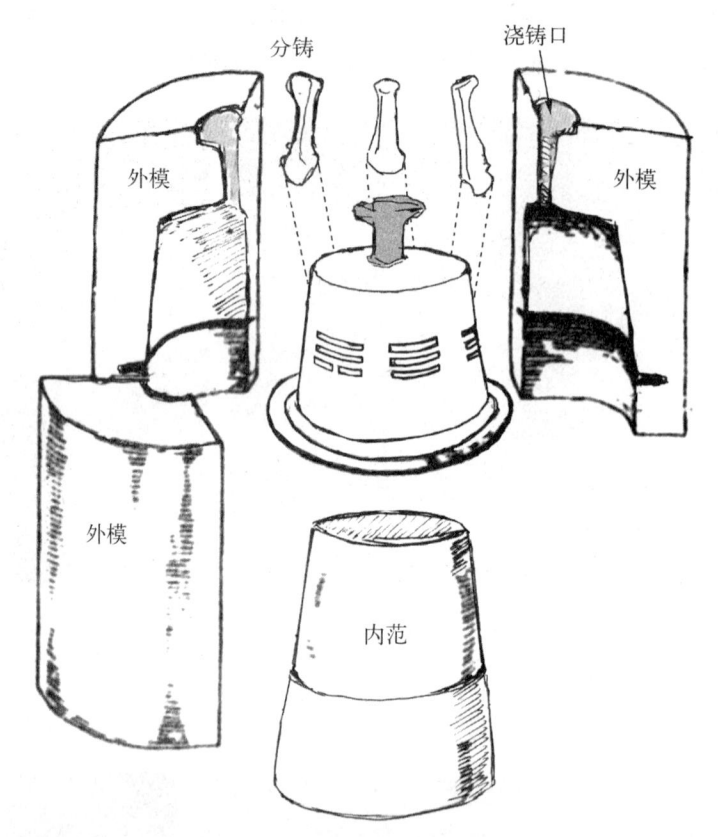

而来自东南沿海地区。若考虑万和宫文物馆内另一枚有"道光式拾年"(1840年)款的梵钟,其铸造者为"福省铸人林国琏",由于二者年代相近,推测万和宫道光年款鉎铁金炉,很可能也是委托相同地点、同一作坊制作。

台湾清代所见大型金属供器与钟,大多来自闽、粤二省。广东佛山在明清时代是南方地区金属器具制造业的重镇,所见实例不胜枚举②。在台湾,亦有部分铁钟产于此地③。此外,金门南门境天后宫的"道光丁未年"款(1847年)鉎铁鼎式香炉,炉身一侧铸有"莲宅铸匠林国蒲"。根据台湾清代梵钟上见有"福州莲宅"之说④,加之印尼梭罗镇国寺的铁铸梵钟(1821年)上也见"福州莲宅",可知莲宅所指为福州铸坊。万和宫文物馆鉎铁大钟(可能也包括观音佛祖鉎铁炉)上的"福省铸人林国琏",与金门南门境天后宫铁香炉上的"莲宅铸匠林国蒲"之间,皆属福州铸匠,落款都在道光年间,且皆以"林"、"国"作为姓名前二字,推测或是福州中同一家族的铸匠。

---

① 图片系笔者改绘自 Wen Fong. *The Great Bronze Age of China*, fig. 16。
② 朱培建:《佛山明清冶铸》,广州:广州出版社,2009年。
③ 如台南大天后宫嘉庆二十二年铁钟(广东省城)、台南文衡殿嘉庆二十二年钟(广东省城)。
④ 王国璠编纂:《台湾金石木书画略》,第149~166页。

六、结　　论

　　传世文物与考古文物不同。考古出土或出水的文物,其年代常被认为是入土或入水的某一个时间,对其年代研究若无明确的年款或历史对应事件,则可透过层位学或类型学作为其相对年代的参考。至于传世文物则属于历史时代,不是被冻结在某个时空中,而是使用百年或数百年以上,器表充斥着时代留下的岁月痕迹;而且器表经常伴随年款或相关的讯息,是研究地方社群、集体记忆、地方知识甚至是文化交流的关键材料。不过,就目前物质文化研究的整体趋势来说,往往是重考古材料而轻忽传世文物,其实有明确地点与时间的传世文物,所能提供的研究历史人群脉络的讯息量,并不下于考古材料。

　　台湾传世金炉是伴随宗教信仰的物件,反映了信仰行为与宗教仪式。其捐献者通常来自寺庙附近的一定范围内,属于地方具一定政治、经济地位的人物,因此也反映了地方社会族群的面貌。不过,这些金炉的捐献者虽然多半来自地方社会,但因大型金属供器的制作门槛高,无法在台湾各地方社群内找到适合的制作者,只能向东南沿海地区订制,再运送到台湾各地。

　　就目前台湾寺庙传世金炉材质来看,有金属(銑铁与青铜)、石与砖几种材质。台湾金属金炉造型上以无耳的盘口三足八卦文筒式炉为主,澳门则有三足鼎式圆炉与四足鼎式方炉,而且多附有双耳。台湾的金炉多未落有铸造地点,而澳门金炉则有佛山铸铭,显示两地订制的产地不同;再透过目前发现的宋代浙江龙泉窑青瓷炉、元代浙江五足銑铁炉,显示台湾这类金炉造型来自东南沿海地区。再综合考虑台湾同时期金属梵钟多半来自厦门、福州等地,显示台湾这类金炉产地可能是福建省。

交通与交流

秦汉番禺城与"海上丝绸之路"关系考

周繁文

中山大学社会学与人类学学院

一、前　　言

自《汉书·地理志》记载西汉武帝时自日南、徐闻、合浦出发的海外贸易路线后,历代文献对此多有注意。唐代贾耽详载由广州出发至红海及东非的远洋航线,称其为"广州通海夷道"①。宋元以后对海上交通之著述尤多。

"海上丝绸之路"的概念始于19世纪末。德国学者李希霍芬(Fendinand Von Richthofen)在《中国亲程旅行记》(1877年)中提出"丝绸之路"的概念,研究重心在陆路②。但在他的历史观念中,认为水路交通较陆路交通重要,虽然他对欧亚间的海路交通路线还未有详尽的认识③。20世纪初,法国学者沙畹(Edouard Chavannes)在《西突厥史料》(1903年)中论及丝路有陆、海两道,北道出康居,南道为通印度诸港之海道④。此后欧洲学者对丝路海道的关注渐多,斯文·赫定《丝绸之路》(1936年)、格鲁塞(Ren' Grousset)《中国史》(1942年)、让·菲利奥扎(Jean Filliozat)《印度的对外关系》(1956年)和《从罗马看印度:有关印度的古代拉丁文文献》(1986年)、雅克·布罗斯(Jacques Brosse)《发现中国》(1981年)等著作中均有涉及。

20世纪初,日本学界陆续发表针对欧亚海上交通史的专门研究。藤田丰八详细考订南海东西交流史的相关史实、人物和历史地理,后来这一系列的论文都收录到《东西交涉史之研究南海篇》(1932年)内⑤。桑原骘藏、小山富士夫、松田寿男、江上波夫、水野清一、冈崎敬、吉田光邦、三上次男等学者皆对海上交通路线之走向、实物证据等进行研究或考察⑥。

---

① (宋)欧阳修、宋祁撰:《新唐书》卷四十三下《志第三十三下·地理七下》:"其后贞元宰相贾耽考方域道里之数最详,从边州入四夷,通译于鸿胪者,莫不毕纪。其入四夷之路与关戍走集最要者七:……七曰广州通海夷道。"北京:中华书局,1975年,第1146页。
② Richthofen, Fendinandvon. *China, Ergebnisse einiger Reisen und darauf gegründete Studien*, Berlin 1877.
③ [美]丹尼尔·C·沃著,蒋小莉译:《李希霍芬的"丝绸之路":通往一个概念的考古学》,载朱玉麒主编《西域文史》第七辑,北京:科学出版社,2012年。
④ [法]沙畹著,冯承钧译:《西突厥史料》,北京:中华书局,2004年,第208页。
⑤ [日]藤田丰八著,何健民译:《中国南海古代交通丛考》,北京:商务印书馆,1936年。
⑥ 周长山:《日本学界的南方海上丝绸之路研究》,《海交史研究》2012年第2期,第93~95页。

另有三上次男提出的"陶瓷之路"亦风靡一时①。直到1968年,三杉隆敏著《探寻海上丝绸之路——东西陶瓷交流史》,后又出版同一主题的一系列著作,使"海上丝绸之路"成为学术界普遍接受的概念②。

国内学术界对海上交通史的研究则始于20世纪30年代。冯承钧所著《中国南洋交通史》考订汉代以降中国与东南亚的海路交流史③。50年代,章巽陆续发表一系列与海上交通相关的论文,此后合编成《我国古代的海上交通》④。季羡林⑤、饶宗颐⑥等对一些具体问题进行研究时,也涉及海道交通。80年代,以陈炎的《略论海上丝绸之路》(1982年)⑦、全汉昇的《略论新航路发现后的海上丝绸之路》(1986年)⑧为标志,中国学术界开始渐渐接受这一概念,并对其展开研究。1990年联合国教科文组织启动全球性的海上丝绸之路综合考察活动后,相关研究论文、学术讨论会、研究机构更是纷纷涌现。

"海上丝绸之路"普遍被认为是中国—南海—印度洋—红海—地中海之间的海上通商贸易道路,始于秦汉,盛于宋元,10世纪以后成为东西方之间最主要的贸易通道。虽然对它的研究日益丰富,但学界在海丝的起始年代和始发港这两个关键问题上并未达成一致。前者主要有西周说、东周说、秦汉说、西汉中期说、东汉三国说等。后者则主要有泉州说、合浦说、徐闻说、广州说等⑨。而要讨论这两个问题,首先需要明确"海上丝绸之路"的性质。从目前大多数的研究来看,在这方面已达成一定共识。李英魁将其定义为"人类社会进入文明社会后国家与国家(包括国家的某一地区对另一国家某地区)商业贸易和政治文化交流的海上通道,而发生于文明社会前的贸易与'东西方文明对话'无关,不属于'海上丝绸之路'范畴"⑩。也就是说,"海上丝绸之路"应是建立在外交对等的基础上,国与国之间的合法化且常态化的海上贸易通道,不同于两(多)国外交关系不对等的"通贡贸易"⑪,亦区别于国家产生之前的文化交流和民间贸易。

二是"始发港"的含义。这是一个现代术语。《中华人民共和国港口法》里未有对港口的分类,但2015年中国交通运输部颁布的《全国沿海邮轮港口布局规划方案》中将邮轮港口分为始发港、访问港和母港三类,其中"母港"是与现代旅游业、服务业、邮轮产业和

---

① [日]三上次男:《陶磁の道と東西文化の交流》,《中央公論》1966年第10期。转引自周长山:《日本学界的南方海上丝绸之路研究》,《海交史研究》2012年第2期,第95页。
② [日]三杉隆敏:《海のシルクロードを求めて——東西やきもの交涉史》,大阪:創元社,1968年,第6~9页。
③ 冯承钧:《中国南洋交通史》,北京:商务印书馆,1937年。
④ 章巽:《我国古代的海上交通》,北京:商务印书馆,1986年。
⑤ 季羡林:《中国蚕丝输入印度问题的初步研究》,《历史研究》1955年第4期,第51~94页。
⑥ 饶宗颐:《蜀布与Cinapatta——论早期中、印、缅之交通》,《中研院史语所集刊》第45本第4分,1974年。
⑦ 陈炎:《略论海上丝绸之路》,《历史研究》1982年第3期,第161~177页。
⑧ 全汉昇:《略论新航路发现后的海上丝绸之路》,《中研院史语所集刊》第57本第2分,1986年。
⑨ 冯定雄:《新世纪以来我国海上丝绸之路研究的热点问题述略》,《中国史研究动态》2012年第4期,第61~67页。
⑩ 李英魁:《试论宁波"海上丝绸之路"兴起的历史上限》,《东方博物》第十三辑,2004年,第114页。
⑪ 余英时引用Owen Lattimore的观点,将古代中国皇帝与异族的纳贡交换称为一种"通贡贸易"。参见余英时著,邬文玲译:《汉代贸易与扩张》,上海:上海古籍出版社,2005年,第13页。

市场经济挂钩的概念,"访问港"则是以挂靠航线为主的港口,两者皆不具参考意义。方案指出,"始发港是以始发航线为主,兼顾挂靠航线的邮轮港口。除访问港基本功能(即邮轮停泊、旅客和船员上下船)外,始发港应具备邮轮补给、垃圾污水处理、旅客通关、行李托送、旅游服务、船员服务等功能。始发港多分布在腹地人口稠密、经济发展水平较高、旅游资源丰富、交通便捷的港口城市"①。参照其定义,"海上丝绸之路"的"始发港"除具备一般港口的船只停泊、货物装卸、人员上下船等基本功能外,还应具备船舶维护和补给等功能,泊位能力和吞吐量均应达到相当规模,海陆转运便捷,存在人口数量较大和经济发展程度较高的腹地。

虽然早期"海上丝绸之路"处于近海航行的时代,凡是参与到海上贸易的港口都可以是空间意义上的出发港,但并非全都可以称之为"始发港",而在时间意义上最早的始发港更可能是屈指可数。本文将通过文献、考古等资料考证番禺城与海上丝绸之路的关系,兼及同时期的几个相关港口,论证海丝的起始年代和早期海丝的始发港问题,从而对南越宫署遗址和南越王墓的文化遗产价值作出阐释。

二、前海丝时代的环南海文化圈——岭南参与海上贸易的基础

以中国为出发点计,最早的海上贸易产生于环南海地区。这一区域包括与中国华南地区相连的中南半岛、马来半岛,以及海南岛、台湾岛、东南亚群岛等海岛。青藏高原和云贵高原的余脉横亘于北,恰为华南大陆和半岛留下了较易通行的豁口,海岛群环绕在南,丘陵、山地和平原嵌错分布,构成海陆相连、环境多样的地理单元。该区域的气候主要包括热带和亚热带类型。

早在"海上丝绸之路"开辟之前,环南海地区在文化上就表现出一定的相似性和紧密的联系。学者们对其早有"亚洲东南海洋地带"②、"亚洲地中海文化圈"③或"百越—南岛一体化"④的定义。下面将对前海丝时代的环南海文化圈内表现出的交流和互动情况分阶段进行概述:

(一)旧石器时代

旧石器时代,环南海区域的古人类体质特征即表现出紧密的联系。"大约40 000 年以前,东南亚的居民可能主要是澳大利亚—美拉尼西亚人……此后东南亚的居民经历了大范围的头骨和面部纤细化的过程,部分原因是由于地方淘汰和在中国南部地区发展的

---

① 中国交通运输部:交规划发【2015】52 号《全国沿海邮轮港口布局规划方案》(索引号 2015-00372),2015 年 4 月 10 日。
② 林惠祥:《林惠祥人类学论著》,福州:福建人民出版社,1981 年,第 200~354 页。
③ 凌纯声:《中国边疆民族与环太平洋文化》,台北:台湾联经图书,1979 年,第 335~344 页。
④ 吴春明、陈文:《"南岛语族"起源研究中"闽台说"商榷》,《民族研究》2003 年第 4 期,第 75~83 页。

蒙古人种基因的南向传播。……全新世时期,尤其是在过去的 7 000 年间,出现了南蒙古人种群体连续性地向南和向东扩张"①。同属晚期智人阶段的古人类中,广西柳江人与加里曼丹尼阿人之间的歧异系数最小(0.033),甚至小于柳江人与山顶洞人(0.056)、尼阿人与澳洲基洛人及塔尔盖人(分别为 0.061 和 0.057)的歧异系数,证明岭南与东南亚古人类在体质特征上存在共性。菲律宾塔邦人(2.4 万~2.2 万年前)既与澳洲人种关系密切,同时又具有第三臼齿缺如、鼻骨前面正中有细的矢状脊等与亚洲大陆蒙古人种相类的特征,可能是两者杂交的结果②(表一)。

表一 环南海地区旧石器时代考古学文化一览表

	广西、粤西	粤北	闽中	闽南	越北	泰国湾沿岸	台湾岛	菲律宾群岛	印尼群岛
早更新世									爪哇人(181万~166万年)
中更新世	广西百色旧石器地点群(70万年)、广东郁南磨刀山(80万~60万年)		三明万寿岩灵峰洞(18.5万年)		清化度山(50万年)	泰国班湄塔(80万~60万年)、芬内文化		利万文化(50万年)	
晚更新世早中期	广西柳江人(5万年)	广东曲江马坝人(12万年)			莲花池山下层(8万~4万年)			塔邦文化(5万~4万年)	印尼昂栋人(5万~2.5万年)
晚更新世晚期	广西田东定模洞、广西柳州白莲洞(3万~1万年)、广西桂林宝积岩(3万年)、鲤鱼嘴、广东封开罗沙岩洞				那姆下层(2.8万~2.6万年)、山韦文化(2.6万~1.1万年)	马来西亚哥打淡边(3万年)、泰国甲米府朗隆注(3.7万~2.7万年)	台南左镇人(3万~2万年)、长滨文化(1.5万~0.5万年)	吕宋岛莱泽—布拉坎文化	加里曼丹岛尼阿文化(4万~3万年)、苏拉威西岛朗布荣(4.4万年)、爪哇桑吉兰、巴芝丹文化(不到5万年)

注:上表系笔者据王幼平《中国远古人类文化的源流》、彭长林《石器时代环南海地区的文化互动》、《剑桥东南亚史》第二章《史前东南亚》制作。

---

① [澳]彼得·贝尔伍德著,申旭译:《史前东南亚》,载《剑桥东南亚史》第一卷,昆明:云南人民出版社,2003年,第 62 页。
② 吴新智:《中国晚旧石器时代人类与其南邻(尼阿人与塔邦人)的关系》,《人类学学报》1987 年第 6 卷第 3 期,第 180~183 页。

除了人种体质特征外,环南海大部分地区的石器工业体系的技术特点和发展历程也具有相似性,同样经历了"砾石石器工业—石片石器工业—砾石石器工业"的三阶段发展。

早更新世晚期至中更新世,华南和东南亚大陆的旧石器地点均为分布在河谷盆地的露天类型。以百色盆地、郁南磨刀山、三明万寿岩、湄塔为代表,都属于典型的砾石石器工业,石制品体型较大,单面加工,器类组合以砍砸器、尖状器和原手斧为主。此时气候暖湿,植物性食物来源充足,以采集为主要生计手段。砍砸器适合劈砍,尖状器适合挖掘根茎①。

晚更新世,旧石器地点大多仍邻近水源,分成露天和洞穴两种类型。露天地点和部分洞穴地点如马坝狮子岩、封开罗沙岩洞、桂林宝积岩、田东定模洞等仍延续前一阶段的砾石石器工业。但柳州白莲洞早期堆积、柳州鲤鱼嘴岩厦遗址早期堆积、越南山区洞穴遗址、爪哇岛昂栋遗址、越南北部那姆文化岩厦遗址、马来西亚哥打淡边、加里曼丹岛尼阿洞穴遗址、菲律宾巴拉望岛塔邦洞穴遗址、苏拉威西岛朗布荣岩厦遗址等,都转而以石片石器工业为主。石器向小型化发展,原料多为燧石,器类组合常见刮削器和小尖状器。新的工具组合显然更适合于加工动物肉类。或是因为这一阶段气候变冷,植物性食物来源缩减,生计方式发生改变所致②。

随着最后冰期最盛期的结束,气候迅速转暖,环南海区域重回热带、亚热带森林环境。岛屿区砾石石器的比重略增,但基本仍以石片石器为主③。而在大陆区,砾石石器工业则重新占据主导地位,并发展出新的技术因素。越南北部的山韦文化,石制品形体粗大,石器组合以边刃和端刃砍砸器为主,也有大尖状器,石器类型与封开黄岩洞、阳春独石仔等所出极为类似。几乎与其同时发展起来的和平文化,分布范围大致在东南亚大陆区及邻近的苏门答腊岛北部,与华南地区的柳州白莲洞晚期、柳州鲤鱼嘴晚期一样都出现了局部磨制的石器。这一时期流行于东南亚的苏门答腊式石器④和华南的盘状砍砸器在造型、工艺和功能上都极为相近⑤。

(二)新石器时代

全新世以后,气候暖湿,海平面逐渐上升;岛屿与大陆分离。距今约1万年前后,环南海地区进入新石器时代,开始制造陶器,生业模式以广谱性的渔猎和采集经济为主。目前发现的遗址主要集中在广西、越南一带。距今6000~5000年前,桂东地区出现种植农业,

---

① 王幼平:《更新世环境与中国南方旧石器文化发展》,北京:北京大学出版社,1997年,第81~83、121~122页;王幼平:《中国远古人类文化的源流》,北京:科学出版社,2005年,第8~35、43~49、103~123、133~134、304~308页。
② 《更新世环境与中国南方旧石器文化发展》,第83~87、122~128页;《中国远古人类的源流》,第178~184、192~193、308~310页。
③ 《更新世环境与中国南方旧石器文化发展》,第88~94页;《中国远古人类的源流》,第267~280、284~286、311~316页。
④ 周边单面加工,呈椭圆形、矩形的石器,可能加柄使用。
⑤ 邓聪:《华南土著文化圈之考古学重建举要》,《东南考古研究》第二辑,厦门:厦门大学出版社,1999年,第83~85页。

洞庭湖区的高庙文化可能经由桂东北、桂东、粤北影响到珠江三角洲①，而闽南、台湾岛、越南中北部仍以渔猎、采集经济为主。这几个不同区域的文化特征明显。距今约5000～4000年前，粤北和粤西以农耕为主，长江下游的良渚文化、中游的樊城堆文化均对此处有不同程度的文化辐射；珠三角则是在前一阶段当地文化基础上的发展，仍以渔猎与采集为主；粤东闽东南仍以渔猎、采集为主，也开始饲养家畜；闽西北的情况暂不清楚；台湾北部开始出现种植农业，但狩猎捕捞仍占重要位置。而此时的东南亚地区主要分布着两种类型的狩猎—采集人群：沿海区域的富裕定居群体，内陆森林地区较小型的移动的团体。华南地区的稻作农业生产者向南沿着主要水道和海岸来到东南亚地区，与当地的这两类土著人群发生了互动②（表二）。

在体质特征上，新石器时代华南沿海的人骨颅型较长、面型偏低矮、面部扁平度略趋弱化、鼻根突度更低平、阔鼻性质更强烈、身高也低一些。这些体质特征较之与北方的同类，更接近分布于热带地区的蒙古人种南亚类型③。

在文化因素方面，这一时期的环南海地区出现了更多的交流迹象：

稻作农业。约在五六千年前，起源于长江中下游地区的稻作农业向岭南传播，大约在公元前2500～前2000年，沿着海岸线与河流传入东南亚大陆的红河谷地、呵叻高原、泰国中部地区④。而海岛的稻作农业大概是从东南沿海进入台湾再扩散到东南亚群岛的⑤。以水稻和小米为主的农耕体系在南传的过程中，加入了许多热带作物和块茎类作物，如狐尾草属、薏苡、甘蔗、薯蓣、芋根等⑥。

有肩有段石器包括有段石锛、有肩石器和有肩有段石器，属于复合工具，应是装柄使用⑦。有段石锛应是用于加工木材，有肩石器则用于砍伐树木⑧。有段石锛发源于新石器中期的长江下游，向南传入福建（昙石山文化），在新石器晚期或青铜时代传入台湾（圆山文化），而后到菲律宾、印尼群岛（苏拉威西、爪哇）、波利尼西亚、新西兰⑨。有肩石器起源于新石器时代中期的珠三角地区，距今6000～5000年前向西进入广西，而后到达云贵高原，另一路则是在距今5000年左右到达越南东北海岸，而后是越中西原地区，并一直传到

---

① 贺刚：《南岭南北地区新石器时代中晚期文化的关系》，载《中国考古学会第九次年会论文集》，北京：文物出版社，1997年；贺刚：《高庙文化及其对外传播与影响》，《南方文物》2007年第2期，第51～60、92页。

② Higham, Charles & Higham, Thomas ecc.. The Origins of the Bronze Age of Southeast Asia, on Journal of World Prehistory, vol. 24, issue 4, 2011, p. 230.

③ 张振标、王令红、欧阳玲：《中国新石器时代居民体征类型初探》，《古脊椎动物与古人类》1982年第20卷第1期，第77页。

④ The Origins of the Bronze Age of Southeast Asia, p. 242. 2. Higham, Charles, Early Cultures of mainland Southeast Asia, Bangkok: River Books, 2002, p. 109.

⑤ 彭长林：《石器时代环南海地区的文化互动》，《东南亚南亚研究》2015年第4期，第88页。

⑥ ［澳］彼得·贝尔伍德著，申旭译：《剑桥东南亚史·史前东南亚》，第72～74页；The Origins of the Bronze Age of Southeast Asia, p. 249。

⑦ 林惠祥：《中国东南区新石器文化特征之一：有段石锛》，《考古学报》1958年第3期，第2页。

⑧ 《中国东南区新石器文化特征之一：有段石锛》，第14～15页；彭长林：《石器时代环南海地区的文化互动》，《东南亚南亚研究》2015年第4期，第87页。

⑨ 傅宪国：《论有段石锛和有肩石器》，《考古学报》1988年第1期，第24～31页。

表二 环南海地区新石器时代考古学文化一览表

分期	闽西北	闽东南	闽南	粤东	粤北	珠江三角洲	桂东粤西	桂西	越南北部	越南中部	泰国湾沿岸	台湾	菲律宾群岛	印尼群岛
过渡期			福建漳平奇和洞		英德牛栏洞、青塘遗址		封开黄岩洞、春独石仔、甑皮岩一期遗存(1.2万~1.1万年)		和平文化(12000~7000年)		类和平文化①			10000~5000年苏门答腊石器、砾石散器、哇潘骨器文化、苏拉威西南托阿爪哇一石片叶文化
早期							甑皮岩二期至四期遗存(11000~8000年)	顶蛳山一期遗存(10000~9000年)	北山文化(9000~7000年)					
中期							甑皮岩五期文化遗存(8000~7000年)	顶蛳山文化(8000~7000年)	照儒类型					苏拉威西陶连文化(8000年)

① 柬埔寨拉昂斯边、泰国北碧府赛育洞(无绝对年代)、泰国翁巴洞、马来西亚查洞。

续表

分期	闽西北	闽东南	闽南	粤东	粤北	珠江三角洲	桂东粤西	桂西	越南北部	越南中部	泰国湾沿岸	台湾	菲律宾群岛	印尼群岛
晚期		壳丘头文化(6000~5500年)	富国墩文化	陈桥类型		咸头岭文化(7000~6000年),东湾仔一期(6000~5000年)		顶蛳山四期类文化遗存(6500~4000年)	查卑文化(7000~4500),多笔文化(7000~6000年)	保愈类型	神灵洞(6800~5700年)	大坌坑文化(6000~5500年)	"打制石器"时代(6000~5000年)	
末期	牛鼻山文化(5000~4000年)	昙石山文化(5000~4300年)	腊洲文化,大帽山文化	虎头埔文化(4500~3600年)	石峡文化(5000~4000年)				昏果瓦(6000~5000年),鹅忠(6000~5000年),琼文化(4500~4000年)		班高(4500~3600年),谷恰(4000~3000年),能诺一期(4000年)	圆山文化(4500~2000年),芝山岩文化(4000~3500年)	杜容洞(4680年)	5000~2500年,磨制方角石锛,圆筒石斧,有肩有段石器,粗陶器

注：上表系笔者据《中国考古学·新石器时代卷》第802页附表一、彭长林《石器时代环南海地区的文化互动》第83~84页、Carmen Sarjeant *Contextualising the Neolithic Occupation of Southern Vietnam* Figure 1.1① 制作。

---

① Sarjeant, Carmen. *Contextualising the Neolithic Occupation of Southern Vietnam: The Role of Ceramics and Potters at An Son*, ANU Press, 2014, p. 7.

越东南、泰国、马来半岛、缅甸、印度东北部。向东则只有粤东闽南有少量发现,台湾则从大坌坑文化开始,菲律宾继承了台湾的有肩石器类型①。有肩有段石器大致在新石器晚期前段产生于粤北,然后传入珠三角,迅速发展后穿过海南岛,于距今 4000 年以内在越南东北海岸登陆,距今 3700 年左右进入红河平原,再向越南北部山区、滇东南、桂西等地扩散,形成另一个有肩有段石器的分布中心,并在本地有肩石斧的强力影响下出现了有肩有段石斧②。

树皮布(Bark Cloth,Bast Cloth,Tapa)是将树皮纤维经长时间拍打后制成的布料。石拍即是制作工具。石拍最早出现在 6000 年前珠江三角洲的咸头岭文化,为复合型,类型多样,技术成熟。新石器时代晚期向东传播至粤东(普宁后山)、闽南。约在 4000 年前穿越海南岛到越南东北沿海(冯原文化),再经过红河平原(河江文化)并产生了新类型(棍棒型),向北至云贵高原、桂西北(革新桥、感驮岩)和桂中(马山尚朗岭)。3500~3000 年前到达越中西原地区(嘉莱、多乐、林同)、泰国湾沿岸,发展出锤型,再经马来半岛(查洞遗址)传入印尼群岛。另有部分从越北横渡南海到达菲律宾,产生了独特的菲律宾类型(有角棍棒型)。3500 年前大量流行于台湾(大坌坑文化),但不同于华南体系,可能是从越南、菲律宾辗转传来,向北到日本鹿儿岛、冲绳岛。加里曼丹、苏门答腊、爪哇有冯原文化相似的复合型、泰国马来相似的锤型、菲律宾相似的棍棒型③。

拔牙习俗最早出现在 7000 年前黄河下游的北辛文化,向西见于江汉地区的屈家岭文化,向南则沿海分布于浙、闽(昙石山文化)、珠三角。4400~3500 年前,见于增城金兰寺、河宕、灶岗、鱿鱼岗、东湾仔。泰国南部新石器时代晚期的科潘纳迪、旧村皆有人骨拔牙。青铜时代,越北冯原文化的仁村、铜荳、缦帕均有发现,并一直延续到东山文化,在纳山(Nui Nap)遗址可见。公元前后,越中沙莹文化(Sa Huynh)、越东南酱丘文化(Giong Phet)均有个别发现。台湾从新石器晚期的芝山岩文化、圆山文化、牛稠子文化,青铜时代的大湖文化、卑南文化,乃至铁器时代的茑松文化仍有大量发现④。

玉玦起源于北方。镯形玉玦在南中国最早见于长江下游地区的马家浜文化,此后向西、向南传播,岭南最早见于石峡文化中,此后在粤东浮滨文化和香港新石器时代晚期、青铜时代均有发现。而越南北部玉玦数量也不少,最早出现在距今 4000~3500 年,冯原、下龙等文化都有发现,最早的玉器作坊也发现于东部海岸。更晚一些的博罗横岭山墓地的透闪石管饰的形制和材质也与冯原文化明显相似。同时长晴作坊遗址也发现有环珠江口

---

① 彭长林:《石器时代环南海地区的文化互动》,《东南亚南亚研究》2015 年第 4 期,第 87 页。
② 《中国东南区新石器文化特征之一:有段石锛》,第 11~13 页;彭长林、何安益、周turns朝:《论有肩有段石器》,《边疆考古研究》2012 年第 1 期,第 63~81 页。
③ 凌纯声、凌曼立:《树皮布印文陶与造纸印刷术的发明》,中研院民族学研究所,1963 年,第 229~245 页;《华南土著文化圈之考古学重建举要》,第 91~93 页;邓聪:《古代香港树皮布文化发现及其意义浅释》,《东南文化》1999 年第 1 期,第 30~33 页;邓聪:《台湾地区树皮布石拍初探》,《东南文化》1999 年第 5 期,第 6~13 页;邓聪:《史前蒙古人种海洋扩散研究——岭南树皮布文化发现及其意义》,《东南文化》2000 年第 11 期,第 6~22 页;彭长林:《石器时代环南海地区的文化互动》,《东南亚南亚研究》2015 年第 4 期,第 87~88 页。
④ 张振标:《古代的凿齿民——中国新石器时代居民的拔牙风俗》,《江汉考古》1981 年第 1 期,第 106~119 页;彭长林:《石器时代环南海地区的文化互动》,《东南亚南亚研究》2015 年第 4 期,第 88 页。

常见的辘轳承轴器。可见,越南北部的玉器形制及玉器制作方法与珠三角相似①。

珠三角的彩陶应是在长江中游(高庙文化)的影响下出现的,但波浪纹主题应是当地化的结果。昙石山文化和圆山文化的彩陶在器物组合、纹饰主题和施纹位置方面都表现出较多共性,而与珠三角差异较大。但总体来说,闽、粤、台的装饰主题均以几何纹为主。越南北中部沿海的保卓文化在施纹方法(彩绘与刻划、镂孔结合)、纹饰主题上均与珠三角相似。但是其中还有不少缺环②。

(三) 青 铜 时 代

夏至商早期,珠江三角洲及其邻近岛屿地区形成了相对稳定且规模较大的聚落中心③。生业经济都以渔猎和采集为主,农业的痕迹尚不明显。内陆河谷、沿海贝丘和沙丘是这一时期的主要聚落形态。沙丘遗址可能是冬春季节性聚落残留,台风季节来临,人们则回到大陆的大本营(贝丘或河谷遗址)④。西周以后社会开始复杂化。约从战国开始,应该进入了百越的"王国时代"⑤(表三)。

表三　环南海地区青铜时代考古学文化一览表

	闽东	闽西北	闽南	粤东	珠三角	北江流域	西江流域	越南	泰国湾/湄南河谷	湄公河谷	台湾	菲律宾
一期	黄瓜山文化(4000~3500年)	马岭类型(夏至商早期)	后山文化(夏商之际或商早期,3500年前后)		东澳湾类型(夏至商早期)、村头类型(商早期)	石峡中层(商早)	那坡感驮岭遗址晚期(商早)	冯原文化(4000~3500年)、下龙文化(4500~3000年)、保卓文化	班高文化(4000~3000年)⑥		4500~3000年,西北部芝山岩文化、圆山文化,西海岸中部牛骂头文化、西海岸南部凤鼻头文化、牛稠子文化,东海岸富山文化	

---

① 彭长林、何安益、周然朝:《论有肩有段石器》,第75页。
② 彭长林:《石器时代环南海地区的文化互动》,《东南亚南亚研究》2015年第4期,第86页。
③ 中国社会科学院考古研究所编著:《中国考古学·夏商卷》,北京:中国社会科学出版社,2003年,第645~651页。
④ 严文明:《珠海考古散记》,载《珠海考古发现与研究》,北京:文物出版社,1994年;朱非素:《珠海考古研究新成果》,载《珠海考古发现与研究》,北京:文物出版社,1994年。
⑤ 吴春明:《从考古看华南沿海先秦社会的发展》,《厦门大学学报(哲学社会科学版)》1997年第1期,第98~104页。
⑥ 柬埔寨三隆盛、泰国班他科、科查隆。

续表

	闽东	闽西北	闽南	粤东	珠三角	北江流域	西江流域	越南	泰国湾/湄南河谷	湄公河谷	台湾	菲律宾
二期	黄土仑文化（3500~3000年）	白主段类（商晚期至西周初）	浮滨文化（商中期到商晚或西周初）				武鸣全苏勉岭山窖藏、武鸣敢猪岩（商中晚期）	彭努安、陇和、仁村	3000~2000年，他科早期、农帕外一期、科潘纳迪	3000~2000年，能诺他一至二期、班农瓦Neo		红褐、灰黑陶（3000多年）
三期	铁山类型				夔纹陶类型（春秋至战国早期）			铜豆（商晚期至西周）	农帕外二期、能诺二期	富禄、班清、能诺他、班那迪		
								鹅木（西周末春秋）	柯柏普、尼卡洪	泰国呵叻府班塔一期、泰国呵叻府农武洛一期、班农瓦Ba期		
四期	富林岗类型				米字纹陶类型（战国中晚期）			东山文化	班多塔菲	Ban Non Qat IA、班塔二期、农武洛二期		

注：上表系笔者据《中国考古学·夏商卷》、吴春明《从考古看华南沿海先秦社会的发展》制作。

青铜冶炼和铸造术大概在商早期传入华南（棠下环、亚婆湾、南沙湾、村头）。东南亚地区青铜技术的起源争议较多，J. C. White 和 E. Hamilton 认为是从乌拉尔山和阿尔泰山一带传入①。但现在更多人认为应当还是来自中国华南地区。公元前1000年左右，青铜器出现在越南、泰国东北部，随后中南半岛进入青铜时代，但在东南亚海岛地区，约公元

---

① White J. C., Hamilton E., *The transmission of early Bronze Age technology to Thailand: New perspectives*, on *Journal of World Prehistory*, vol. 22(2009): pp. 357–397.

前500年以后青铜器和铁器才一起出现①。

几何印纹陶是一种拍印或滚印有几何形纹饰的陶器,包括硬陶和软陶。距今四五千年前,印纹陶最早出现于长江中游的赣江—鄱阳湖、洞庭湖地区、粤北、闽台和粤东闽南,但各区的纹饰主题、陶质、器形器类都存在差异,似有着不同的文化渊源。商代开始,长江下游的宁镇、太湖地区亦开始出现印纹陶。西周以后,到战国时期,长江中下游和岭南闽台地区的几何印纹陶文化已渐趋一致。青铜时代,印纹陶亦见于泰国、柬埔寨和越南②。

牙璋是发端于龙山时代、流行于二里头文化的重要礼器,商代早期出现在华南地区粤北(曲江拱桥岭、梅州寨顶山、乐昌歧岗岭)、珠江三角洲(南丫岛大湾)、粤东闽南(揭阳仙桥、福建漳浦)一带,后山文化、村头类型、东澳湾类型遗存中皆有发现。在越南的冯原、任村等遗址也有发现③。

凸饰玦(ling-ling-o),形状似玦,外缘有三到四个C字形、山字形或乳头形凸饰。这类玦或耳环,在华南及东南亚大陆和海岛地区皆有分布。C形凸饰玦最早可到商晚期,在广东(石峡四期)、浙江(衢州西山西周早期土墩墓)、广西(武鸣安等秧山、平乐银山岭等地战国墓)、香港南丫岛、台湾兰屿、卑南石板墓(三者为周至西汉初)有发现。山字形凸饰玦仅见于相当于商晚期的石峡四期墓葬。乳头形凸饰玦见于台湾东部卑南、都銮和台北芝山岩等地圆山文化墓葬,年代相当于周。推测C字形凸饰玦应是从华南起源,传到台湾。而乳头形凸饰玦在公元前1500～前850年左右广泛见于泰国南部、越南北部(铜荳文化)、越南南部(沙萤、杭共、富浩)到菲律宾、沙捞越,是从台湾传到东南亚还是反向传之,目前尚无确证④。

人面弓形格铜剑的剑茎和剑身系一次铸成,剑身中部最宽,茎以凹线阴纹、身以平凸线阳纹为主,剑格近似弓形,剑身上部有人面纹,人面四周装饰羽枝状纹饰,剑长较为一致,23～29厘米。此类铜剑应与商末周初北方草原流行的铜短剑、战国至西汉时期西南夷流行的铜剑是同一剑系,汇合了岭南本土人面纹的特点,再糅合西南一带战国短剑形成。主要分布在珠三角(广州暹岗苏元山、香港大屿山石壁、南丫岛大湾、赤立角)、桂东(柳江木罗村、石塘乡、贵港、隆平村)越南清化东山遗址。按其形制分析,似是以珠三角为中心

---

① [澳]彼得·贝尔伍德著,申旭译:《剑桥东南亚史·史前东南亚》,第94～97页;*The Origins of the Bronze Age of Southeast Asia*, p.230。

② 吕荣芳:《中国东南新石器文化特征之一:印纹陶》,《厦门大学学报(社会科学版)》1959年第2期,第45～56页;李伯谦:《我国南方几何形印纹陶遗存的分区、分期及其相关问题》,《北京大学学报(哲学社会科学版)》1981年第1期,第38～56页;彭适凡:《中国南方古代印纹陶》,北京:文物出版社,1987年。

③ 香港中文大学中国考古艺术研究中心编:《南中国及邻近地区古文化研究》,香港:香港中文大学出版社,1994年;曾骐等:《仙桥石璋——兼论先秦中原文化对岭南的影响》,《汕头史志》1996年第4期;肖一亭:《岭南古牙璋研究述评》,《南方文物》1998年第3期,第23～30页;邓聪、王方:《二里头牙璋(VM3:4)在南中国的波及——中国早期国家政治制度起源和扩散》,《中国国家博物馆馆刊》2015年第5期,第6～22页。

④ 杨建芳:《商周越式玉器及其相关问题——中国古玉分域研究之二》,《南方民族考古》第二辑,1990年,第161～174页;《剑桥东南亚史·史前东南亚》,第82～83页;邓聪:《东亚玦饰四题》,《文物》2000年第2期,第35～45页。

向西向南传播①。此类短剑与人面纹扁茎剑(无格)似有渊源,后者在西周早期发源于中原地区,西周中期以后传入长江中下游,春秋早期普及到岭南(广东曲江上文化层、海丰、香港大屿山东湾)②。

铜靴形钺,亦称不对称形钺,应是一种仪式性的兵器,可能起源于新石器中晚期的不对称形石器。此类铜钺约在西周时期出现,早期存在两种主要类型,集中分布在杭嘉湖和岭南两个地区。相当于中原的战国至西汉时期的越南东山文化、缅甸、印尼亦有发现,尤以越南出土最多③。

东南亚地区还发现有铁锄、铁剑、钱币、铜镜等汉式器物。华南地区和越南的经常性相互影响可能发生于公元前300年之后④。越南河内古螺城城址发现有相当于战国末至秦的防御工事,夯土技术⑤、青铜弩机(crossbow bolt)和瓦片表明可能与中国存在联系⑥。

(四) 小 结

综上所述,前海丝时代的环南海地区的文化交流与互动大致可以分为三个阶段:

1. 旧石器早中期,环南海区域的人类体质特征、居住点的选择、石器工业体系上都存在很多相似性。这些相似性可能来自对相似自然环境的体质和文化适应,也可能是由于冰期海平面下降的人类扩散⑦。

2. 旧石器晚期到新石器中期,岭南西部地区与东南亚大陆及海岛地区可能存在技术上如稻作农业技术的交流。这一时期的文化中心在越南北部到广西一带。

3. 新石器晚期开始,沅江流域的考古学文化经由桂西北—粤北影响到珠三角,此后长江下游的考古学文化也南下到粤北、粤西一带,粤东的考古学文化随后则影响了粤北、闽南。以农业为特征的考古学文化占据了广西、粤北一带,岭南其他地区仍以渔猎—采集为主。环南海地区不同区域间发展出当地的考古学文化传统。这一时期的环南海地区从生业方式(稻作农业)、工具(有段有肩石器)、器用服饰(印纹陶、树皮布、玉器)、习俗(拔牙)和审美(几何纹)等方面都有广泛的相似性。这可能是由于人群的迁徙,也可能是不同人群间技术或观念交流的结果,但这些文化因素在向外传播的同时,每到一地,也都经历了本地化的过程,并产生新的类型,之后又向外辐射。我们可以看到这一时期环南海地

---

① 《华南土著文化圈之考古学重建举要》,第89~91页;蒋廷瑜:《广西新出现的人面弓形格铜剑》,《中国古代铜鼓研究通讯》第十三期,1997年,第12~13页;邓聪:《人面弓形格铜剑刍议》,《文物》1993年第11期,第59~70页;蒋廷瑜:《岭南地区的人面弓形格铜剑》,《收藏家》2003年第3期,第24~27页。
② 陈亮:《先秦人面纹扁茎短剑试论》,《东南文化》2001年第1期,第63~66页。
③ 汪宁生:《试论不对称形铜钺》,《考古》1985年第5期,第466~475页;文国勋:《试论中国南方不对称形铜钺的起源》,《湖南省博物馆馆刊》第七辑,2010年,第161~167页。
④ 《剑桥东南亚史·史前东南亚》,第101~103页。
⑤ 夯土技术略不同于中国,夯层薄且不规则,Nam C. Kim等人怀疑也可能与美索不达米亚南部城址的夯土技术有关。
⑥ Nam C. Kim, Lai Van Toi & Trinh Hoang Hiep, "Co Loa: an investigation of Vietnam's ancient capital", Antiquity 84(2010):1026.
⑦ 4万年前的海平面较今天低大概50米,婆罗洲、苏门答腊、爪哇和亚洲大陆连成一片。1.8万年前,海平面继续下降,可能比今天低130米,巽他大陆架扩展成一个干燥的次大陆。参见《剑桥东南亚史·史前东南亚》,第63页。

区的文化交流和互动是十分频繁且广泛的。青铜时代环南海地区的交流更加普遍和深入，且这种交流不仅在社会中下层、不仅在生业及日用层面，渐有向社会上层集中的趋势，且多见凸饰玦等非日用物品和靴形钺、铜鼓、牙璋等具有仪式功能的高等级器物。相对于史前时期多是以某地为中心的文化辐射现象来说，这一时期的物质文化传播似乎有多个源头，呈现网络状、多向性的特征。而且不单只是技术、习俗的传播，似乎还有物品的交换。

由此可见，环南海地区的交流与互动一以贯之。而且在先秦时期，似乎已能见到贸易的影子，且传播的物品渐有高等级、高价值的特性，为此后海丝贸易的开展奠定了基础。

三、从民间贸易到官方贸易——南越国开辟南海贸易考

（一）"百越"及南越国简史

"百越"之称始见于《史记》①。从文字描述来看，"百越"和"越"应是两个概念，皆不属"中国"，地处南界。"越"是以会稽为中心之越国②。而"百越"则在楚之南，似指浙南、闽、赣东、湘南及岭南地区。"百越"所包甚广，两汉文献记述甚乱，大概以"杨越"专指岭南之越③，"闽越"、"东越"和"东南越"指闽中之越④，"东瓯"指浙南之越，"骆越"、"西瓯"指交趾之越，"瓯骆"似在桂林一带⑤，"瓯"指珠崖、儋耳之民⑥。

战国初年，史书称楚悼王"南平百越"⑦。然而终东周之世，两广地区的物质文化中不能观察到来自楚文化的太多影响，但战国时楚文化却大举进入洞庭湖以南地区。因此高崇文推测此时楚所平的"百越"实为居于湘江流域的越人⑧。与此同时，越国仍十分强大，

---

① 《史记》卷六《秦始皇本纪第六》"太史公曰"引《过秦论》："南取百越之地，以为桂林、象郡，百越之君俛首系颈，委命下吏。"北京：中华书局，1959年，第280页。《史记》卷七《项羽本纪》："鄱君吴芮率百越佐诸侯，又从入关，故立芮为衡山王，都邾。"第316页。《史记》卷二十《建元以来侯者年表第八》"太史公曰"："吴楚之君以诸侯役百越。"第1027页。

② （汉）袁康撰，李步嘉校释：《越绝书校释》卷第八《越绝外传记地传第十》："大越故界，浙江至就李，南姑末、写干。……姑末，今大末。写干，今属豫章。"北京：中华书局，2013年，第229页。《越绝书校释》卷第八《越绝外传记地传第十》："是时（秦始皇三十七年），徙大越民置余杭伊攻□故郢。因徙天下有罪適使民，置海南故大越处，以备东海外越。乃更名大越曰山阴。"第230页。

③ 《史记》卷一百一十三《南越列传第五十三》："秦时已并天下，略定杨越，置桂林、南海、象郡，以谪徙民，与越杂处十三岁。"第2967页。

④ （汉）许慎：《说文解字》卷十三上："闽，东南越，蛇种。"北京：中华书局，1963年，第282页。

⑤ 《汉书》卷十七《景武昭宣元成功臣表第五》："湘成侯监居翁，以南越桂林监闻汉兵破番禺，谕瓯骆民四十余万降，侯，八百三十户。"北京：中华书局，1962年，第656页。

⑥ 《史记》卷四十三《赵世家第十三》："夫翦发文身，错臂左衽，瓯越之民也。"索隐引刘氏云："今珠崖、儋耳谓之瓯人，是有瓯越。"《正义》引《舆地志》："交阯，周时为骆越，秦时曰西瓯，文身断发避龙。"第1808~1809页。

⑦ 《史记》卷六十五《孙子吴起列传第五》："楚悼王素闻（吴）起贤，至则相楚。……要在强兵，破驰说之言从横者。于是南平百越；北并陈蔡，却三晋；西伐秦。诸侯患楚之强。"第2168页。

⑧ 高崇文：《试论岭南地区先秦至汉代考古学文化的变迁》，载中国社会科学院考古研究所等编《西汉南越国考古与汉文化》，北京：科学出版社，2010年，第139~148页。

王无彊甚至兴师伐齐、楚二国,欲与中原争霸①。直至被楚威王灭国,越王诸族遂流散于"江南海上",或称君,或称王,才臣服于楚②。

秦始皇二十五年(公元前222年),王翦降服越君并南征百越③。二十九年(公元前218年),屠睢率五十万大军攻打百越。为运输军粮,史禄开凿灵渠④。秦军分为五路,一路径入番禺,其余四路分别驻守在镡城之岭(即今广西北部的越城岭)、九嶷之塞(即今湖南永州市宁远县南)、南野之界(即今江西赣州市南康区南部)和余干之水(即今江西上饶市余干县、乐平市一带)。交战时,西瓯君被杀,越人逃入丛林。秦军驻守空地三年,越人趁其松懈之际以桀骏为将发动突袭,主将屠睢被杀、秦军伤亡数十万⑤。三十三年,秦始皇征发尝逋亡人、赘婿和商人取陆梁地,设南海、桂林、象郡⑥。任嚣为南海尉。后又谪有罪吏民到岭南越地⑦和越国故地⑧。

秦末中原地区陷入混战,赵佗继任南海尉后趁机吞并桂林、象郡,自立为南越武王⑨。越王后裔无诸、摇⑩则率越人跟随鄱阳令吴芮反秦。项籍掌权后封吴芮为衡山王,却未封无诸和摇,因此他们拒不附西楚。楚汉争霸时,无诸、摇率越人佐汉。汉定天下后,高祖五年(公元前202年)立无诸为闽越王,都东冶。并立南武侯织为南海王⑪,封地可能在淮南

---

① 《史记》卷四十一《越王句践世家》:"王无强时,越兴师北伐齐,西伐楚,与中国争强。"第1748页。
② 《史记》卷四十一《越王句践世家》:"楚威王兴兵而伐之,大败越,杀王无强,尽取故地至浙江,北破齐于徐州。而越以此散,诸族子争立,或为王,或为君,滨于江南海上,服朝于楚。"第1751页。
③ 《史记》卷六《秦始皇本纪第六》:"(二十五年)王翦遂定荆江南地;降越君,置会稽郡。"第234页。《史记》卷七十三《白起王翦列传第十三》:"秦因乘胜略定荆地城邑。岁余,虏荆王负刍,竟平荆地为郡县。因南征百越之君。"第2341页。前者置会稽郡显在荆地之东,为故越国地。后者南征,当在荆地之南。《越绝书校释》卷第二《越绝外传记吴地传第三》:"后十六年,秦始皇并楚,百越叛去,更名大越为山阴也。"第40页。
④ 对发兵年代的考据详见张荣芳、黄淼章:《南越国史》,广州:广东人民出版社,1995年,第18~24页。《史记》卷一百一十二《平津侯主父列传第五十二》:"又使尉屠睢将楼船之士南攻百越,使监禄凿渠运粮,深入越,越人遁逃。旷日持久,粮食绝乏,越人击之,秦兵大败。秦乃使尉佗将卒以戍越。"第2958页。有人以为此处"尉屠睢"是"尉佗、屠睢",但《淮南子·人间训》中有"杀尉屠睢"之语,此处应即屠睢。《南越国史》认为是三十年所凿(第28页)。
⑤ 何宁撰:《淮南子集释》卷十八《人间训》:"(秦始皇)又利越之犀角、象齿、翡翠、珠玑,乃使尉屠睢发卒五十万,为五军,一军塞镡城之岭,一军守九疑之塞,一军处番禺之都,一军守南野之界,一军结余干之水,三年不解甲弛弩,使监禄无以转饷,又以卒凿渠而通粮道,以与越人战,杀西呕君译吁宋。而越人皆入丛薄中,与禽兽处,莫肯为秦虏。相置桀骏以为将,而夜攻秦人,大破之,杀尉屠睢,伏尸流血数十万。乃发谪戍以备之。"北京:中华书局,1998年,第1289~1290页。《汉书》卷六十四上《严助传》:"臣闻长老言,秦之时尝使尉屠睢击越,又使监禄凿渠通道。越人逃入深山林丛,不可得攻。留军屯守空地,旷日持久,士卒劳倦,越出击之。秦兵大败,乃发谪戍以备之。"第2783~2784页。历史地理的考证详见《南越国史》,第26~27页。此处《史记·主父偃传》有"粮食绝乏"之语,但既凿粮道,且更熟悉越人情况的淮南王在上武帝书和《淮南子·人间训》中均未提及此事,当以后者较接近史实。
⑥ 《史记》卷六《秦始皇本纪第六》:"三十三年,发诸尝逋亡人、赘婿、贾人略取陆梁地,为桂林、象郡、南海,以适遣戍。"第253页。
⑦ 《史记》卷一百一十三《南越列传第五十三》:"秦时已并天下,略定杨越,置桂林、南海、象郡,以谪徙民,与越杂处十三岁。"第2967页。《史记》卷六《秦始皇本纪第六》:"三十四年,適治狱吏不直者,筑长城及南越地。"第253页。
⑧ 《越绝书》卷第八:"是时(秦始皇三十七年),徙大越民置余杭伊攻□故鄣。因徙天下有罪適吏民,置海南故大越处,以备东海外越。乃更名大越曰山阴。"第230页。
⑨ 《史记》卷一百一十三《南越列传第五十三》:"秦已破灭,佗即击并桂林、象郡,自立为南越武王。"第2967页。
⑩ 《史记》卷一百一十四《东越列传第五十四》:"闽越王无诸及越东海王摇者,其先皆越王句践之后也,姓驺氏。秦已并天下,皆废为君长,以其地为闽中郡。"第2979页。
⑪ 《汉书》卷一下《高帝纪第一下》:"(十二年十二月)诏曰:'南武侯织亦粤之世也,立以为南海王。'"第77页。

国内①。惠帝三年(公元前192年)封摇为东海王,都东瓯②。

南越国后期疆域应扩张至今越南境内③。南越历五世九十二年,为武帝所灭,以其故地为南海、苍梧、郁林、合浦、交趾、九真、日南、儋耳、珠崖九郡④。末两郡在今海南岛,由于地理隔绝,常常造反,元帝时废置⑤。前七郡虽名为汉郡,却似羁縻,处于放任自治的状态⑥,直至三国时仍未完成"汉化"的过程⑦。

闽越国于建元三年围攻东瓯,武帝发兵相救,闽越只好休兵。建元六年又攻南越,闽越王郢为其弟余善所杀。天子立无诸之孙繇君丑为越繇王。余善自立为王,天子遂封其为东越王。元鼎六年余善企图自立为帝,为建成侯敖与繇王居股所杀。

东海国于武帝建元三年举国内徙至江淮之间⑧。

南海国在武帝时曾反,被淮南国镇压后迁至上淦(今江西吉安市新干县)一带⑨。

根据中原文献,诸越存在一些相似之处,即居住在山林水边,文身断发⑩、惯于水战。但由于百越缺乏自己的文献,考古学文化却又表现出各异的面貌和传统,"百越"的称呼可能是越国流散后,中原文献赋予的称呼,甚至可能如"胡"是对北方和西域的称呼一样,"越"是中原人对南方各族的统称,中原人也不清楚他们之间是否存在以及存在怎样的差异。

(二)南越国人口构成

西汉之时"百越"诸国中,唯有南越国是由中原人建立。南越国除了原生的土著居民,还有大量与之"杂处"的"中国人"(即中原人)⑪。由于土著文化的辨识具有难度,文献记载亦不甚详。这里重点分析中原移民的构成,主要包括:

---

① 高祖时丞相张苍等上奏淮南厉王刘长之罪时,提及:"南海民处庐江界中者反,淮南吏卒击之。……南海民王织上书献璧皇帝,(蓾)忌擅燔其书,不以闻。"《史记》卷一百一十八《淮南衡山列传第五十八》,3078页。

② 《史记》卷一百一十四《东越列传第五十四》:"及诸侯畔秦,无诸、摇率越归鄱阳令吴芮,所谓鄱君者也,从诸侯灭秦。当是之时,项籍主命,弗王,以故不附楚。汉击项籍,无诸、摇率越人佐汉。汉五年,复立无诸为闽越王,王闽中故地,都东冶。孝惠三年,举高帝时越功,曰闽君摇功多,其民便附,乃立摇为东海王,都东瓯,世俗号为东瓯王。"第2979页。《史记》卷七《项羽本纪第七》:"鄱君吴芮率百越佐诸侯,又从入关,故立芮为衡山王,都邾。"第316页。

③ 《南越国史》,第74页。

④ 武帝灭南越后,"遂以其地为儋耳、珠崖、南海、苍梧、郁林、合浦、交趾、九真、日南九郡",《汉书》卷九十五《西南夷两粤朝鲜传第六十五》,第3859页。

⑤ 《汉书》卷六十四下《贾捐之传》,第2830~2835页。

⑥ 刘瑞:《禁锢与脱困——汉南海郡诸问题研究》,载《西汉南越国考古与汉文化》,第254~272页。

⑦ 《三国志》卷五十三《吴书八·薛综传》:"然而土广人众,阻险毒害,易以为乱,难使从治。县官羁縻,示令威服,田户之租赋,裁取供办,贵致远珍名珠、香药、象牙、犀角、玳瑁、珊瑚、琉璃、鹦鹉、翡翠、孔雀、奇物,充备宝玩,不必仰其赋入,以益中国也。然在九甸之外,长吏之选,类不精核。汉时法宽,多自放恣,故数反违法。"北京:中华书局,1971年,第1252页。

⑧ 《史记》卷二十二《汉兴以来将相名臣年表第十》:"(孝武建元三年)东瓯王广武侯望率其众四万余人来降,处庐江郡。"第1134页。

⑨ 《汉书》卷六十四上《严助传》:"前时南海王反,陛下先臣使者军间忌将兵击之,以其军降,处之上淦。"第2779页。

⑩ 《史记》卷四十一《越王句践世家第十一》:"文身断发,披草莱而邑焉。"第1739页。

⑪ 《史记》卷一百一十三《南越列传第五十三》:"以谪徙民,与越杂处十三岁。"第2967页。

1. 官吏：中央政府任命到岭南的郡县官吏①。任嚣、赵佗皆为秦吏，赵佗是河北真定人，任嚣似亦为中原人。从赵佗建国后的零星史料以及出土的南越宫苑遗址砖瓦铭文、南越国木简、器物铭文等看，南越国的政治制度和行政建制因袭自秦汉。这说明南越国有完整且成熟的官僚体系，人员构成应当主要来自中原。

2. 罪官："三十四年，適治狱吏不直者，筑长城及南越地。"②

3. 士卒：始皇时谪戍五十万人（北筑长城四十万）③。至昭帝时犹有驻军④。

4. 尝逋亡人、赘婿、贾人：始皇三十三年（公元前214年）时派驻⑤。这些人可能有部分留在了当地。"尝逋亡人"应即流民。后两类人在时人眼中与受贿官员一般皆是贪利之人⑥。贾人即商人。"赘婿"有可能是为经济利益出赘的贫家之子⑦。但亦有人认为不可与后代"赘婿"等同，其身份尚不可确知⑧。

5. 中原女子：根据武帝时伍被的追述，赵佗曾为驻守岭南的士卒向秦始皇求"女无夫家者三万人"，始皇许了一万五千人⑨。但这段记载略有可疑。南海尉原为任嚣，任嚣死后赵佗才继任，根据《史记·南越列传》的记载，任嚣死于秦二世时、陈胜吴广起事后。那么如此重大的事件理应由任嚣上书秦始皇，而非由时任龙川令的赵佗越俎代庖。

6. 罪官家属：西汉末多有将罪官家属徙往岭南的做法。根据葛剑雄在《西汉人口地理》中对两汉史书记载的统计，成帝至平帝年间共有11例因官员获罪而将其亲属徙往岭南的，目的地全为合浦。其中只有一例（王章妻子）是后来归了故郡的⑩。

番禺集中了这些中原移民的绝大部分。攻百越时，屠睢的四路大军都驻守在边界，却有一路直入番禺。任嚣临终与赵佗分析情势，也提及番禺"颇有中国人相辅"⑪。可见在南越立国之前，番禺就已经聚集了相当多中原人。考古发现也能佐证这一点。新石器晚期，长江中下游的考古学文化即南下影响到粤北、珠三角。二里头至商代早期中原文化的某些因素也南下对该区域发生影响。广州汉墓第一期（秦经略岭南至南越国时期）的墓

---

① 《史记》卷一百一十三《南越列传第五十三》："（赵佗）因稍以法诛秦所置长吏。"第2967页。
② 《史记》卷六《秦始皇本纪第六》，第253页。
③ 《晋书》卷十五《志第五·地理下·交州》："秦始皇既略定扬越，以谪戍卒五十万人守五岭。自北徂南，入越之道，必由岭峤，时有五处，故曰五岭。"第464页。
④ 《盐铁论校注》卷第七《备胡第三十八》："今山东之戎马甲士戍边郡者，绝殊辽远，身在胡、越，心怀老母。"
⑤ 《史记》卷六《秦始皇本纪第六》："三十三年，发诸尝逋亡人、赘婿、贾人略取陆梁地，为桂林、象郡、南海，以適遣戍。"第253页。
⑥ 《汉书》卷七十二《王贡两龚鲍传第四十二·贡禹》："又欲令近臣自诸曹侍中以上，家亡得私贩卖，与民争利，犯者辄免官削爵，不得仕宦。（贡）禹又言：'孝文皇帝时，贵廉絜，贱贪污，贾人、赘婿及吏坐赃者皆禁锢不得为吏……'"第3077页。
⑦ 《汉书》卷四十八《贾谊传第十八》："故秦人家富子壮则出分，家贫子壮则出赘。"第2244页。
⑧ （清）沈家本：《历代刑法考·明律目笺二·婚姻》："考《汉书·晁错传》，秦之戍卒，先发వ有谪及赘婿、贾人。至若何为赘婿？注家未详。淳于髡乃之赘婿，为梁上客，似亦未可遽斥之为贱。然则秦之赘婿与元、明之赘婿似各相同，无事可证之也。"北京：中华书局，2013年。
⑨ 按伍被所言"……又使尉佗逾五岭攻百越。尉佗知中国劳极，止王不来，使人上书，求女无夫家者三万人，以为士卒衣补。秦皇帝可其万五千人"，《史记》卷一百一十八《淮南衡山列传第五十八》，第3086页。
⑩ 葛剑雄：《西汉人口地理》，北京：人民出版社，1986年，第156～159页。
⑪ 《史记》卷一百一十三《南越列传第五十三》："且番禺负山险，阻南海，东西数千里，颇有中国人相辅，此亦一州之主也，可以立国。"第2967页。

葬中,近百分之七十的墓皆随葬以鼎、盒、壶、钫这套典型的中原礼器组合(或仅出其中一至三种)①。两汉史书常称赞对"蛮夷"有移风易俗之功的官员们,然而直到东汉末才出现了锡光、任延等人对岭南风俗的改造之功。三国时薛综才称岭南"颇有似类"中原礼仪而已②。那么,在秦至西汉初期,应当难以彻底地影响或改造当地居民的故俗,这些以中原礼器随葬的墓葬不能说全部,至少也有相当大一部分应当是中原人。

(三) 秦汉平南越的动机

秦、汉政权前后发动两次大规模战争终致吞并南越国。汉代君臣谈及边防大事时,常以胡、越并称,并视其为首要的两大"外敌"③。"胡"主要指北方的匈奴。"越"则主要指南方的百越(浙江之越地基本已在汉王朝的控制之下,从东南沿海到五岭一带的越人显然才是此时的主要边防对象)。百越又以南越为首④。但南越在军事实力上明显不如匈奴,也不似匈奴常常滋扰边境,北上骚扰只是偶尔为之⑤。南越五世北上的动力和实力都不足。文献中以越为边境一患更像是借口,而不像匈奴般有确凿事实。较大的祸患是汉朝内部诸侯、郡守勾结百越企图谋逆的力量⑥。南越诸王对己方实力亦有自知之明,赵佗虽然称帝,在上文帝之书中也使用了在汉臣看来颇显倨傲的"老夫"自称⑦,但"臣佗"⑧、"臣事汉"⑨的用语却充分显示无不臣之心,后来的南越王则更加伏低。即便如此,虽然中原政权南下作战的难度和所费财力、物力都小于对战匈奴,却也不可谓艰难。

始皇时第一次出兵时主将被杀,伤亡惨重,后多以"谪"发兵、屯戍。吕后发兵征南越,士卒大疫,甚至连五岭都不能过⑩。越人轻死好斗⑪。淮南王向武帝分析越地形势时称,此地多虫蛇猛兽,夏暑多雨,常有霍乱疫病,中原人易水土不服,尚未作战便死伤已众。

---

① 中国社会科学院考古研究所、广州市文物管理委员会、广州市博物馆:《广州汉墓》,北京:文物出版社,1981年,第456~462页。
② 《三国志》卷五十三《吴书八·薛综传》:"由此已降,四百余年,颇有似类。"第1252页。
③ 《盐铁论校注》卷第七《击之》:"往者,县官未事胡、越之时,边城四面受敌,北边尤被其苦。"
④ 《汉书》卷九十五《南粤传》:"(高帝)十一年,遣陆贾立佗为南粤王,与剖符通使,使和辑百粤,毋为南边害,与长沙接境。"第3848页。《汉书》卷九十五《南粤传》:"且南方卑湿,蛮夷中西有西瓯,其众半羸,南面称王;东有闽粤,其众数千人,亦称王;西北有长沙,其半蛮夷,亦称王。老夫故敢妄窃帝号,聊以自娱。"第3851~3852页。
⑤ 《汉书》卷九十五《南粤传第六十五》:"高后时……于是佗乃自尊号为南武帝,发兵攻长沙边,败数县焉。"第3848页。《盐铁论校注》卷第七《备胡》:"往者,四夷俱强,并为寇虐:朝鲜逾徼,劫燕之东地;东越越东海,略浙江之南;南越内侵,滑服令;氐、僰、冉、駹、雋、昆唐之属,扰陇西、巴、蜀。"
⑥ 《史记》卷一百六《吴王濞列传第四十六》:"寡人素事南越三十余年,其王君皆不辞分其卒以随寡人,又可得三十余万。"第2828页。《史记》卷一百一十八《淮南衡山列传第五十八》:"王乃与伍被谋,先杀相、二千石;伪失火宫中,相、二千石救火,至即杀之。计未决,又欲令人衣求盗衣,持羽檄,从东方来,呼曰'南越兵入界',欲因以发兵。"第3092页。《汉书》卷七十三《韦贤传第四十三》:"及汉兴,冒顿始强,破东胡,禽月氏,并其土地,地广兵强,为中国害。南越尉佗总百粤,自称帝。……诸侯郡守连匈奴及百粤以为逆者非一人也。"第3126页。
⑦ 《盐铁论校注》卷第九《论功第五十二》:"南越尉佗起中国,自立为王,德至薄,然皆亡天下之大,各自以为一州,倔强倨敖,自称老夫。先帝为万世虑,恐有冀州之累,南荆之患,于是遣左将军楼船平之,兵不血刃,咸为县官也。"
⑧ 《汉书》卷九十五《南粤传》:"因为书:'蛮夷大长老夫臣佗昧死再拜上书皇帝陛下……'"第3851页。
⑨ 《汉书》卷九十五《南粤传》:"老夫身定百邑之地,东西南北数千万里,带甲百万有余,然北面而臣事汉,何也?"第3852页。
⑩ 《汉书》卷九十五《南粤传》:"高后遣将军隆虑侯(周)灶击之,会暑湿,士卒大疫,兵不能隃领。"第3848页。
⑪ 《汉书》卷二十八下《地理志第八下》:"吴、粤之君皆好勇,故其民至今好用剑,轻死易发。"第1667页。

虽然越人不能陆战,车骑、弓弩皆不如中原,但有多山多水多密林的地险可恃,善于丛林战和水战,而这两种战争形式都是中原人所不擅长的,因此起码要有越人五倍的兵力才可力胜①。

汉军对战南越,除了上述因地形、气候、疫病和战争形态造成的困难之外,还有更棘手的问题:南越国内自秦以来残余的中原兵力甚众,可与善水战的越人为互补。武帝为南越之战做了充足的准备,事先在昆明池练习水军②,但到出兵时,纵使以高爵厚赏相激,却也一时无人敢从军③。后来以囚徒、楼船士和粤人组成十万(或二十万)楼船大军,另征巴蜀罪人、夜郎兵④,又适逢南越国内中原人与越人之间产生矛盾的时机⑤,才得以攻下南越。

既然对越作战如此艰辛,南越却又并不足以对中原构成如匈奴般的威胁,为何秦汉两朝要付出比较大的代价将这块地方归入版图内呢?秦始皇的作战动机,《淮南子》称其"利越之犀角、象齿、翡翠、珠玑"⑥,这固然是原因之一,但从秦朝当时形势和秦始皇个人行为观之,"开疆拓土"的原因更多。秦亡后南越立国,景帝时内附,直至汉武帝时又一次发动了大规模的兼并战争。这次的动机则比较复杂。

西汉赋税以人口税(包括徭役)为主,这是朝廷最重要的收入。朝廷建立了严密的人口统计制度。考察地方官政绩时,户口是否增加为主要的项目⑦。然而岭南人口稀少,直到西汉末年,南越七郡的人口总数和密度都远低于中原各郡县(表四)⑧。秦朝辟为初郡到武帝再度设郡时的人口不会高于这个数值。加之此地气候湿热,土地虽广,却多不适宜中原文化所熟悉的农业耕种。这在当时来说,并不太符合通过战争以增加人口(可增加赋税)、广开田地的需求。

---

① 《汉书》卷六十四上《严助传》:"臣闻越非有城郭邑里也,处溪谷之间,篁竹之中,习于水斗,便于用舟,地深昧而多水险。中国之人不知其势阻而入其地,虽百不当其一。得其地,不可郡县也;攻之,不可暴取也。以地图察其山川要塞,相去不过寸数,而间独数百千里,阻险林丛弗能尽著。视之若易,行之甚难。……今发兵行数千里,资衣粮,入越地,舆轿而隃岭,拖舟而入水,行数百千里,夹以深林丛竹,水道上下击石,林中多蝮蛇猛兽,夏月暑时,呕泄霍乱之病相随属也,曾未施兵接刃,死伤者必众矣。前时南海王反,陛下先臣使将军间忌将兵击之,以其军降,处之上淦。后复反,会天暑多雨,楼船卒水居击棹,未战而疾死者过半。……不习南方地形者,多以越为人众兵强,能难边城。……且越人緜力薄材,不能陆战,又无车骑弓弩之用,然而不可入者,以保地险,而中国之人不能其水土也。臣闻越甲卒不下数十万,所以入之,五倍乃足,挽车奉饷者,不在其中。南方暑湿,近夏瘴热,暴露水居,蝮蛇蠚生,疾疠多作,兵未血刃而病死者什二三,虽举越国而虏之,不足以偿所亡。"第2777~2781页。
② 《汉书》卷二十四下《食货志第四下》:"是时粤欲与汉用船战逐,乃大修昆明池,列馆环之。治楼船,高十余丈,旗帜加其上,甚壮。"第1170页。
③ 《汉书》卷二十四下《食货志第四下》:"齐相卜式上书,愿父子死南粤。天子下诏褒扬,赐爵关内侯,黄金四十斤,田十顷。布告天下,天下莫应。列侯以百数,皆莫求从军。"第1173页。
④ 《汉书》卷二十四下《食货志第四下》:"明年,南粤反,西羌侵边。天子为山东不赡,赦天下因,因南方楼船士二十余万人击粤,发三河以西骑击羌,又数万人度河筑令居。"第1173页。《汉书》卷九十五《南粤传》:"吕嘉、建德等反,自立晏如,令粤人及江淮以南楼船十万师往讨之。"第3857页。《汉书》卷九十五《南粤传》:"……使驰义侯因巴蜀罪人,发夜郎兵,下牂柯江:咸会番禺。"第3857页。
⑤ 《汉书》卷九十五《南粤传》:"……又以为王、王太后已附汉,独吕嘉为乱……"第3856页。
⑥ 《淮南子集释》卷十八《人间训》,第1289页。
⑦ 葛剑雄:《西汉人口地理》,第33~34页。
⑧ 人口密度最低的十个郡国:交趾郁林(0.56)、交趾合浦(0.81)、益州牂柯(0.84)、交趾南海(0.96)、交趾交趾(1.02)、凉州敦煌(1.36)、荆州武陵(1.52)、凉州张掖(1.96)、交趾日南(2.05)、凉州酒泉(2.06)。据葛剑雄:《西汉人口地理》,第96~99页。

表四 《汉书·地理志》南越七郡户口统计表①

	面积(平方公里)	户	口	户均口数	人口密度（人/平方公里）
南 海	98 527	19 613	94 252	4.81	0.96
郁 林	126 200	12 415	71 162	5.73	0.56
苍 梧	56 313	24 379	146 160	6.00	2.60
交 趾	73 059	92 440	746 237	8.07	1.02
合 浦	97 591	15 398	78 980	5.13	0.81
九 真	12 066	35 743	166 013	4.64	13.76
日 南	33 884	15 460	69 485	4.49	2.05
合 计	497 640	215 448	1 372 290	6.37	2.76
占总人口百分比		1.8%	2.3%		

注：引自葛剑雄《西汉人口地理》。

细考西汉形势，平南越的原因之一是中央集权的需要。南越国虽号称臣服，其实仍为自治的"一州主"②。这在武帝建构理论和现实的"大一统"进程中是不能容忍的。

但更主要的原因恐怕与岭南的物产和经济状况有关。南越国所辖疆域之气候、物产与中原相异。至战国秦汉时期，中原王朝的文献中存在以异物作为祥瑞从而彰显当权者"德行"的观念，如鲧妻吞神珠薏苡而生夏禹③、周公有德而越裳氏来献白雉④。王莽时甚至买通黄支国令其进献生犀作为自己威德的表现⑤。那么对出产这些被作为祥瑞之异物的南越之地的控制，也是一种政治需要。

尤令权力中心瞩目的是，南越不但以武力戍边，更常以财、物役使闽越、西瓯、骆（越）、夜郎等周边部族⑥，虽然未必能使其真正臣服，但至少说明南越财力之雄厚在南方地区诸势力中是比较突出的。

---

① 葛剑雄：《西汉人口地理》，第96~99页。元帝时废儋耳、珠崖郡，面积32 000平方公里，估计人口122 000，人口密度为3.82。
② 张烈点校：《汉纪·孝武皇帝纪二卷第十一》："蒙因上书曰：'南越地东西皆万余里，名为外臣，实一州主。'"北京：中华书局，2002年。
③ 《史记·夏本纪》；《正义》引《帝王纪》："父鲧妻修己，见流星贯昴，梦接意感，又吞神珠薏苡，胸坼而生禹。"第49页。
④ （汉）韩婴撰，屈守元笺疏：《韩诗外传笺疏》卷五："比期三年，果有越裳氏重九译而至，献白雉于周公。"成都：巴蜀书社，2012年。
⑤ 《汉书》卷二十八下《地理志第八下》："平帝元始中，王莽辅政，欲燿威德，厚遗黄支王，令遣使献生犀牛。"第1671页。
⑥ 《史记》卷一百一十三《南越列传第五十三》："佗因此以兵威边，财物赂遗闽越、西瓯、骆，役属焉，东西万余里。"第2969页。《史记》卷一百一十六《西南夷列传第五十六》："南越以财物役属夜郎，西至同师，然亦不能臣使也。"第2994页。《汉书》卷九十五《南粤传》："岁余，高后崩，即罢兵。佗以此以兵威财物赂遗闽粤、西瓯骆，役属焉。东西万余里。"第3848页。

再看高祖时陆贾来使,赵佗一次性给出的大笔馈赠,包括"橐中装直千金,他送亦千金"①,总值约两千金。而当时在汉廷,赏赐规格绝少一次性超过"千金"的,记载中仅见吕后赐予张卿②、吕后遗诏赐予诸侯王③,以及梁孝王对公孙诡的赏赐④。数次赏赐累计"千金"都已算格外的优恩,如天子宠信的新垣平、齐人少翁、公孙卿、栾大等方士⑤和卫青⑥这样的名将。时人有"千金之子,不死于市"⑦、"家累千金,坐不垂堂"⑧等俗谚,还有"千金之家比一都之君,巨万者乃与王者同乐"⑨的说法。高帝时临淄城十万户的市租也才共千金⑩。著名的巨贾家产也是号称"千金"⑪。这些"千金"虽可能是虚指,却很能说明"千金"在当时代表的价值之巨。因此陆贾回朝后并未擅动这笔财富,直到吕后掌权时称病免职归家,才将赵佗赏赐的"橐中"之物拿出来变卖千金,分给他的五个儿子每人两百金以置办"生计"⑫。由这条记载可看出,赵佗给陆贾的赏赐并非虚称,而是实数。两汉之时,千金即"千斤金"⑬,一斤大约等于万钱⑭。以与民生最为相关的粮价、田价和屋价而言:西汉粮价时有动荡,以通常市价而言,每市石谷约五百钱、每市石米约千钱⑮。田亩价,因所处地段、土地肥瘠情况不同,贵贱差异很大。武帝时期,阳陵之地一亩一千四五百钱,中州内郡、丰镐之间"土膏"之地每亩一金⑯。西北边塞之地则每亩一百钱⑰。通常的亩价应在千余钱到三四千钱之间⑱。买屋价,以"一区"为单位,陕西汉中东汉郑子真宅舍残

---

① 《史记》卷九十七《郦生陆贾列传第三十七》,第 2698 页。
② 田生献计张卿。《汉书》卷三十五《荆楚吴传第五·燕王刘泽》:"张卿大然之,乃风大臣语太后。太后朝,因问大臣。大臣请立吕产为吕王。太后赐张卿千金,张卿以其半进田生。"第 1901 页。
③ 《史记》卷九《吕太后本纪第九》:"高后崩,遗诏赐诸侯王各千金,将相列侯郎吏皆以秩赐金。"第 406 页。
④ 《史记》卷五十八《梁孝王世家第二十八》:"公孙诡多奇邪计,初见王,赐千金,官至中尉,梁号之曰公孙将军。"第 2083 页。
⑤ 《汉书》卷二十五下《郊祀志第五下》:"汉兴,新垣平、齐人少翁、公孙卿、栾大等,皆以仙人黄冶祭祠事鬼使物入海求神采药贵幸,赏赐累千金。"第 1260 页。《史记》卷二十八《封禅书第六》:"于是贵(新垣)平上大夫,赐累千金。"第 1382 页。
⑥ 《史记》卷一百一十一《卫将军骠骑列传第五十一》:"上闻,乃召青为建章监,侍中,及同母昆弟贵,赏赐数日间累千金。"第 2922 页。
⑦ 《史记》卷一百二十九《货殖列传第六十九》:"谚曰:'千金之子,不死于市。'"第 3256 页。
⑧ 《汉书》卷五十七下《司马相如传第二十七下》:"故鄙谚曰:'家累千金,坐不垂堂。'"第 2591 页。
⑨ 《史记》卷一百二十九《货殖列传第六十九》,第 3282~3283 页。
⑩ 《汉书》卷三十八《高五王传第八》:"偃方幸用事,因言:'齐临菑十万户,市租千金,人众殷富,钜于长安,非天子亲弟爱子不得王此。今齐王于亲属益疏。'"第 2000 页。
⑪ 《汉书》卷二十四下《食货志第四下》:"咸阳,齐之大鬻盐,孔仅,南阳大冶,皆致产累千金,故郑当时进言之。"第 1164 页。《汉书》卷六十七《杨胡朱梅云传第三十七·杨王孙》:"杨王孙者,孝武时人也。学黄老之术,家业千金,厚自奉养生,亡所不致。"第 2907 页。
⑫ 《史记》卷九十七《郦生陆贾列传第三十七·陆贾》:"孝惠帝时,吕太后用事,欲王诸吕,畏大臣有口者,陆生自度不能争之,乃病免家居。以好畤田地善,可以家焉。有五男,乃出所使越得橐中装卖千金,分其子,子二百金,令为生产。"第 2699 页。
⑬ 《史记》卷三十《平准书第八》:"马一匹则百金。"《集解》:"瓒曰:'……汉以一斤为一金。'"第 1417~1418 页。
⑭ 《汉书》卷二十四下《食货志第四下》:王莽时,"黄金重一斤,直钱万",第 1178 页。
⑮ 王仲荦:《金泥玉屑丛考》,北京:中华书局,1998 年,第 24 页。
⑯ 王仲荦:《金泥玉屑丛考》,第 36~37 页。
⑰ 中国科学院考古研究所:《居延汉简甲编》简 181B,北京:科学出版社,1959 年。
⑱ 徐扬杰:《汉简中所见物价考释》,《中华文史论丛》1981 年第 3 辑。

碑、四川郫县东汉残碑所见宅舍，一区价格，贱者五千、贵者十七万①。西汉时应当不致相去太远。由此可见"千金"之购买力相当惊人。而陆贾一介使者，一次性即获得总值两千金的巨额赏赐，这在当时应该也是颇令中原人惊异的，因此史书上特书一笔，甚至后来陆贾将此次赏赐的一半拿出来给子嗣置办产业之事亦载录甚详，足见南越之富应是深为汉廷君臣印象深刻的。

东汉马援征交趾后载薏苡而归，时人皆以为南土珍怪，权贵关注，到他死后便有人上书构陷当初所携为明珠、文犀等珍宝②。后来吴祐以此事劝谏其父南海太守吴恢勿写经书，"今大人逾越五岭，远在海滨，其俗诚陋，然旧多珍怪，上为国家所疑，下为权戚所望。此书若成，则载之兼两。昔马援以薏苡兴谤，王阳以衣囊徼名。嫌疑之间，诚先贤所慎也"③。可见南海郡因"珍怪"物产而成为中央政府和权贵异常关注的地带，在经济上的敏感性似乎略大于政治上的敏感性。此虽是东汉时事，但秦至西汉时的文献对岭南珍怪多有关注，情形应当也相去不远。

岭南之地极易获利，不但往来商贾多"取富"④，连流放至此的罪官家属亦能致富⑤。在任官员多有私自敛财的经济犯罪行为⑥。西汉宣帝年间九真太守贪赃百万以上⑦、东汉明帝时交趾太守张恢贪赃千金⑧。由这些记载都可想见，武帝吞并南越之后，能获得多么巨大的经济利益。平南越的二十多年后，昭帝的大臣们对伐胡、越的利弊展开辩论。虽然主弊派认为，战争使农业、养殖业受到严重打击⑨。但主利派也提及，战后胡、越故地的珍奇异物源源不断输入，致使国库充盈⑩。

---

① 王仲荦：《金泥玉屑丛考》，第38~39页。"宅一区万"参见劳榦：《居延汉简考释：释文之部》卷三《簿录名籍录》，北京：商务印书馆，1949年，第455页。
② 《后汉书》卷二十四《马援列传第十四》："初，援在交趾，常饵薏苡实，用能轻身省欲，以胜瘴气。南方薏苡实大，援欲以为种，军还，载之一车。时人以为南土珍怪，权贵皆望之。援时方有宠，故莫以闻。及卒后，有上书谮之者，以为前所载还，皆明珠文犀。"北京：中华书局，1965年，第846页。
③ 《后汉书》卷六十四《吴延史卢赵列传第五十四·吴祐》，第2099页。
④ 《汉书》卷二十八《地理志第八下》，第1670页。
⑤ 《汉书》卷七十六《赵尹韩张两王传第四十六·王章》："（王章）妻子皆徙合浦。大将军凤薨后，弟成都侯商复为大将军辅政，白上还章妻子故郡。其家属皆完具，采珠致产数百万，时萧育为泰山太守，皆令赎还故田宅。"第3239页。
⑥ 《后汉书》卷三十一《郭杜孔张廉王苏羊贾陆列传第二十一·贾琮》："旧交阯土多珍产，明玑、翠羽、犀、象、瑇瑁、异香、美木之属，莫不自出。前后刺史率多无清行，上承权贵，下积私赂，财计盈给，辄复求见迁代，故吏民怨叛。"第1111页。
⑦ 《汉书》卷十七《景武昭宣元成功臣表第五》："（湘成）侯益昌嗣，五凤四年，坐为九真太守盗使人出买犀、奴婢，臧百万以上，不道，诛。"第656页。
⑧ 《后汉书》卷四十一《第五钟离宋寒列传第三十一·钟离意》："时交阯太守张恢，坐臧千金，征还伏法，以资物簿入大司农，诏班赐群臣。"第1407页。
⑨ 《盐铁论》卷第三《未通第十五》："闻往者未伐胡、越之时，繇赋省而民富足，温衣饱食，藏新食陈，布帛充用，牛马成群。农夫以马耕载，而民莫不骑乘；当此之时，却走马以粪。其后，师旅数发，戎马不足，牸牝入阵故驹犊生于战地。六畜不育于家，五谷不殖于野，民不足于糟糠，何橘柚之所厌？"
⑩ 《盐铁论校注》卷第三《未通第十五》："孝武皇帝平百越以为园圃，却羌、胡以为苑囿，是以珍怪异物，充于后宫，骐骥驵騠，实于外厩，匹夫莫乘坚良，而民间厌橘柚。由观之：边郡之利亦饶矣！"《盐铁论校注》卷第一《力耕第二》："是以骡驴馲驼，衔尾入塞，驒騱騵马，尽为我畜，鼲貂狐貉，采旃文罽，充于内府，而璧玉珊瑚琉璃，咸为国之宝。是则外国之物内流，而利不外泄也。异物内流则国用饶，利不外泄则民用给矣。"

（四）南越富足的原因

岭南地处山海之间，丘陵、台地、平原多种地形并存，因而涵盖了多元化的生业类型，经济发展水平并不均衡。直至两汉之时仍是如此。南海、交趾以农业为主，但渔猎经济也占据一定比重，也存在家畜家禽饲养业①。九真、合浦郡民则不事或少事农业，常需到交趾购粮。九真郡以射猎为主要生业，农业耕种技术较为原始②，东汉初任延为太守时才引入农具铸造和牛耕技术，开垦辟田③。而合浦郡以采珠为业，依靠商贩与邻近的交趾郡贸易而换取粮食④。内属桂阳郡的南越故地（含洭、浈阳、曲江）也是到东汉初年茨充任太守时，才种植桑麻作物，发展丝织业⑤。儋耳、珠崖则在武帝时已有农业和丝织蚕桑业⑥。

岭南虽然物产丰饶，但大部分都并非是满足日常需求的物资，虽然内部已存在着物产交换的经济形式，但在经济形态和发展水平相似的封闭环境内难以积累高额的经济利润，就如司马迁所述，虽无冻饿之忧，也无巨富之家⑦。而战国以后，随着岭南与岭北地区的交流增多，加之交通网络的打通，关中和关东地区都有相当规模的人口达到了一定的财富积累程度，开始以猎奇的心态来追逐超出生存需要的远方"异物"，亦即催生了"奢侈品"经济的发展。就像赵佗给陆贾的赏赐要在变卖之后才兑现其高额的价值，岭南也是在这种情势下富足起来的。秦始皇定岭南时，先是屠睢领兵屯戍，伤亡惨重，而后再次派驻以"赘婿"和"贾人"为主体的屯兵，却顺利地建立了三郡。以时人眼中贪利的两类人为屯戍主力，这在平定其他地区时是少见的现象，或从侧面反映了商业经济在岭南的重要地位。在汉武并南越之后，这种情形变本加厉，《盐铁论》⑧、《潜夫论》⑨中都对追逐"蛮貊之物"的奢靡世风横加指责。某些大臣更是介怀于蛮、貊不从事农耕之"本业"却能享受富足生

---

① 南越王宫博物馆筹建处、广州市文物考古研究所编著：《南越宫苑遗址：1995、1997 年考古发掘报告》上册，北京：文物出版社，2008 年，第 185 页。
② （汉）刘珍等：《东观汉记校注》卷十八《传十三·任延》："九真俗烧草种田。"北京：中华书局，2008 年。
③ 《后汉书》卷七十六《循吏列传第六十六·任延》："建武初……诏征（任延）为九真太守。……九真俗以射猎为业，不知牛耕，民常告籴交阯，每致困乏。延乃令铸作田器，教之垦辟。田畴岁岁开广，百姓充给。"第 2462 页。
④ 《后汉书》卷七十六《循吏列传第六十六·孟尝》："（合浦）郡不产谷实，而海出珠宝，与交阯比境，常通商贩，贸籴粮食。"第 2473 页。周天游辑注：《八家后汉书辑注·谢承后汉书·卷五》："孟尝迁合浦太守。郡不产谷，而海出珠宝，[旧采珠以易米食]。"上海：上海古籍出版社，1986 年，第 152 页。
⑤ 《后汉书》卷七十六《循吏列传第六十六·卫飒》："南阳茨充代（卫）飒为桂阳。亦善其政，教民种殖桑柘麻纻之属，劝令养蚕织履，民得利益焉。"第 2459～2460 页。
⑥ 《汉书》卷二十八《地理志第八下》："自合浦徐闻南入海，得大州，东西南北方千里，武帝元封元年略以为儋耳、珠崖郡。民皆服布如单被，穿中央为贯头。男子耕农，种禾稻纻麻，女子桑蚕织绩。亡马与虎，民有五畜，山多麈麖。"第 1670 页。
⑦ 《史记》卷一百二十九《货殖列传第六十九》："总之，楚越之地，地广人希，饭稻羹鱼，或火耕而水耨，果隋蠃蛤，不待贾而足，地埶饶食，无饥馑之患，以故呰窳偷生，无积聚而多贫。是故江淮以南，无冻饿之人，亦无千金之家。"第 3270 页。
⑧ 《盐铁论校注》卷第一《通有第三》："今世俗坏而竞于淫靡，女极纤微，工极技巧，雕素朴而尚珍怪，钻山石而求金银，没深渊求珠玑，设机陷求犀象，张网罗求翡翠，求蛮、貊之物以眩中国，徙邛、筰之货，致之东海，交万里之财，旷日费功，无益于用。"
⑨ 《潜夫论笺校正》卷三《浮侈》："今举世舍农桑，趋商贾，牛马车舆，填塞道路，游手为巧，充盈都邑，治本者少，浮食者众……今京师贵戚，衣服、饮食、车舆、文饰、庐舍，皆过王制，僭上甚矣。从奴仆妾，皆服葛子升越，筒中女布，细致绮縠，冰纨锦绣。犀象珠玉，虎魄瑇瑁，石山隐饰，金银错镂，獐麂履舄，文组彩褋，骄奢僭主，转相夸诧，箕子所唏，今在仆妾。"

活的社会现实①。

再者,武帝平南越、东越和羌后,"以其故俗治",不征赋税②。桂阳郡原属南越的粤北三县,直至东汉卫飒时才开始征收租赋③。三国东吴仍对南越故地采取"羁縻"之治,田户租赋"裁取供办",多入土产珍奇以益中原,"不必仰其赋入"④。可见南越国治下本无赋税。虽然南越国宫署遗址西汉木简 073 中有"属中官租"之语,但注者认为此处的"租"应与《诗经·豳风》"予所畜租"同义,即交由中官畜养⑤。与同样不征赋税的西南地区所不同的是,南越制度多仿中原,却舍赋税之法,这是颇可深究的。那么不征赋税的南越政府如何维持财政? 史书却无明载。

先来看汉政府如何从不征赋税的岭南获利:在南海郡设"圃羞官",交趾郡设"羞官"⑥、"橘官长"⑦,以土产果蔬之类直输中央。皇帝祭祀宗庙时,诸侯、列侯各按封邑人口数奉金,而作为大鸿胪食邑的九真、交趾、日南、郁林郡,前三郡用犀角或瑇瑁、后一郡用象牙或翡翠抵金⑧。武帝"经用不足"时采取均输制度,令交趾和益州刺史市卖珍宝以收取其利,后来东汉肃宗时又重纳此法⑨。南越国统治区域本不大,国内又无赋税,农、工略滞后,亦不如中原地区般有庞大的"奢侈品"消费阶层,如果要维持统治机构的正常运转,包括"赂遗"周围部落的资金,除了像汉政府般"市卖珍宝以收取其利",似别无他法。

南越国北境设有与长沙国亦即与中原政权之间的关市。表面看,似乎汉越贸易关系中南越一方处于买方市场,对"金铁田器、马牛羊"⑩等中原器物的依赖性很重,然而细究之下,不如说是南越对贸易的依赖性很重。原因主要有六:一是这段单方面的买方需求记载来自赵佗上汉帝书,属于请求恢复关市的外交辞令。二是"马牛羊"在南越国主要作

---

① 《盐铁论校注》卷第六《散不足第二十九》:"今蛮、貊无功,县官居肆,广屋大第,坐禀衣食。百姓或旦暮不赡,蛮、夷或厌酒肉。黎民泮汗力作,蛮、夷交胫肆踞。"
② 《汉书》卷二十四下《食货志第四下》:"汉连出兵三岁,诛羌,灭两粤,番禺以西至蜀南者置初郡十七,且以其故俗治,无赋税。"第 1174 页。
③ 《后汉书》卷七十六《循吏列传·卫飒》:"先是含洭、浈阳、曲江三县,越之故地,武帝平之,内属桂阳。民居深山,滨溪谷,习其风土,不出田租。……(卫)飒乃凿山通道五百余里,列亭传,置邮驿。于是役省劳息,奸吏杜绝。流民稍还,渐成聚邑,使输租赋,同之平民。"第 2459 页。
④ 《三国志》卷五十三《吴书八·薛综传》:"然而土广人众,阻险毒害,易以为乱,难使从治。县官羁縻,示令威服,田户之租赋,裁取供办,贵致远珍名珠、香药、象牙、犀角、瑇瑁、珊瑚、琉璃、鹦鹉、翡翠、孔雀、奇物,充备宝玩,不必仰其赋入,以益中国也。然在九甸之外,长吏之选,类不精核。汉时法регламент,多自放恣,故数反违法。"第 1252 页。
⑤ "野雄鸡七,其六雌一雄,以四月辛丑属中官租纵"。见广州市文物考古研究所等:《广州市南越国宫署遗址西汉木简发掘简报》,《考古》2006 年第 3 期,第 8 页。
⑥ 《汉书》卷二十八下《地理志第八下》:"南海郡……有圃羞官。……(交趾郡)羸陵,有羞官。"第 1628~1629 页。
⑦ (晋)嵇含:《南方草木状》卷之下《果类·橘》,宝文堂刊刻本。
⑧ 《后汉书》志第四《礼仪上》注引丁孚《汉仪》:"《汉律·金布令》曰:'皇帝斋宿,亲帅群臣承祠宗庙,群臣宜分奉请。诸侯、列侯各以民口数,率千口奉金四两,奇不满千口至五百口亦四两,皆会酎,少府受。又大鸿胪食邑九真、交趾、日南者,用犀角长九寸以上若瑇瑁甲一,郁林用象牙长三尺以上若翡翠各二十,准以当金。'"第 3104 页。
⑨ 《后汉书》卷四十三《朱乐何列传第三十三》:"是时谷贵,县官经用不足,朝廷忧之。尚书张林上言:'谷所以贵,由钱贱故也。可尽封钱,一取布帛为租,以通天下之用。又盐,食之急者,虽贵,人不得不须,官可自鬻。又宜因交阯、益州上计吏往来,市珍宝,收采其利,武帝时所谓均输者也。'"第 1460 页。
⑩ 《汉书》卷九十五《南粤传》:文帝时陆贾来使南越后,赵佗上书称"高后自临用事,近细士,信谗臣,别异蛮夷,出令曰:'毋予蛮夷外粤金铁田器;马牛羊即予,予牡,毋与牝。'老夫处辟,马牛羊齿已长,自以祭祀不脩,有死罪,使内史藩、中尉高、御史平凡三辈上书谢过,皆不反"。第 3851 页。

祭祀之用①,然而只有中原系统的祭祀才使用这些祭物。田器的话,南越境内农业并不发达,需求量应当也不是很大,而且金属器的淘汰周期较长。粤北与长沙国交界的耒阳一带,还有私铸铁器的现象,满足了部分民间需求②。主要是随葬用的铜、铁器消费量较大。三是南越国内货币经济并不发达,无自铸币而多用汉币,甚至有可能在部分交易活动中采取"以物易物"的交换形式③,若如此,南越对汉之物品有需求,必得也以等价物品换取,如若只有单方获利,关市也断无延续如此之久的道理,即使吕后时曾短暂被禁,但不过数年又迅即恢复。南越人论经济积累当不如中原,如果只靠南越一方的需求维持,中原人根本不可能获利。何况从后来《汉书》"多往(番禺)取其富"的描述来看,定不可能是单方市场,中原对南越物资也应当有很大的需求。四是《吕氏春秋》中已经称道"江浦之橘"、"南海之秬"、"越骆之菌"等南方物产为天下美味,那么起码中原地区的权贵们对这些南方物产已经比较熟悉,也有一定的需求。西汉初年的长沙马王堆一、二、三号墓中皆有象牙、犀角、玳瑁等物品或泥质、陶质替代物的出土④。平南越之后,岭北地区更是狂热追逐犀象珠玑等"奢侈品"。五是吕后时忽然"禁粤关市铁器",可能是为了对越作战做准备,抓准了南越命脉(对关市的依赖),防止其囤积过多兵器和财富。六是赵佗称"高皇帝立我,通使物,今高后听谗臣,别异蛮夷,隔绝器物",非常强调与汉廷之间"器物"的交流,被禁关市后,赵佗高度重视,先后派出内史藩、中尉高、御史平三位王国高官说服汉廷恢复关市⑤,请求未果后这才愤而称帝。

南越国在西面则开辟了与夜郎、巴蜀的贸易。从考古发现看,岭南与西南的交流早而有之,秦汉之际更未断绝⑥。武帝灭南越之前,唐蒙出使时在南越吃到了巴蜀产的"枸酱",后来从蜀商口中得知巴蜀与夜郎存在贸易关系、西南有水道直通番禺⑦。那么南越与夜郎之间应是有贸易关系,与巴蜀之间若无直接的,也应有间接的贸易关系。

在东面,虽无记载,南越与闽越、东越以至吴之间应该也有贸易关系。南越以"财物"赂闽越自然说明两者之间存在经济利益关系。而岭南与长江下游一带从新石器时代以来就存在紧密的交流。即使在后者内属中央后,也仍保持密切联系。景帝三年,吴王刘濞就在遗诸侯书中称"寡人素事南越三十余年,其王君皆不辞分其卒以随寡人,又可得三十余万"⑧。

---

① 《汉书》卷九十五《南粤传》:"老夫处辟,马牛羊齿已长,自以祭祀不修,有死罪。"第3851页。西汉南越王墓出土的猪、牛、羊骨骼基本都集中在西侧室,均无器皿盛放,且与殉人骨骼共置,不同于其他与饮食器具同出在东耳室、东侧室、后室的动物骨骼,推测可能用于祭祀。见《西汉南越王墓》,第472页。
② 《后汉书》卷七十六《循吏列传·卫飒》:"又耒阳县[出]铁石,佗郡民庶常因聚会,私为冶铸,遂招来亡命,多致奸盗。飒乃上起铁官,罢斥私铸,岁所增入五百余万。"第2459~2460页。
③ 《南越国史》,第272~273页。
④ 湖南省博物馆等:《长沙马王堆一号汉墓发掘报告》,北京:文物出版社,1973年;湖南省文物考古研究所:《长沙马王堆二、三号汉墓》,北京:文物出版社,2004年。
⑤ 《汉书》卷九十五《南粤传》:"使内史藩、中尉高、御史平三辈上书谢过,皆不反。"第3851页。
⑥ 肖明华:《粤桂滇黔地区汉代文化中的相似元素》,载《西汉南越国考古与汉文化》,第206~217页;罗二虎、李晓:《论汉代岭南与巴蜀地区的文化交流》,载《西汉南越国考古与汉文化》,第218~232页。
⑦ 《史记》卷一百一十六《西南夷列传第五十六》,第2994页。
⑧ 《史记》卷一百六《吴王濞列传第四十六》,第2828页。

而在南面,岭南与环南海地区的交流早而有之,如此依赖贸易的南越国不可能放弃这种传统的关系。广州南越国时期墓葬和南越王墓中也可见外来物品更是佐证。还有一个旁证就是,《汉书·地理志》中记载了武帝遣使入海贸易直至黄支国的航线,这应是元鼎六年灭南越国之后的事。汉武帝开海上贸易之时,便已对航行路线和目的地物产、需求相当清楚,多个不同语言的国家之间,也可以派出相应的"译长",这必不是一夕之功,而是一种长久积累的贸易关系。此外,这样长达年余甚至数年的远距离海上航行①,还涉及到对季风、气象、潮汐和洋流等复杂因素的摸索与认知。在航行中除了官方使者、译长,还有"应募者"的参与,这其中即便有个别新手,出于航海的凶险,必然更多的是老于航海的熟手。因此,可以推测,海上贸易关系应当是在南越国时期成型的,而且从南越国对商业的依赖性看来,很可能这种贸易关系是为当时的官方建立和鼓励的。

(五) 南越国开展海外贸易的可能性分析

至新石器时代晚期,环南海地区的文化因素交流呈现单向线性化的特点。而青铜时代以后,则呈现多向网状化的特点。从单纯的技术交流、人群扩散,到物品交换的加入,这应当是贸易的发端。在秦并岭南之前,此地并无一个统一的权力,所谓"百越"各自为营。秦朝设立三郡,初步平定岭南。之后赵佗"和集百越",同时通过财物、兵力等手段牵制了闽越、西瓯骆、东越等力量,使岭南内部获得了相对的安定。脱离中央政权而建立王国意味着岭南地区的自治,也意味着要由地方政权独立维持庞大统治机构的运转,如前所述,南越最可能的手段便是贸易。而王国亦能为海外贸易提供稳定且持续的官方支持。

南越国要开展海外贸易,从客观条件上说,还需要具备造船航海技术。在造船技术方面,由于文献无记载,只能根据现有资料进行推理。新石器时代中期,长江下游的萧山跨湖桥就发现有独木舟和木桨实物。距今7000~6000年前的浙江河姆渡遗址中发现有废弃的独木舟板材、七支木船桨和一件陶塑独木舟模型。独木舟和木桨均加工精细,是比较成熟阶段的产物②。独木舟首尾上翘,据残长估算可乘载2~3人③。常州圩墩遗址也出土有马家浜文化(距今约6200~5900年)的木橹和木桨④。长江中游的澧县城头山遗址发现了大溪文化的木桨、船艄。距今约4000年前的广东珠海宝镜湾新石器时代晚期岩画中,"天才石"、"大坪石"、"藏宝洞"东壁岩画、"藏宝洞"东壁左侧的"图案符号"等均有类似船形的图案⑤。吴春明认为其是艏艉尖翘的独木舟⑥。

---

① 《汉书》卷二十八下《地理志第八下》:"自日南障塞、徐闻、合浦船行可五月,有都元国;又船行可四月,有邑卢没国;又船行可二十余日,有谌离国;步行可十余日,有夫甘都卢国。自夫甘都卢国船行可二月余,有黄支国……所至国皆廪食为耦,蛮夷贾船,转送致之。亦利交易,剽杀人。又苦逢风波溺死,不者数年来还……自黄支船行可八月,到皮宗;船行可(八)[二]月,到日南、象林界云。"1671页。
② 吴春明:《环中国海沉船——古代帆船、船技与船货》,南昌:江西高校出版社,2003年,第55页。
③ 陈延杭:《河姆渡舟船技术浅析》,《海交研究史》1997年第2期,第40页。
④ 常州市博物馆:《1985年江苏常州圩墩遗址的发掘》,《考古学报》2001年第1期,第92~93页。
⑤ 广东省文物考古研究所、珠海市博物馆编著:《珠海宝镜湾海岛型史前文化遗址发掘报告》,北京:科学出版社,2004年,第161~162页。
⑥ 吴春明:《环中国海沉船——古代帆船、船技与船货》,第55页。

春秋时，伍子胥为吴王阖闾组建的船队中包括大翼、小翼、突冒、楼船和桥船五类不同作战功能的船只①，在规格、体量和形制上应当也有差异，吴国水军如此发达，习于水战的越国②应当与其不相上下。从水战船队的编次可以推测，当时长江下游吴越地区的造船技术应当已经相当成熟且精细化。

到秦汉之时，越人善水善舟已为中原人所熟知③。岭南的造船技术应当是受到长江流域越人的启发而得以发展的。毗邻海岸的多水丘陵地带，水路是最重要的交通方式，而船只便是最重要的交通工具。《南越志》称"南越王造大舟，溺人三千"④。事固有可疑，但南越的造船技术应当不弱，岭南一带发现的西汉早中期与造船相关的遗物（表五）以及西汉武帝动用十万楼船之士征伐南越、卜式"愿父子与齐习船者往死之"⑤的记载足可印证。

表五　南越国至西汉中期出土船舶相关遗物一览表

出土物	出土地点	年代	船舶性质	船舶形制	资料来源
彩绘木船模型	1986年广州农林下路木椁墓	南越国	楼船	船体分两层，上层有楼板一块，其上压着两块四阿顶的舱盖板，还有架舱的木柱和舱室的壁板。	蒋廷瑜《汉晋时期珠江流域的造船业》
羽人船纹铜提筒（B59）	象岗西汉南越王墓东耳室	南越国		四艘船，首尾相连。船身修长，呈弧形，两端高翘，首尾各竖两根羽旌，中后部有一船台。中前部竖一长杆，杆上饰羽蘩，下悬木鼓。	《西汉南越王墓》第50页
羽人船纹铜鼓（M1：10、11）	贵县罗泊湾一号墓	西汉前期		M1：10，鼓身饰六组羽人船纹。船头下方有衔鱼站立的水鸟，水中有鱼。 M1：11，鼓身饰两组羽人船纹。	《广西贵县罗泊湾汉墓》第28~29页
木船	广州汉墓M1048：87	西汉前期		整木凿出，只余船底和旁板。	《广州汉墓（上）》第177页

---

① 《越绝书校释》附录一《越绝书佚文校笺》："船名大翼、小翼、突冒、楼船、桥船。今船军之教，比陵军之法，乃可用也。大翼者，当陵军之重车；小翼者，当陵军之轻车；突冒者，当陵军之冲车；楼船者，当陵军之行楼车；桥船者，当陵军之轻足骠骑也。"第420页。

② 《越绝书校释》卷第八："句践喟然叹曰：'夫越性脆而愚，水行而山处，以船为车，以楫为马，往若飘风，去则难从，锐兵任死，越之常性也。'"第222页。

③ 《淮南子集释》卷一《原道训》："九疑之南，陆事寡而水事众，于是民人被发文身，以像鳞虫。短绻不绔，以便涉游。短袂攘卷，以便刺舟，因之也。"第38~39页。（宋）司马光：《资治通鉴》卷十七"汉武帝建元六年条"引淮南王安上书："越习于水斗，便于用舟，地深昧而多水险。"北京：中华书局，1956年。

④ 《广州府志》引。

⑤ 《史记》卷三十《平准书第八》，第1439页。

续表

出土物	出土地点	年代	船舶性质	船舶形制	资料来源
木船	广州汉墓 M2060：34	西汉中期		船有四个舱室。船头有栏板。附木桨三支、木俑三个、木柱四根及残薄板若干。	《广州汉墓（上）》第246~247页
木船	广州汉墓 M2050：28	西汉中期	游艇①	船底由整木凿出，底平，首尾略翘，两舷舷板较高。船前斜插栏板，前有甲板和横木板各一。船有两舱，舱盖顶上都钉有檐口板，舱旁两边有走道。船尾是矮小的尾舱。前舱内横架小木板两块作为五个掌楫俑的座板。	《广州汉墓（上）》第247页

虽然这些遗物或是随葬品，或是器物图像，工匠在制作时未必能完全如实反映当时的船只结构原貌。但即便是凭空臆造或想象加工，也应有一定的现实基础。南越应当已具备独立制造船舶的技术。蒋廷瑜认为南越王墓铜提筒上的船纹中已具备水密舱、橹和帆等设施，与其他同时期的船纹都反映了航行于内河内湖的交通工具，应当也可近海沿岸航行②。至于南越所造船舶是否具备航海技术，从闽越欲经海路伐南越、吕嘉和建德从海路逃亡的记载，可以得出肯定的答案（详见下文关于海路交通的考证）。当时囿于技术，毫无疑问只能作近海航行。根据推算，从华南到南太平洋诸岛，以海岛为基地，借助规律性的海流、季风，独木舟就可以飘过去，直到新西兰岛，一年可以往返一次③。

（六）南越国主要贸易物品考

南越地处帝国边缘，相关记载并不多，尤其在内属汉朝之前更是稀少。考虑到物产存在一贯性，在前工业时代，又未逢气象剧烈变化的时期，南越国时期的物产与西汉中晚期甚至东汉时期的应当差异不大。故此节以南越国及以前的记录为主，以武帝以后及至汉末的记录为参考。

南越销往岭北的本地物产主要包括果蔬、禽兽、海产等三大类（表六）。果蔬类包括龙眼、荔枝、橘、柤、菌、桂蠹等。禽兽包括犀、象、孔雀、翡翠（翠鸟、生翠）、鹦鹉、奇兽。海产包括鲛鱼、紫贝、玳瑁、珊瑚、珍珠。工艺品包括犀角、象牙、璧、布。此外可能还有本地出产的香料④。外销的地点主要是关中，多以通贡贸易的方式。

---

① 叶显恩：《广东航运史（古代部分）》，北京：人民交通出版社，1989年，第41~42页。
② 蒋廷瑜：《汉晋时期珠江流域的造船业》，网址：http://www.gxmuseum.cn/a/science/31/2013/3891.html。
③ 李庆新：《从考古发现看秦汉六朝时期的岭南与南海交通》，《史学月刊》2006年第10期，第16页。
④ 《太平广记》卷第四百一十四《草木九·香药·三名香》引《述异记》："汉雍仲子进南海香物，拜为涪阳尉，时人谓之香尉。日南郡有香市，商人交易诸香处。南海郡有村香户。日南郡有千亩香林，名香出其中。香州在朱崖郡，洲中出诸异香，往往不知其名。千年松香闻十里。亦谓之三香也。"

表六　南越国外销物产一览表①

物产	产地	文献记载	考古发现	销往地区
盐	南海郡、苍梧郡	《史记》卷一百二十九《货殖列传第六十九》："领南、沙北固往往出盐。"第3269页。 《汉书》卷二十八下《地理志第八下》："(南海郡)番禺，尉佗都。有盐官。……(苍梧郡)高要，有盐官。"第1628~1629页。		本地
龙眼、荔枝	南海郡	《后汉书》卷四《孝和孝殇帝纪第四·和帝》："旧南海献龙眼、荔支，十里一置，五里一候，奔腾阻险，死者继路。……(和)帝下诏曰……由是遂省焉。"第194页。 《西京杂记》卷第三："尉佗献鲛鱼、荔枝，高祖报以蒲桃锦四匹。"第145页。 何清谷：《三辅黄图校释》卷之三《甘泉宫·扶荔宫》："汉武帝元鼎六年，破南越起扶荔宫，以植所得奇草异木……荔枝自交趾移植百株于庭，无一生者，连年犹移植不息。"北京：中华书局，2012年。		关中(进贡)
桔	南海郡、交趾郡	《南方草木状》卷之下《果类·橘》："自汉武帝，交趾有橘官长一人，秩二百石，主贡御橘。"引自石声汉：《齐民要术今释》，北京：中华书局，2009年。 《吕氏春秋集释》卷第十四：《孝行览第二·本味》"果之美者，江浦之橘。"引自石声汉：《齐民要术今释》。 《后汉书》卷八十六《南蛮西南夷列传第七十六》："公孙述时，大姓龙、傅、尹、董氏，与郡功曹谢暹保境为汉，乃遣使从番禺江奉贡。"注引《南越志》曰："番禺县之西，有江浦焉。"第2845页。		关中(进贡)

① 部分为汉武帝灭南越后的记载，但考虑到多为墓葬内出土，可能会有一定的滞后性，因此也列于表内。

续表

物产	产地	文献记载	考古发现	销往地区
象牙、驯象	南海郡、九真郡	（北魏）郦道元著，陈桥驿校证：《水经注校证》卷三十七《叶榆河》："（马）援南入九真，至无切县，贼渠降，进入余发，渠帅朱伯弃郡亡入深林巨薮，犀象所聚，羊牛数千头，时见象数十百为群。"北京：中华书局，2007年。 《盐铁论校注》卷第七《崇礼》："夫犀象兕虎，南夷之所多也。"《淮南子集解》卷十八《人间训》："（秦始皇）又利越之犀角象齿翡翠珠玑。" 《汉书》卷六《武帝纪第六》："（元狩二年）南越献驯象、能言鸟。" 《说文解字》："象，南越大兽。"	南越宫苑遗址出土亚洲象骨骼①。 广州象岗南越王墓出土象牙印章、卮、筒、六博子、算筹、雕器、饰件近300件②。 广州1153号西汉前期墓出土陶象牙5件③。 罗泊湾一号汉墓"从器志"："象齿四"。 长沙望城坡西汉长沙国王后渔阳墓出土木犀牛角和象牙。 马王堆一号汉墓遣册简292："木文犀角、象齿一笥"。马王堆一号墓西边箱编号为339号竹笥系有"文犀角、象齿笥"木牌，笥内装有木文犀角13件、木象牙8件。 马王堆三号墓遣册："博一具，博局一，象棋十二，象直食棋廿，象算卅，象□□□□，象刀一有鞞，象割刀一，象削一。"椁室北边箱西端长方形漆盒内有象牙镶嵌黑漆木博局1件、大象牙棋12颗、小象牙棋20颗、象牙算筹42根、象牙削、象牙割刀1把。 马王堆三号墓遣册简32："剑一，象金首、镖一。" 简33："象剑玳瑁具一。" 北边箱的长剑，但应为象牙制的剑身，却是角质的，而标、首、镖、卫是玳瑁制品 简34："角弩机一具、象机一。" 简35："弩矢十二，象镞。" 简36："弧弩一具，象机。"	关中（进贡） 《西京杂记》卷一："汉制：天子玉几……以象牙为火笼，笼上皆散华文。"第12页。 《西京杂记》卷五："武帝以象牙为簟，赐李夫人。"第248页。 《后汉书·志第三十·舆服下·印》："佩双印，长寸二分，方六分。乘舆、诸侯王、公、列侯以白玉，中二千石以下至四百石皆以黑犀，二百石以至私学弟子皆以象牙。"第3673页。

---

① 王将克、黄杰玲、吕烈丹：《广州象岗南越王墓出土动物遗骸的研究》，《中山大学学报（自然科学版）》1988年4月1日。
② 《象岗南越王墓》，载《广州市文物志》，广州：岭南美术出版社，1990年。
③ 中国社会科学院考古研究所、广州市文物管理委员会、广州市博物馆：《广州汉墓》，第128页。

续表

物产	产地	文献记载	考古发现	销往地区
象牙、驯象			简37:"弓矢十二,象镞。" 简38:"象戈一。" 简29:"象矛一。" 马王堆一号墓遣册简238:"象梳篦一双。"九子奁内的马蹄形小奁中,放黄杨木制和象牙制的梳、篦各2件。 马王堆三号墓遣册简321:"象镜一"。北边箱出土。	
犀角	九真郡	《汉书》卷九十五《南粤传》:"谨北面因使者献白璧一双、翠鸟千、犀角十、紫贝五百、桂蠹一器、生翠四十双、孔雀二双。"第3852页。 《淮南子集释》卷四《坠形训》。 《水经注校证》卷三十七《叶榆河》。 《盐铁论校注》卷第七《崇礼》。	象岗南越王墓西耳室出土皮甲(疑为犀兕皮革)、铁铠甲衬里(疑为犀皮)①。 广州1134号墓出土陶犀角15件、犀牛纹漆扁壶1件②。 广州1153号墓出土陶犀角4件③。	
鹦鹉		《汉书》卷六《武帝纪第六》:"(元狩二年夏)南越献驯象、能言鸟。"师古曰:"即鹦鹉也。今陇西及南海并有之。"第176页。		
翡翠		(唐)杜佑:《通典》卷第一百八十四《州郡十四·古南越》:"新会,有桂山,山出翡翠、孔雀、玄猿。"北京:中华书局,1996年。	马王堆一号墓内棺贴有橘红、青黑二色羽毛④。	《西京杂记》卷第六:"韩嫣以玳瑁为床。"第266页。
孔雀		《汉书》卷九十五《南粤传》:"谨北面因使者献……孔雀二双。"第3852页。 《盐铁论校注》卷第七《崇礼》:"中国所鲜,外国贱之,南越以孔雀珥门户,昆山之旁,以玉璞抵乌鹊。"		

---

① 王子今:《西汉南越的犀象——以广州南越王墓出土资料为中心》,《广东社会科学》2004年第5期,第96~97页。
② 中国社会科学院考古研究所、广州市文物管理委员会、广州市博物馆:《广州汉墓》,第128、174~175页。
③ 中国社会科学院考古研究所、广州市文物管理委员会、广州市博物馆:《广州汉墓》,第128页。
④ (东汉)杨孚:《异物志》:"雄赤曰翡,雌青曰翠。"

续表

物　产	产　地	文　献　记　载	考　古　发　现	销往地区
孔雀		《尔雅翼》："孔雀生南海。" 《通典》卷第一百八十四《州郡十四·古南越》："新会，有桂山，山出翡翠、孔雀、玄猿。"		
珠玑	合浦郡	《后汉书》卷七十六《循吏列传第六十六·孟尝》："（合浦）郡不产谷实，而海出珠宝，与交阯比境，常通商贩，贸籴粮食。"第2473页。 《汉书》卷七十六《王章传》："（王章）妻子皆徙合浦。……其家属皆完具，采珠致产数百万。"第3239页。 《邹子》："珠生于南海，玉出于须弥，无足而至。" 《盐铁论校注》卷第一《力耕第二》："珠玑犀象出于桂林……"	马王堆一号墓遣册294号简"土珠玑一缣囊"。西边箱上层第327号竹笥，挂有"珠玑笥"字样的木牌，笥内有一绢袋的泥质珠玑。 马王堆二号墓亦出土了一百多颗泥珠玑，经焙烧而成。	
秬（黑黍）		许维遹：《吕氏春秋集释》卷第十四《孝行览第二·本味》："饭之美者：玄山之禾，不周之粟，阳山之穄，南海之秬。"北京：中华书局，2009年。		
菌		许维遹：《吕氏春秋集释》卷第十四《孝行览第二·本味》："招摇之桂，越骆之菌。"		
璧		《汉书》卷九十五《南粤传》："谨北面因使者献白璧一双……"第3852页。 《史记》卷一百一十八《淮南衡山列传第五十八》："南海民王织上书献璧皇帝。"第3078页。		
桂蠹		《汉书》卷九十五《南粤传》："谨北面因使者献……桂蠹一器……"第3852页①。		

---

① 应劭注曰："桂树中蝎虫也。"颜师古曰："此虫食桂，故味辛，而渍之以蜜食之也。"

续表

物产	产地	文献记载	考古发现	销往地区
珊瑚		《西京杂记》卷第一：“积草池中有珊瑚树，高一丈二尺。一本三柯，上有四百六十二条。是南越王赵佗所献，号为烽火树。至夜，光景常欲燃。"第50页。		关中（进贡） 司马相如《上林赋》："玫瑰碧琳，珊瑚丛生。" 班固《两都赋》："珊瑚碧树，周阿而生。"
紫贝		《汉书》卷九十五《南粤传》："谨北面因使者献……紫贝五百……"第3852页。		关中（进贡）
玳瑁		《汉书》卷九十六下《西域传第六十六下》："……故能睹犀布、瑇瑁则建珠崖七郡……"第3928页。	马王堆一号墓出土玳瑁笄。 马王堆二号墓出土玳瑁卮、梳、篦；玳瑁璧2件。	
奇兽		《汉书》卷八《宣帝纪第八》："乃元康四年嘉谷玄稷降于郡国，神爵仍集，金芝九茎产于函德殿铜池中，九真献奇兽，南郡获白虎威凤为宝。"第259页。 班固《两都赋》："西郊则有上囿禁苑，……其中乃有九真之麟……"		

　　南越销往海外和经南越销往海外的岭北物产较难考证，从汉武帝时期的记载来看，汉使携黄金与杂缯入海以购取明珠、璧流离、奇石、异物等海外物产，说明对方需求比较强烈的是这两类东西。《史记·货殖列传》曾提及番禺汇集的物产中除了被中原视为珍宝的犀象、果等物外还有布。"布"可能是经由番禺集散销往海外的物产，未必是南越当地出产。越南清化发现了秦至汉初的淮河流域风格器物①，苏门答腊岛、爪哇岛、加里曼丹岛墓葬出土汉代陶器和五铢钱，或许陶器等工艺品也是外销的大宗。

　　南越和经南越进口的海外物产及艺术主要包括香料、工艺品、花木瓜果、珠宝、百戏（表七）。香料可能有乳香等。工艺品有银盒。花木瓜果包括素馨、茉莉、番木瓜、黄瓜、香瓜等。珠宝包括各类珠饰、琥珀。百戏包括鱼龙漫衍、都卢寻橦。禽兽包括犀、雉。此外还可能有建筑理念等的传入，详见下文。另外值得注意的是马王堆三号墓的遣策中有"胡人"、"胡骑"、"胡衣"②。西汉晚期至三国时期岭南一带流行一种体质特征类似马来

---

① 余英时著，邬文玲译：《汉代贸易与扩张》，第150~151页。
② 湖南省文物考古研究所：《长沙马王堆二、三号汉墓》。

人种的人俑,后来《异物志》也有"瓮人"①的记载,士燮亦以胡人为奴②。长沙国与南越国相邻,未知此"胡"为北方、西域之胡,抑或是南海之胡?

表七 南越国时期海外进口物产一览表

物产	原产地	文献记载	考古发掘	备注
明珠、璧流离、奇石		《汉书》卷二十八下《地理志第八下》:"有译长,属黄门,与应募者俱入海市明珠、璧流离、奇石异物,赍黄金杂缯而往。……大珠至围二寸以下。"第1671页。		
犀		《汉书》卷二十八下《地理志第八下》:"平帝元始中,王莽辅政,欲耀威德,厚遗黄支王,令遣使献生犀牛。"第1671页。《后汉书》卷八十六《南蛮西南夷列传第七十六·南蛮》:"肃宗元和元年,日南徼外蛮夷究不事人邑豪献生犀、白雉。"第2837页。班固《两都赋》:"西郊则有上囿禁苑,……其中乃有九真之麟,大宛之马,黄支之犀,条支之鸟,逾昆仑,越巨海,殊方异类,至三万里。"		
白雉、黑雉、白兔(菟)		《汉书》卷十二《平帝纪第十二》:"元始元年春正月,越裳氏重译献白雉一、黑雉二,诏使三公以荐宗庙。"第348页。《后汉书》卷一下《光武帝纪第一下》:"(建武十三年)九月,日南徼外蛮夷献白雉、白兔。"第62页。《后汉书》卷八十六《南蛮西南夷列传第七十六》:"明年(建武十三年),南越徼外蛮夷献白雉、白菟。"第2836页。		
乳香			象岗南越王墓西耳室的一个漆盒内发现树脂状物体,推测为乳香。	

---

① (东汉)杨孚:《异物志》,广州:广东科技出版社,2009年。
② 《三国志》卷四十九《吴书四·士燮传》:"(士)燮兄弟并为列郡,雄长一州,偏在万里,威尊无上。出入鸣钟磬,备具威仪,笳箫鼓吹,车骑满道,胡人夹毂焚烧香者常有数十。妻妾乘辎軿,子弟从兵骑,当时贵重,震服百蛮,尉他不足逾也。……燮每遣使诣(孙)权,致杂香细葛,辄以千数,明珠、大贝、流离、翡翠、瑇瑁、犀、象之珍,奇物异果,蕉、邪、龙眼之属,无岁不至。(士)壹时贡马凡数百匹。"第1192~1193页。

续表

物　产	原产地	文　献　记　载	考　古　发　掘	备　注
鸡舌香	南亚、东南亚及马达加斯加	（汉）应劭：《汉官仪》："桓帝时，侍中乃存年老口臭，上出鸡舌香与含之。" （汉）应劭：《汉官仪》："尚书郎含鸡舌香，伏其下奏事。"		
沉香	南中国、东南亚	成帝赵昭仪遗飞燕书中提及的赠品有椰叶席、沈水香、香螺卮、九真雄麝香等物。见《西京杂记》卷第一，第62~63页。		
素馨、茉莉		《南方草木状》卷上《草类·耶悉茗》："陆贾《南越行纪》曰：南越之境，五谷无味，百花不香。此二花（耶悉茗、末利）特芳香者，缘自胡国移至，不随水土而变。"		
番木瓜（？）①			广西贵县罗泊湾一号墓椁室淤泥出土番木瓜种籽。《广西贵县罗泊湾汉墓》第87页。	
漫衍鱼龙	舍利（藤田丰八认为即谌离②）	《汉书》卷九十六下《西域传第六十六下》："（武帝）设酒池肉林以飨四夷之客，作巴俞都卢、海上砀极、漫衍鱼龙、角抵之戏以观视之。"第3928页。 《后汉书·志第五·礼仪中·朝会》注引蔡质《汉仪》："作九宾［散］乐。舍利［兽］从西方来，戏于庭极，乃毕入殿前，激水化为比目鱼，跳跃嗽水，作雾鄣日。毕，化成黄龙，长八丈，出水遨戏于庭，炫耀日光。以两大丝绳系两柱（中头）间，相去数丈，两倡女对舞，行于绳上，对面道逢，切肩不倾，又踢局出身，藏形于斗中。钟磬并作，［倡］乐毕，作鱼龙曼延。"第3131页。		

---

① 学名为 Carica Papaya Linn，不同于原产中国的木瓜（Chaenomeles sinensis）。
② ［日］藤田丰八著，何健民译：《前汉时代西南海上交通之记录》，载《中国南海古代交通丛考》，北京：商务印书馆，1936年，第106页。

续表

物 产	原产地	文 献 记 载	考 古 发 掘	备 注
都卢寻橦	都卢	《汉书》卷九十六下《西域传第六十六下》："（武帝）设酒池肉林以飨四夷之客，作巴俞都卢、海上砀极、漫衍鱼龙、角抵之戏以观视之。"第3928页。《汉书》卷二十八下《地理志下》：师古曰："都卢国人劲捷善缘高，故张衡《西京赋》云'乌获扛鼎，都卢寻橦'，又曰'非都卢之轻趫，孰能超而究升'也。"第1671页。		
钠钙玻璃器			广州横枝岗西汉中期墓玻璃碗3件、广西合浦风门岭罗马玻璃碗、长沙西汉中期玻璃矛、江苏邗江二号汉墓搅胎玻璃残片，可能还有一些钠钙玻璃珠①。	
蚀花肉红石髓珠			广州汉墓2件、晋宁石寨山墓地2件、曲靖八塔台墓地2件②。	
印度—太平洋珠			西汉晚期以前的印度—太平洋珠应当来自印度的阿里卡美度，经由海路传入。早期的印度—太平洋珠集中出土于两广沿海，尤以广州和合浦数量最多，广西贺县、贵州有少量发现。此后向周边扩散，一是通过牂柯江水路进入西南地区的云贵川，二是通过翻越南岭的陆路进入湖南③。	
琥珀	波罗的海		西汉时期琥珀制品的南方分布区域主要集中在两广沿海和西南地区，尤其是合浦、广州等地，后来沿着牂柯江水道进入西南地区。种类主要是波罗的海琥珀。北方地区的琥珀远较南方为少，且出土单位基本为诸侯王一级。东汉时期，广州、合浦依然是琥珀制品的集中发现地，且扩散至西南、湖南、江西、安徽等地④。	

---

① 赵德云：《西周至汉晋时期中国外来珠饰研究》，北京：科学出版社，2016年，第185页。
② 赵德云：《西周至汉晋时期中国外来珠饰研究》，第198页。
③ 赵德云：《西周至汉晋时期中国外来珠饰研究》，第199页。
④ 赵德云：《西周至汉晋时期中国外来珠饰研究》，第200～203页。

续表

物产	原产地	文献记载	考古发掘	备注
多面金珠	地中海北岸—印度—东南亚		汉晋时期的多面金珠都在长江以南发现，应是通过连接中国南方至越南、南印度的海上航路传入的，进入的口岸亦是广州、合浦。多面金珠最早出现于地中海北岸，大概在亚历山大东征时传至印度北部，后又传到印度南部、东南亚①。	
辟邪形珠			最初渊源于埃及和地中海北岸等地，随着亚历山大东征传播至印度，经印度文化改造后，向东南亚传播，再主要从两广沿海地区传入中国②。	
装金玻璃珠			夹金箔层的玻璃珠最早见于埃及，印度也是一个重要的制造中心，广州游鱼岗（广州汉墓M3012?）所出可能是由海路从印度传入③。	
胡人（存疑）			马王堆三号墓遣册简 68：胡人一人操弓矢贌观率附马一匹。 简 69：胡骑二匹，匹一人，其一人操附马。 简 398：绪胡衣一。	
凸瓣纹银盒			南越王墓出土凸瓣纹银盒 1 件（鎏金铜圈足）。 山东临淄西汉文帝年间齐王墓出土凸瓣纹银盒 1 件（铜圈足）、山东青州西辛战国末年墓出土凸瓣纹银盒 2 件（似为铁圈足）、安徽巢湖北山头 1 号墓出土凸瓣纹银盒 1 件（铁圈足，文景年间）④。	

再者，贸易开辟的最重要前提是买卖方之间有无市场需求。对岭南及其背后广阔的岭北市场而言，对海外物产需求量较大。而对于环南海地区以及更远的地区来说，贸易也

---

① 赵德云：《西周至汉晋时期中国外来珠饰研究》，第 204~205 页；岑蕊：《试论东汉魏晋墓葬中的多面金珠用途及其源流》，《考古与文物》1990 年第 3 期，第 85~87 页。
② 赵德云：《西周至汉晋时期中国外来珠饰研究》，第 205~206 页。
③ 赵德云：《西周至汉晋时期中国外来珠饰研究》，第 206~207 页。
④ 资料暂未公布，参见白云翔：《岭南地区发现的汉代舶来金银器述论》，载《西汉南越国考古与汉文化》，第 154~159 页。

占有重要的地位。澳大利亚国立大学洪晓纯（Hsiao-chun Hung）等学者对公元前3000~1000年的东南亚软玉制品进行了电子探针显微分析，结果显示这一时期环南海地区即已存在贸易网络：公元前500~500年之间，产自台湾东部的绿色软玉制品（ling-ling-o 和动物头形耳饰）向菲律宾、马来西亚东部、越南南部、泰国半岛散布①。因此，海丝贸易的开辟是双向的。

（七）小　　结

南越国是海上丝绸之路从民间贸易的单一形式转向官方贸易为主导的贸易形式的关键时期：

1. 南越国内部的生业类型多元化，经济发展不均衡，对贸易的依赖性很强，由官方主导与北边的长沙国和中原、西边的夜郎和巴蜀等地区均建立了长期的稳定贸易关系，且通过贸易积累了巨大的财富。

2. 南越国的造船技术已能够独立造出近海航行的船只。此时番禺东行至会稽的海路已畅通，亦可从番禺西行海上。

3. 从史前时期开始，包括岭南在内的环南海地区就已经存在文化的交流与互动。以南越国对贸易的依赖和重视程度，北、西、东三个方向都建立了贸易关系，又已经有航海的能力，那么没理由会放弃这个地区的市场。

4. 南越与南亚、印度之间应已建立官方的海上贸易关系，交易物品多以满足社会中上层尤其是皇家、贵族需求的"奢侈品"为主②。

上述分析的证据是岭南地区尤其在墓葬中出土了相当数量的南越国至西汉中期的外来物品，包括珠饰、香料、象牙、银器、玻璃器等，原产地多为东南亚、印度，亦有极少量产自非洲（存疑？）、波罗的海、波斯或地中海地区的物品。考虑到这些物品在当时多被视为珍宝，不排除有传世一段时间再随葬的可能性，因此输入时间应当多是在南越国时期。

四、番禺：海上丝绸之路的"始发港"

（一）番禺都会

今广州市地处岭南三条主要河流北江、东江和西江交汇之顶点，地形由北至南为白云山区、观音山（越秀山）丘陵、广州台地和珠江平原。台地形成于第四纪初（约七十万年），呈和缓起伏的岗地，向南倾斜，其间有小河、干谷切开，地势较山区、丘陵平缓，地基稳固，

---

① Hung, Hsiao-chun, Lizuka, Yoshiyuki, "Ancient Jades Map 3000 Years of Prehistoric Exchange in Southeast Asia", *PNAS*, Vol. 104, No. 50(2007): pp. 19745–19750.

② 白云翔：《岭南地区发现的汉代舶来金银器述论》，载《西汉南越国考古与汉文化》，第159页。

基础是基岩,既有丰富的地下水资源,又无洪水为患。秦汉番禺城即建于台地之上①。

"番禺"之称最早见于《淮南子·人间训》"一军处番禺之都"。广州西汉前期 M1097（即西村石头岗一号墓）所出漆奁（M1097：53）盖面烙印"蕃禺"二字②。象岗南越王墓所出两件越式鼎上可见"蕃禺少内"、"蕃少内"或"少内蕃"刻文；中原式鼎、铜匜亦有仅刻一"蕃"字者。南越宫署曲流石渠的石板上有"蕃"字刻文。广西贵县罗泊湾一号墓所出中原式铜鼎（M1：32）刻有"蕃二斗二升"铭文③。麦英豪据此认为最初地名作"蕃禺",常简称作"蕃"。东汉时方作"番禺"或"番昌"。他并引《周礼·秋官·大行人》"九州之外,谓之蕃国",《管子·侈靡》引尹知章注："禺,犹区也。"认为最初地名的本义应是"岭外蕃国蛮夷之地"④。但是南越国宫署遗址西汉木简 091 中有"将常使□□□番禺人",可见也未必尽作"蕃禺"⑤。

"番禺"之义,《南越志》认为其得名自境内"番山"、"禺山"⑥。唐代《元和郡县图志》内仍列有此二山之具体所在⑦。《水经注》则认为系"番山之禺"之义⑧。曾昭璇认为源自古越族语言,按《越绝书》的古越语将"番"释作"村","禺"释作"盐或咸"⑨。《山海经》中提及"番禺"为帝俊之重孙,始作舟⑩。但此说法不见于他处,此书年代亦有争议,未知"番禺"一词是否与舟船相关。徐龙国推测秦汉时应有番、禺二山,两者一脉相连,番山在东南、禺山在西南,城即得名于此⑪。番禺城当在今中山四路一带⑫。

青铜时代开始,珠三角已逐渐成为岭南地区的中心聚落,在南越立国之前就已经聚集了许多中原人。南越立国定都番禺后,此地更是得到了发展。司马迁在《史记·货殖列传》中将番禺与邯郸、燕、临淄、陶、睢阳、吴、寿春、宛九城称"都会",皆为当时交通便利、物产丰饶、人口较多、经济发达的城市。《汉书·食货志》列举了八个都会,番禺仍旧在列,其他七都为邯郸、蓟、临淄、江陵、寿春、合肥、吴。可见番禺之经济、交通、人口条件优越,足为"始发港"的腹地。

---

① 曾昭璇:《广州历史地理》,广州:广东人民出版社,1991 年,第 1~9 页。
② 中国社会科学院考古研究所、广州市文物管理委员会、广州市博物馆:《广州汉墓》,第 175 页。
③ 广西壮族自治区博物馆:《广西贵县罗泊湾汉墓》,北京:文物出版社,1988 年,第 32~34 页。
④ 麦英豪:《广州城始建年代及其它》,载《中国考古学会第五次年会论文集》,北京:文物出版社,1988 年,第 83~84 页。
⑤ 广州市文物考古研究所等:《广州市南越国宫署遗址西汉木简发掘简报》,《考古》2006 年第 3 期,第 9 页。
⑥ （唐）徐坚等著:《初学记》卷八《州郡部·岭南道十一》引《南越志》:"番禺县有番、禺二山,因以为名。"北京:中华书局,1962 年,第 191~192 页。
⑦ （唐）李吉甫撰,贺次君点校:《元和郡县图志》卷三十四《岭南道一》:"番山,在县东南三里。禺山,在县西南一里。尉佗葬于此。"北京:中华书局,1983 年,第 887 页。
⑧ （北魏）郦道元著,陈桥驿校证:《水经注校证》卷三十七《浪水》:"交州治中合浦姚文式问云：何以名为番禺？答曰：南海郡昔治在今州城中,与番禺县连接,今入城东南偏有水坑陵,城倚其上,闻此县人名之为番山,县名番禺,倪谓番山之禺也。"第 871~873 页。
⑨ 曾昭璇:《广州历史地理》,第 14 页。
⑩ 袁珂校注:《山海经校注》卷十三《海内经》,成都:巴蜀书社,1992 年,第 529 页。
⑪ 徐龙国:《南越国时期番禺城相关问题的探讨》,载《西汉南越国考古与汉文化》,第 63~65 页。
⑫ 麦英豪:《广州城始建年代及其它》,载《中国考古学会第五次年会论文集》,第 86~87 页。

(二)番禺交通

1. 陆路

文献提及入岭南之陆路有秦时开通之"新道"①,那么应当还有"旧道"。根据史前至先秦的考古学文化传播路线(详见前文),中原逾岭的旧通道很可能有二:一是从湘西北经桂北、粤北再南下至珠三角;二是从江西经粤北再至珠三角。当然也不排除有更多的路线。

《晋书·地理志》认为"五岭"之称非指山岭,而是指入越的五条山道②。秦始皇攻越时驻军的地方,除却番禺之外,应当都在当时中原通岭南的主要路线上:镡城之岭(即今广西北部的越城岭)、九嶷之塞(即今湖南永州市宁远县南)、南野之界(即今江西赣州市南康区南部)和余干之水(即今江西上饶市余干县、乐平市一带)③。

2. 水路

岭南水网、丘陵密布,大部分地区的交通主要依靠水路。譬如桂阳的含洭、浈阳、曲江三县,在东汉卫飒凿通山路之前,连官吏处理事务都要征用民船④。其他山地丘陵地区的交通情形应也类似。

考南越番禺之所在,是内河水网的中心,岭南三条最重要的河流北江、西江和东江在此总汇,古珠江是一条潮汐水道,西江可上溯到肇庆平原,北江可上溯到黄塘,东江可溯及圆洲,流溪河可达江村以上⑤。元鼎五年汉攻越时,从桂阳经汇水、从豫章经横浦、从零陵经离水、从夜郎经牂柯江,皆可由水路直通番禺⑥。攻城之时,楼船在东南、伏波在西北⑦,

---

① 《史记》卷一百一十三《南越列传第五十三》:"南海僻远,吾恐盗兵侵地至此,吾欲兴兵绝新道,自备,待诸侯变,会病甚。"第2967页。
② 《晋书》卷十五《地理·志第五·地理下》:"秦始皇既略定扬越,以谪戍五十万人守五岭。自北徂南,入越之道,必由嵥峤,时有五处,故曰五岭。"第464页。
③ (汉)刘安:《淮南子集解》卷十八《人间训》:"(秦始皇)又利越之犀角、象齿、翡翠、珠玑,乃使尉屠睢发卒五十万,为五军,一军塞镡城之领,一军守九疑之塞,一军处番禺之都,一军守南野之界,一军结余干之水,三年不解甲弛弩。"第1289~1290页。
④ 《后汉书》卷七十六《循吏列传·卫飒》:"先是含洭、浈阳、曲江三县,越之故地,武帝平之,内属桂阳。民居深山,滨溪谷,习其风土,不出田租。去郡远者,或且千里。吏事往来,辄发民乘船,名曰'传役'。每一吏出,徭及数家,百姓苦之。(卫)飒乃凿山通道五百余里,列亭传,置邮驿。"第2459页。
⑤ 李平日:《近两千年广州珠江岸线的演变》,载甄人、饶展雄主编《广州史志研究》,广州:广州出版社,1993年。
⑥ 《史记》卷一百一十三《南越列传第五十三》:"元鼎五年秋,卫尉路博德为伏波将军,出桂阳,下汇水;主爵都尉杨仆为楼船将军,出豫章,下横浦;故归义越侯二人为戈船、下厉将军,出零陵,或下离水,或抵苍梧;使驰义侯因巴蜀罪人,发夜郎兵,下牂柯:咸会番禺。"第2975页。《史记》卷一百一十六《西南夷列传第五十六》:"南越食蒙蜀枸酱,蒙问所从来,曰'道西北牂柯,牂柯江广数里,出番禺城下'。蒙归至长安,问蜀贾人,贾人曰:'独蜀出枸酱,多持窃出市夜郎。夜郎者,临牂柯江,江广百余步,足以行船。南越以财物役属夜郎,西至同师,然亦不能臣使也。'"第2994页。
⑦ 《史记》卷一百一十三《南越列传第五十三》:"楼船自择便处,居东南面;伏波居西北面。"第2976页。

赵建德和南越丞相吕嘉在此围城之际,尚可连夜乘船西逃入海①。可见番禺水路之便利。虽然汉武帝时唐蒙上书称长沙国、豫章郡通南越的"水道绝难"②,有人以为是水道断绝之义③,但从后来的进军路线分析,应当指的是北面水路是南越的主要攻防对象,难以袭取成功。

值得注意的是北面路线,今天的北江已不通广州。但在当时,应可由清远顺流而下经由北江支流白泥河到达广州。马王堆三号汉墓出土地图中可以看到这条水道,而且和正干绘法一样粗大,说明当时江面宽阔;也可见北江入西江东支正干,然后东南入于海④。

而西面,秦时开辟的灵渠也是沟通湘水和漓水的重要通道,从长江流域出发的船只可以通过水路逾越五岭而至珠江。

司马迁称番禺为"珠玑、犀、瑇瑁、果、布之凑"⑤。"凑"在《说文解字》中释为"水上人之会也",段注称可引申为"聚集"之义⑥。在司马迁之时,未必没有指番禺乃水路总汇之义。

3. 海路

两汉航海多为近海航行。今天的广州已距海岸有一段距离。但距今 2200~2000 年时正当暖期⑦,海平面高于现今海平面约 1.5 米,导致海岸线入侵至珠江三角洲的潢涌—莞城一线略东⑧。广州市区沿珠江北岸有分布很广的蚝壳(咸水生长),中山四路、大德路、大南路发现大量泥蚶(浅海泥滩生长),珠江河底多为海相细砂沉积,表明当时的珠江河口在这一带⑨。文献亦记载,秦末番禺"负山险,阻南海"⑩,至东汉末年仍"负山带海"⑪。足见秦汉之时,番禺是滨海城市,前有东西走向的溺谷湾,适宜建设港口。根据文献记载推测,番禺的海路交通分东西两路:

(1) 东线海路为番禺—揭阳—东冶—东瓯—句章—若邪—武林—白沙。

元鼎年间,东越王号称要攻打南越叛军,但行至揭阳时,便以海上风浪为借口,停兵不

---

① 《史记》卷一百一十三《南越列传第五十三》:"犁旦,城中皆降伏波。吕嘉、建德已夜与其属数百人亡入海,以船西去。"第 2976 页。
② 《汉纪·序·孝武皇帝纪二卷第十一》:"蒙因上书曰:'南越地东西皆万余里,名为外臣,实一州主。今以长沙、豫章往来,水道绝难。窃闻夜郎精兵可数十万,若从夜郎浮船下牂柯,出其不意,此制越一奇也。可通夜郎道,为置吏。'上许之。"
③ 曾昭璇:《广州历史地理》,第 429~432 页。
④ 曾昭璇:《广州历史地理》,第 429~432 页。
⑤ 《史记》卷一百二十九《货殖列传第六十九》:"番禺亦其一都会也,珠玑、犀、瑇瑁、果、布之凑。"第 3268 页。
⑥ (汉) 许慎:《说文解字》。
⑦ 曾昭璇:《广州历史地理》,第 150~151 页。
⑧ 李平日、乔彭年、郑洪汉等:《珠江三角洲一万年来环境演变》,北京:海洋出版社,1991 年。
⑨ 麦英豪:《广州城始建年代及其它》,载《中国考古学会第五次年会论文集》,第 89~90 页。
⑩ 任嚣病且死,召龙川令赵佗语曰:"闻陈胜等作乱,……且番禺负山险,阻南海,东西数千十里。"《史记》卷一百一十三《南越列传第五十三》,第 2967 页。
⑪ 《水经注校证》卷三十七《浪水》:"建安中,吴遣步骘为交州。骘到南海,见土地形势,观尉佗旧治处,负山带海,博敞渺目,高则桑土,下则沃衍,林麓鸟兽,于何不有。"

发。由此可见，由番禺向东，可经海路至揭阳，揭阳再东可通东越都城东冶①。

元封元年（公元前 110 年），武帝派横海将军从句章经海路、楼船将军从武林、中尉从梅岭、戈船和下濑将军从若邪与白沙进军东越②。东冶可经海路通航句章十分明确。而从"楼船将军"、"戈船将军"、"下濑将军"的封号推测，此三路亦是从水路，那么东冶也可通航武林、若邪、白沙。

建元三年（公元前 198 年），庄助奉武帝命令会稽太守出兵救东瓯，会稽太守欲抗命，庄助斩一司马后，才肯出兵从海上救东瓯。由此可见，从会稽可经海路至东瓯③。

到东汉三国时，这条海道日渐繁荣，成为岭南物产运往会稽、洛阳的主要通道④。

（2）西线海路为番禺—徐闻—合浦—日南障塞—都元国—邑卢没国—谌离国—夫甘都卢国—黄支国—皮宗—日南、象林界—已程不国。

汉军攻打番禺城时，吕嘉、赵建德连夜逃入海，乘船西去⑤。说明番禺西去可通海。再往西的路线则见于《汉书·地理志》中，虽是武帝时情形，但如上文所述，海路开辟应非一夕之功，起码在南越国时应已开通西线海路，何况以番禺东行航海路线来看，西行如此距离的路线亦非无法胜任之事⑥。

综上所述，番禺城是岭南地区陆、水、海道的交通枢纽。顾祖禹在《读史方舆纪要》中就认为广州成为都会既有地利原因，也得益于扼岭南交通之要道⑦。

在岭南丘陵地带，水路显然更为便利，船载量又比车更多。西汉武帝时，伍被称吴地四郡"一船之载当中国数十两车"⑧。就算南越的造船技术略有滞后，普通木船的装载量

---

① 《史记》卷一百一十四《东越列传第五十四》："至元鼎五年，南越反，东越王余善上书，请以卒八千人从楼船将军击吕嘉等。兵至揭扬，以海风波为解，不行，持两端，阴使南越。"第 2982 页。

② 《史记》卷一百一十四《东越列传第五十四》："天子遣横海将军韩说出句章，浮海从东方往；楼船将军杨仆出武林；中尉王温舒出梅岭；越侯为戈船、下濑将军，出若邪、白沙。元封元年冬，咸入东越。"第 2982~2983 页。

③ 《史记》卷一百一十四《东越列传第五十四》："会稽太守欲距不为发兵，（庄）助乃斩一司马，谕意指，遂发兵浮海救东瓯。"第 2980 页。

④ 《后汉书》卷三十三《郑弘传》："旧交趾七郡贡献转运，皆从东冶汎海而至，风波艰阻，沈溺相系。"第 1156 页。《后汉书》卷三十七《桓荣丁鸿列传第二十七·桓晔》："初平中，天下乱，避地会稽，遂浮海客交阯。"第 1260 页。《三国志》卷三十八《蜀书八·许靖传》："昔在会稽……便与袁沛、邓子孝等浮涉沧海，南至交州。"第 964 页。《三国志》卷十三《魏书十三·王朗传》："以昱为广陵太守，朗会稽太守。……（王）朗自以身为汉吏，宜保城邑，遂举兵与策战，败绩，浮海至东冶。"第 407 页。

⑤ 《史记》卷一百一十三《南越列传第五十三》："犁旦，城中皆降伏波。吕嘉、建德已夜与其属数百人亡入海，以船西去。"第 2976 页。

⑥ 《汉书》卷二十八下《地理志第八下》："自日南障塞、徐闻、合浦船行可五月，有都元国；又船行可四月，有邑卢没国；又船行可二十余日，有谌离国；步行可十余日，有夫甘都卢国；自夫甘都卢国船行可二月余，有黄支国……自武帝以来皆献见。……自黄支船行可八月，到皮宗；船行可[二]月，到日南、象林界云。黄支之南，有已程不国，汉之译使自此还矣。"第 1671 页。

⑦ （清）顾祖禹：《读史方舆纪要》："广东之地介于岭、海间。北负雄、韶，足以临吴、楚；东肩惠、潮，可以制瓯闽；西固高、廉，扼交邕之喉吭；南环琼岛，控黎夷之门户。而广州一郡，屹为中枢，山川绵邈，环拱千里，足为都会矣。"北京：中华书局，1994 年。

⑧ （伍）被曰："……夫吴王赐号为刘氏祭酒，复不朝，王四郡之众，地方数千里，内铸消铜以为钱，东煮海水以为盐，上取江陵木以为船，一船之载当中国数十两车，国富民众。"《史记》卷一百一十八《淮南衡山列传第五十八》，第 3087 页。

也应是车的数倍。比起内河水道来说,海运的装载量显然更大也更迅捷。饶宗颐①、余英时②等皆认为在武帝并南越之前,广州就已存在海上贸易。

(三)番禺与同时期其他港口之比较

得益于陆海联运的地理优势,番禺成为南方最大的贸易集散地。它一方面是海外进出口产品的消费者和生产者。另一方面也是这些进出口货物来往于海外和内陆、东南沿海的中转地。南越国时期,海外贸易和本地出产的物品由地方政权统一调配,以关市或通贡的形式运往中原内陆。身兼地方政治中心和港口的番禺,应是当时海上贸易船队的始航地。加之气象条件优良,甚少遭受恶劣自然灾害(台风、海啸、地震)的影响,能够停靠大型船队。

汉平南越后,中央政府可能对贸易线路进行了重新调整,岭南地区的中心港有西移的趋势。元封五年(公元前106年)在南越故地设交州刺史,治所舍番禺而取广信(今梧州),地方政治中心西移③。当时对岭南"奢侈品"需求最大的地区是在汉朝版图西部的关中和巴蜀,从岭南西边的港口(徐闻、合浦)经离水、灵渠、长江可直接北上。但不能忽略的是,虽然西汉早期实行"强干弱枝"政策,将关东豪强大富迁往长安,但到平帝元始二年(2年),人口数量最大和密度最高的地区仍在关东,尤其是今河南、河北、山东之地④,且巨贾殷富不下长安⑤,所谓"都会"也多在东部,关东地区对"奢侈品"的需求比之关中和巴蜀只多不少。而对关东来说,陆路、内河水路、海路皆可直通番禺,甚为便利。番禺港应当仍未衰落。

合浦港的兴起应是在西汉中期以后。合浦东北的大浪古城遗址,城址西门外发现有土筑码头遗迹,城址上限可至西汉中期,且是南流江流域唯一的该时期城址⑥。城址和码头的规模均相对较小。在合浦发掘的1 200多座汉墓中,多数为西汉中晚期至东汉墓葬,西汉早期墓极少⑦。可见此地在西汉中期以前不算繁荣,不足构成经济腹地。南越国为汉所并后,由于地方政治中心的西移以及关中、巴蜀地区的市场需求,合浦日益繁荣,渐与

---

① 饶宗颐:《海道之丝路与昆仑舶》:"海道的丝路是以广州为转口中心。近可至交州,远则及印度。南路的合浦,亦是一重要据点,近年合浦发掘西汉墓,遗物有人形足的铜盘。而陶器提筒,其上竟有朱书写着'九真府'的字样,九真为汉武时置的九真郡。……这个陶筒必是九真郡所制的,而在合浦出土,可见交、广二地往来的密切。……中、印海上往来,合浦当然是必经之地。"载《饶宗颐史学论著选》,上海:上海古籍出版社,1993年,第248页。
② 余英时著,邬文玲译:《汉代贸易与扩张》:"番禺是中国南部海岸最古老,也是最重要的港口城市。西汉初年,番禺就已经成了繁荣的海上贸易中心。"第148页。
③ 《后汉书》志第二十三《郡国五·交州》:注引王范《交广春秋》曰:"交州治赢□县,元封五年移治苍梧广信县,建安十五年治番禺县。"
④ 葛剑雄:《西汉人口地理》,第96~102页。
⑤ 《汉书》卷三十八《高五王传第八》:"(主父)偃方幸用事,因言:'齐临菑十万户,市租千金,人众殷富,钜于长安,非天子亲弟爱子不得王此。今齐王于亲属益疏。'"第2000页。
⑥ 广西文物保护与考古研究所、合浦县博物馆:《广西合浦县大浪古城址的发掘》,《考古》2016年第8期,第41~49页。
⑦ 熊昭明:《广西发现的南越国遗迹述评》,载《西汉南越国考古与汉文化》,第37页;熊昭明:《汉代合浦港考古与海上丝绸之路》,北京:文物出版社,2015年,第39页。

番禺比肩,甚至有取代之势。合浦草鞋村西汉中期至三国时期的城址规模也可反映这一点①。

徐闻港的兴起与近海航行的特点有关,番禺和合浦之间的航线一定要穿越琼州海峡,徐闻正是必经之处②。这里也是距儋耳、珠崖最近的港口。但徐闻偏在雷州半岛南端,附近无内河可行驶,陆路也甚困难。夏秋季节,台风常在此地登陆,并不利于大型船队的长期停泊。徐闻并未发现西汉早期的城址和墓葬。这个港口更多地承担了货物和船舶补给③以及戍边的功能。在航海技术发达之后,船只离开海岸线航行,徐闻就逐渐衰落了。

有学者以为《汉书·地理志》所载日南障塞、徐闻、合浦应是船队离开汉朝疆域的计算航线、航程的起点④。考虑《汉书》的写作习惯,这是极有可能的。譬如《汉书·西域传》交代西域路线时,称"自玉门、阳关出西域有两道。从鄯善傍南山北,波河西行至莎车,为南道;南道西逾葱岭则出大月氏、安息。自车师前王廷随北山,波河西行至疏勒,为北道;北道西逾葱岭则出大宛、康居、奄蔡焉"。在开始交代西域各国情况之前,也先有一句"出阳关,自近者始,曰婼羌"。以上皆以玉门关、阳关为起点。而日南障塞、合浦也应是作为离境关卡。日南障塞之"障塞",亦见于元帝使车骑将军许嘉口谕呼韩邪单于书:"中国四方皆有关梁障塞,非独以备塞外也,亦以防中国奸邪放纵,出为寇害,故明法度以专众心也。"⑤《史记·朝鲜列传》亦称"自始全燕时尝略属真番、朝鲜,为置吏,筑障塞"⑥。可见"障塞"在两汉之时,系指设于汉朝疆域边界上的关障,日南障塞即是最南境的边关。合浦亦有关⑦。徐闻关未见明载,但作为距儋耳、珠崖最近的地点,按常理在元帝废此两郡以后也应设有关。在东汉刘向《列女传》中,某任珠崖令死于任上后,妻子儿女送丧还乡,入关时误犯"禁珠入关"之法⑧。此"关"可能就在距珠崖最近的徐闻。另据《二年律令·津关令》"其令扞关、郧关、武关、函谷、临晋关,及诸其塞之河津",可知有陆关亦有水关⑨。因此在《汉书·地理志》关于海上贸易的记载中,"自日南障塞、徐闻、合浦"的含义应当与"自玉门、阳关"的含义类似。至于为何没有出现"番禺",大概与《汉书·地理志》成书时已是中心港西移的时代有关。

---

① 广西文物保护与考古研究所、厦门大学历史系考古专业、广西师范大学文化与旅游学院:《广西合浦县草鞋村汉代遗址发掘简报》,《考古》2016年第8期,第50~74页。
② 广东省博物馆:《广东徐闻东汉墓——兼论汉代徐闻的地理位置和海上交通》,《考古》1977年第4期,第277页。
③ (唐)李吉甫撰,贺次君点校:《元和郡县图志·阙卷逸文卷三·岭南道·雷州》:"汉置左右候官,在(徐闻)县南七里,积货物于此,备其所求,与交易有利,故谚曰:'欲拔贫,诣徐闻。'"
④ 周连宽、张荣芳:《汉代我国与东南亚国家的海上交通和贸易关系》,《文史》第九辑,北京:中华书局,1980年。
⑤ 《汉书》卷九十四下《匈奴传》。
⑥ 《史记》卷一百一十五《朝鲜列传第五十五》,第2985页。
⑦ 《汉书》卷二十八下《地理志下》,第1630页。
⑧ (汉)刘向:《古列女传》卷五《节义传·珠崖二义》:"二义者,珠崖令之后妻及前妻之女也。女名初,年十三。珠崖多珠,继母连大珠以为系臂。及令卒,当送丧。法:内珠入于关者死。继母弃其系臂珠,其子男,年九岁,好而取之,置之母镜奁中,皆莫之知。遂奉丧归,至海关,关候士吏搜索得珠十枚于继母镜奁中。吏曰:'嘻!此值法,无可奈何,谁当坐者?'"北京:中华书局,1985年,第147页。
⑨ 刘俊文撰:《唐律疏议笺解》卷第八《卫禁》:"水陆等关,两处各有门禁……"北京:中华书局,1996年。

(四)小　　结

在近海航行的两千年前,海洋贸易之路很难说何处是起点。但正如文章开始对"始发港"的定义,考察整条航线,在海洋贸易开展之初的南越国时期,番禺无疑是最重要的始发港,拥有广大的经济腹地("都会"),海陆转运便捷,并能容纳大型船队和大规模货物。南越王宫苑、南越王墓在"海上丝绸之路"的角色,正是见证了从民间零散贸易开始转向官方大规模贸易的关键环节。

附录:东南亚地名与中文译名对照一览表

中文	原文	中文	原文
班多塔菲	Ban Don Ta Phet	科查隆	Khok Charoen
班高	Ban Kao	科潘纳迪	Khok Phanom Di
班湄塔	Ban Mae Tha	拉昂斯边	Laang Spean
班那迪	Ban Na Di	朗布荣	Leang Burung
班农瓦	Ban Non Wat	朗隆涯	Lang Rongrien
班他科	Ban Tha Kae	利万	Liwanian
班塔	Ban Prasat	陇和	Lung Hoa
保愈类型	Bau Du	缦帕	Man Bac
保卓文化	Bau Tro	摩桥洞	Moh Khiew
北山文化	Bac Son	昂栋	Ngandong
查卑文化	Cao Beo	那姆文化	Nguomian
昏果瓦	Con Co Ngua	纳山	Nui Nap
杜容洞	Duyong Cave	能诺	Non Nor
度山	Do Son	能诺他	Non Nok Tha
多笔文化	Da But	尼阿文化	Niah
铜荳	Dong Dau	尼卡洪	Nil Kham Haeng
芬内	Fingnoian	农帕外	Non Pa Wai
查洞	Gua Cha	农武洛	Noen U-Loke
鹅木	Go Mun	翁巴洞	Ongbah
鹅忠	Go Trung	巴芝丹	Pacitan
酱丘文化	Giong Phet	富禄	Phu Lon
和平文化	Hoa Binh	彭努安	Phung Nguyen
下龙文化	Ha Long	琼文文化	Quynh Van
哥打淡边	Kota Tampon	莱泽—布拉坎文化	Rizal-Bulakan
柯柏普	Khok Phlap	赛育洞	Sai Yok

中文	原文	中文	原文
三隆盛	Samrong Sen	照儒类型	Soi Nhu
散潘	Sampung	淡边	Tampan
桑吉兰	Sangiran	他科	Tha Kae
沙莹文化	Sa Huynh	塔邦	Tabon
山韦文化	Son Vian	陶连文化	Toalian
神灵洞	Spirit Cave	仁村	Xom Ren

西域汉晋箱式木棺略论*

陈晓露

中国人民大学历史学院、出土文献与中国古代文明研究协同创新中心

汉晋时期,西域地区流行使用箱式木棺,大多集中发现在丝绸之路南北两道,木棺所在墓葬中也往往同时出土铜镜、丝绸等典型的汉式器物,文化和时代特征十分突出。一般认为,箱式木棺是典型的汉文化葬具,它的流行应该是丝绸之路的开通、中原对西域经营的直接反映。这一观点无疑是正确的,但存在简单化的倾向。通过更为细致的考察,我们认为,西域箱式木棺混杂融合了多种文化因素,既有汉文化因素,亦有本地传统,还表现出草原葬俗影响,其中前者可能也主要体现的是魏晋时期西域与河西地区的往来互动,而非与遥远的中原地区的关系。箱式木棺在西域地区一直流行到唐代,表现出独特的风格,反映了西域并非只是文化的被动接收者,而是将外来文化因素吸纳融合、创造出本地特有的文化。

一、发 现 情 况

迄今为止,西域地区发现的汉晋时期箱式木棺已经积累了一定的数量,集中分布在塔里木盆地南北两道,包括扎滚鲁克墓地、山普拉墓地、尼雅墓地、营盘墓地、小河6号和7号墓地、察吾呼三号墓地、吐鲁番阿斯塔纳墓地、库车昭怙釐塔墓等地点均有发现,其中又尤其以山普拉、尼雅和营盘三处墓地发现的数量最多、保存也最好,年代被笼统地认为大约在东汉到魏晋时期。其他地点的发现则大多以这三处墓地的年代判断为依据。

1. 和田山普拉墓地

共8座长方形竖穴土坑墓出土了箱式木棺,原报告认为年代在公元前3世纪中期至4世纪末。随葬品较少,以本地传统的陶器和木器为主,墓葬主体是古于阗国居民①。不

---

* 本文为中国人民大学科学研究基金重大项目"新疆罗布泊地区汉代遗存的考古学研究"(批准号:15XNL019)阶段性研究成果。

① 新疆维吾尔自治区博物馆、新疆文物考古研究所编著:《中国新疆山普拉——古代于阗文明的揭示与研究》,乌鲁木齐:新疆人民出版社,2001年。

过,研究者通过对出土物更细致的分析,对其年代进行了重新判断,认为应在2世纪末~3世纪初①。

2. 和田比孜里墓地

东北距山普拉墓地约16公里,其中6座长方形竖穴土坑墓中出土了箱式木棺,均为四足式,其中2座为盖板与棺体分离、4座为翻盖式。棺内葬1~3人不等,面部多蒙盖覆面、下有护颌罩。随葬品包括单耳罐、双耳壶、圜底罐、木杯、木纺轮等。

该墓地中不同类型墓葬交错分布,包括刀形墓和长方形竖穴土坑墓,后者又可分为无木棺墓、箱式木棺墓和独木棺墓三种;不同墓葬之间存在多组叠压打破关系,为探讨墓葬形制演变提供了较好的地层学信息,惜资料尚未完全刊布。发掘者初步判断,四足式不翻盖箱式木棺的年代相对最早②。

3. 且末扎滚鲁克墓地

共有9座墓出土了箱式木棺葬具,其中除一座墓为竖穴洞室墓外,其余均为竖穴土坑墓。发掘者将整个墓地分为三期,箱式木棺墓均属于第三期,年代约为3~6世纪。墓葬随葬品以木器和陶器为主,其族属为古且末国人。部分墓葬中出土了织锦、漆器、纸文书等典型汉文化物品③。

4. 民丰尼雅墓地

发掘了多处墓地,已经刊布的材料中以95MN1墓地为代表,葬具分为箱式木棺与船形独木棺两种,使用箱式木棺的为高等级墓葬,多为男女合葬,随葬墓主人生前生活用品,种类较为丰富,出土大量文字织锦、铜镜、斗瓶等具有汉文化特征的器物,年代在东汉晚期,约2世纪末~3世纪初④。

5. 尉犁营盘墓地

位于库鲁克塔格山的山前台地上,地表多立胡杨木桩为标志,墓葬形制分为长方形竖穴土坑、竖穴土坑二层台和竖穴偏室墓三种,前两种墓葬中多见木质葬具:最常见的是胡杨木槽形棺,倒扣于墓主人身上;其次为四足箱式木棺,部分棺外壁(除底板外)饰有彩绘。有些墓中使用了双层棺,即下面是箱式棺,上面是槽形棺。很多木棺上覆盖有纺织

---

① 戴维:《鄯善地区汉晋墓葬与丝绸之路》,北京大学考古文博学院硕士学位论文,2005年,第1~8页。
② 胡兴军、阿里甫:《新疆洛浦县比孜里墓地考古新收获》,《西域研究》2017年第1期。
③ 新疆维吾尔自治区博物馆、巴音郭楞蒙古自治州文物管理所、且末县文物管理所:《新疆且末扎滚鲁克一号墓地发掘报告》,《考古学报》2003年第1期,第126~136页;新疆维吾尔自治区博物馆、巴音郭楞蒙古自治州文物管理所、且末县文物管理所:《1998年扎滚鲁克第三期文化墓葬发掘简报》,《新疆文物》2003年第1期,第1~19页。
④ 中日日中共同尼雅遗迹学术考察队:《中日日中共同尼雅遗迹学术调查报告书》第2卷,乌鲁木齐/京都:中日日中共同尼雅遗迹学术考察队,1999年,第88~132页;陈晓露:《楼兰考古》,兰州:兰州大学出版社,2014年,第49~64页。

品。葬俗以单人葬为主,合葬墓较少,且多为男女双人合葬;葬式以仰身直肢为主,头向东或东北。随葬品一般放置在墓主人头周围,多为日常生活用品,如木几、盘、杯、碗、陶罐、杯以及草编器、漆器等①。

6. 罗布泊地区

贝格曼在小河6、7号墓地发掘了两座箱式木棺墓和3座独木船棺墓葬,出土许多文字织锦②。斯坦因在孔雀河北岸缓坡戈壁发现的LH墓地,墓葬原有棚架,内置四口木棺,既有箱式棺,也有独木船棺,出土有这一地区常见的丝毛织物、狮足木盘等器物③。两处墓地特征与尼雅95MN1墓地十分相似,年代亦应接近。

第三次全国文物普查中,考古工作者在罗布泊西北荒漠中若羌县楼兰LE古城北部和尉犁县孔雀河干河床北岸的咸水泉地区,发现多处汉晋时期墓地,形制有带斜坡墓道洞室墓、竖穴土坑墓,出土多具箱式木棺,大多同出木盘、漆器、丝绸等典型汉晋时期遗物。部分墓葬带有中心柱、绘有壁画,并出土彩绘木棺,等级较高④。

7. 察吾呼三号墓地

有8座墓葬中发现有长条形木棺葬具,包括木板拼合的箱式木棺和将大树一半掏空挖成的船形棺两种。其中M7所出箱式木棺为头端宽末端窄、用铁钉钉合,同时出土一枚规矩禽兽纹铜镜。发掘者认为该墓地年代在东汉前期,墓葬主体可能与匈奴有关⑤。

8. 和静察汗乌苏墓地与小山口墓地

察汗乌苏墓地共发掘160余座墓葬,木棺墓见于Ⅰ号墓地C区。墓葬排列较密,地表有石围、石堆,标志不明显,中间凹陷,表面凌乱放置少许石头;墓口积石,墓室为圆角长方形竖穴土坑,较深;木棺有矩形箱式棺和船形棺两种,多放在墓室北侧,南侧放置陶器、铁器、马头、马蹄及羊骨等随葬品;棺内多双人男女合葬,单人葬较少,三人葬仅一座;多一次葬,二次葬较少;葬式以仰身直肢葬为主,侧身直肢葬次之⑥。

小山口水电站墓群B区、D区可见木棺墓,特征与察汗乌苏同类墓葬十分相似:地面

---

① 新疆文物考古研究所:《新疆尉犁县营盘墓地1995年发掘简报》,《文物》2002年第6期,第4~45页;《新疆尉犁县营盘墓地1999年发掘简报》,《考古》2002年第6期,第58~74页。

② F. Bergman, *Archaeological Researches in Sinkiang, Especially the Lop-Nor Region*, Stockholm: Bokförlags Aktiebolaget Thule, 1939, pp. 102-117;新疆文物考古研究所:《罗布泊地区小河流域的考古调查》,《边疆考古研究》第7辑,北京:科学出版社,2008年,第371~378页。

③ M. A. Stein, *Innermost Asia: Report of Exploration in Central Asia Kansu and Eastern Iran*, vol. 1, Oxford: Clarendon Press, 1928, pp. 275-277.

④ 新疆维吾尔自治区文物局编:《不可移动的文物:巴音郭楞蒙古自治州卷(2)》,乌鲁木齐:新疆美术摄影出版社,2015年,第244~352、493~508页。

⑤ 中国社会科学院考古研究所新疆队、新疆巴音郭楞蒙古族自治州文管所:《新疆和静县察吾乎沟口三号墓地发掘简报》,《考古》1990年第10期,第882~889页。

⑥ 新疆文物考古研究所:《和静县察汗乌苏古墓群考古发掘新收获》,《新疆文物》2004年第4期,第40~42页。

有石围、石堆标志,圆角长方形竖穴土坑墓室,墓室较深,有的侧壁近墓底处修有小龛,龛内放置陶器和羊骨;墓室内多置木棺,按形制可分为矩形箱式棺、船形棺和槽形棺,以船形棺为主;葬式均仰身直肢,以单人葬为主,也有男女合葬,三人以上者极少见;死者戴覆面,上有贴金装饰,身着绢绮等丝绸服饰;随葬品较少,陶器多为夹砂灰陶,手制,器形有无耳罐、单耳罐、单耳壶、钵、纺轮等;还有铜、铁、木、石、骨、银器等①。

9. 库车昭怙釐塔墓

位于库车昭怙釐西寺佛塔之下,是一座高等级洞室墓。墓内用圆木、土坯搭建椁室,中间有榫卯结构的方木棺床,上置头端高、脚端低的彩绘木棺;出土单耳红陶罐、木雕龙头、绢袋和铁刀等少量随葬品,从陶器看年代在魏晋时期。墓主人为一年轻女性,衣着饰有金粉,应是龟兹高等级贵族②。

10. 莎车县喀群彩棺墓

共清理3座长方形竖穴土坑墓,均为单人葬,各葬一成年男性;出土了形制相似的木棺,呈长方形四直腿箱式,棺盖为关扇式;随葬品较少,主要是一些棉、毛织物。其中1、2号墓木棺有彩绘,1号墓木棺彩绘脱落殆尽;2号墓彩绘保存较好,约在盛唐时期;3号墓被2号墓打破。发掘者推测该墓地的年代可以早至魏晋时期③。

11. 塔什库尔干下坂地墓地 AⅠM10

该墓地清理汉唐时期墓葬27座,其中AⅠM10出土有长方形简易箱式木棺。地表有大卵石石围,墓室圆角长方形,墓口盖两层棚木,墓室内置木棺:棺盖由两块木板拼成;侧板、挡板的拼缝处钻孔并用树枝条拧成的绳索固定;底部用五根横撑与侧板榫孔连接。棺内葬一成年女性,随葬一夹砂红陶罐④。

12. 交河沟西墓地 JⅥ12区 M4

竖穴偏洞室墓,墓道与墓室之间用土块封堵,墓道填土和墓室中共葬有4具人骨,其中墓底的成年个体下铺芦苇席,残存榫卯箱式木棺、不见棺底垫板;随葬一轮制灰陶罐,器形与吐鲁番斜坡墓道洞室墓出土的陶器相似,时代约在魏晋时期⑤。

---

① 新疆文物考古研究所:《和静县小山口水电站墓群考古发掘新收获》,《新疆文物》2007年第3期,第25~28页;新疆文物考古研究所:《和静县小山口二、三号墓地考古发掘新收获》,《新疆文物》2010年第1期,第59~62页。
② 新疆博物馆、库车文管所:《新疆库车昭怙釐西大寺塔墓清理简报》,《新疆文物》1987年第1期,第10~12页。
③ 新疆博物馆、喀什地区文管所、莎车县文管所:《莎车县喀群彩棺墓发掘简报》,《新疆文物》1999年第2期,第45~51页。
④ 新疆文物考古研究所:《新疆下坂地墓地》,北京:文物出版社,2012年,第106~108页。
⑤ 新疆文物考古研究所:《1996年新疆吐鲁番交河故城沟西汉晋墓葬发掘简报》,《考古》1997年第9期,第46~54页。

此外，交河故城沟北一号台地墓地 M15 和 M31 发现有棺板，板厚约 2 厘米，有的上面还残留有木钉孔。该墓地的年代大致为汉，属于吐鲁番盆地土著文化①。

13. 阿斯塔纳和哈拉和卓墓地

该墓地晋—十六国时期的墓葬中，很多使用箱式木棺为葬具，如 66TAM62②、65TAM39③、06TAM603 和 06TAM605④ 等。这些墓葬的形制主要有斜坡墓道洞室墓和竖井墓道土洞墓两类，随葬品亦表现出强烈的汉文化特征，与河西地区同时期墓葬十分相似。箱式木棺棺板以木榫、木楔连接，前后挡板多呈梯形，有些头挡绘有七个黑圆点表示北斗，有些棺盖呈人字形或尖顶形。

二、类型与年代

根据棺底和棺盖形制，我们大体上可以将这些箱式木棺分为四个类型。总体上，不同类型之间有一定的早晚差别，也存在着从素面到表面施有彩绘的发展趋势，但并非绝对，二者也可能反映等级上的不同。目前发现的材料也还没有积累到能够进行分期研究的程度，因此我们仍是采用了"汉晋时期"这个模糊的说法。具体到每一具木棺上，并不是有彩绘的Ⅱ式就一定比素面的Ⅰ式晚。

A 型 平顶平底型。整体成长方体形，棺盖平、无足；棺板直接拼合而成，或用铁钉钉合，或以榫卯结构连接；发现较少且零散，情况复杂。

Ⅰ式：素面。

墓例 1 察吾呼三号墓地 M7（图一）。地表有圆石堆，竖穴土坑墓，墓内葬一长方形木棺，长 280、宽 94~120、高 62~86 厘米，棺板厚 8~10 厘米，无榫卯结构，用铁钉钉合而成，头端低宽，末端高窄，盖板保持水平，似是直接在墓内组装而成，棺板有变形。棺内为夫妇合葬，均头东脚西，仰身直肢，随葬 2 件灰陶罐及金饰片、铜饰、骨镞、羊头骨等。研究者指出，该墓地应为东汉前期匈奴人墓葬，木棺是匈奴流行使用的葬具。

墓例 2 什库尔干下坂地 AⅠM10（图二）。地表有大卵石石围，墓室圆角长方形，墓口盖两层棚木，墓室内置简易木棺：整体呈头宽足窄的长方形；棺盖由两块木板拼成；侧板、挡板的拼缝处钻孔并用树枝条拧成的绳索固定；底部用五根横撑与侧板榫孔连接；棺内葬一成年女性，仰身直肢，身穿套头长布袍，随葬一手制夹砂红陶罐；发掘者推测其年代

---

① 新疆文物考古研究所等：《交河故城——1993、1994 年度考古发掘报告》，北京：东方出版社，1998 年，第 36 页。
② 新疆维吾尔自治区博物馆：《吐鲁番县阿斯塔那——哈拉和卓墓群清理简报》，《文物》1972 年第 1 期，第 9~11 页。
③ 新疆维吾尔自治区博物馆：《吐鲁番县阿斯塔那—哈拉和卓古墓群发掘简报（1963~1965）》，《文物》1973 年第 10 期，第 8~9 页。
④ 新疆维吾尔自治区博物馆考古部、吐鲁番地区文物局阿斯塔那文物管理所：《新疆吐鲁番阿斯塔那古墓群西区考古发掘报告》，《考古与文物》2016 年第 5 期，第 38~50 页。

图一　察吾呼三号墓地 M7 墓室平剖面图

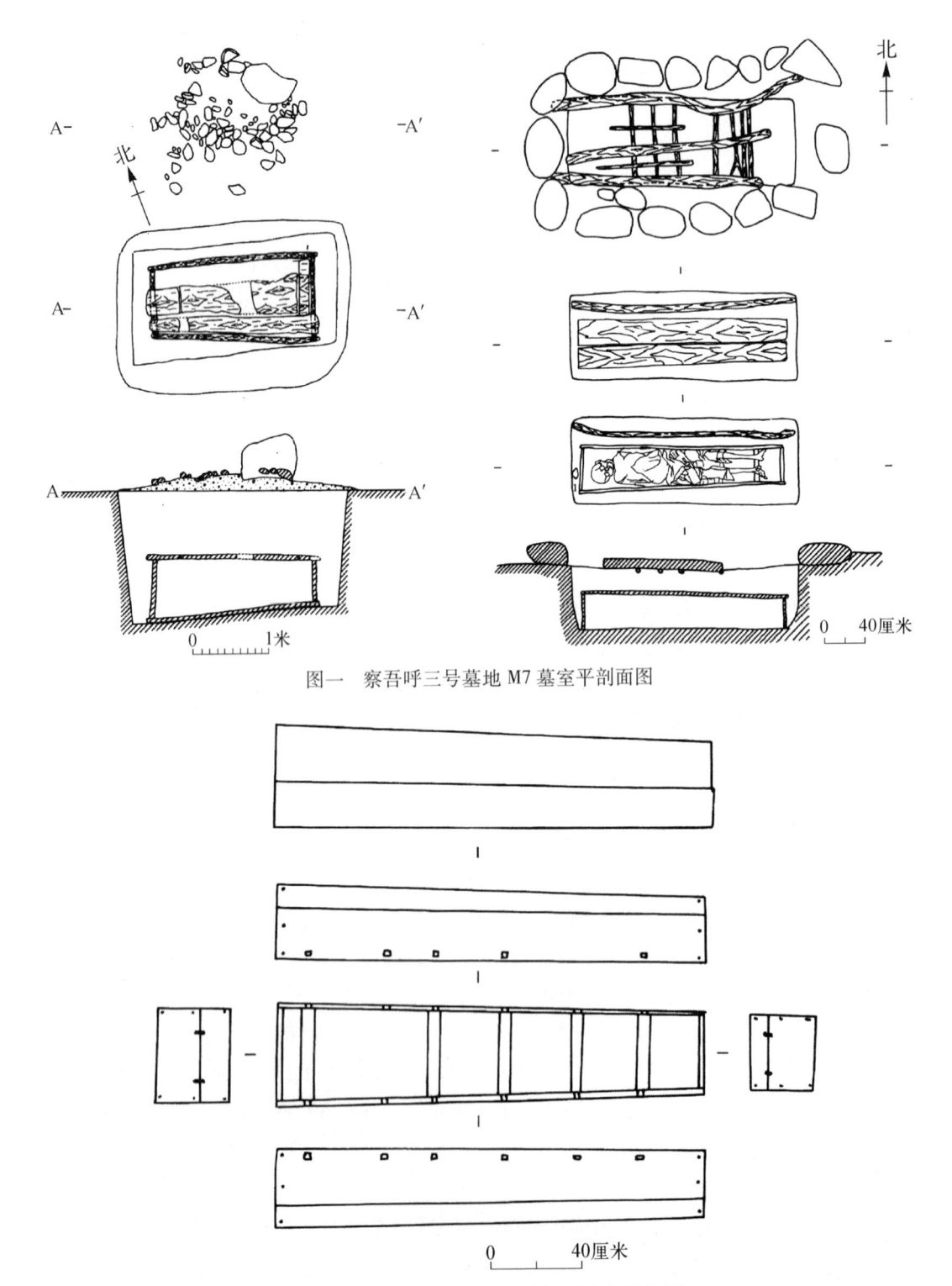

图二　下坂地 AIM10 墓室平剖面及木棺结构图

与尼雅95MN1号墓地接近,属于汉晋时期墓葬①。

墓例3 和静县小山口ⅢM52。地表有土石封堆,长方形竖穴墓室;墓内放置箱式木棺一具,已残朽,长190、宽50、高40厘米,木板厚4厘米,各棺板之间未发现有榫卯等结构,只是互相平搭而成,侧板和挡板各为一块木板,底板和盖板由两块木板拼成;棺内葬一成年男性,仰身直肢一次葬,头向东,上包裹一层织物;头端挡板外侧随葬刻划纹陶罐1件②。

Ⅱ式:棺表施彩绘。

墓例1 木垒县彩绘狩猎纹棺墓。用三个"Ⅱ"形木框作底和盖,木框上凿有凹槽,六面拼镶棺板组成木棺,长约2米;棺板外用红色绘制着各种动物、人物、建筑、咒符等图案;棺内底部有六根方衬,平铺一层手指粗细的木棍,上葬一老年男性,随葬品包括弓箭、镖、木碗、陶碗、铜、石饰件以及丝织品、皮靴、铁、木凳残器等共20余件;发现者推测其年代为魏晋时期,可能与匈奴族的后裔有关③。

墓例2 库车昭怙鳌塔墓(图三)。单室土洞墓,墓内用圆木、土坯搭建椁室,内有榫卯结构的方木棺床,其上置头端高、脚端低的彩绘木棺;出土单耳红陶罐、木雕龙头、绢袋和铁刀等少量随葬品,从陶器看年代在魏晋时期。

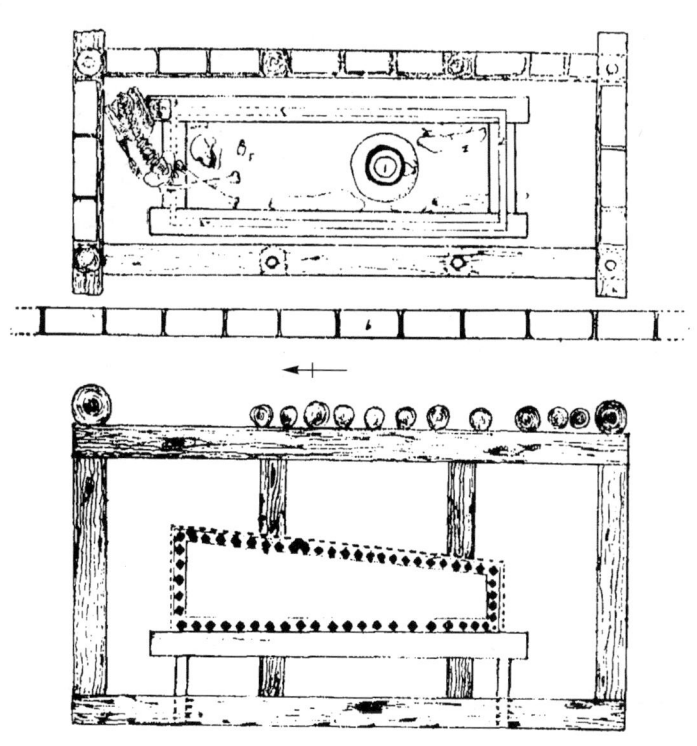

图三 库车昭怙鳌塔墓椁室、棺床及木棺平剖面图

---

① 新疆文物考古研究所:《新疆下坂地墓地》,第106~108、157页。
② 新疆文物考古研究所:《和静县小山口二、三号墓地考古发掘新收获》,《新疆文物》2010年第1期,第59~62页。
③ 黄小江:《木垒县彩绘狩猎纹棺墓》,载新疆社会科学院考古研究所编《新疆考古三十年》,乌鲁木齐:新疆人民出版社,1983年,第124~125页。

B 型 平顶四足型。四足为角柱，即四角以方形木柱为支架，多以榫卯方式与侧板、挡板、底板拼接，棺板之间亦用暗木榫卯合，有的用木钉加固；有些棺上口和底部还加装横撑木以支撑；大多与树干型木棺共存于一个墓地。

Ⅰ式：素面。

墓例 1 小河六号墓地 6B（图四）。由贝格曼 1934 年在小河附近清理。该墓地共发现 3 具棺木，其中 6B 为平顶四足型箱式木棺，棺盖上堆放灌木枝，棺板上粘贴有白毡衬，墓主人为男性，身穿有棉内衬的丝绸外套和粗毛斗篷，随葬骨柄铁刀、木箭杆等。6A 与 6C 相距不远，均为中部掏空的胡杨木树干型棺，棺上也堆放有灌木枝。6A 保存较好，墓主人为女性，身着较为精致的丝绸服装，但服装样式并非汉式，随葬有镜袋、铁镜、锦囊、铁剪、纺轮等。墓葬周围有方形围墙遗迹，方向与棺木一致，出土 4 件单耳木杯，贝格曼推测三具木棺原来可能放置在房屋之中。该墓地出土的木棺与文字织锦、木杯等器物，形制均与尼雅 95MN1 号墓地所出十分相似，年代也理应接近。

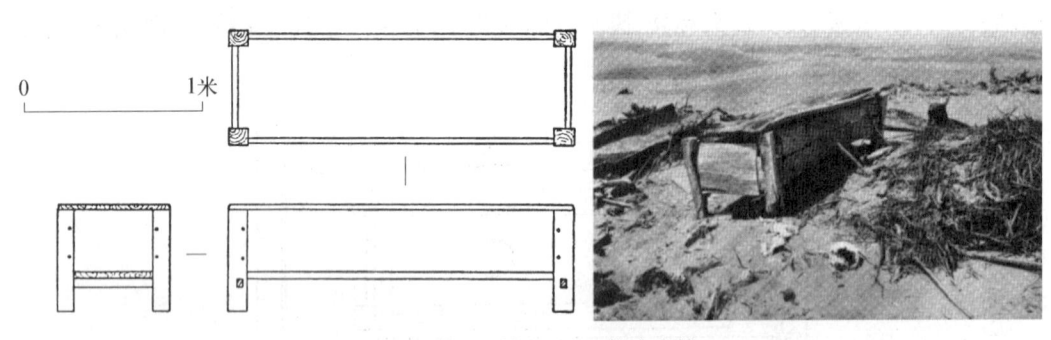

图四 小河六号墓地 6B 箱式木棺

墓例 2 尼雅 95MN1M8（图五）。椭圆形竖穴沙室墓，西侧有一长木棍斜向伸出地面，或为标识；墓棺上覆盖有一层麦秸草，墓圹与棺体之间也填塞有大量干芦苇；棺盖由五块木板相互暗榫卯合拼成，抹泥封严，上铺整块织有彩色几何纹图案的毛毯；棺内葬男女各一人，仰身直肢，盖被单，头向北，覆面衣，男尸还用毛毯包裹，衣衾华贵，多见"五星出东方利中国"及"延年益寿长葆子孙"等文字织锦；随葬品多为墓主人生前日常用品，包括陶器、木器等，其中一件带流陶罐颈部有墨书"王"字；从其中的铜镜、丝绸等带有汉文化特征的器物来看，其年代当在东汉晚期，约 2 世纪末 3 世纪初这个范围内①。

Ⅱ式：棺表施彩绘。

墓例 1 营盘墓地 M15（图六）。长方形竖穴土坑二层台墓，二层台上依次平铺有胡杨木棍、芦苇席和柴草层；葬具为四足箱式棺，头端高宽、尾端低狭，棺木的顶板、底板、侧板分别用束腰嵌榫法和子母卯销法拼合，棺外覆盖狮纹栽绒毯，棺体四面及棺盖满绘圆圈卷草、花卉图案；棺内葬一男性，头向东北，仰身直肢，头枕鸡鸣枕，身盖素绢衾，面覆麻质

---

① 新疆文物考古研究所：《新疆民丰县尼雅遗址 95MN1 号墓地 M8 发掘简报》，《文物》2000 年第 1 期，第 4~40 页。

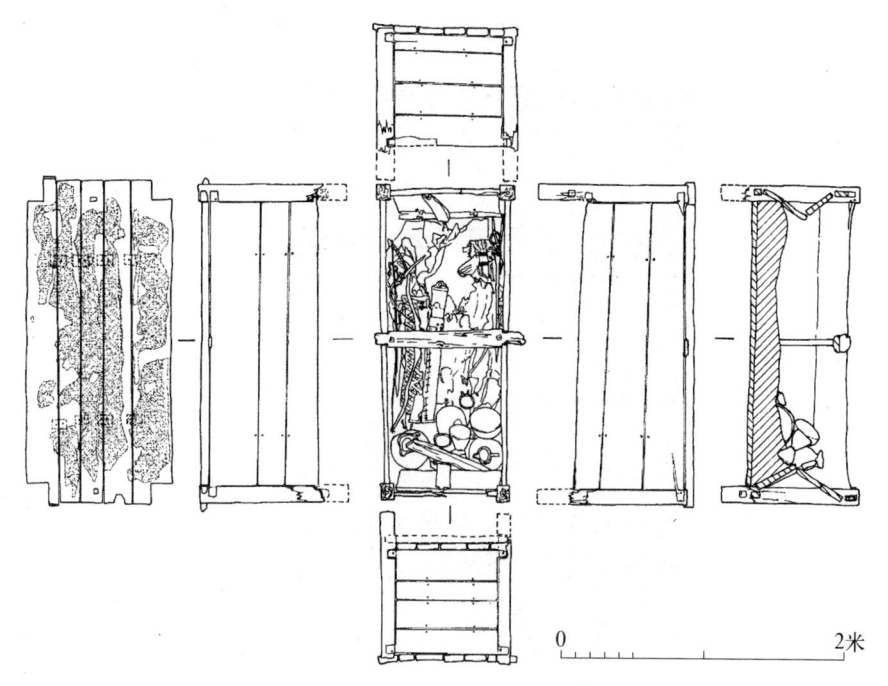

图五　尼雅95MN1M8木棺上视、侧视图

人形面具,身着红地对人兽树纹双面罽袍、贴金内袍、毛绣长裤、贴金毡靴等,服饰极其华贵,织绣图案精美富丽,规格很高①。

墓例2　楼兰彩棺墓(图七)。三普编号为09LE14M2,竖穴土坑墓,墓向正东,墓外散布少量木构件,墓口下纵横搭盖圆木棍,南北壁距墓口一米处有腰线;墓室内置一彩色木棺,棺底铺一件狮纹毛毯,棺头外置2件漆器,一盘一杯,杯在盘上;木棺略呈梯形,尾端比头端略窄,与M15略有差异,是在长方形木棺之下另以榫卯单独加装四足;实为A、B型的混合体;棺体彩绘束带穿璧纹和云气纹,两头挡板上分别绘日、月与金乌、蟾蜍;墓主人为一老年男性,面部盖有两块浅黄色覆面,头下枕锁针绣枕,身着棉布衣裤,保存完好。

C型　凸顶平底型。平底;棺盖隆起成圆弧形或带尖顶或呈两面坡式,盖板多超出棺体;不少棺体表面带有彩绘。尤具特色的是,棺板拼接处多使用细腰木榫连接。

墓例1　吐鲁番66TAM53(图八)。斜坡墓道土洞墓,主墓室四壁较规整,顶作四角攒尖形,附一耳室;随葬陶碗、陶盘、陶灯、木盘、木梳、木勺等生活用具及木俑、木马等;此外还出土了著名的泰始九年木简,简文内容为:"泰始九年二月九日,大女翟姜女从男子栾奴买棺一口、贾练廿匹。练即毕,棺即过。若有名棺者,约当召栾奴共了。旁人马男,共知本约。"②"买棺一口"说明木棺在当时已经成为一种商品。

---

①　新疆文物考古研究所:《新疆尉犁县营盘墓地15号墓发掘简报》,《文物》1999年第1期,第4~16页。
②　新疆维吾尔自治区博物馆:《吐鲁番县阿斯塔那——哈拉和卓古墓群清理简报》,《文物》1972年第1期,第9~11页。

图六 营盘墓地 M15

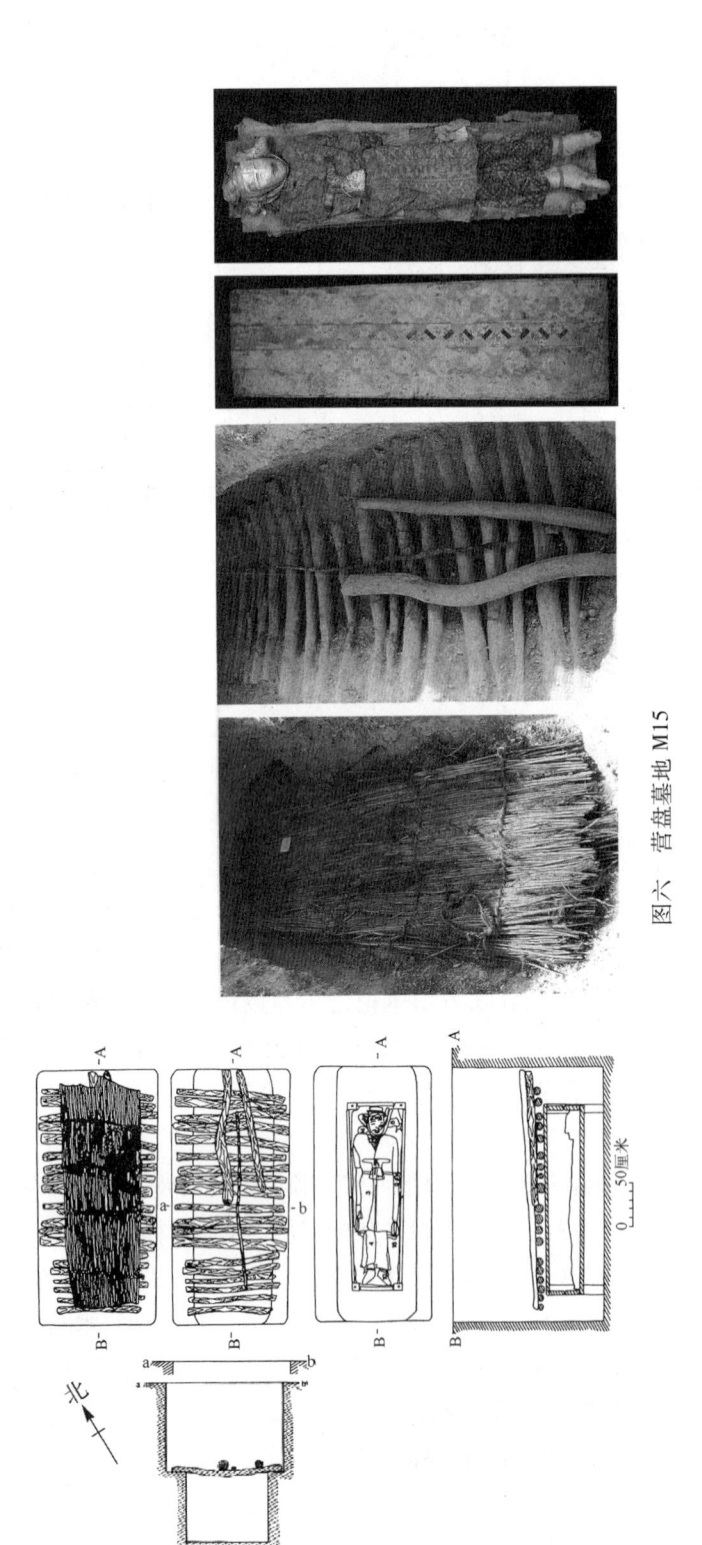

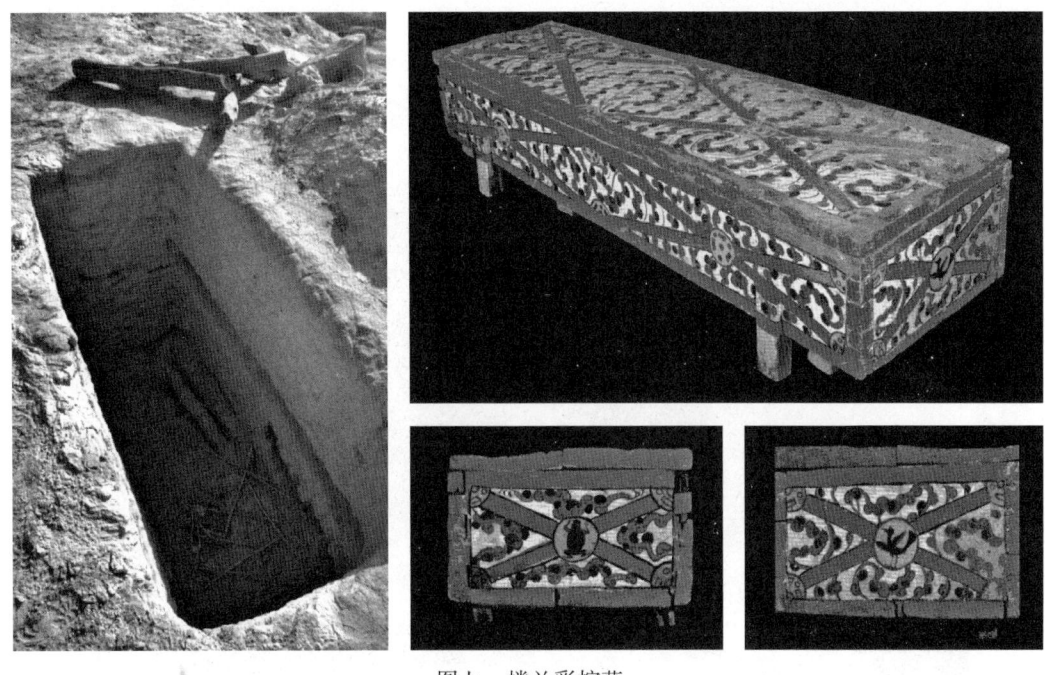

图七　楼兰彩棺墓

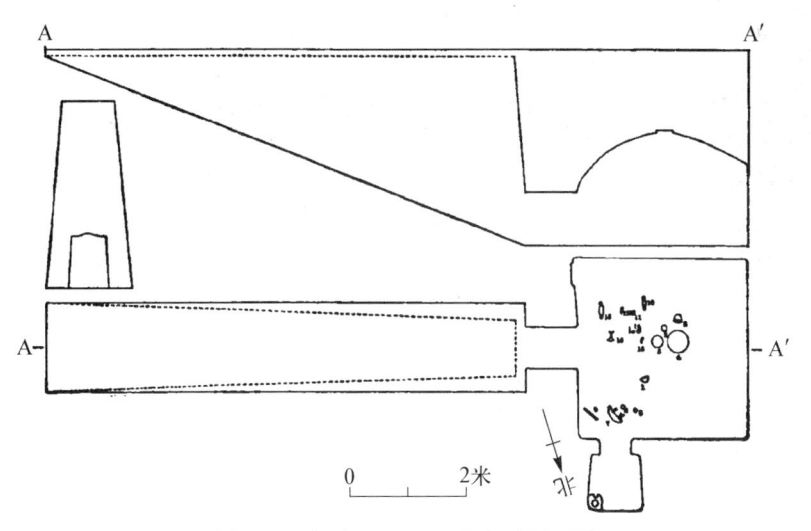

图八　吐鲁番66TAM53墓室平剖面图

墓例2　若羌县博物馆藏木棺(图九)。在罗布泊西北荒漠中采集所得,共2具,形制一致,棺盖中部隆起、前端呈半圆弧状凸出,前后均超出挡板,长方形棺体,棺板较厚,用多个蝴蝶榫连接。

墓例3　尉犁县咸水泉8号墓地彩棺墓(图一〇)。带斜坡墓道的前后双洞室墓,墓门有木制门框,出土多块棺板,包括侧板、挡板和盖板,应属于多座箱式木棺。经修复,巴州博物馆复原了其中一座,盖板起脊、以蝴蝶榫连接,断面呈人字坡形,棺盖和侧

图九　若羌县博物馆藏木棺

图一〇　巴州博物馆藏彩绘木棺（尉犁县咸水泉8号墓地出土）

板、挡板彩绘穿璧纹、云气纹、莲花、双驼互咬、对马、有翼兽等图案，十分精美①。木棺表面彩绘的双驼互咬、对马、莲花等图案与楼兰壁画墓十分接近，年代应在魏晋时期，约4世纪前后。后者亦为斜坡墓道双洞室墓，出土了多具箱式木棺，其中一具棺盖也呈人字坡形②。

D型　平顶无底型，仅见三例。

墓例1　察吾乎三号墓地M3。石堆竖穴土坑墓，木棺为一榫卯结构拼合的长方形木框，无底板，上口则用三块木板封盖，盖板上再压两根木棍；木棺北侧有羊头，棺内葬一中年男子，仰身直肢。该墓地的整体年代被发掘者定为东汉前期③。

---

① 新疆维吾尔自治区文物局编：《不可移动的文物：巴音郭楞蒙古自治州卷（2）》，第512~513页。
② 张玉忠：《楼兰地区魏晋墓葬》，载中国考古学会编《中国考古学年鉴·2004》，北京：文物出版社，2005年，第410~412页。
③ 新疆文物考古研究所编著：《新疆察吾呼——大型氏族墓地发掘报告》，北京：东方出版社，1999年，第254页。

墓例 2 交河沟西墓地 J Ⅵ 12 区 M4。竖穴偏室墓,墓道与墓室之间用土块封堵,墓道填土与墓室内共葬入 4 具尸骨;其中墓底的成年个体下铺芦苇席,残存箱式木棺,是用圆木构成榫卯结构的长方形框架、四周嵌木板而成,可能存在棺盖,不见棺底垫板;随葬一轮制灰陶罐,器形与吐鲁番斜坡墓道洞室墓出土的陶器相似,时代约在魏晋时期①。

墓例 3 营盘墓地 M8(图一一)。不规则圆角长方形竖穴土坑墓;四壁立胡杨木柱 16 根,部分木柱露出地表;箱式木棺上覆盖一层芦苇,中间横向捆扎一条草绳,棺盖上铺一条本色毛毯;木棺由胡杨木制成,四角有支柱,盖板比棺箱长但较窄,无棺底;棺内底部铺芦苇、毛毡,上置成年男女各一,女左男右,女尸右肩、胳膊压在男尸上,均仰身直肢、头向东南,用丝绸、绢等包裹头部,额部束绢带、戴素绢覆面,系绢下颌托带,有鼻塞;随葬夹砂红陶罐、盛放有食物的木盘、木杯、木奁、木纺轮、铜剪刀、银耳环、铜戒指、铁镞等②。

三、箱式木棺的文化性质

大多数学者认为,使用箱式木棺是中原文化的传统,箱式木棺也常被笼统地称为"汉式木棺"。的确,

图一一 营盘墓地 M8 平剖面图

中原地区从商周时期就已形成了一套复杂的棺椁使用程序,是丧葬礼制中的重要部分,其影响也十分深远。不过,西域的箱式木棺未必都直接来源于中原地区。从分布来看,箱式木棺在汉晋时期的西域已经被南北两道普遍采用,并且各个类型之间也存在着一定差异。

(一) A 型:受草原文化影响

这一型箱式木棺结构较为简单,墓葬形制多为地表有土石封堆的竖穴土坑墓,随葬品较少,难以看到汉文化的影响,这一类型应该是来自受草原文化的葬俗。其中,察吾呼 3 号墓地 M7 的年代被定在大约东汉前期,是目前所知西域最早的,并且被认为与匈奴有关。匈奴葬俗中,箱式木棺是其最主要的葬具之一,如诺颜山苏珠克图 M24(图一二),

---

① 新疆文物考古研究所:《1996 年新疆吐鲁番交河故城沟西汉晋墓葬发掘简报》,《考古》1997 年第 9 期,第 46~54 页。
② 新疆文物考古研究所:《新疆尉犁县营盘墓地 1999 年发掘简报》,《考古》2002 年第 6 期,第 65~67 页。

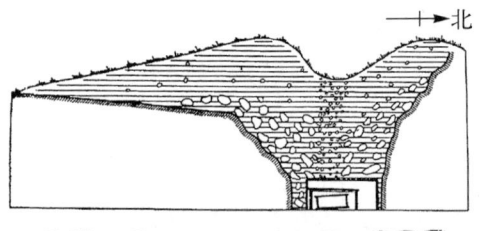

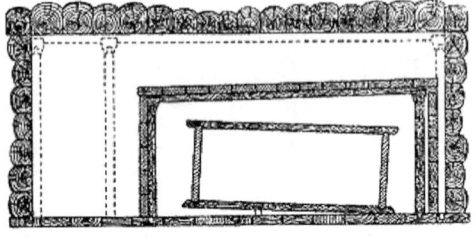

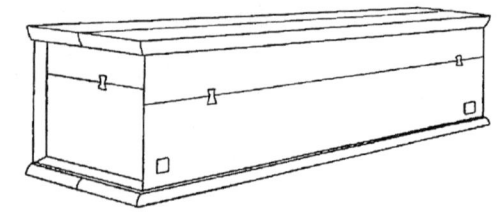

表面还有彩色髹漆。

阿富汗西北黄金之丘墓地(Tillya-Tepe)亦发现使用箱式木棺作为葬具(图一三)。这处墓地由苏联考古队于20世纪70年代发掘，墓主人被认为是贵霜翕侯或塞人首领，年代在1世纪。已清理的6座墓均为竖穴土坑单棺墓，其中有5座使用了箱式木棺、用铁钉和铁箍固定、上无棺盖、覆盖皮革，另外1座为树干型木棺①。阿尔泰的巴泽雷克文化中，也有发现用铁钉将木板简单钉合制成的木棺②。

当然，这些草原人群使用木棺的习俗，最初也来自汉文化。西汉早期匈奴墓葬就已经有了使用汉式木棺的习俗，如苏珠克图M1木棺底板还残余凤鸟纹漆皮，显然是出自汉人工匠之手。东周时期中国北方的草原部落与汉地交流频繁，汉式木棺在山戎、白狄部落中都

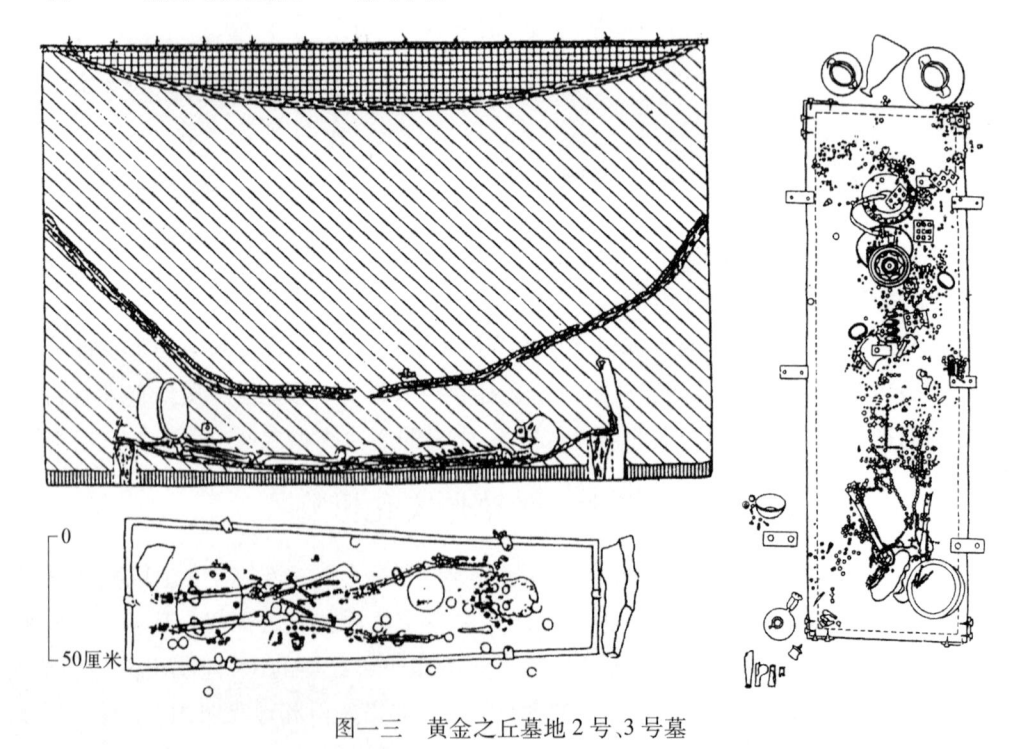

图一二　诺颜山苏珠克图M24箱式木棺

图一三　黄金之丘墓地2号、3号墓

---

① Victor Sarianidi, *Bactrian Gold from the Excavations of the Tillya-Tepe Necropolis in Northern Afghanistan*, Leningrad: Aurora Art, 1985.
② 马健：《草原霸主——欧亚草原早期游牧民族的兴衰史》，北京：商务印书馆，2014年，第164页。

曾流行,匈奴可能由这些部落中了解到汉式木棺并流行开来①。

在汉文化进入之前,西域主要受塞人、月氏、匈奴等游牧民族的影响较大,简易箱式木棺作为草原文化传统的葬具之一被沿袭了下来。目前,西域箱式木棺的年代大多被笼统地认为大约属于东汉—魏晋时期。然而,这个判断主要是基于山普拉、尼雅95MN1、营盘三处墓地的发掘,而后三处墓地所见箱式木棺主要是 B 型。我们认为,A 型木棺的年代可能会更早一些,只是目前发现的材料太少,仍难以准确判定。交河沟北 1 号墓地中的残木棺,也应是这种形制。

（二）B 型：西域特有形制,融合了西方与汉文化因素

B 型是西域主流的箱式木棺,出土数量最多,特征十分突出,其年代被笼统地认为大约属于东汉—魏晋时期,这主要是基于尼雅95MN1墓地、山普拉墓地和营盘墓地的发掘。三处墓地的特征十分接近：多为竖穴土坑墓；使用箱式木棺和槽形木棺两种葬具；很多墓主人脸上盖着覆面、戴有护颌罩,并用丝绵包头；随葬品主要是陶器、木器等日常用品,并可见铜镜、丝绸、马蹄形木梳、奁盒等具有汉文化特征的器物。

在葬俗上,三处墓地略有差别。山普拉墓地的葬俗仍有多人合葬的情况,如84LSIM24 和 84LSIM49 分别葬入了 8 人和 16 人,这似乎是早期传统的遗留。战国—西汉时期,西域本地流行多人丛葬,墓葬形制多为大型竖穴土坑墓,常见墓葬一角带有一条墓道、平面呈刀把状。营盘墓地则多为单人葬、夫妇合葬,少量三人合葬,应为同一家庭的成员。尼雅 95MN1 墓地也是家庭成员合葬,尤盛夫妇合葬,且从 95MN1M3 的发掘情况来看,合葬的女尸似为被动殉葬。

高等级箱式木棺的墓主人应为西域本地的贵族,如尼雅95MN1墓地 M3、M8 出土有"王侯合昏千秋万岁宜子孙"等文字织锦,墓主人甚至被认为可能是两代精绝王②。小河 6 号墓地 6A 墓主人身穿丝绸衣物,随葬锦囊、铁镜、铁剪等汉式器物,但服装并非汉地样式③,墓主人无疑身份特殊,才能够用从汉地进口来的丝绸制作本地服装。

根据和田比孜里墓地提供的地层学信息,B 型木棺相对于其他类型年代是最早的④。从数量上来看,这一类型也超出了其他类型。有研究者提出,四直腿木棺是西域本地独有的形制⑤。我们赞同这一提法。使用木棺是汉文化丧葬传统,但将棺板镶嵌于四角支柱

---

① 马健:《匈奴葬仪的考古学探索——兼论欧亚草原东部文化交流》,兰州：兰州大学出版社,2011 年,第 237~241 页。
② 俞伟超:《两代精绝王——尼雅一号墓地主人身份考》,载赵丰、于志勇主编《沙漠王子遗宝：丝绸之路尼雅遗址出土文物》,香港：艺纱堂,2000 年,第 18~21 页。
③ F. Bergman, *Archaeological Researches in Sinkiang, Especially the Lop-Nor Region*, Stockholm: Bokförlags Aktiebolaget Thule, 1939, p. 110.
④ 胡兴军、阿里甫:《新疆洛浦县比孜里墓地考古新收获》,《西域研究》2017 年第 1 期。
⑤ 新疆博物馆、喀什地区文管所、莎车县文管所:《莎车县喀群彩棺墓发掘简报》,《新疆文物》1999 年第 2 期,第 50~51 页。

腿上的拼装方法却不见于汉地木棺①。且末扎滚鲁克1号墓地、吐鲁番洋海墓地和加依墓地也都曾出土四足木床作为葬具(图一四),与木棺的制作方法十分接近,四角以木腿为支撑、以榫卯连接床框,其上再铺排细木棍或柳树条构置而成②。除木棺外,我们也能在西域木家具中看到这种做法,如尼雅、楼兰遗址曾出土一些四足木柜、木椅,即拼装而成③(图一五)。

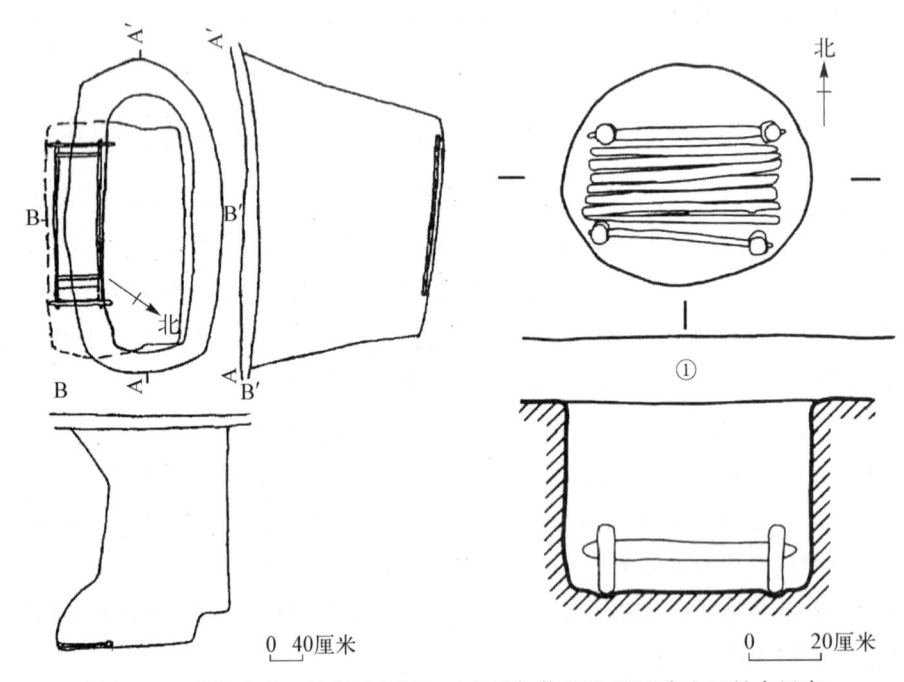

图一四 扎滚鲁克1号墓地M157、吐鲁番加依墓地M10出土四足木尸床

值得注意的是,B型木棺常与另一种将大树干中部掏空制成的木棺共存于一个墓地。后者根据外部形态又被称为"原木棺"、"槽形棺"或"船形棺",刘文锁将其统称为"树干型木棺"④,是西域地区使用最多、最早的木质葬具。它们的细部形制略有差异,有的前后两端单置挡板,有的上加盖板,有的外裹兽皮。用法有两种,一是将尸体葬于其中,二是倒

---

① 值得一提的是,早期鲜卑墓葬部分梯形棺的制法与此相似,如扎赉诺尔墓群、叭沟村M1等,一般是将四角木柱插入墓底生土中,棺板与立柱榫卯连接。但二者之间是否存在联系尚无法确定。
② 新疆维吾尔自治区博物馆、巴音郭楞蒙古自治州文物管理所、且末县文物管理所:《1998年扎滚鲁克第三期文化墓葬发掘简报》,《新疆文物》2003年第1期,第9页;吐鲁番学研究院、新疆文物考古研究所:《吐鲁番加依墓地发掘简报》,《吐鲁番学研究》2014年第1期,第2~4页。
③ M. A. Stein, *Ancient Khotan: Detailed Report of Archaeological Explorations in Chinese Turkestan*, vol. 2, Oxford: Clarendon Press, 1907, pl. VIII, IX, LXVIII; M. A. Stein, *Serindia: Detailed Report of Explorations in Central Asia and Westernmost China Carried out and Described under the Orders of H. M. India Government*, vol. 4, Oxford: Clarendon Press, 1921, pl. XLVII; M. A. Stein, *Innermost Asia: Report of Exploration in Central Asia Kansu and Eastern Iran*, vol. 3, Oxford: Clarendon Press, 1928, pl. XV. 吕红亮认为尼雅所出木柜与尼泊尔穆斯塘米拜尔出土木棺形制相似,推断前者也是一件木棺。然而这些木柜多出自遗址之中,应该并非丧葬用具。参见吕红亮:《西喜马拉雅地区早期墓葬研究》,《考古学报》2015年第1期,第14页。
④ 刘文锁:《新疆发现木棺的形制与类型》,载《丝绸之路——内陆欧亚考古与历史》,兰州:兰州大学出版社,2010年,第312~318页。

图一五　楼兰、尼雅遗址出土四足木家具

扣于尸体之上。这种树干型木棺为就地取材简单加工制成,是草原民族中最常见的丧葬用具,在欧亚草原诸多考古学文化如夏家店上层文化、阿尔泰巴泽雷克文化等中均可见到。在西域地区,树干型木棺在战国—西汉时期广泛分布于新疆北部,如乌鲁木齐萨恩萨伊墓地①、阿勒泰市克孜加尔墓地②、沙湾县大鹿角湾③等均有发现(图一六),当是西域从早期延续下来的传统葬具形制。

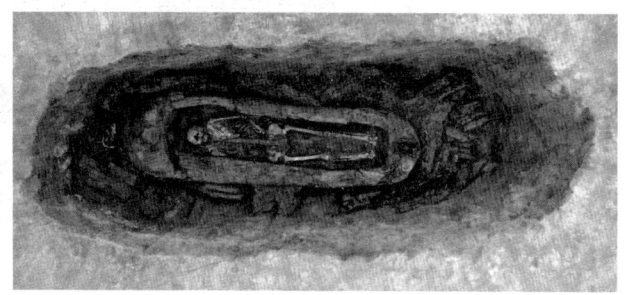

图一六　乌鲁木齐萨恩萨伊 M51、沙湾大鹿角湾墓地 M17 出土树干型木棺

在随葬品方面,箱式木棺与树干型木棺在种类上并无区别,只是在丰富程度上有所不同。汉式器物也并不仅见于箱式木棺中,而是两类墓葬都有。尼雅 95MN1 墓地的发掘者认为二者的年代一致,只是适用人群存在等级差异,箱式木棺中所见汉式器物更多、等级更高。不过,相较于尼雅,山普拉、营盘墓地中二者的差别并不大。营盘墓地 M7 甚至同时使用了两种木棺(图一七),下面是箱式棺,上面是槽形棺,箱式棺中为夫妇合葬,槽形棺内葬一人,倒扣于箱式棺上,为二次葬入。

---

① 新疆文物考古研究所:《新疆萨恩萨伊墓地》,北京:文物出版社,2013 年,第 60~61 页。
② 新疆文物考古研究所:《阿勒泰市克孜加尔墓地发掘简报》,载《新疆阿勒泰地区考古与历史文集》,北京:文物出版社,2015 年,第 107~118 页。
③ 张杰、白雪怀:《新疆沙湾县大鹿角湾墓群的考古收获》,《西域研究》2016 年第 3 期,第 136~139 页。

图一七 营盘墓地 M7 平剖面图

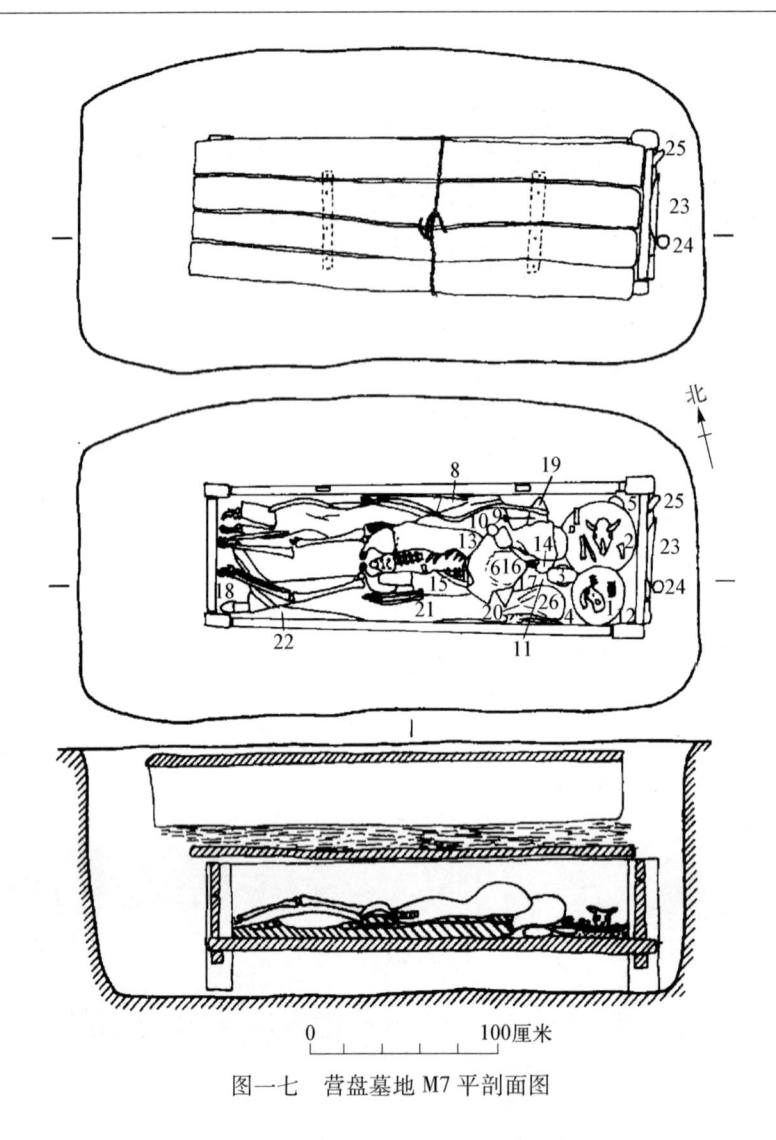

因此，B 型木棺很可能是槽形棺受到汉文化影响后的一种升级版本。罗布泊咸水泉 13、14 号墓地曾发现有用一整根大原木直接掏挖后加工成箱式长方体木棺①（图一八），小河 7 号墓地 7A 则是在船形独木棺底部加装四足②（图一九），可视为二者之间的过渡形态。B 型木棺所在墓葬也延续了很多早期的葬俗：如山普拉、楼兰 LH 很多墓葬的墓口处有棚架，为战国—西汉时期刀形平面的大型竖穴土坑墓所习见；尼雅 95MN1、营盘墓地中不少墓葬在地表有立木标志，很多木棺在棺盖扣合处用泥密封、棺身以绳索捆扎，棺盖上还会覆盖一层树枝、杂草等，有些还在棺盖上覆盖毛毡或棺底铺栽绒毯等纺织品，这些做法与阿富汗黄金之丘在木棺上包裹兽皮、用铁钉铁箍固定的葬俗存在相似之处。值得一

---

① 新疆维吾尔自治区文物局编：《不可移动的文物：巴音郭楞蒙古自治州卷（2）》，第 522、524 页。
② F. Bergman, *Archaeological Researches in Sinkiang, Especially the Lop-Nor Region*, Stockholm: Bokförlags Aktiebolaget Thule, 1939, p. 102, fig. 19.

图一八　罗布泊咸水泉 13、14 号墓地出土箱式木棺

提的是,汉代葬俗中也有在棺上使用覆盖物的做法,有用织物贴裱的"里棺"和用皮革包被的"革棺"之差别。李如森推测,这种差别可能与各自起源时期所存在的墓主身份或所处地域之别有关①。棺外包以牛皮无疑是一种古老原始的埋葬风俗,中原用织物贴棺(文献中称为"铭旌")和西域覆盖毛毯应均为这种古老风俗的演化形式。

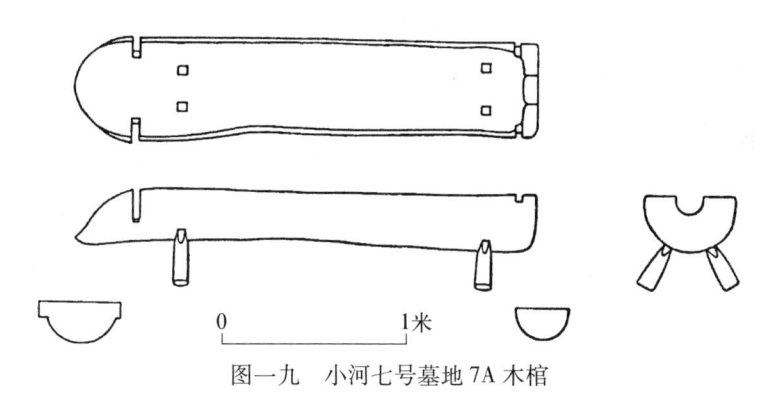

图一九　小河七号墓地 7A 木棺

B 型木棺在棺板扣合处所用的木榫尤具特色,这是典型的汉文化器物,中原先秦文献中称之为"衽",汉晋时期称小腰或细腰。据《礼记·檀弓上》载:"天子之棺……棺束,缩二,衡三,衽,每束一。"郑玄注:"衽,今小要(腰)。"孔颖达疏:"棺束者,古棺木无钉,故用皮束之合之。……衽每束一者,衽,小要(腰)也。其形两头广,中央小也。既不用钉棺,但先凿棺边及两头合际处,作坎形,则以小要(腰)连之,令固棺,并相每束之处以一行之衽连之。"郑玄、孔颖达描述的无疑是两头大、中间小的蝴蝶榫、燕尾榫。从考古出土实物来看,汉代的小腰最初为长方形,如西汉初期江陵凤凰山 167 号汉墓,用竖长方形小木块来扣合棺口②。后来,小腰才逐渐变为束腰形,西汉中期山西浑源毕村西汉墓③、西汉晚期

---

① 李如森:《汉代丧葬礼俗》,沈阳:沈阳出版社,2003 年,第 78 页。
② 吉林大学历史系考古专业七三级工农兵学员:《凤凰山一六七号墓所见汉初地主阶级丧葬礼俗》,《文物》1976 年第 10 期,第 48~49 页。
③ 山西省文物工作委员会:《山西浑源毕村西汉木椁墓》,《文物》1980 年第 6 期。

的大葆台汉墓①都已采用束腰形木榫来拼合棺板了(图二〇)。B 型木棺所用小腰,多为早期的长方形形制。而同时期汉地所见小腰,已均为束腰形制。如河西武威磨嘴子汉墓群,发现了大量西汉末—东汉时期的木棺,都是用束腰形蝴蝶榫拼合棺板②。由此我们推测,B 型木棺的小腰可能不是直接来自汉地,而是从其他文化中间接所知,所以仍采用了比较原始的形式。

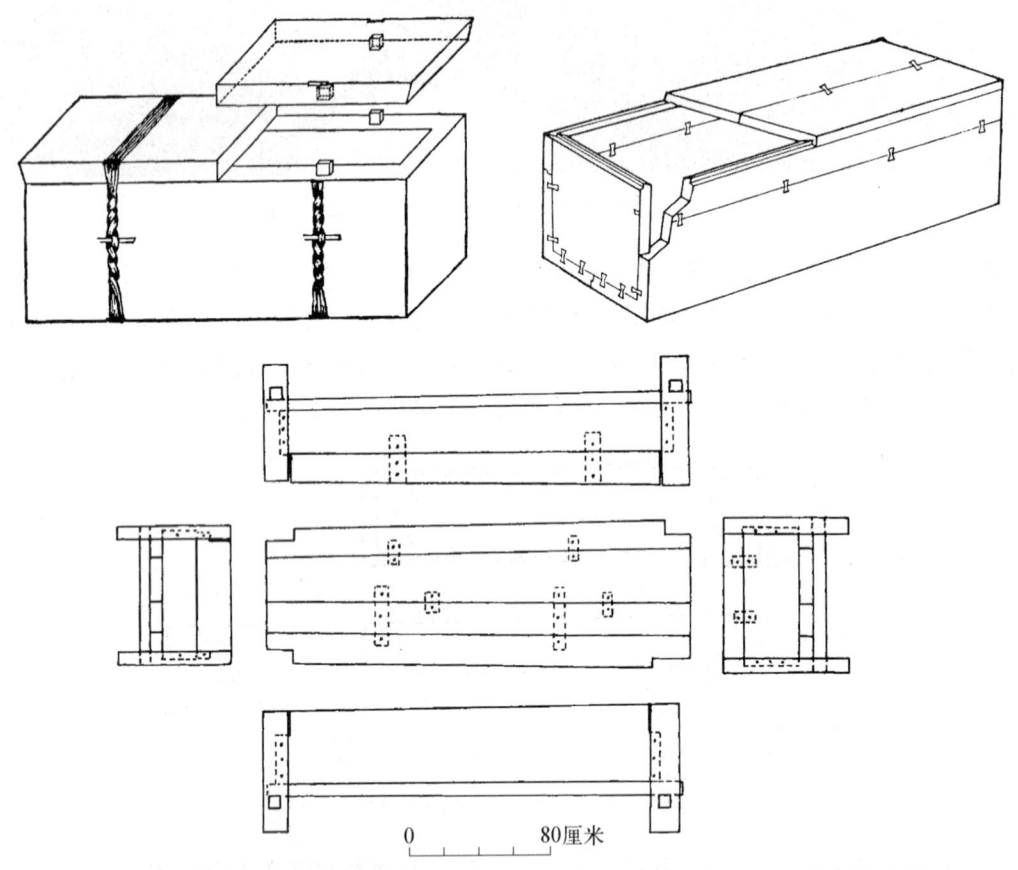

图二〇　江陵凤凰山 167 号汉墓、北京大葆台汉墓 M1、营盘墓地 M7 木棺所见小腰

同样的,很多墓葬存在用纺织物包裹墓主人、使用覆面和鼻塞等习俗,与汉代做法相似但又不完全相同,而且这些现象也是同时见于箱式木棺墓和树干型木棺墓,这可能是间接受到汉文化影响的结果。

B 型 II 式为彩绘木棺,汉文化色彩更加浓厚。彩绘木棺原是汉代高等级木质葬具所特有,被称为"朱棺"、"画棺",由于耗费较大,在文献中常被当作逾制或优赐而

---

① 大葆台汉墓发掘组、中国社会科学院考古研究所:《北京大葆台汉墓》,北京:文物出版社,1989 年,第 30 页。
② 武威市文物考古研究所:《甘肃武威磨嘴子汉墓发掘简报》,《文物》2011 年第 6 期,第 4~11 页;甘肃省文物考古研究所、日本秋田县埋藏文化财中心、甘肃省博物馆:《2003 年甘肃武威磨咀子墓地发掘简报》,《考古与文物》2012 年第 5 期,第 28~38 页;甘肃省博物馆:《甘肃武威磨咀子 6 号汉墓》,《考古》1960 年第 5 期,第 10~12 页;甘肃省博物馆:《武威磨咀子三座汉墓发掘简报》,《文物》1972 年第 12 期,第 9~21 页。

被提及。到了魏晋时期,这种彩绘木棺不再与身份等级有关,在中原地区也并不流行,而是作为一种奢侈品,为河西地区的地主豪强所喜爱,尤其在酒泉郡及其附近地区流行①。

营盘墓地 M15 和楼兰彩棺的棺体表面满绘菱格与圆圈纹(图二一),被认为正是《后汉书·舆服志》中所记载的"组连璧交络四角",象征着捆扎棺木的穿璧束带②;云气纹、日月以及金乌、蟾蜍也无疑是典型的汉式纹样,屡见于河西魏晋彩棺上。

图二一　营盘墓地 M15 木棺盖板与侧板纹样

不过,细察可知,正如研究者所注意到的,营盘墓地 M15 彩棺并非纯粹的汉式葬具,其表面所绘穿璧纹较之传统形式已经有所变化③,菱格相交处的圆圈排列十分规整,用细线描出轮廓、中间平涂填色,已经脱离了"璧"的外观,楼兰彩棺上的"璧"纹亦非圆环状,显然绘画者并不了解这种图案的来源和内涵;而菱格内所填绘的花卉、蔓草、花瓶、树叶纹以及前后挡板装饰的石榴纹样也并非汉文化所有,而应是来自西方。从营盘墓地的整体情况来看,其中包含的文化因素比较复杂,我们更倾向于认为该墓地属于当地土著文化,而 M15 的墓主人则是其中一位首领或贵族。当然,木棺及其所在墓葬所表现出的汉文化特征是如此鲜明,说明这一时期汉文化对西域有着强烈的、直接的影响,这一影响的源头应与 C 型木棺相同,来自河西地区。

值得一提的是,B 型木棺在西藏也有所发现。阿里地区的故如甲木墓地和曲踏墓地

---

① 孙彦:《河西魏晋十六国壁画墓研究》,北京:文物出版社,2011 年,第 85~88 页。
② 于志勇、覃大海:《营盘墓地 M15 的性质及罗布泊地区彩棺墓葬初探》,载西北大学考古学系、西北大学文化遗产与考古学研究中心编《西部考古》第一辑,西安:三秦出版社,2006 年,第 401~427 页。经考证,这种纹饰由"交龙穿璧"图案抽象转化而来,在汉代画像石中最为盛行,亦见于秦、西汉时期的地面建筑,文献中称为"瑣"纹。参见李祥仁:《穿璧纹的缘起、发展与嬗变》,《长江文化论丛》2005 年第 1 期,第 116~124 页;王瑷:《"青瑣"及"青瑣窗"的建筑史解析——从汉画像石纹饰说起》,《同济大学学报(社会科学版)》2006 年第 6 期,第 88~95 页。
③ 林圣智:《中国中古时期墓葬中的天界表象》,载《古代墓葬美术研究》第一辑,北京:文物出版社,2011 年,第 143 页。

均发现了方形四足箱式木棺,同时出土带有"王侯"铭文的丝绸残片、马蹄形木梳以及长方形木案、木奁、草编器等遗物①。从其木棺形制、出土遗物与西域地区的相似程度来看,当时西藏与西域的联系相当密切。当然,这种联系仍限于高等级墓葬中,二者出土的汉式器物则表明了当地上层对于汉文化的认同。

(三) C型:汉人移民葬具

C型木棺板材较厚、质料良好、制作精良,用不同的长条形木板,以两头大、中间小的木榫分别连接拼装成盖板、侧板、底板,侧板与底板再相互套合组装成棺体,并用铁钉钉合加固,盖板呈尖顶状或圆弧状隆起,并超出侧板。

这一类型木棺是典型的汉人葬具,在河西地区十分流行,发现数量很多,主要集中在魏晋时期的酒泉郡地区。如玉门官庄2003GYGM1(图二二),为穹窿顶单室土洞墓,由斜坡式墓道、墓门、甬道、单墓室及双壁龛组成,年代被定在西晋晚期至十六国时期的4世纪中叶。墓内为夫妇合葬,头向均朝东,仰身直肢;其中女墓主的葬具为木棺,前端高宽、后端低窄,盖板呈拱形、上置麻质铭旌,右侧板还贴有一幅车马出行图纸画;全部棺板均以蝴蝶榫扣锁固定②。

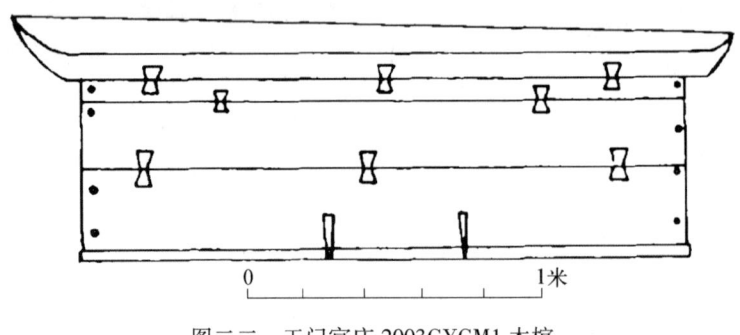

图二二 玉门官庄2003GYGM1 木棺

敦煌佛爷庙湾M37所出木棺(图二三),与此基本一致,略有差异。该墓葬为带斜坡墓道的方形单室画像砖墓,夫妇合葬,墓室内两侧壁下分设青砖修筑的棺床,上置木棺。木棺的组装方法与若羌县博物馆藏木棺完全一样,唯箱体剖面上窄下宽、略成梯形,头挡板上分别绘有梳篦、V形双线等图案,男墓主木棺上还搭铺帛画即"铭旌"。从随葬品来看,发掘者判断该墓的年代为西晋早期,早于290年,墓主人为当地豪族地主③。

---

① 中国社会科学院考古研究所、西藏自治区文物保护研究所:《西藏阿里地区噶尔县故如甲木墓地2012年发掘报告》,《考古学报》2014年第4期,第563~583页;中国社会科学院考古研究所、西藏自治区文物保护研究所、阿里地区文物局、札达县文物局:《西藏阿里地区故如甲木墓地和曲踏墓地》,《考古》2015年第7期,第29~50页。
② 甘肃省文物考古研究所:《甘肃玉门官庄魏晋墓葬发掘简报》,《考古与文物》2005年第6期,第8~13页。
③ 甘肃省文物考古研究所:《敦煌佛爷庙湾西晋画像砖墓》,北京:文物出版社,1998年,第11~22页。

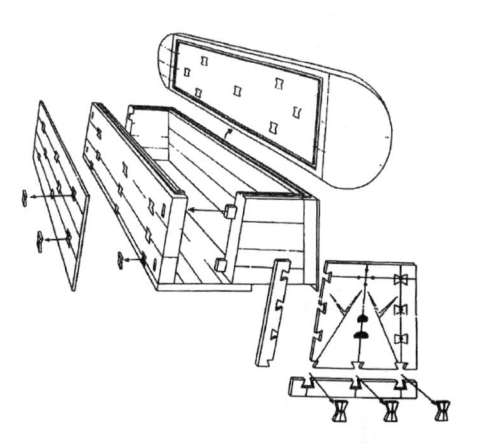

图二三　敦煌佛爷庙湾 M37 木棺

在吐鲁番地区,这种形制的木棺在 3～6 世纪一直流行,如 64TAM39①(4 世纪)、66TAM62②(5 世纪),整体形制如出一辙;64TAM39、06TAM605 所出土棺挡与佛爷庙湾 M37 也十分相似③(图二四),这些墓葬的主人无疑是河西迁徙过去的豪族地主。

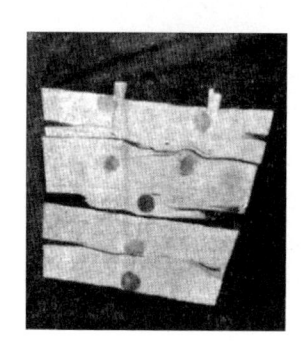

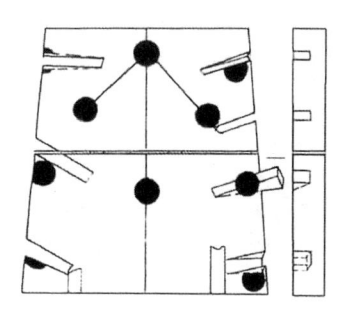

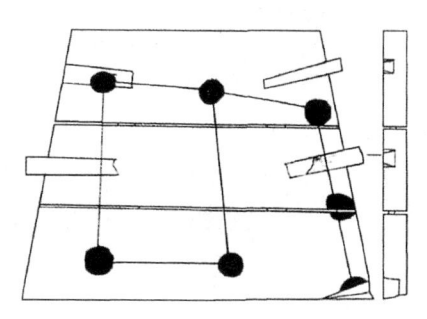

图二四　吐鲁番 64TAM39、06TAM605 木棺前后挡板

韦正指出,此前学术界将吐鲁番地区汉人墓葬的年代判断得过于宽泛,经过细致的器物对比,他辨认出以阿斯塔纳 TA66M53 为代表的一批墓葬,年代可以集中在魏晋、十六国早期这个范围内,即 4 世纪之前。这是吐鲁番有规模地出现汉式墓葬的开始,在吐鲁番历史上具有划时代的意义,即汉人逐渐开始掌控这一地区,其历史背景是汉魏之际的河西动乱所引发的人口向西部新疆地区的移动④。

若羌博物馆所藏木棺的整体形制与上述吐鲁番木棺几乎完全一致,墓主人无疑是汉族,这说明在这一从河西向吐鲁番的移民浪潮中,亦有一些汉人迁徙到了楼兰地区。而咸

---

① 新疆维吾尔自治区博物馆:《吐鲁番县阿斯塔那——哈拉和卓古墓群发掘简报(1963～1965)》,《文物》1973 年第 10 期,第 8～9 页。
② 新疆维吾尔自治区博物馆:《吐鲁番县阿斯塔那——哈拉和卓古墓群清理简报》,《文物》1972 年第 1 期,第 9～11 页。
③ 新疆维吾尔自治区博物馆考古部、吐鲁番地区文物局阿斯塔那文物管理所:《新疆吐鲁番阿斯塔那古墓群西区考古发掘报告》,《考古与文物》2016 年第 5 期,第 48 页。
④ 韦正:《试谈吐鲁番几座魏晋、十六国早期墓葬的年代和相关问题》,《考古》2012 年第 9 期,第 60～68 页。

水泉 8 号墓地彩棺表面所绘对马纹、双驼互咬、莲花等图像也见于楼兰壁画墓(图二五、图二六),反映出强烈的贵霜文化特征,后者墓壁发现有佉卢文题记,显然墓主人是一位贵霜上层移民[①],前者的身份也大抵若是。同时,两座墓葬也都表现出一些汉文化因素,均采用斜坡墓道洞室墓的墓葬形制和汉式箱式木棺;楼兰壁画墓前室西壁描绘出独角兽的形象,显然是来自汉文化的,随葬木质独角兽是河西汉墓的特有葬俗;咸水泉 8 号墓地彩棺的表面还描绘出红色大菱格穿璧纹,与 B 型 Ⅱ 式的楼兰 09LE14M2 和营盘墓地 M15 彩棺的图案十分相似,是典型的汉文化风格。这些都说明河西汉文化的影响也波及了楼兰的贵霜移民群体。

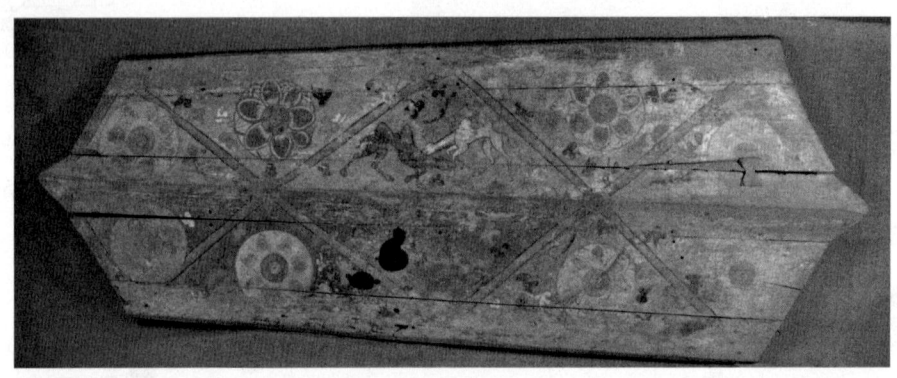

图二五　咸水泉 8 号墓地彩棺棺盖及线图

楼兰与吐鲁番的比较十分耐人寻味。这两地一直是中原王朝经营西域的两个重要据点。从玉门关到西域,楼兰是第一站和必经之路,也是中原政权最初着手和用力最多之处,这从楼兰所出汉式器物数量居于西域之首即可见一斑;高昌则是对抗北方草原游牧势力的前哨,其战略位置尤其重要。不过,汉代对西域的经营主要是局限于军事和政治控制,并未像在河西那样实行设置郡县、移民实边的政策,在西域活动的汉人仅限于屯田官吏、戍卒、使者等特殊身份的人群,并非常驻居民。汉人真正向西域移民实际上到魏晋时期才开始,移民多来自河西地区。中原的战乱使得汉人从中原移居河西,而河西虽相对中

---

① 陈晓露:《楼兰壁画墓所见贵霜文化因素》,《考古与文物》2012 年第 2 期,第 79~88 页。

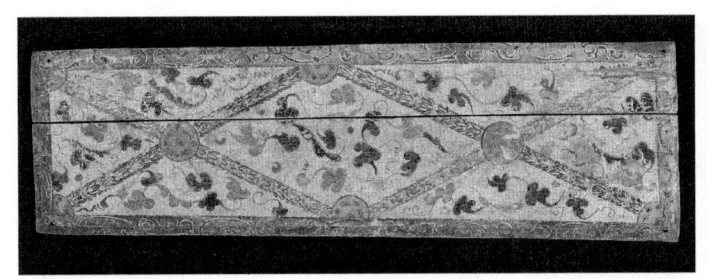

图二六 楼兰壁画墓出土彩棺及双驼互咬、对马纹壁画

原略为太平,但也一直存在军事割据、动乱频仍的问题,因此移民又继续向西流动进入西域。经过汉代的经营之后,楼兰和高昌都已经有了一定的汉文化基础,相较之下楼兰又更胜一筹,且距离河西更为便利。然而,河西大族引领的汉人移民群体却并未选择最邻近的楼兰,而是到了稍远的吐鲁番。

从考古发现来看,河西汉人做出这种选择的原因可能在于,楼兰地区土著居民和西来贵霜移民的文化均较为强大,他们的存在可能会成为汉族移民的发展阻力。从楼兰出土有纯粹汉式木棺来看,河西大族一开始并非没有考虑楼兰。然而,作为东西交通的重要连接点,楼兰在政治和文化上也同时受到来自东西两个方向的影响。汉人在楼兰的经营策略主要是注重军事屯戍,未能或很少直接参与行政管理事务①,移民非常少,文化上的影响十分有限;与此同时,从3世纪起,西方的贵霜人却不断地迁入楼兰地区。楼兰、尼雅遗址出土的佉卢文文书,这一时期墓葬中表现出来的贵霜文化因素以及大量的佛教遗存都表明贵霜移民群体的规模不小②。尽管这些贵霜人可能是以难民身份到来的③,但他们的书写文字能力和佛教信仰,很大程度上影响了楼兰的政治和文化格局。而当河西汉人群体向西域迁移时,考虑到楼兰地区复杂的情势,可能会倾向于选择吐鲁番地区。

327年,驻守楼兰的前凉西域长史李柏第二次攻击高昌,擒下叛将戊己校尉赵贞,在那里设置了高昌郡。此后,随着河西汉人的不断迁入,吐鲁番逐渐发展兴盛,取代楼兰成

---

① 胡平生指出,从魏晋楼兰出土文书来看,西域长史只是一种军事建制,当地的民政事务仍由土著国王负责,胡人则由"胡王"管理。参见胡平生:《魏末晋初楼兰文书编年系联(下)》,《西北民族研究》1991年第2期,第15页。

② 陈晓露:《塔里木盆地的贵霜大月氏人》,载《边疆考古研究》第19辑,北京:科学出版社,2016年,第207~221页。

③ 佉卢文书中所见的鄯善国王名字多来自当地语言,而书吏的名字则出自犍陀罗语,并且文书中有鄯善国王要求地方接收难民并向其分发土地、房屋、种子的记录,表明贵霜人并非以统治者的身份进入楼兰。参见 Valerie Hansen, "Religious Life in a Silk Road Community: Niya During the Third and Fourth Centuries", John Lagerwey ed., *Religion and Chinese Society*, vol. I, Hong Kong: The Chinese University Press, 2004, pp. 290-291。

为西域的汉文化中心。同时,楼兰的地位不断下降,逐渐走向衰弱,并在5世纪以后彻底消亡。河西汉人迁居吐鲁番的路线即所谓"北新道"。《魏略·西戎传》载:"从敦煌玉门关入西域,前有二道,今有三道。……从玉门关西北出,经横坑、辟三陇沙及龙堆,出五船北,到车师界戊己校尉所治高昌,转西与中道合龟兹,为新道。"① 新道可以避开三陇沙和罗布泊白龙堆地区艰难的路段。事实上,这条路在汉代就已经存在,但当时因受匈奴的侵扰未能及时开通。《汉书·西域传》载:"元始中,车师王国有新道,出五船北,通玉门关,往来差近。戊己校尉徐普欲开,以省道里半,避白龙堆之阸。车师后王姑句,以道当为拄置,心不便也。"② 匈奴的威胁解除之后,河西汉人不断由此进入吐鲁番,北新道逐渐繁荣,取代楼兰道成为进入西域的主干道。

(四) D型:推测源于槽形棺,对河西地区有影响

这一型数量较少,以营盘墓地M8木棺为代表,除了没有底板,其他特征基本与平顶四足型差别不大。从营盘墓地M7同时使用倒扣的槽形棺和箱式木棺的做法来看,这种没有底板的箱式木棺可能是以倒扣使用的槽形棺为原型的。敦煌佛爷庙湾墓地也发现有这种倒扣使用的葬具,发掘者称之为"棺罩",与青砖垒砌的棺床一起使用③。这种棺罩与棺床结合使用的做法,在察吾乎三号墓地M20中也可见到(图二七):墓底用窄木板和圆

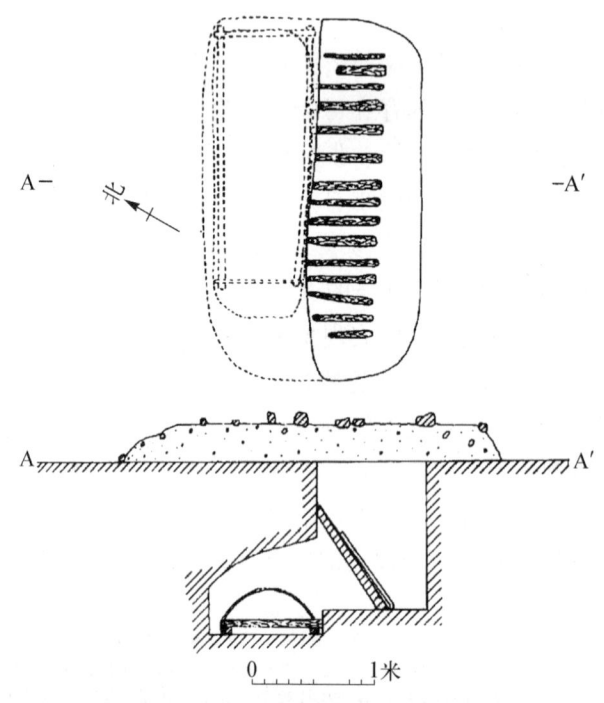

图二七 察吾乎三号墓地 M20 平剖面图

---

① 《三国志·魏书》,北京:中华书局,1982年,第859页。
② 《汉书》卷九六,北京:中华书局,2002年,第3924页。
③ 甘肃省文物考古研究所:《敦煌佛爷庙湾西晋画像砖墓》,第9~10页。

木搭成木框,上置人骨架,尸骨外再罩一拱形木盖①。库车昭怙釐塔墓也是在方木构筑的棺床上放置箱式木棺。因此,这种倒扣使用的棺罩,反映了西域可能对河西地区的葬俗也存在着影响。不过,由于发现的材料仍非常少,目前这些都仅限于推测,尚需要更多的材料才能说明问题。

小　　结

　　从源头上来说,箱式木棺无疑是汉文化的产物,经由北方草原民族的中转,间接进入了西域地区。目前发现的西域汉晋时期箱式木棺大致可分为平顶平底、平顶四足、凸顶平底和平顶无底四个类型。平顶平底型较为简单,体现了匈奴、月氏等民族对西域的影响。平顶四足型是西域特有的形制,较多保留了墓口棚盖、棺盖上堆放树枝、棺外覆盖毛毯等本地早期葬俗;同时,墓中随葬汉式器物、棺表施彩绘等则表明随着丝绸之路的开通,此时西域受到了汉文化直接的影响。凸顶平底型则是典型的汉人葬具,它的出现表明西域从魏晋时期开始才真正出现汉人移民的群体。平顶无底型目前材料较少,推测可能由倒扣使用的槽形棺演变而来,并可能影响到了河西地区。

　　总体上,箱式木棺除了表现出汉文化的影响,也反映出西域汉晋时期多种文化因素在此混杂交融的情形。此后,箱式木棺在西域地区一直流行到唐代,如莎车喀群墓地 M2、塔什库尔干石头城墓地均出土了箱式木棺(图二八、图二九),仍以平顶四足为特征,反映了西域并非只是文化的被动接受者,而是将外来文化因素吸纳融合、创造形成了独具自身特色的文化。

图二八　莎车喀群墓地 M2 彩绘木棺　　　图二九　塔什库尔干石头城墓地出土木棺复原图

---

① 新疆文物考古研究所:《新疆察吾乎——大型氏族墓地发掘报告》,第 255 页。

大同北魏封和突墓银盘考

付承章
中国人民大学北方民族考古研究所

1981年9月,在山西省大同市小站村封和突墓出土了一件鎏金波斯银盘,墓葬年代为北魏时期。这件器皿的发现在很大程度上丰富了我们对中古时期域外文化的认知,在整个中西文化交流史上也具有十分重要的意义。然而,关于这件器皿的一些相关问题的争议却一直存在。近年来,随着物质材料的不断增加,笔者认为已有必要对银盘中的人物形象、来源等问题作出进一步的考证。

一、出土概况

据发掘者介绍,这座北魏墓的具体位置是在大同市西5公里处的小站村花圪塔台,南临同云公路,西半公里许即武周山麓。墓中器物大都被盗或破坏,仅出土鎏金波斯银盘、高足银杯、银耳杯、铁棺环、铁棺钉、铁花棺饰件、石灯台、墓志、青瓷片、陶片及铁斧、铁镐等遗物①。通过对墓志的解读,可知封和突生前的官职为屯骑校尉,兼领都牧令。经马雍考证,屯骑校尉始置于汉武帝,东汉、曹魏以下至北魏皆因之,职在统领禁卫军中的一部分骑兵部队。都牧令,前代所无,北魏高祖太和十五年(491年)十二月始置,见《魏书·官氏志》;其职当掌国家畜牧事,尤重在军马一项②。故封和突应属当时的军事要员。

图一 封和突墓鎏金银盘

关于这件鎏金波斯银盘(图一)的具体信息如下:敞口、斜腹、矮圈足,右侧有部分残缺。口径18、高4.1厘米,圈足直径4.5、高1.4厘米。盘内沿外侧施三道旋纹。盘中央雕一男性人物,深目高鼻,卷发长髯,戴椭圆形头饰,头饰前方伸出一对触角状小

---

① 马玉基:《大同市小站村花圪塔台北魏墓清理简报》,《文物》1983年第8期。
② 马雍:《北魏封和突墓及其出土的波斯银盘》,《文物》1983年第8期。

球,下方为联珠形发式,头饰后面飞扬一对褶皱状飘带,耳着水滴形耳坠,颈部戴联珠项链,身穿紧身衣裤,腰带中间有圆扣,下垂双绶带,两侧佩武器,足蹬短靴。人物面朝左侧(观者角度),双手持矛,左腿直立,右腿向后抬起,正与芦苇沼泽中的三只野猪搏斗。据笔者观察,该器皿的制作工艺可能采用了先捶揲成型后去地的技法,形成了萨珊银盘典型的浅浮雕式效果。故确为一件波斯萨珊器皿无疑。

二、银盘中的人物形象

近些年,对封和突墓鎏金银盘的争议首先体现在人物形象上。马雍根据人物的一些面貌特征,认为此图中之行猎者为萨珊朝第四代国王巴赫拉姆一世[1];夏鼐则提出:猎者头上没有萨珊朝诸王所各具特征的王冠,身上也没有花纹华丽的锦袍,所以他似乎只是一个贵族[2];美国学者哈珀(P. O. Harper)认为其可能是萨珊国王沙普尔一世的儿孙[3];齐东方的观点更倾向于猎者[4]。

早在公元前后,猎者的形象就已成为欧亚大陆艺术中最常见的主题之一,这一题材起源于亚述浮雕上的皇家狩猎图案,后来在伊朗、中亚、希腊、罗马、中国、韩国、印度等地的艺术作品中均有所呈现[5]。相比亚述艺术中猎狮场景的大量出现,萨珊艺术中的猎兽种类更为多样,有狮、野猪、豹、羚羊、公牛、熊等近十种之多。不仅动物的数量不一,而且人物所持武器、坐骑形态等细部特征也更富于变化。另外,狩猎图在萨珊银器中出现的比例要远高于授衔仪式等其他题材,这些无不体现出其在萨珊艺术中的重要地位。作为萨珊皇室的标志之一,狩猎场景更多地与萨珊国王联系在了一起。在琐罗亚斯德教中,最好的国王同时也是英勇的猎人和超级勇士[6],因此在目前所有的萨珊银器上出现的猎者多以国王的形象展现,其中能够确认身份的有沙普尔二世(Shapur Ⅱ)、耶兹格德一世(Yezdegerd Ⅰ)等。这在一定程度上影响了学界对萨珊银器的认知。

除银器外,萨珊岩刻上也有一些国王的形象得以留存,如沙普尔一世(Shapur Ⅰ)、巴赫拉姆一世(Bahram Ⅰ)、巴赫拉姆二世(Bahram Ⅱ)、霍尔米兹德二世(Hormizd Ⅱ)、阿尔达希尔二世(Ardashir Ⅱ)、沙普尔三世(Shapur Ⅲ)、库思老二世(Khosro Ⅱ)等,然数量不全,并不足以成为有力的参考标准。而目前发现的国内外萨珊银币上均无一例外地印有历代萨珊国王形象。通过钱币学的研究可知王冠是判断国王形象最为重要的标准之

---

[1] 马雍:《北魏封和突墓及其出土的波斯银盘》,《文物》1983年第8期。
[2] 夏鼐:《北魏封和突墓出土萨珊银盘考》,《文物》1983年第8期。
[3] Prudence O. Harper, "An Iranian Silver Vessel from the Tomb of Feng Hetu", *Bulletin of the Asia Institute*, New Series, Vol. 4, In honor of Richard Nelson Frye: Aspects of Iranian Culture, 1990, pp. 51–59.
[4] 齐东方:《中国古代的金银器皿与波斯萨珊王朝》,载叶奕良主编《伊朗学在中国论文集》,北京:北京大学出版社,1993年,第51页。
[5] B. I. Marshak, V. I. Raspopova, "A Hunting Scene from Panjikent", *Bulletin of the Asia Institute*, New Series, Vol. 4, In Honor of Richard Nelson Frye: Aspects of Iranian Culture, 1990, p. 77.
[6] Guitty Azarpay, "Sasanian Art beyond the Persian World", *Mesopotamia and Iran in Parthian and Sasanian Times*, Proceedings of a Seminar in memory of Vladimir G. Lukonin (in press), 2000, p. 68.

一,因为每位国王的冠冕各不相同。因此,判断封和突墓鎏金银盘上的人物是否为萨珊国王,其出发点应从萨珊银币上的王冠着手。需要指出的是,同样作为皇室产品的萨珊银器与萨珊银币,二者之间并无主次关系,但相互借鉴的情况确实存在①。

王樾通过对上海博物馆所藏萨珊全部国王的各类银币②的梳理,从总体结构上将王冠形制自上而下分为四部分。第一部分是王冠顶部的球状物,简称冠球。第二部分是王冠的主体,即中部的帽冠部分。第三部分是王冠后部飞扬的飘带。第四部分是王冠底部的帽箍,有二到三圈,多装饰以联珠③。根据封和突墓墓志记载,封和突卒于北魏宣武帝景明二年,即 501 年。此盘的制作也当不晚于这一时期。通过对银币中萨珊王冠样式的分析,这一时期之前的王冠基本上都保留了顶部的球状物,仅阿尔达希尔一世(Ardashir I)的Ⅱ式冠是唯一的例外,而这种冠式是阿尔达希尔一世所特有的。

除了银币,在银器、岩刻等其他种类的萨珊艺术品中,冠球几乎一直都是国王的标配,其具体含义可能与萨珊统治者称自己为"日月之兄弟"有关④。巴赫拉姆一世也不例外。经观察,萨珊岩刻(图二)、银币(图三)中的巴赫拉姆一世形象,其冠球特征同位于封和突墓银盘人物头饰前方的触角状小球有着本质的区别,故银盘中的人物并非巴赫拉姆一世,其身份等级应和国王划清界限。

图二 伊朗比沙普尔(Bishapur)岩刻中的巴赫拉姆一世形象(右)

俄罗斯学者鲁考宁(V. G. Lukonin)曾对萨珊波斯王朝的上层阶级做过细致的划分⑤,

---

① Prudence O. Harper, "The Royal Hunter: Art of the Sasanian Empire", *Asia Society*, 1978, p. 34.
② 在上海博物馆收藏的萨珊历代银币中,没有阿扎米都女王(Azarmiduxt)银币,因此王在位仅数月,钱币沿用了库思老二世银币。
③ 王樾:《萨珊银币上的王冠》,《上海博物馆集刊》2002 年第 12 期。
④ P. O. Harper, "Thrones and Enthronement Scenes in Sasanian Art", *Iran*, Vol. 17(1979): p. 56.
⑤ V. G. Lukonin, *Parthian and Sassanid Administration*, *Cambridge History of Iran*, Ⅲ, Chapter 18(in press), 1967, p. 231.

图三　萨珊银币中的巴赫拉姆一世形象

第一等级为国王(shahrdaran);第二等级为王子或其他皇室成员(waspuhrakan);第三等级为大贵族(wazurgan);第四等级为小贵族(azatan)。对于这种情况,《周书·异域下》及《北史·西域传》中也有相应的记载:"波斯国……国人号王曰翳囋,妃曰防步率,王之诸子曰杀野。大官有摸胡坛,掌国内狱讼;泥忽汗,掌库藏关禁;地卑勃,掌文书及众务。次有遏罗诃地,掌王之内事;萨波勃,掌四方兵马。其下皆有属官,分统其事。"[1]两相对比之后不难看出彼此间的一些相似性。而具体到萨珊银器中的人物形象,除第四等级尚无定论外,第一等级以大英博物馆所藏的国王猎鹿纹鎏金银盘(图四)为标志,第二等级以大都会艺术博物馆所藏的人物纹鎏金银碗(图五)为标志,第三等级以美国辛辛那提艺术博物馆所藏的人物纹银碗(图六)为标志[2]。而作为身份象征的头饰毫无疑问是最重要的判断标准。

图四　国王猎鹿纹鎏金银盘　　图五　人物纹鎏金银碗　　图六　人物纹银碗

通过对人物所戴头饰的比较,我们可以看出:封和突墓银盘人物没有戴萨珊社会第一等级的标志物球形冠,和第二等级的相似性主要表现在头饰后面系挂的飘带,而这是第

---

[1]《周书》卷五十《异域下》,北京:中华书局,1974年,第919页;《北史》卷九十七《西域传》,北京:中华书局,1972年,第3222~3223页。

[2] Prudence O. Harper, Pieter Meyers, *Silver Vessels of the Sasanian Period*. Vol. 1, Royal Imagery, New York: The Metropolitan Museum of Art, 1981, p. 39.

三等级所不具备的特征。

飘带作为萨珊艺术的标志之一，同时也是皇室及神灵的特权与象征①，其长度、具体位置、朝向等多有变化，一般成对出现。另外，封和突墓银盘人物前额的联珠形发式及颈部的联珠项链，在萨珊第一等级和第二等级的人物形象中均有体现，如伊朗巴斯坦博物馆所藏的人物纹银碗（图七）。而腰带圆扣上的双缎带同样也是萨珊皇室装束的重要特征②（图四）。

图七　人物纹银碗局部

尤为引人注目的是位于人物头饰前方的一对触角状小球，下方小球在前，上方小球在后，上方小球有一部分为下方小球所遮挡，小球内似有联珠图案。这一特征在萨珊头饰中极为罕见，故应成为判定人物身份的关键之一。在巴斯坦博物馆所藏的一件人物猎狮纹鎏金银盘（图八）中，猎者头饰前方同样有一对近乎一致的触角状小球，由于人物朝向不同，故双球的排列也有所不同，下方小球在后，上方小球在前，下方小球有一部分为上方小球所遮挡，小球内饰鳞纹。经观察，除双球外，二者之间仍存在其他的一些相似点：如水滴形耳坠、褶皱状飘带、联珠项链、腰带扣上的双缎带等。因此，二者的人物身份很有可能是一致的。与封和突墓银盘人物头饰有所不同的是，巴斯坦博物馆银盘人物的头饰上部呈扇形，这一类型不见于历代的萨珊诸王装束，而仅见于伊朗波斯波利斯（Persepolis）的疑似沙普尔（Shapur）形象的岩刻（图九）之中。沙普尔即伊朗人帕帕克（Papak）的长子，其弟便是萨珊王朝开国之君阿尔达希尔一世。故学界多以此认定巴斯坦博物馆银盘人物为萨珊王子③。由此判断，封和突墓银盘人物的具体身份也应当与同处于萨珊社会第二等级的王

图八　人物猎狮纹鎏金银盘　　　　图九　沙普尔（？）形象岩刻

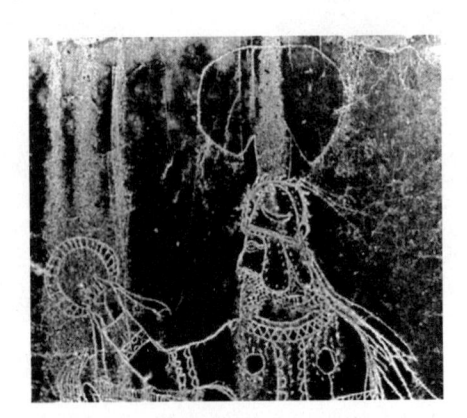

---

① Judith A. Lerner, "Animal Headdresses on the Sealings of the Bactrian Documents", *Exegistimonumenta. Festschrift in Honour of Nicholas Sims-Williams*, 2009, p. 217.
② B. I. Marshak, V. I. Raspopova, "A Hunting Scene from Panjikent", p. 87.
③ Prudence O. Harper, Pieter Meyers, *Silver Vessels of the Sasanian Period*. p. 55.

子有关。

巴斯坦博物馆所藏的这件银盘出自伊朗西北部的萨里(Sari),其重要性之一在于上面的人物形象开了萨珊狩猎图中人物面向右侧的先河①。在目前发现的萨珊银盘中,仅有极少数的主体人物面朝左侧,除了封和突墓鎏金银盘之外,还有阿塞拜疆历史博物馆所藏的人物猎羊纹鎏金银盘(图一〇)和格鲁吉亚阿布哈兹州博物馆所藏的人物猎熊纹鎏金银盘(图一一)。经考证,这两件器皿上的人物形象均为萨珊王子②。这种现象的出现并非巧合,萨珊王朝在开疆拓土的过程中,每占领一处土地,便多指派王子作为地方的最高统治者进行管理,而在此期间,伊朗本土风格就会多少受到地方文化的影响。以中亚地区为例,由于很多中亚钱币上的人物形象面向左侧,故很可能在一定程度上决定了萨珊狩猎纹银盘的人物朝向。值得提及的是,这种风格可能还影响到了安伽、史君墓中带有粟特风格石刻画像上的部分狩猎场景,如位于史君墓石堂西壁W3的射猎与商队图③。与萨珊狩猎图强调皇室权威的内涵有所不同,粟特狩猎图更多是用以指代某一场景中的特定情节或者富人的理想生活④。

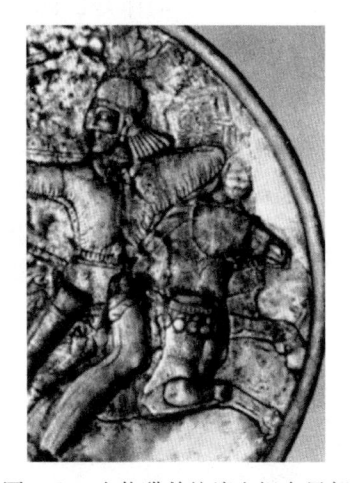

图一〇　人物猎羊纹鎏金银盘局部　　　图一一　人物猎熊纹鎏金银盘

三、银盘的来源

俄罗斯学者马尔沙克(B. I. Marshak)在谈到封和突墓鎏金银盘的来源时,认为这应该是波斯属国的制品⑤。关于波斯属国的范围,在伊朗纳克什—伊—鲁斯塔姆(Naqsh-i-

---

① Prudence O. Harper, *The Royal Hunter: Art of the Sasanian Empire*, p. 33.
② Prudence O. Harper, Pieter Meyers, *Silver Vessels of the Sasanian Period*. p. 50.
③ 西安市文物考古研究所:《西安北周凉州萨保史君墓发掘简报》,《文物》2005年第3期。
④ Guitty Azarpay, *Sogdian Painting: The Pictorial Epic in Oriental Art*, Los Angeles: University of California Press, 1981, p. 64.
⑤ 王银田:《萨珊波斯与北魏平城》,《敦煌研究》2005年第2期。

Rustam)摩崖上的沙普尔一世题记中有相应的记载:"我是信奉拜火教阿胡拉·马兹达的国王沙普尔,波斯帝国本土和边疆的王中之王;我的王统世系来自天神一般的、同样信奉阿胡拉·马兹达的波斯王中之王阿尔达希尔。作为波斯大地的君主,我掌握着广袤的疆域:除了波斯本土和亚述,西面远及爱琴海边的迈锡尼、米底亚;西面拥有阿曼、红海、阿拉伯半岛;西北拥有高加索山脉下的阿塞拜疆、亚美尼亚、格鲁吉亚诸国;东面拥有中亚的帕提亚、木鹿古城、大夏的赫拉特、锡斯坦、库兹斯坦,据有兴都库什雪山;北面拥有草原的骨利干、吐兰、科尔曼、马库兰;在南面印度大地上我是贵霜王,拥有白沙瓦、粟特、塔什干的山脉,西域喀什噶尔……"① 而通过对银盘人物艺术形象的分析,我们似乎可以将产地的范围进一步具体化。

马雍曾指出,封和突墓鎏金银盘中的人物在相当程度上接受了希腊罗马古典艺术的影响。"……动势自然优美,俨然像一个古希腊运动员或罗马战士的形象"②。其中,单腿向后抬起的动作在艾尔米塔什博物馆所藏的国王刺野猪纹鎏金银盘(图一二)中也有体现,国王戴着典型的中亚式羊角冠。而在美国私人收藏的一件带有巴克特里亚(Bactria)铭文的鎏金银盘上更是出现了完全一致的动作(图一三)。这类动作是伊朗东部的呼罗珊(Khorasan)、巴克特里亚和粟特地区在1世纪的典型艺术特征③。其源头似乎可上溯至公元前4世纪,随着亚历山大(Alexander the Great)及其继任者塞琉古(Seleucus)先后将希腊移民带到了巴克特里亚,希腊的文学作品开始为当地人所熟知。在伊朗以东,人们之间流传着关于猎者的英雄传说,如赫拉克勒斯(Heracles)、奥德修斯(Odysseus)等④。因此,这种希腊罗马式风格的出现可以将封和突墓银盘的来源定位到伊朗东面的波斯属国。

图一二 国王刺野猪纹鎏金银盘　　　　图一三 鎏金银盘

---

① [美]乐仲迪著,毛铭译:《从波斯波利斯到长安西市》,桂林:漓江出版社,2017年,第62页。
② 马雍:《北魏封和突墓及其出土的波斯银盘》,《文物》1983年第8期。
③ Prudence O. Harper, "An Iranian Silver Vessel from the Tomb of Feng Hetu", p. 56.
④ James C. Y. Watt, CHINA: Dawn of a Golden Age, 200 - 750AD, New York: The Metropolitan Museum of Art, 2005, p. 152.

除了人物之外,从封和突墓银盘上的野猪形象中也可看出一些反映地域文化的元素,德国学者厄德曼(K. Erdmann)认为,萨珊印章和银币中出现的野猪形象内涵多样,其中之一便是指代东方的强大势力①。因此,这一题材可能表示萨珊对东方敌人或地域的攻击,如伊朗东部的呼罗珊、中亚等地②。

值得注意的是,与封和突墓鎏金银盘同出的还有一件银耳杯(图一四)。耳杯平面略呈椭圆形,两端上翘,中间下凹。发掘者认为此杯是在汉耳杯基础上的创新之作③。杯长12.9、宽7.2、两端高4.3、中部高3.6厘米。杯底附椭圆形圈足,长4.3、宽3.9、高0.4厘米,足边饰联珠纹。左右两耳低于口沿0.4厘米,长5.8、宽1.1厘米,耳边饰双排联珠纹。这种饰于把手、足部边缘的联珠纹在中亚地区十分盛行④,在山西大同⑤、宁夏固原⑥、内蒙古伊和淖尔⑦等地所出的银耳杯上同样有所体现,表明源自中国的耳杯在这一时期加入了很多中亚的色彩,并不排除中亚舶来品的可能性。这就从另一个侧面说明,封和突墓银盘的产地可能同样来自伊朗以东的中亚一带。

图一四 封和突墓银耳杯

俄罗斯学者卢湃沙(P. B. Lurje)曾提出过"伊朗东部文化圈"的概念,这一文化圈在地理范围上大致包含了伊朗东部的呼罗珊及中亚等地。其特点在于虽曾受到过伊朗文化的影响,但与伊朗中西部存在诸多差异。例如,在很长一段时间之内,伊朗东部更多信奉佛教,而中西部则信奉琐罗亚斯德教;伊朗东部崇拜英雄鲁斯塔姆(Rustam),而对中西部来说,鲁斯塔姆恰是琐罗亚斯德教的敌人。从这件鎏金银盘及银耳杯所表现出的一些特点上看,其范围也不应脱离这一文化圈。以芦苇为例,封和突墓银盘植物在图中所占据的比例远大于伊朗中西部狩猎纹银盘中的场景比例(图八),这在绝大多数萨珊银器上也是不常见的。

马雍在探讨封和突墓鎏金银盘的来源问题时,列举了《魏书》本纪所载波斯遣

---

① K. Erdmann, "Eberdarstellung und Ebersymbolik in Iran", *Bonnjbb*, 147, 1942, p. 358.
② Prudence O. Harper, Pieter Meyers. *Silver Vessels of the Sasanian Period*, p. 139.
③ 马玉基:《大同市小站村花圪塔台北魏墓清理简报》,《文物》1983年第8期。
④ Prudence O. Harper. "Boat-Shaped Bowls of the Sasanian Period", *Iranica Antiqua* 23, 1988, p. 337.
⑤ 山西大同市安留庄村北魏墓群出土,现藏于山西博物院。
⑥ 固原县文物工作站:《宁夏固原北魏墓清理简报》,《文物》1984年第6期。
⑦ 塔拉:《相映成辉——草原丝绸之路文物精华》,呼和浩特:内蒙古人民出版社,2014年,第122页。

使朝献于北魏的十次记录,更多地强调了北魏和萨珊之间的关系①。但近代的中国学者往往怀疑中国古代史籍中所记载的外国使者并不一定是真正的国使。例如,张星烺曾云:"据《魏书》所载,全魏之世,波斯遣使中国凡十次,皆当第五世纪下半,及第六世纪之初。此等使节,究为国使,抑为商人冒充,不可得知……"②而根据西方学者的研究,在567年,即库思老一世(Khosro Ⅰ)统治期间,萨珊才开始了与中国王朝的第一次正式通使③。其依据多与当时萨珊同突厥结盟打败嚈哒这一史实有关。综上推断,《魏书》中所记载的十次通使可能部分反映了北魏王朝同伊朗东面的波斯属国之间的往来。而封和突墓银盘也极有可能是在这一背景下由中亚一带传入中国。

四、银盘的年代

关于封和突墓鎏金银盘的年代,有273~276年间④、3世纪后半⑤、4世纪后半叶至5世纪末⑥等说法。萨珊与中亚贵霜的最早接触时间是3世纪,自这一时期起萨珊王子开始逐渐统治这一地带,一直持续到4世纪⑦。而上述几件带有王子形象的萨珊银器,西方学界多认为是3~4世纪早期的作品,其主要特征在于人物均不戴球形冠⑧。从人物头饰、衣着及面向等一些图像上的相似性来看,封和突墓银盘的年代也应处于这一区间范围之内。具体而言,在巴赫拉姆二世统治期间(276~293年),位于伊朗比沙普尔以南的萨尔—米什德(Sar-Meshed)岩刻中第一次出现了面向左侧的萨珊国王与狮子搏斗的场面⑨(图一五)。另外,到了沙普尔二世统治时期(309~379年),萨珊银盘中的狩猎纹开始作为固定内容出现(图一六),装饰风格也逐渐统一⑩。狩猎纹更多地是以面朝右侧的国王骑射场景为主要内容。而在此之前,这一模式尚未确立。因此,封和突墓鎏金银盘很有可能是3世纪末至4世纪早期的作品。

---

① 马雍:《北魏封和突墓及其出土的波斯银盘》,《文物》1983年第8期。
② 张星烺:《中西交通史料汇编》第三册,北京:中华书局,1977年,第50页。
③ A. D. H. Bivar, "Trade between China and the Near East in the Sasanian and Early Muslim Periods, in Pottery and Metalwork in T'ang China", ed. W. Watson, *Colloquies on Art and Archaeology in Asia*, I, London: School of Oriental and African Studies, 1970, pp. 1-8.
④ 马雍:《北魏封和突墓及其出土的波斯银盘》,《文物》1983年第8期。
⑤ 齐东方:《中国古代的金银器皿与波斯萨珊王朝》,载《伊朗学在中国论文集》。
⑥ 夏鼐:《北魏封和突墓出土萨珊银盘考》,《文物》1983年第8期。
⑦ Prudence Oliver Harper, "Portrait of a King", *The Metropolitan Museum of Art Bulletin*, 1966, p. 140.
⑧ Prudence O. Harper, Pieter Meyers. *Silver Vessels of the Sasanian Period*, p. 48.
⑨ E. Yarshater, *The Seleucid. Parthian and Sasanian Periods. The Cambridge History of Iran*, Vol. 5(2), Cambridge University Press, 2008, p. 1118.
⑩ Prudence O. Harper, *The Royal Hunter: Art of the Sasanian Empire*, p. 40.

图一五　伊朗萨尔—米什德岩刻中的巴赫拉姆二世形象

图一六　沙普尔二世狩猎纹鎏金银盘

16世纪前东非海岸中的马林迪*

丁 雨

北京师范大学历史学院

2010~2013年,北京大学与肯尼亚国立博物馆联合考古队对肯尼亚马林迪地区的多个遗址进行了发掘和调查。在所获遗物遗迹的基础之上,多位学者构建了曼布鲁伊(Mambrui)和马林迪老城(Malindi Old Town)遗址的时空框架,并分析了两地先民的居住方式、聚落结构、手工业经济状况和对外交流情况[①]。这使得我们对两地的历史发展有了较为系统的初步认识。不过,想要清晰"定位"马林迪地区的两大遗址曼布鲁伊和马林迪老城,尚需观察东非沿海地区的区域背景。本文即试图结合已有资料,将曼布鲁伊和马林迪老城置于东非沿海地区之中予以观察,进而分析马林迪地区在东非海岸这一文化区域内的作用与地位。

东非沿海地区形如狭长的走廊,是相对独立的地理单元(图一)。从人群文化的角度来看,这条海岸线实为非洲内陆人群与印度洋面其他外来势力交流碰撞的边界。作为东非海岸北部的重要聚落,马林迪地区至少面临三条值得分析的联系线索,即马林迪区域内大型聚落的联系及它们和东非海岸其他聚落的联系、它们和内陆的联系、它们与海外的联系。第一种联系构成了探讨后两者的部分基础,也是本文叙述的重点。

一、马林迪区域内的大型聚落

本文采用"马林迪区域"来称呼今天肯尼亚马林迪市可管辖的行政区域(Malindi District),笔者认为这一用词也可大致指明古代马林迪"王国"包含或可辐射的范围。从现今的发掘、调查情况来看,马林迪区域古代聚落众多,除了格迪(Gedi)、马林迪老城和曼

---

* 本研究为国家社会科学基金青年项目"9~15世纪斯瓦西里地区考古学文化研究"(项目编号:16CKG016)研究成果之一。

[①] 秦大树、丁雨、戴柔星:《2010年度北京大学肯尼亚考古及主要收获》,引自李安山主编:《中国非洲研究评论(2012)》,北京:社会科学文献出版社,2013年,第247~273页;秦大树、丁雨:《肯尼亚滨海省曼布鲁伊遗址的考古发掘与主要收获》,引自李安山主编:《中国非洲研究评论(2014)》,北京:社会科学文献出版社,2015年,第253~271页;Qin Dashu, Ding Yu, "Mambrui and Malindi", Adria LaViolette & Stephanie Wynne-Jones eds, *The Swahili World*, pp. 205-213, Routledge, 2018。

图一　东非沿海地区的主要聚落①

布鲁伊三个大型聚落（图二）之外，还存在基普瓦（Kilepwa）、塔卡耶（Takaye）、卡提布（Khatibu）、姆简那赫利（Mjanehari）等小型遗址，未发现的小型遗址可能更多。这些遗址共同构成了马林迪区域的繁荣图景。在这一区域内，三个大型聚落是传说中古代马林迪王国的重要"嫌疑人"。

格迪古城存在于13~17世纪，且地处偏内陆的位置。种种证据表明，葡萄牙人所到

---

① 本图改编自马克·霍顿上加报告，原图参见：M. C. Horton Shanga. *The Archaeology of a Muslim Trading Community on the Coast of East Africa*, London: The British Institute in East Afria, p. 2。

达的"马林迪"并非这一地点。但有学者认为它可能是更早的马林迪①。格迪古城保存有相当完好的大型石质房屋,我们今天还可以较好地观察它的聚落布局,同时这一遗址出土有大量外来遗物②,来自中国的陶瓷达上千片③。它应当是这个区域内颇具实力的大型聚落。曼布鲁伊与马林迪老城遗址,情况和格迪古城类似。从2010~2013年的发掘情况来看,这两个古代聚落鼎盛时期的面积可达30公顷,甚至超过了格迪的18公顷。两遗址均保存有地上石质建筑,并出土有相当数量的中国瓷片、伊斯兰釉陶等外来瓷片。聚落规模、石质建筑、外来商品是东非沿海大型聚落的重要标志,马林迪区域的这三个聚落情况近似,地位难分高下。

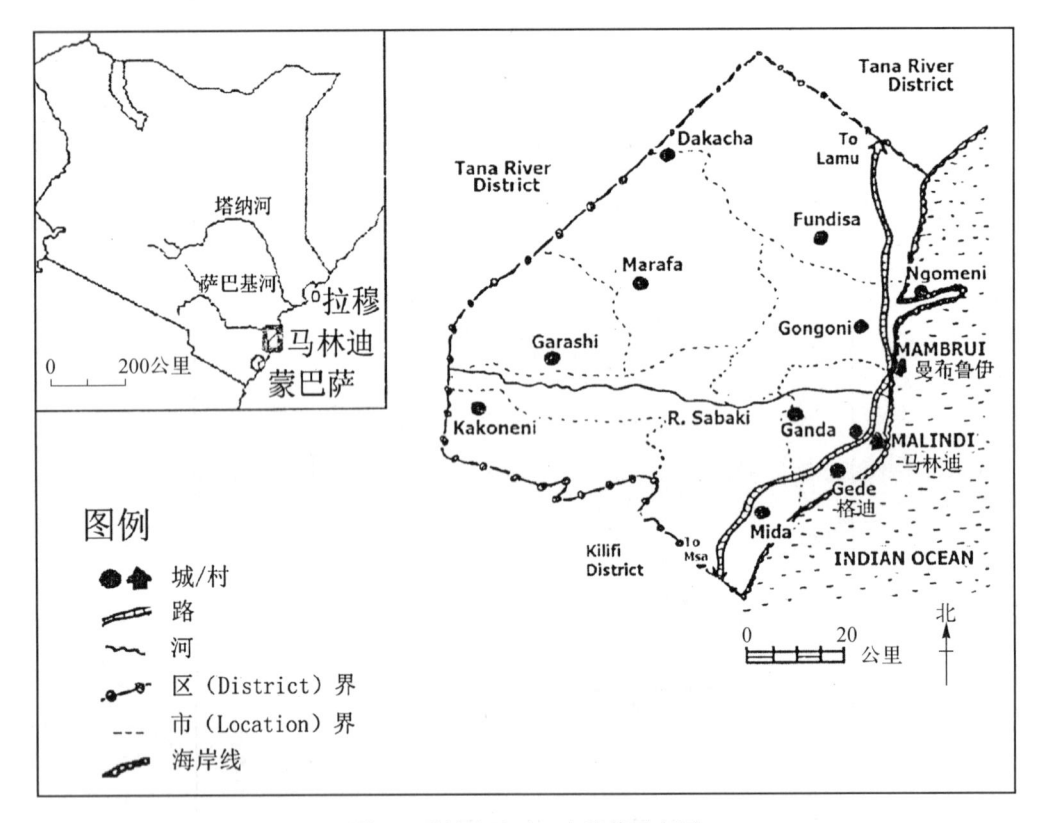

图二 马林迪地区三大聚落示意图

综合三者的年代和考古发现可知,马林迪区域的人群活动开始较早,可以上溯至9世纪。然而早期的活动应当是较为分散的。如塔卡耶、马林迪老城、曼布鲁伊等地都存在早期人群的活动。在各自相对独立的发展中,一些各方面条件较为优良的聚落吸引了更多

---

① [英]巴兹尔·戴维逊著,屠佁译:《古老非洲的再发现》,北京:生活·读书·新知三联书店,1973年,第277页。
② Kirkman, J. S., *The Arab City of Gedi: Excavations at the Great Mosque, Architecture and Finds*, London: Oxford University Press, 1954; Kirkman J. S., *Gedi, The Palace*, The Hague: Mouton, 1963.
③ 刘岩等:《肯尼亚滨海省格迪古城遗址出土中国瓷器》,《文物》2012年第11期,第37~60页。

的人群,逐渐壮大起来,如曼布鲁伊。一些地点由于种种原因则遭到了短暂的废弃,如马林迪老城。当时间轴推进到13世纪时,良好的国际环境和当地某些具体条件的改变,使得已经富集有一定人口的聚落发生了迁徙和分流,产生了新的聚落,并在稳定的地区背景和良好的国际贸易背景之下,迅速发展壮大,成为区域内的核心聚落。这些聚落可能代表了不同的贵族集团,亦有可能代表关系较近的贵族集团的不同功能分区。比如,对比三地的建筑情况,可知马林迪和曼布鲁伊的石质建筑功能多为清真寺与墓地,而格迪遗址所存石质建筑更为密集,功能也更为多元,则其更有可能是马林迪区域内某些贵族群体的聚居之地。然而格迪地偏内陆,虽然富集有外来物品,但却缺少对外贸易的港口条件。其附近最大的港口是马林迪老城,则马林迪老城很有可能是承担着附近地区商品集散的大港口。又如15世纪之后,曼布鲁伊原本的冶铁手工业和居住区功能日渐退化,逐渐演变成马林迪区域最重要的墓地之一。

从三个聚落的分期情况和地理位置来看,格迪与马林迪的兴衰时期基本相同,两地均存在大型清真寺和墓葬,柱墓形式也存在一定的差别,这些表征暗示我们聚落的掌权者可能并非隶属于同一集团,对外来商品的同好提示着它们之间的联系,建筑形式的差别则可能提示着它们的分歧。从分期情况看①,曼布鲁伊的兴盛和马林迪的兴盛恰好相继而起。一种可能的情况是,部分重要贵族在15世纪左右迁徙到了马林迪老城,而曼布鲁伊则逐渐转型为一处重要的墓地,并仍保持着和马林迪老城的联系。当然,以上对三者之间关系的建构和相关细节还有待于更多的证据。

对照图姆比(Tumbe)遗址的情况,马林迪周遭也存在着若干小聚落。这些小聚落相当于城镇边缘的农村地区,如靠近内陆的塔卡耶基本上只存在当地陶片,而且十分密集。这些小型聚落为城镇居民提供农作物、食品等货物,也通过交换获得一些外来产品,如曼布鲁伊北侧的姆简那赫利遗址就发现了相当密集的龙泉窑瓷片,这应当是与曼布鲁伊居民进行贸易的结果。总体而言,三个大型聚落和若干卫星聚落,共同构成了马林迪地区聚落互动、城乡互动的历史情境。

二、东非沿海地带中的马林迪区域

12世纪以前,曼布鲁伊、马林迪老城都相对弱小,尚未达到第一等级(15公顷)聚落的规模②。即便只是在东非沿岸,北有拉穆群岛,南有桑给巴尔岛和奔巴岛,各岛的众多聚落在规模和影响上都要超过马林迪地区的聚落。此时的马林迪区域非常普通,泯然于在东非海岸众多的小聚落之中。此时的马林迪应当存在着与周遭小聚落的普通商品交换,遗址中出土的少量外来商品更可能来源于大聚落的辐射和影响。虽然作为小聚落的

---

① 参见丁雨:《肯尼亚曼布鲁伊遗址及马林迪遗址的考古学研究》,北京大学博士学位论文,2015年。
② Wilson T. H., "Settlement Patterns of the Coast of Southern Somalia and Kenya", Adam et al. eds. *Proceedings of the First International Congress of Somali Studies*, Atlanta: Scholars Press, 1992, pp. 74-109.

曼布鲁伊和马林迪老城应当与当时的大聚落存在着交流和联系,但这种联系缺乏对等性。

12世纪时,这种情况逐渐发生了改观。马特维耶夫(V. V. Matveiev)指出,东非海岸12~15世纪末的历史和文化发展没有受到外界破坏势力的影响①。在良好的环境下,曼布鲁伊和马林迪老城发展迅猛。从曼布鲁伊和马林迪的分期来看,马林迪区域在东非海岸开始崭露头角的时期应在12世纪中叶以后。此时马林迪区域的代表是曼布鲁伊,它的规模已经扩张到15公顷,当地陶片种类数量增加,外来商品也获得了一定的上升,表明人类活动的频度、对外贸易的交流程度均上升到了值得关注的水平,马林迪老城于13世纪中叶也开始新一轮的发展。15世纪末达·伽马于马林迪登陆之后,马林迪地区的相关材料相对丰富,此处所做的可能仅是根据考古材料来对前人的论述略加审视。因此这一部分的讨论,将把重点落在12世纪中叶至15世纪末的这一时间段中,并分阶段予以论述。

12世纪中叶到15世纪末,据统计,仅索马里到肯尼亚的斯瓦西里聚落就有116个②,而索马里到肯尼亚的海岸长度尚不足斯瓦西里海岸的一半。有学者认为这些大聚落定居点的最大衍生数量在1 200~1 500个③。那么哪些聚落是比较重要的?可以先从文献中零散的记载来略做窥测。生活在12世纪的伊德里斯(1100~1166年)较为明确提到的有安古贾(Unguja)岛、马林迪、蒙巴萨④。赵汝适(1170~1231年)撰写于1225年的《诸蕃志》提到的有层拔国、弼琶啰国,目前学者多认为分别指桑给巴尔和索马里沿岸⑤。13世纪早期的雅库特(Yakut,著作约完成于1224年)和萨义德(Said,1214~1274年)提到过摩加迪沙、马尔卡(Merca)、蒙巴萨、马林迪、基尔瓦、桑给、坎巴鲁等地⑥。阿布·法达(Abu al-Fida)(1273~1331年)提到的有马林迪、蒙巴萨和索法拉⑦。汪大渊撰于1349年的《岛夷志略》所记的麻那里、层摇罗,可能分别指马林迪、桑给巴尔或蒙巴萨⑧。马可·波罗提到的有僧祇拔儿岛⑨,一般认为是桑给巴尔。伊本·白图泰(1304~1378年)提到的有摩加迪沙、蒙巴萨、基尔瓦和索法拉⑩。阿布·马哈桑(Abu al-Mahasin)(1411~1469年)提到过1441年的蒙巴萨、摩加迪沙和拉穆⑪。1498年达·伽马船队路过的重要东非沿海聚

---

① [塞内加尔]D·T·尼昂主编:《非洲通史·第四卷》,北京:中国对外翻译出版公司等,1992年,第374页。
② Wilson T. H., "Settlement Patterns of the Coast of Southern Somalia and Kenya", Adam et al. eds, *Proceedings of the First International Congress of Somali Studies*, pp. 74~109.
③ [肯尼亚]B·A·奥戈特主编:《非洲通史·第五卷》,北京:中国对外翻译出版公司等,2001年,第588页。
④ Freeman-Grenville G. S. P., *The East African Coast: Select Documents from the First to the Earlier Mineteenth Century*, Oxford: Clarendon Press, 1962, pp. 19~20.
⑤ (宋)赵汝适著,杨博文校释:《诸蕃志校释》,北京:中华书局,2000年,第100~104页。
⑥ Trimingham J. S., "The Arab Geographers and the East African Coast", Chittick H. N. & Rotberg R. I. eds, *East Africa and the Orient: Cultural Syntheses in Pre-Colonial Times*, pp. 115–146.
⑦ Freeman-Grenville G. S. P., *The East African Coast: Select Documents from the First to the Earlier Nineteenth Century*, pp. 23~24.
⑧ (元)汪大渊著,苏继顷校释:《岛夷志略校释》,北京:中华书局,1981年,第294、358页。
⑨ [意]马可·波罗著,冯承钧译:《马可波罗行纪》,上海:上海书店出版社,2006年,第432页。
⑩ [古阿拉伯]伊本·白图泰著,李光斌译:《异境奇观》,北京:海洋出版社,2008年,第244~249页。
⑪ Freeman-Grenville G. S. P., *The East African Coast: Select Documents from the First to the Earlier Nineteenth Century*, p. 33.

落主要有基尔瓦、马菲亚岛、奔巴岛、蒙巴萨、马林迪①。以上文献记载地名对应的地点或有不同或争论,譬如桑给巴尔究竟是指桑给巴尔岛,还是指桑给尔政权,抑或是基尔瓦,争论颇多。波斯湾人群称东非居民为"Zanj"②,中国文献中的层拔、僧祇等名称应当是受到这一影响。值得注意的是,由于这一名称是"转口"而来,东非以外的人群可能把人群名称误作这些人群生活的地名。赛义德(Said)指认马林迪、蒙巴萨为桑给海岸③,这或表明桑给人的势力范围能够远涉蒙巴萨与马林迪。从以上所列文献可知,摩加迪沙、蒙巴萨、基尔瓦和指代不甚明朗的桑给巴尔应当是出现频次最高的几个名称,马林迪和索法拉紧居其后。笔者认为,在这段时期,东非以外的人们所认识到的东非海岸,是以摩加迪沙、蒙巴萨、基尔瓦为代表的。马林迪区域虽然在这一时期不断发展,也具备了一定的重要性,不过声望可能终究未能超过以上几个地点。

不过值得注意的是,这一时期最早的记录——伊德里斯(al-Idrisi)的记录明确提到了马林迪。从马林迪区域三大聚落的兴衰时间来看,在1150～1275年这一发展时段,似乎曼布鲁伊比马林迪老城更有可能是伊德里斯提到的"马林迪"。

这一时期的东非海岸,南部基尔瓦尚未完全崛起,刚刚开始出现石构建筑④;桑给巴尔岛上只有一群小聚落,奔巴岛上图姆比已经消亡,赤瓦卡(Chwaka)则在缓慢增长至8公顷⑤。向北看,蒙巴萨此期也处于持续增长阶段,据伊德里斯记录,蒙巴萨是桑给王居住的地方,但却是一个小地方,萨森的发掘结果也未能推翻伊德里斯这一论述⑥。拉穆群岛的几个主要聚落,曼达、帕泰、上加等都处于持续发展期,但是拉穆群岛的地位在此期已经有所下降⑦,从出土的中国瓷片来看,在其他各地大量输入龙泉窑产品的12～14世纪,曼达出土的龙泉青瓷数量甚至略逊于9～10世纪的达顺罐,略多于早期输入的白瓷⑧。帕泰岛也有类似的情况,第Ⅰa期(8世纪晚期～9世纪)外来陶瓷占总出土陶瓷数量的3%,而第Ⅲ期(12世纪中期至13世纪中期)外来陶瓷总数仅占1%⑨。上加遗址此期输入的中国瓷片占其所出中国瓷片总数的10%左右,尚不及中国晚唐五代时期产品的输入

---

① Freeman-Grenville G. S. P., *The East African Coast: Select Documents from the First to the Earlier Nineteenth Century*, pp. 50 - 56.
② Trimingham J. S., "The Arab Geographers and the East African Coast", Chittick H. N. & Rotberg R. I. eds, *East Africa and the Orient: Cultural Syntheses in Pre-Colonial Times*, pp. 115 - 146.
③ Trimingham J. S., "The Arab Geographers and the East African Coast", Chittick H. N. & Rotberg R. I. eds, *East Africa and the Orient: Cultural Syntheses in Pre-Colonial Times*, pp. 115 - 146.
④ Chittick H. N., *Kilwa: An Islamic Trading City on the East African Coast*, Nairobi: British Institute in Eastern Africa, 1974, p. 18.
⑤ LaViolette A., Fleisher J., "The Urban History of a Rural Place: Swahili Archaeology on Pemba Island, Tanzania, 700 - 1500 AD", *The International Journal of African Historical Studies*, Vol. 42, No. 3(2009): pp. 433 - 455.
⑥ Sassoon H., "Excavations at the Site of Early Mombasa", *Azania: Journal of the British Institute in Eastern Africa*, 1980, 15(1): pp. 1 - 42.
⑦ [塞内加尔] D·T·尼昂主编:《非洲通史·第四卷》,第378页。
⑧ Chittick H. N., *Manda: Excavation at an Island Port on the Kenya Coast*, Nairobi: The British Insititute in East Africa, 1984.
⑨ Wilson T. H., Omar A. L., "Archaeological investigations at Pate", *Azania: Journal of the British Institute in Eastern Africa*, 1997, 32(1): pp. 31 - 76.

数量①。

综合文献与考古发掘的情况,笔者认为,此时的东非海岸处在繁荣之前的酝酿期。拉穆群岛各遗址虽然仍在发展,但原有的核心地位在逐渐消失。而南方的势力则正在加速增长,但又未能取得绝对的核心地位。马林迪区域为时人所关注,可能正是在这一新旧贸易核心交替,而短暂出现权力真空的状态下发生的。在这些遗址之间,应当存在着早期的沟通与联系。霍顿指出,上加发现的八组钱币中,除了本地铸造的以外,其中四组应该来自上加以外的地点,其中 G 组可能来自 13~14 世纪的基尔瓦或马菲亚岛,F 组可能来自 11 世纪中期的奔巴岛②。上加的发现表明,在 12 世纪中叶至 13 世纪中后期这一酝酿期,南北方遗址之间是存在着交流与联系的,与此同时,斯瓦西里海岸南部聚落的辐射力已经开始彰显。基于 15 世纪末葡萄牙人到达时的观察,皮尔森指出,沿海聚落互相争夺海岸的领导权③。从规模上看,这些聚落在 12 世纪中叶,似乎还尚未出现几个力量对等、辐射力足以接壤而产生竞争和冲突的聚落。何芳川先生曾认为,斯瓦西里地区前期的霸主是摩加迪沙,后期则是基尔瓦④。囿于材料,笔者对摩加迪沙的情况了解有限,但是从钱币的流布来看,摩加迪沙的铸币主要在 14 世纪,且发现似乎仅局限于索马里⑤。威尔森则指出摩加迪沙的兴起年代约在 12 世纪左右⑥。综合来看,摩加迪沙似乎缺少称霸的酝酿期,而从目前的考古材料来看,似乎也缺少相应的证据。大体而言,笔者认为,12 世纪中叶到 13 世纪中叶,东非海岸尚未进入激烈的竞争期和兴盛期,各个聚落之间存在一些联系,但主要专注于各自的发展,尚未形成霸权。

在这样的时空背景下,曼布鲁伊聚落发展平稳,且具有一定的力量,但地位和发展势头显然难以与基尔瓦、摩加迪沙等地比肩。从马菲亚的情况来看,基尔瓦可能已经开始了向外的扩张和渗透。但是马林迪区域距离摩加迪沙和基尔瓦都比较远,这在客观上使得其在相对弱小的情况下保持自己的独立性。另外,它在东非海岸可能已经稍稍展露了头角。考虑到东非海岸多个遗址,包括蒙巴萨在内均发现有冶铁遗迹,而伊德里斯却只提到了马林迪的冶铁业,或许表明马林迪区域的冶铁技术在众多聚落之中是相对领先和发达的,正因如此,铁能够成为利润最大的贸易商品,这或许正是此期马林迪区域聚落的重大特色。此外,近距离小范围内聚落之间的交流应当是毋庸置疑的。伊德里斯描述从马林迪到蒙巴萨只需要行船两天。这一记载表明从马林迪和蒙巴萨之间的海上航线在当时已经是非常清晰且成熟的。

---

① 秦大树、丁雨:《肯尼亚拉穆群岛上加遗址出土的中国瓷器》,待刊稿。
② Horton M. C., *Shanga: The Archaeology of a Muslim Trading Community on the Coast of East Africa*, London: The British Insititute in East Africa, 1996, p. 377.
③ Pearson M. N., *Port Cities and Intruders: The Swahili Coast, India, and Portugal in the Early Modern Era*, Baltimore: Johns Hopkins University Press, 1998, p. 43.
④ 何芳川:《古代东非沿海的城邦》,《世界历史》1983 年第 5 期,第 3~22 页。
⑤ Freeman-Grenville G. S. P., "East African Coin Finds and Their Historical Significance", *The Journal of African History*, pp. 31 – 43.
⑥ Wilson T. H., *Settlement Patterns of the Coast of Southern Somalia and Kenya*, 1992, pp. 74 – 109.

从 13 世纪中叶开始,东非海岸的局势日益明朗。基尔瓦进入极盛时期,这种兴盛一直持续到葡萄牙人的侵犯之前。基尔瓦控制了索法拉港,而索法拉港则是津巴布韦金矿出口的孔道。基尔瓦成为黄金贸易的中间商之后,变得日益富有,14 世纪初基尔瓦和津巴布韦同时出现了大型建筑,就是明证①。

伊本·白图泰访问斯瓦西里海岸的时间大约在 1331 年左右②,此时应正当基尔瓦盛期。白图泰记述,蒙巴萨的粮食来源于基尔瓦,清真寺用木头修建。可见虽然萨森指出蒙巴萨 13 世纪开始存在石质房屋,但此时清真寺尚属简陋。前文曾转引霍顿对另一位阿拉伯游历者对蒙巴萨的记录,其 13 世纪早期尚未接受伊斯兰教。可见蒙巴萨对伊斯兰教的接受就在 13 世纪早期之后,1331 年之前。将白图泰对蒙巴萨和基尔瓦的描述进行对比,我们很容易得到当时蒙巴萨远不及基尔瓦重要的直观印象。不过白图泰说基尔瓦的建筑也都是木骨泥墙结构,这与考古发现颇不相符。奇蒂克指出,至少从 12 世纪开始,基尔瓦就存在了石质建筑,而 13 世纪晚期时,大清真寺已经采用石质结构。从钱币的发现来看,基尔瓦铸造的钱币不仅流行于基尔瓦地区和邻近的马菲亚地区,在桑给巴尔、奔巴、肯尼亚、索马里等地的遗址中亦有发现。铸造于 13 世纪晚期至 15 世纪末的基尔瓦钱币③在这些地点极为流行。大量发现基尔瓦钱币的马菲亚岛应当是在基尔瓦政权的控制之下,而其他地点的发现,说明从这一时期直到 15 世纪末,基尔瓦与这些地点存在着较为广泛的交流,证明了基尔瓦这一时期在东非海岸存在广泛的影响力。

此时摩加迪沙也是大型聚落,我们虽对它的遗存情况不甚了解,但白图泰认为摩加迪沙非常壮观,当地人的一些习惯与也门人相似。综合基尔瓦的考古发现和摩加迪沙的相关叙述,我们或可推测这一时段的前半段,即 14 世纪中叶之前,斯瓦西里海岸南北两侧以摩加迪沙和基尔瓦最为兴盛,而两地的族群、习惯存在一定的差异。与靠近中东的摩加迪沙相比,基尔瓦可能更能代表斯瓦西里族群的文化。

这一时期马林迪区域的各个聚落应当也都开始崭露头角,而其实际的作用可能与蒙巴萨类似,即充当由北而来的商船的中转、停靠港口,毕竟从遥远的中东到基尔瓦需要漫长的时间,中途适当的补给是相当必要的,而马林迪、蒙巴萨等地的地理位置则恰到好处。从白图泰的经验来看,从摩加迪沙出发去基尔瓦,在中途稍作停留,可能是一种惯例。除了地理位置较为适中为马林迪提供了机会以外,其特产商品铁和兽皮,应当也为它吸引了海外的商人。这一时期曼布鲁伊的冶铁手工业达到了鼎盛,为本文这一推测提供了证据。值得注意的是,尽管马林迪和曼布鲁伊靠近萨巴基河口,但斯瓦西里北部的河流似乎并不

---

① Sutton J. E. G., "Kilwa: A History of the Ancient Swahili Town with a Guide to the Monuments of Kilwa Kisiwani and Adjacent Islands", *Azania: Journal of the British Institute in Eastern Africa*, Vol. 33(1998): pp. 113-169.
② [古阿拉伯]伊本·白图泰著,李光斌译:《异境奇观》,第 244 页。
③ Freeman-Grenville G. S. P., "East African Coin Finds and Their Historical Significance", *The Journal of African History*, pp. 31-43.

适合航行,在整个斯瓦西里海岸的北部地区,港口聚落与内陆的沟通似乎并不密切①。葡萄牙人到来之后,内陆族群加拉人、津巴人屡次袭击马林迪,并造成聚落毁灭的结局,这也证明了港口聚落与内陆的敌对。虽然也有学者认为港口聚落的统治者更愿意与内陆贵族通婚,但是在笔者看来,他们所指的"内陆"可能是非常近海的内陆——如格迪这样聚落中的贵族。港口聚落需要和周边的农村地区取得联系以获得农产品的供给,但是北部沿海聚落是否如索法拉居民一般深入内陆与内陆居民合作,并获取商品,至今仍是颇具争议的问题。笔者倾向于认为,此期马林迪区域的发展和地位提升,更多地依赖于转口贸易。

有学者认为基尔瓦在1350~1450年达到了财富和权力的顶峰②,然而14世纪中期以后,从考古证据来看,基尔瓦陷入了某种困境,宫殿废弃,清真寺长期无人修理,铸币行业萎缩,这种困境大约持续到1400年③。萨顿和皮尔森都指出基尔瓦在中晚期陷入了衰落④。萨顿认为这种衰落最重要的原因是当时欧洲金价暴跌和黑死病等瘟疫的发生,博雅德⑤也指出,1346年,黑死病横扫了从中国到埃及乃至欧洲的区域,并暗示基尔瓦的人口衰减与黑死病不无关系。另外,萨顿指出衰落应与海岸其他聚落的竞争和其内部统治者的昏庸颇有关系。笔者认为,后两种原因或许更有可能是主要原因。萨顿和博雅德的论点透露着"西方中心论"的影子——在其论述的历史时段中,欧洲尚未在世界体系里有任何优势,但它们仍然将欧洲的变动作为世界其他区域变化的主要动因。博雅德的观点甚至可能包含史实性的错误,因为14世纪的中国是否受到黑死病等瘟疫的影响尚无定论⑥。欧洲金价暴跌和黑死病可能确实造成了一定的影响。但值得注意的是,这一时期葡萄牙人尚未绕过好望角,欧洲与东非没有直接联系,需要通过西亚北非商人来进行商品交换与沟通,而处在亚欧非十字路口的中东商人面临着向东或向西销售的双重选择。

这里需要辨析的问题是,14世纪欧洲在世界体系内的经济地位究竟如何? 它真的是东非商品的主要市场吗? 在14世纪,消费黄金的地点主要有三个:奥斯曼帝国、南亚和欧洲。从人口来看,印度在1600年以前,人口规模与整个欧洲相近⑦。从富裕程度和消费能力而言,印度可能更胜欧洲——毕竟在欧洲人的历史叙述中,他们透露出了更多对东方人的渴慕,而我们很少见到此时东方文献中表达出对西方的向往。弗兰克指出,16世纪以前,大宗的黄金产自非洲,这其中包括了西非和东南非两个地点。从弗兰克制作的地

---

① Pearson M. N. *Port Cities and Intruders: The Swahili Coast, India, and Portugal in the early modern era*. Baltimore: Johns Hopkins University Press, 1998, p. 69.
② [美]罗伯特·马克森著,王涛、暴明莹译:《东非简史》,北京:世界知识出版社,2012年,第36页。
③ Chittick H. N., *Kilwa: An Islamic Trading City on the East African Coast*, Nairobi: British Institute in Eastern Africa, 1974; Sutton J. E. G., "Kilwa: A history of the Ancient Swahili Town with a Guide to the Monuments of Kilwa Kisiwani and Adjacent Islands", *Azania: Journal of the British Institute in Eastern Africa*, Vol. 33: pp. 113–169.
④ Pearson M. N., *Port Cities and Intruders: The Swahili Coast, India, and Portugal in the Early Modern Era*, Baltimore: Johns Hopkins University Press, 1998. p. 43.
⑤ Beaujard P, "East Africa, the Comoros Islands and Madagascar before the Sixteenth Century: On a Neglected Part of the World System", *Azania: Journal of the British Institute in Eastern Africa*, 2007, 42(1), pp. 15–35.
⑥ 李化成:《瘟疫来自中国?——14世纪黑死病发源地问题研究述论》,《中国历史地理论丛》2007年第3期,第30~37页。
⑦ [德]贡德·弗兰克著,刘北成译:《白银资本》,北京:中央编译出版社,2008年,第140、159页。

图来看,西非的航行成本远小于从基尔瓦控制的东南非的航行成本①。相比较而言,欧洲更有可能从西非进口黄金。综合各方证据,印度这一时期的动乱和战争②有可能比欧洲的黄金暴跌更能影响基尔瓦黄金的出口。而欧洲金价暴跌可能更多的是影响西非的黄金出口。至于欧洲爆发的黑死病,目前仍缺少有效的证据估量其对印度洋贸易的影响。

据白图泰的描述,蒙巴萨到基尔瓦仅需航行两天,而基尔瓦到索法拉需要15天。从这一情况来看,蒙巴萨如果想要与基尔瓦争夺索法拉的控制权,在地理位置上可能并不面对很大的难题。不过基尔瓦本身统治者的昏庸,更有可能导致其内部各方势力的争斗和混乱,最高统治者对索法拉控制的削弱,亦应是基尔瓦本岛衰落的重要原因。不论蒙巴萨是否参与到索法拉管控权的竞争中,基尔瓦的混乱局势对蒙巴萨和平稳发展的马林迪都是一个机会。毕竟除了黄金以外,东非吸引外来商人的商品还有很多,包括象牙、犀角、龙涎香、兽皮、奴隶等。尽管我们在马林迪并未发现象牙制品,但各个沿海聚落在与内陆或其他港口的商业交换中,都有机会获取到象牙,而且象牙制品在各个遗址的发掘中有较为普遍的发现。马林迪区域的三个聚落在这一时期的发展都十分迅猛,曼布鲁伊地区多处地点出现石质房基、冶铁窑炉,这本身就是财富和经济系统良好运转的体现。有学者指出,东非商人从非洲内陆获得铁矿石,装运至印度南部,制造所谓的大马士革剑③。而从我们调查的结果来看,马林迪本身海滩就蕴藏了丰富的高质量砂铁矿,冶铁遗迹则表明,东非沿岸居民至少对铁矿进行了初步加工。同时马林迪老城、曼布鲁伊、格迪等地,规模都较以前有所扩大,在马林迪老城南侧还出现了大型石构的卡提布清真寺。这些情况表明,基尔瓦的衰落,只是斯瓦西里南部沿海的局部情况,而北部以蒙巴萨、马林迪为代表的聚落借此机会,发展明显增速。甚至拉穆群岛的实力也有所回升,不仅文献中对拉穆有所提及,霍顿也指出在1375~1400年上加遗址的最后阶段,上加聚落明显达到了鼎盛时期④。借助季风,达·伽马从马林迪到印度只用了27天,向北航行时间较短,离北部、东部市场更近,也是北部海岸港口聚落发展的优势。笔者认为14世纪中叶到15世纪基尔瓦力量暂衰,为北部沿海聚落的发展提供了良好的机遇。

进入15世纪,基尔瓦宫殿和清真寺均有修复,表明这一聚落出现复兴态势。萨顿认为这与全球经济复苏、基尔瓦新统治者上位有关⑤。不过此时,尽管它仍然掌控着索法拉,它仍必须要面对蒙巴萨和马林迪区域内各聚落的崛起。有学者指出,1454年,桑给巴尔试图将自己提名的人选强加给基尔瓦,而此时桑给巴尔似乎并不是偏于一隅的地方政权,而更像是一个分裂成几个部分的松散联盟。在这几个部分中,蒙巴萨起主导作用,其

---

① [德]贡德·弗兰克著,刘北成译:《白银资本》,第71页。
② 林承节:《印度史》,北京:人民出版社,2014年,第107~113页。
③ [美]斯塔夫里阿诺斯著,吴象婴等译:《全球通史:从史前史到21世纪》,北京:北京大学出版社,2006年,第306页。
④ Horton M. C., *Shanga: The Archaeology of a Muslim Trading Community on the Coast of East Africa*, London: The British Insititute in East Africa, 1996, p.405.
⑤ Sutton J. E. G., "Kilwa: A History of the Ancient Swahili Town with a Guide to the Monuments of Kilwa Kisiwani and Adjacent islands", *Azania: Journal of the British Institute in Eastern Africa*, Vol. 33: pp.113-169.

至在葡萄牙到来之前成为最强大的政权①。令人感到奇怪的是,尽管桑给巴尔在文献中非常有名。但是实际的历史叙述中却缺少桑给巴尔岛乃至奔巴岛的影子。在文献中作为"属国"的蒙巴萨、马林迪都已经逐渐成长为活跃的港口,而桑给巴尔及奔巴岛本土遗址却似乎影响不大。拉维莱特指出,根据葡萄牙人的文献,桑给巴尔和奔巴岛在葡萄牙人到达之时主要是农产品的供应地,当地的统治者从蒙巴萨购买坎贝商人的商品②。几种证据结合,笔者推测,文献中对"Zanj"的记录可能更多带有对一种身份或族群的指认,似不应当将其单纯地理解为地名。多种证据表明,这一时期基尔瓦尽管复兴,却风光不再,其海岸的霸主地位逐渐让位给了蒙巴萨。而马林迪区域,此时区域内的核心已经由曼布鲁伊让渡给了马林迪老城。葡萄牙人到达时,马林迪已经是蒙巴萨的竞争对手,可见,其在15世纪脱颖而出,已经成长为众所瞩目的城邦。目前的考古证据尚不足以对百年内的历史做出细致的描绘。但马林迪区域内发现的三件与郑和相关的遗物③却表明,假如有机会在15世纪初到访东非海岸,马林迪区域应是值得一访的重要地点。即便三件遗物并非直接到达马林迪,那也能够表明,在沿海各地统治者阶层的交流中,马林迪区域的统治者是值得获赠来自中国皇家礼品的重要人物。考古证据也表明,曼布鲁伊、马林迪老城等地点也确实在这一时期达到了最为兴盛的状态。基于此,笔者认为,在15世纪初,马林迪区域已经成为东非海岸地区最重要的地区之一,并深入、广泛地参与着印度洋贸易。

三、结　语

从目前的材料来看,在马林迪地区,曼布鲁伊和马林迪老城率先兴起,此后至13～14世纪,地区的中心向马林迪老城和格迪转移,曼布鲁伊逐渐演变成区域性的重要墓地。从整个东非沿海地区来看,9～12世纪之间,拉穆群岛和桑给巴尔岛南北对峙,此时的马林迪虽然已经有人群居住,但区域内的聚落规模较小,尚未引起人们的重视。12世纪之后,马林迪逐渐崛起,不仅闻名于东非沿海地带,其名声更逐渐传播至整个印度洋沿海地带,甚至连万里之外的东方也留下了关于它的模糊记录。马林迪区域的变化,是东非沿海地区各聚落成长的缩影,同时也折射了大洋与大陆文化互动对海陆边界聚落的形塑作用。

---

① [肯尼亚] B·A·奥戈特主编:《非洲通史·第五卷》,第588页。
② LaViolette A., Fleisher J., "The Urban History of a Rural Place: Swahili Archaeology on Pemba Island, Tanzania, 700–1500 AD". *The International Journal of African Historical Studies*, Vol. 42, No. 3(2009): pp. 433–455.
③ 秦大树:《肯尼亚出土中国瓷器的初步观察》,载秦大树、袁旔主编《2011古丝绸之路——亚洲跨文化交流与文化遗产国际学术研讨会论文集》,新加坡:八方文化创作室,2013年,第61～82页。

民族与人群

北魏大同迎宾大道 M70 墓主族属浅析

马 艳

内蒙古大学历史与旅游文化学院

一、大同迎宾大道 M70 及北魏方室土洞墓

迎宾大道北魏墓群位于山西大同市，如浑水东岸，发掘于2002年，附近有大同南郊北魏墓群、司马金龙墓、元淑墓、宋绍祖墓等北魏墓葬。该墓群清理北魏时期墓葬75座，包括土坑竖穴墓、土洞墓、砖室墓三种形制，其中，12座为长斜坡墓道方室土洞墓。

大同迎宾大道 M70 为长斜坡墓道方室土洞墓，南北向，墓室近正方形。墓顶前高后低，近北壁处有一具东西向木棺，墓主头向西，仰身直肢。出土盘口罐、陶壶等器物，墓室洞口处有两块铭文砖（图一，1）。墓志砖 M70:4（图一，2），素面，呈灰色，长宽厚 27.2×14.2×（4.5~4.7）厘米，阴刻3行35字"天安元年岁在丙午十一月甲申朔廿六日己酉长安人京兆郡长安县民叱干渴侯冢铭"。墓志砖 M70:5（图一，3），装饰绳纹，长宽厚 29.5×15×5 厘米，阴刻"长安人□一□"①。殷宪先生释两块墓志砖铭文为"天安元年，岁在丙午十

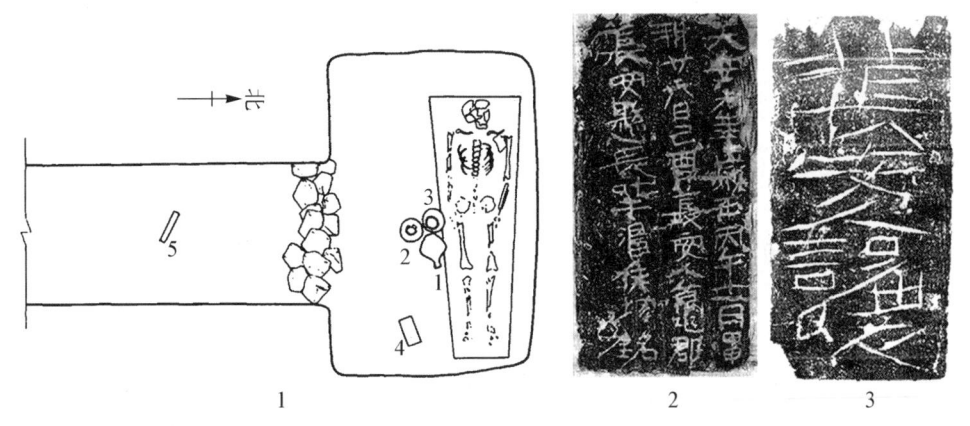

图一 大同迎宾大道 M70 平面图及墓志砖
1. 大同迎宾大道 M70 　2、3. 大同迎宾大道 M70:4、M70:5

---

* 本文是教育部人文社会科学重点研究基地项目"早期鲜卑遗存研究"成果，项目号16JJD780006。
① 大同市考古研究所：《山西大同迎宾大道北魏墓群》，《文物》2006年第10期，第50~71页。

一月,甲申朔廿六日己酉。袤安人京兆郡袤安悬民叱干渴侯塚铭"和"袤安人谒侯"①。

方室土洞墓是北魏墓葬主要形制之一,设长斜坡墓道,部分设阶梯,少数有甬道、天井,墓室近方形,洞口多置石块、砖、土块、木板等封门,多单人仰身葬,有木棺、木椁、石棺床等葬具(图二)。该类墓葬多属平城时期,目前发表材料10余处,集中分布于山西大同附近。如大同七里村北魏墓群②,发现12座方室土洞墓,占该墓地墓葬总量的33%;大同迎宾大道北魏墓群③,发现该类墓葬12座,占该墓地墓葬总量的16%;大同沙岭北魏墓群中④,42%为此类墓葬;大同县国营粮食原种场⑤清理6座墓葬中,1座为此类墓葬;大同南郊北魏墓群发掘167座墓葬中,6座为此类墓葬等。

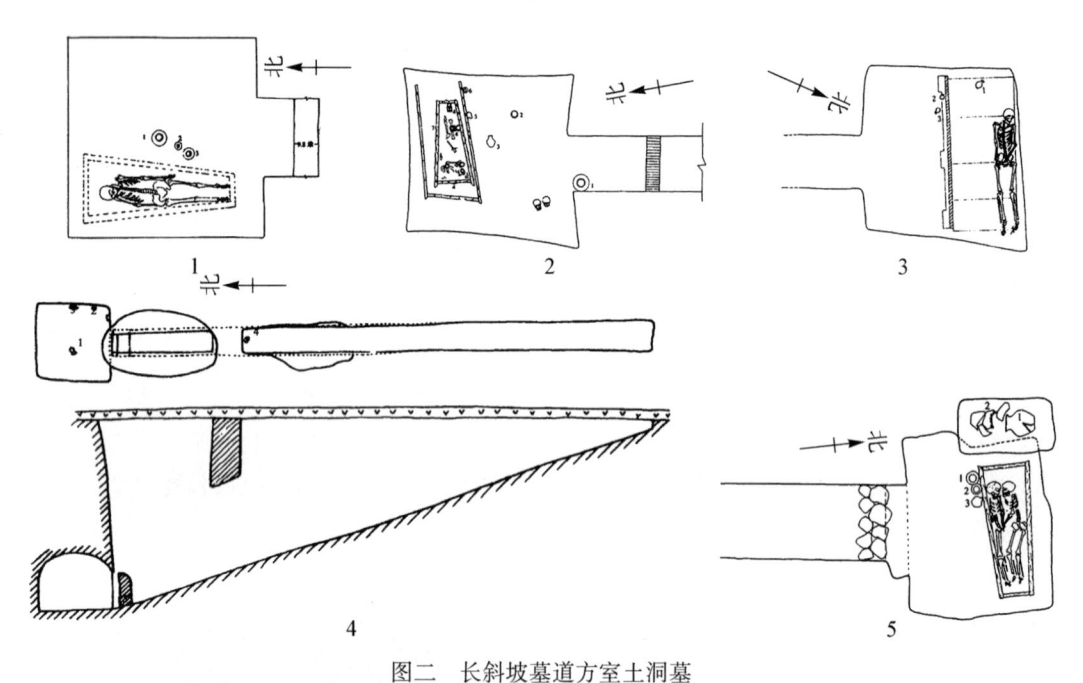

图二 长斜坡墓道方室土洞墓
1. 大同南郊 M42　2. 大同七里村 M25　3. 大同南郊 M112
4. 大同县国营粮食原种场 M1　5. 大同迎宾大道 M54

二、北魏与欧亚草原西部族群方室土洞墓的关联

新疆、关中十六国时期墓葬及内蒙古中南部汉墓已出现方室土洞墓,常见墓道设生土二层台及多室土洞墓。这类土洞墓有明显的区域特征,也有明显的汉文化因素,但材料较

---

① 殷宪:《〈叱干渴侯墓砖〉考略》,《山西省考古学会论文集》第4辑,太原:山西人民出版社,2006年,第204~206页。
② 大同市考古研究所:《山西大同七里村北魏墓群发掘简报》,《文物》2006年第10期,第25~49页。
③ 大同市考古研究所:《山西大同迎宾大道北魏墓群》,《文物》2006年第10期,第50~71页。
④ 大同市考古研究所:《山西大同沙岭北魏壁画墓发掘简报》,《文物》2006年第10期,第4~24页。
⑤ 山西省考古研究所:《大同县国营粮食原种场北魏墓》,《三晋考古》第3辑,太原:山西人民出版社,2006年,第336~345页。

零散。相较,欧亚草原西部方室土洞墓自斯基泰时期延续至阿兰—可萨突厥时期,主要见于斯基泰时期黑海北岸希腊殖民地遗存、晚期斯基泰及匈人遗存、萨尔马特遗存、早期阿兰遗存。至 3~5 世纪,南哈萨克斯坦塔什干绿洲附近阿雷西文化(Арысская Культура)方室土洞墓与北魏平城时期方室土洞墓尤其相似。

斯基泰遗存方室土洞墓多分布于黑海北岸希腊殖民地及乌克兰草原第聂伯河下游、德涅斯特河流域。典型如奥里维亚(Ольвия)10 号墓,位于黑海西北岸,设长斜坡阶梯墓道,时代为公元前 4~前 3 世纪,古典希腊时期(图三,1)①。诺萨基 1 号封堆 1 号墓(уроч. Носаки)位于第聂伯河左岸乌克兰扎波罗热州(Запорожская область),设竖穴墓道及甬道,时代为公元前 4 世纪后半②(图三,2)。库别伊 1 号封堆 13 号墓(Кубей)位于德涅斯特河流域,设较宽的矩形竖穴墓道,时代为公元前 4~前 3 世纪后半③(图三,3)。

晚期斯基泰及匈人遗存方室土洞墓集中于克里米亚半岛,设竖穴墓道或长斜坡阶梯墓道,墓道中多填石,洞口多封石板或石块,以晚期斯基泰遗存为主,部分与萨尔马特及阿兰人相关,如那不勒斯斯基泰墓地(Неаполь Скифский)、比塔克(Битак)墓地④及乌斯季—阿利马墓地(Усть-Альма)⑤等。那不勒斯封堆(Неаполь)设长斜坡填石阶梯墓道,时代为 1~2 世纪,属晚期斯基泰遗存⑥(图三,4);乌斯季—阿利马墓地方室土洞墓出现于 1 世纪中期,流行于 2 世纪初至 3 世纪前半,墓道较短,多呈竖穴阶梯状,属晚期斯基泰遗存⑦(图三,5);阿尔马雷克—杰列 2 号墓(Алмалык-Дере),位于克里米亚半岛西南山区,设长斜坡阶梯墓道,洞口封石板,时代为 4 世纪至 5 世纪初,可能属大迁徙时期匈人遗存(图三,6)⑧。

萨尔马特遗存方室土洞墓见于乌克兰草原、顿河、伏尔加河流域及北高加索地区。如金巴尔卡 94 号墓(Золотая Балка),位于第聂伯河右岸,乌克兰赫尔松州(Херсонська область)。洞口有大石板封门,石板上有细小石块,时代为 1 世纪⑨(图三,7);波罗吉 1 号封堆 1 号墓(Пороги),位于德聂斯特河左岸,乌克兰文尼察州(Винницкая область),

---

① Баран В. Д., Анохи В. А. и др. *Археология Украинской ССР. Том 2. Скифо-сарматская и античная археология*, Киев: Наукова думка, 1986, с. 311.
② Вмдзмли В. И., и др. *Курганный могильник в уроч. Носаки.* // Бидзиля В. И. (отв. ред.) Курганные могильники Рясные Могилы и Носаки, Москва: Наукова думка, 1977, с. 65 – 68, 79 – 81.
③ Четвериков И. А., Синика В. С. *Катакомбы II типа в Тираспольской группе.* // Яровой Е. В. (ред.). Древнейшие общности земледельцев и скотоводов Северного Причерноморья (V тыс. до н. э. – V в. н. э.), Тирасполь, 2002, с. 299 – 305.
④ Зайцев Ю. П. *Неаполь Скифский (II в. до н. э. – III в. н. э.)*, Симферополь: «Универсум», 2003.
⑤ Пуздровский А. Е., *Крымская Скифия II в. до н. э. – III в. н. э.*, Симферополь: "Бизнес-Информ", 2007.
⑥ Айбабин А. И. *Этническая история ранневизантийского Крыма*, Дар, 1999, с. 18 – 20.
⑦ Пуздровский А. Е., *Крымская Скифия II в. до н. э. – III в. н. э.*, Симферополь: "Бизнес-Информ", 2007, с. 110.
⑧ Айбабин А. И., и. др. *Крымские готы страны Дори (середина III – VII в.)*, Симферополь: Антиква, 2017, с. 103 – 148.
⑨ Вязьмитина М. И. *Золотобалковский могильник*, Киев: Наукова думка, 1972: 95.

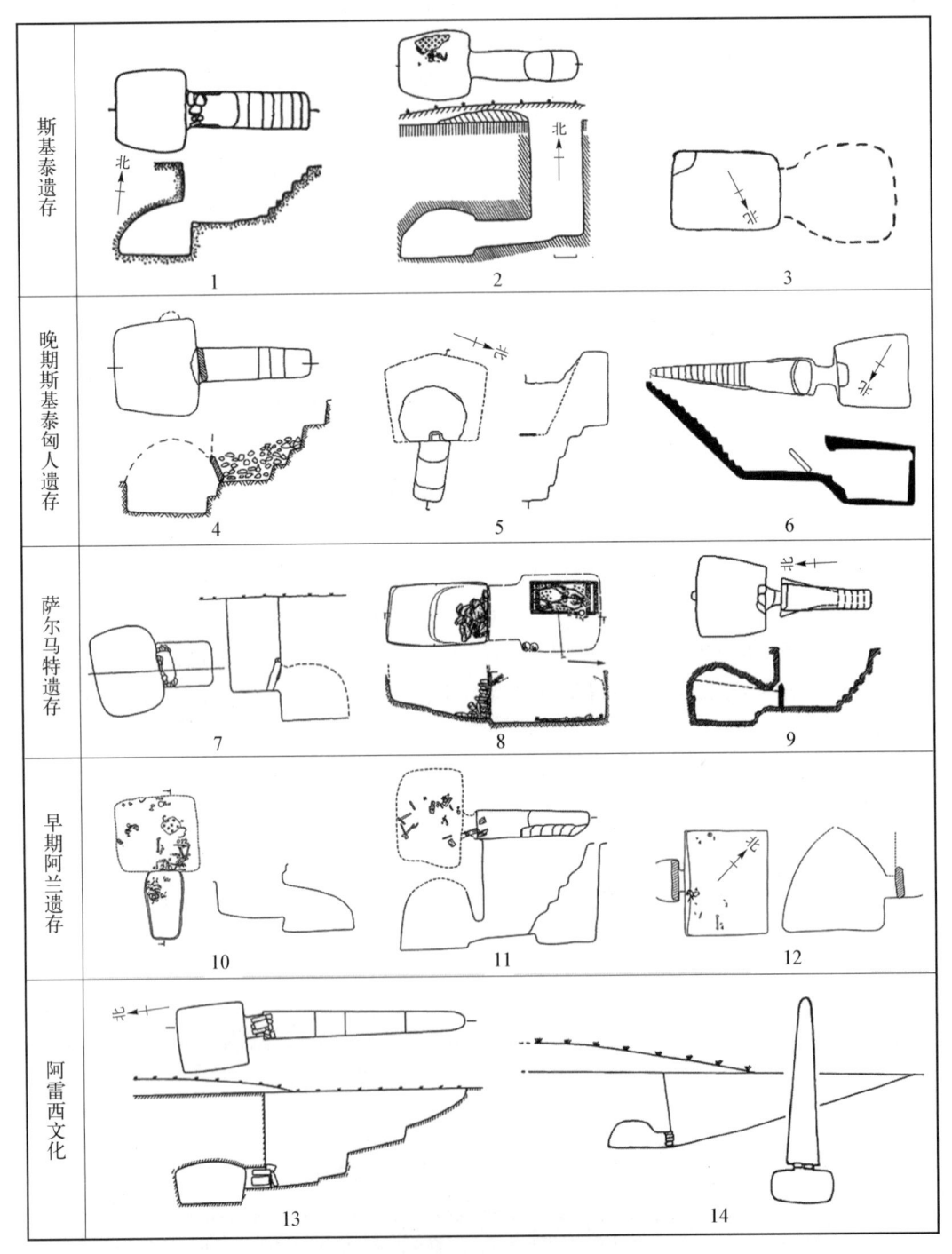

图三 欧亚草原西部方室土洞墓

1. 奥里维亚10号墓 2. 诺萨基1号封堆1号墓 3. 库别伊1号封堆13号墓 4. 那不勒斯
5. 乌斯季—阿利马520号 6. 阿尔马雷克—杰列2号墓 7. 金巴尔卡94号墓 8. 波罗吉1号封堆1号墓
9. 因克尔曼25号墓 10. 韦肖雷罗夏Ⅱ号墓地8号封堆1号墓 11. 维诺格拉德诺耶1号墓
12. 马加斯1号墓 13. 库利托别24号墓 14. 阿尔滕托别8号墓

设斜坡底竖穴墓道,洞口设石块封门,时代约为 1 世纪①(图三,8);因克尔曼 25 号墓(Инкерман),位于克里米亚半岛,设长斜坡阶梯墓道,洞口封石板,时代为 3~4 世纪,属萨尔马特—阿兰人遗存②(图三,9)。

早期阿兰遗存,如韦肖雷罗夏Ⅱ号墓地 8 号封堆 1 号墓(Веселая Роща),位于北高加索斯塔夫罗波尔边疆区(Ставропольский край),设竖穴墓道,墓底有白垩撒料,时代为 3~4 世纪③(图三,10)。维诺格拉德诺耶 1 号墓(Виноградная)位于北奥塞梯,设窄长平底墓道,墓道壁设阶梯,时代为 4 世纪④(图三,11)。马加斯 1 号墓(Магас)位于北高加索,洞口封石板,时代为 5 世纪⑤(图三,12)。

阿雷西文化分布于锡尔河中游、阿雷西河流域,大致位于康居境内,属萨尔马特、匈奴及土著康居人群遗存⑥。该文化方室土洞墓多有长斜坡阶梯墓道,洞口多置石封门。如库利托别 24 号墓(Культобе),地表有封堆,墓葬呈南北向,室内置 6 具人骨,时代为公元前 1~2 世纪⑦(图三,13)。阿尔滕托别 8 号墓(Алтынтобе)设长斜坡墓道⑧(图三,14)。

三、鲜卑至北魏时期中国北方与欧亚草原西部人群的交流

鲜卑至北魏时期,欧亚草原人群发生大规模迁徙,对我国北方而言,有自东向西移动的鲜卑、乌桓等人群;有自北向南移动的高车、柔然等人群;有自西向东移动的羯胡等人群。据中文史料记载,一般认为自西向东来到中国北方的人群与康居、安国、史国等中亚国家有关。

方室土洞墓是北魏迁都洛阳之前的重要墓葬形制,有其未全面汉化之前保留的本族传统文化线索。这类方室土洞墓未见于 4 世纪之前的早期鲜卑遗存。综合前述对欧亚草

---

① Симоненко А. В., Лобай Б. И. *Сарматы Северо-Западного Причерноморья в I в. н. э.*, Киев: Наукова думка, 1991, с. 6.

② Рыбаков Б. А. (ред.). *Крым, Северо-Восточное Причерноморье и Закавказье в эпоху средневековья. IV-XIII века.* // Археология СССР, Том 18(20), Наука, 2003, с. 19.

③ Романовская М. А. *Аланское погребение из Ставрополья*, Краткие сообщения Института археологии, вып. 186, 1986, с. 77-80.

④ Габуев Т. А. *Аланские погребения IV в. н. э. в Северной Осетии*, Советская археология, 1985, №2, с. 197-204.

⑤ Мамаев Х. М. *«Княжеское» погребение у г. Магас (Ингушетия)*, Краткие сообщения Института археологии, вып. 234, 2014, с. 55-71.

⑥ Подушкин А. Н. *Сарматы в Южном Казахстане.* // Древние культуры Евразии. Материалы международной научной конференции, посвящённой 100-летию со дня рождения А. Н. Бернштама, СПб: «Инфо-ол», 2010, с. 207-217.

⑦ Подушкин А. Н. *Катакомбы арысской культуры Южного Казахстана: коллективные погребения могильников Культобе и Кылышжар (II в. до н. э. - III в. н. э.).* // Культуры степной Евразии и их взаимодействие с древними цивилизациями. Книга 2. Санкт-Петербург: ИИМК РАН, «Периферия», 2012, с. 489.

⑧ Подушкин А. Н. *Арысская культура южного Казахстана (IV в. до н. э. - VI в. н. э.)*, Туркестан: Изд-во МКТУ имени Х. А. Ясави, 2000, с. 60.

原西部方室土洞墓的梳理，可见方室土洞墓与斯基泰、萨尔马特、阿兰、匈人、康居等人群关系密切。因此，方室土洞墓出现于代北地区，可能与代至北魏立国过程中融入的人群有关，而这些人群除部分中亚人群外，甚至可能追溯至更西的黑海北岸、乌克兰草原、克里米亚半岛等地。

除墓葬形制外，鲜卑至北魏时期葬俗及出土器物也展现了某些与欧亚草原西部人群的关联。如斯基泰、萨尔马特、阿兰遗存骑马步、进攻步、足交叉等葬式也散见于新疆早期铁器时代遗存及鲜卑至北魏时期遗存中①。体质人类学方面，萨尔马特、阿兰遗存中广泛存在人工颅骨变形习俗，这种现象也见于新疆同时代遗存②。

器皿方面，典型如鲜卑大联盟时期遗存发现的鸡冠形附耳陶器（图四，1~2），类似器物见于同时期乌克兰草原乌斯季—卡缅卡31号封堆（Усть-Каменка）（图四，16）③、摩尔多瓦波多伊马3号封堆5号墓（Подойма）（图四，17）④等萨尔马特遗存。单耳、双耳陶器是北魏平城时代典型陶器（图四，3~4），其类似制品也见于顿河下游及博斯普鲁斯王国（Боспор）等遗迹（图四，18~19）。博斯普鲁斯王国于4世纪末亡于匈人。大同南郊北魏墓群出土磨花玻璃碗可能源于黑海北岸，类似磨花技术制品广泛见于萨尔马特及切尔尼亚霍夫文化（Черняховская Культура）遗存（图四，5、20），其可能受罗马文化影响⑤。

工具及武器方面，如右玉善家堡出土骨制同心圆刀形器（图四，6），属鲜卑大联盟时期遗存。类似制品常见于欧亚草原西部，如别洛泽尔斯基4号封堆5号墓（Белозерский）出土骨柄铁刀，属斯基泰遗存⑥（图四，21），同心圆主题还见于马具、带扣、梳子等。辽宁西岔沟墓地出土触角型铜柄铁剑与斯基泰、萨尔马特该类制品类似（图四，7、22）⑦。

装饰品等如汉镜，常见于两汉中亚地区及萨尔马特遗存中（图四，8、23）。北魏遗存典型耳环、豆灯、圆形牌饰等，及匈奴—鲜卑时期遗存出土项饰、羊矩骨、手镯、涡纹饰件等，在伏尔加河以西的萨尔马特相关遗存皆有类似制品（图四，9~15、24~30）。

---

① 马艳、郑君雷：《内蒙古中南部拓跋集团的几种特殊葬式》，载北京大学中国考古学研究中心编《中古时期丧葬的观念风俗与礼仪制度学术研讨会》，北京：科学出版社，2016年，第473~481页。
② 吕恩国：《论颅骨穿孔和变形》，《新疆文物》1993年第1期，第107~120页；王博、傅明方：《库车县苏巴什古墓改形女颅的研究》，《龟兹学研究》第三辑，乌鲁木齐：新疆大学出版社，2008年，第237~247页。
③ Костенко В. И. *Сарматы в Нижнем Поднепровье: по материалам Усть-Каменского могильника*, Монография: Выдавныцтво ДДУ, 1993, с. 26.
④ Бубулич В. Г. Хахей В. П. Исследование курганов в Каменском районе на левобережье Среднего Днестра. // Яровой Е. В. (сост.) Северное Причерноморье: от энеолита к античности. Тирасполь: НИЛ "Археология" ПГУ им. Т. Г. Шевченко, 2002, с. 121-127, 146.
⑤ 马艳：《大同出土北魏磨花玻璃碗源流》，《中原文物》2014年第1期，第96~100页；Сымонович Э. А. *Стеклянная посуда середины I тысячелетия нашей эры с нижнего Днепра*, Краткие сообщения Института археологии, вып. 69, 1957, с. 22-30.
⑥ Плешивенко А. Г. *Скифский курган у Белозерского лимана.* // Болтрик Ю. В., Бунятян Е. П. (ред.) Курганы степной Скифии, Киев: Наукова думка, 1991: 53-72.
⑦ Максимов Е. К. *Меч и копье из коллекции Саратовского музея*, Советская археология, 1959, №1, с. 261-263.

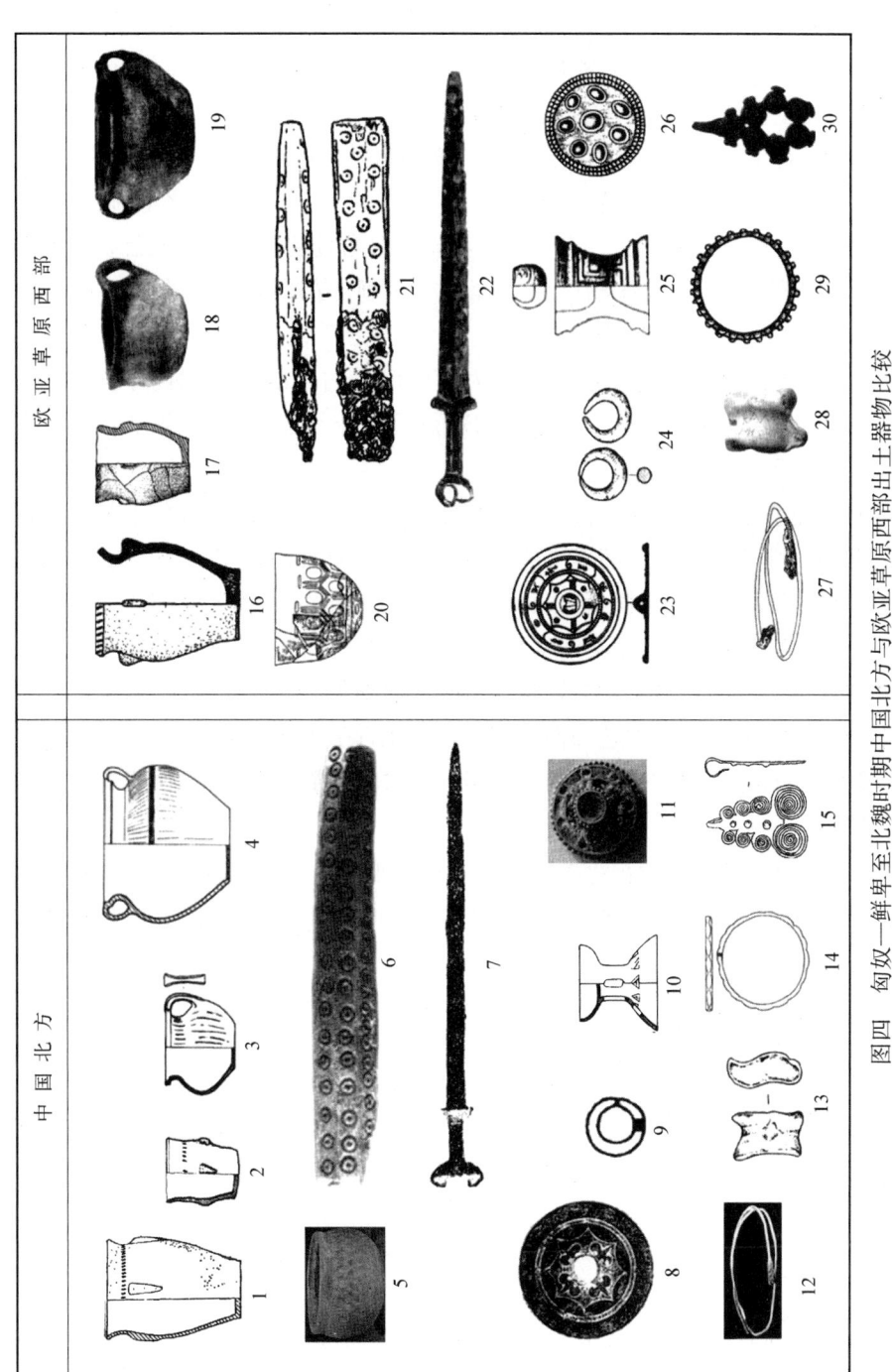

图四 匈奴—鲜卑至北魏时期中国北方与欧亚草原西部出土器物比较

1. 右玉 M17：1　2. 山西北贾铺 M14：2　3. 七里村 M6：5　4. 大同南郊 M140：1　5. 大同南郊 M107：17　6. 右玉善家堡 M18：17　7. 西岔沟
8. 东大井 SDM12：1　9. 大同迎宾大道 M19：1　10. 大同迎宾大道 M56：4　11. 迎宾大道 SDM1：9　12. 瓦尔吐沟　13. 矩胃东大井 SDM3：10
14. 镯镯东大井 SDM1：1　15. 金花饰东大井 SDM1：9　16. 乌斯季—卡缅卡 31 号封堆　17. 波多伊利 3 号封堆 5 号墓
18、19. 伊鲁拉特 22 号墓（Илурат）　20. 加夫里洛夫卡 82 号墓（Гавриловка）　21. 别洛泽尔斯基 4 封堆 5 号墓（Кобяково）　22. 阿特卡尔斯克（Аткарск）
23. 维诺格拉德诺耶　24. 塔奈斯（Танаис）　25. 科比亚科沃 10 号封堆（Фанагория）　26. 拜塔尔—恰普坎 24 号墓（Байтал-чапкан）
27. 卡津斯基宝藏（Казинский）　28. 法纳戈利亚（Фанагория）　29. 别利别克 IV 号墓地 158 号墓（Бельбек）　30. 奥特米奇（Отмичи）

四、代（魏）叱干氏族属讨论

大同迎宾大道 M70 墓主复姓叱干名渴（谒）侯。天安为献文帝拓跋弘年号，天安元年即 466 年。据殷宪先生考证，《魏书·地形志》"雍州"条下有京兆郡统长安县，延自东汉，"衺"即"长"，"悬民"即"县民"，长安为墓主叱干渴侯郡望①。叱干氏相关材料一方面见于《魏书》、《十六国春秋》、《资治通鉴》、《北齐书》等史料，有叱干他斗伏、叱干阿利、叱干骐麟等，改薛姓后，有薛辩、薛强等；另一方面见于墓志，如《魏前将军廷尉卿元公妻薛夫人墓志铭》②、《魏故使持节仪同三司车骑大将军雍秦二州刺史都昌侯元公夫人薛氏墓志铭》③等。

殷宪先生认为叱干氏是西部鲜卑的一支或为久居代北的杂胡，抑或西部高车姓氏。渴侯是常见的人名、地名及部族姓④。殷先生的观点可与出土材料在一定程度上相互印证。

目前，关于高车遗存的线索较少。据中文史料所载战国秦汉丁零、高车分布范围及其与匈奴的关系，俄罗斯学者认为塔什特克文化（Таштыкская культула）即丁零、高车遗存。该文化主要分布于米努辛斯克盆地附近，代替塔加尔文化，时代大致为公元前 2 或前 1 世纪至 5 世纪。塔什特克文化人群包括土著塔加尔文化欧罗巴人种及新徙入的中亚突厥—蒙古人种组群，他们于大迁移时期，渗透至米努辛斯克盆地⑤。中国境内，鲜卑至北魏时期，未发现塔什特克文化特征考古遗迹。而塔什特克文化近 7 个世纪的发展中，其文化内涵也发生巨大变化。目前，追溯北魏高车与米努辛斯克盆地人群的关联，探讨北魏高车考古学文化特征仍需要证据。

鲜卑时期中国北方及蒙古高原出土器物存在某些共通特征，如鹿纹牌饰、子母马牌饰等，鲜卑联盟地理范围可大致确定。但"西部鲜卑"、"代北杂胡"遗存特征及人群构成较模糊。

前述对大同迎宾大道 M70 类方室土洞墓的比较可见，方室土洞墓在欧亚草原西部自斯基泰时期至早期阿兰时期有连续传统。其中，克里米亚半岛及北高加索晚期斯基泰遗存、早期阿兰遗存、大迁徙时期匈人遗存、塔什干绿洲附近阿雷西文化遗存方室土洞墓与北魏此类墓葬形制尤其相似，且时代相近。康居在萨尔马特联盟中地位显赫，多为军功精英，阿雷西文化统治阶层可能与萨尔马特人相关⑥。加之鲜卑至北魏时期出土器与欧亚

---

① 殷宪：《〈叱干渴侯墓砖〉考略》，《山西省考古学会论文集》第 4 辑，第 204~206 页。
② 朱亮、何留根：《洛阳出土北魏墓志选编》，北京：科学出版社，2001 年，第 91 页。
③ 朱亮、何留根：《洛阳出土北魏墓志选编》，第 118 页。
④ 殷宪：《〈叱干渴侯墓砖〉考略》，《山西省考古学会论文集》第 4 辑，第 204~206 页。
⑤ Янин В. Л. (ред.) Археология: Учебник, Москва: Издательство Москвского университета, 2013, с. 351.
⑥ Подушкин А. Н. Сарматские знаки-тамги на керамике Южного Казахстана. // Материалы Шестой международной Кубанской археологической конференции, Краснодар: Экоинвест, 2013, с. 342.

草原西部的关系密切,由此,鲜卑时期代北及内蒙古中南部,以商都东大井①、山西原平北贾铺墓地②等为代表的遗存,以及北魏平城时代遗存,可能与萨尔马特等欧亚草原西部人群有一定联系。

自1世纪,一方面阿兰人自中亚北部向西移动;另一方面哥特人由北向南移动,二者对萨尔马特和晚斯基泰人群造成巨大压力。4世纪末匈人西进,消灭博斯普鲁斯王国,迫使北高加索阿兰人、顿河以西的萨尔马特人、克里米亚半岛及黑海北岸的晚期斯基泰人加入新一轮民族大迁徙。虽然欧洲文献多记载其向西的迁徙活动,但无疑其对欧亚草原东部也有一定影响。

大同迎宾大道M70即为平城时期形成的方室土洞墓,其墓主复姓叱干。《魏书·薛辩传》载:"薛辩……祖陶,与薛祖、薛落等分统部众,故世号三薛。"魏晋南北朝至隋唐时期的河东薛氏有不同祖源,有"北祖"、"南祖"、"西祖"一说③,西胡族群有攀附建构汉姓世系的现象,史料中薛氏族源许多不可信,其中"西祖"薛氏可能与叱干氏相关。叱干氏与铁弗匈奴、高车关系密切,历十六国时期多国,是北魏在关中军事行动中的重要力量。文献关于叱干氏的相关记载与考古材料展现的欧亚草原西部人群与鲜卑至北魏时期人群关联,以及北魏平城时代墓葬形制变革——如鲜卑时期墓葬几乎皆为竖穴墓,至北魏平城时期发展为以洞室墓为主的形式等情况相吻合。

"西部鲜卑"、"代北杂胡",甚至"匈奴入塞十九种"和北魏高车人群,其族群关联可能不仅限于中亚、北亚,更可能与欧亚草原西部的晚期斯基泰、萨尔马特、早期阿兰人相关。1~4世纪,他们可能经过北哈萨克斯坦—阿尔泰地区,或南哈萨克斯坦—新疆进入中国北方。

---

① 魏坚:《商都县东大井墓地》,载魏坚主编《内蒙古地区鲜卑墓葬的发现与研究》,北京:科学出版社,2004年,第55~102页。
② 山西省考古研究所、忻州市文物管理处、原平市博物馆:《原平北贾铺东汉墓葬发掘简报》,《三晋考古》第3辑,第262~285页。
③ (宋)欧阳修、宋祁:《新唐书·宰相世系表》卷七十三下,北京:中华书局,1975年,第2990页。

公元前 1~3 世纪朝鲜半岛
南部考古学文化初探*

蒋 璐

浙江大学文化遗产研究院

中国和朝鲜半岛同处东亚大陆,朝鲜半岛北部与中国大陆相连,西部与中国隔海相望。两地之间的文化交流由来已久。在战国晚期,约公元前 3 世纪时,中原地区的铁器及铁器制造技术传入朝鲜半岛,为半岛地区的发展注入新的动力。直至东汉末年,半岛南部的百济逐渐强盛,统一马韩的其他部落,朝鲜半岛南部进入三国时代。公元前 1~3 世纪,正值朝鲜半岛南部的"原三国时代"①,国内也有学者将其称为"三韩时代"②。这一时期半岛地区在与中原政权不断增进联系的过程中,经历了由氏族到国家的重要转折时期,为此后朝鲜半岛三国格局的建立奠定了基础。期间半岛南部地区考古学文化的面貌、与中原政权的文化交流,以及这类交流在文化发展中发挥的作用既是考古学文化交流的重要研究内容,也是对中原文化在边疆地区传播形态及模式的探究与考察。

一、分期研究概述

关于朝鲜半岛南部原三国时代的分期问题,由于三韩各地文化面貌的差异,一般在韩国考古学界,对原三国时代的分期多是按照地域来进行研究的,主要包括中西部地区、湖南地区、岭南地区等。中西部地区主要以汉江为中心,大体包括首尔及京畿道和忠清道地区;湖南地区大体包括全罗北道、全罗南道和光州广域市;岭南地区则以洛东江为中心,大体包括庆尚北道、庆尚南道、大邱广域市和蔚山广域市等。

针对汉江流域、中西部地区原三国时代遗址的分期编年,朴淳发先生在《汉城百济考古学的研究现状检讨》③有过讨论。文章根据遗迹中出土陶器的形制变化,将该地区原三国时代文化分为三期:第一期(公元前 100~1 年),为硬质无纹陶器期;第二期(150~200 年),硬质无纹陶器和打捺纹陶器共存;第三期(200~250 年),硬质无纹陶器消失,打捺纹

---

* 本文为教育部人文社会科学研究青年基金项目(19YJC780003)、浙江省社科规划课题(18ZJQN02YB)、"浙江省之江青年社科学者"计划(G229)、浙江大学文科教师教学科研发展专项、浙江大学曾宪梓国际交流项目研究成果。
① 蒋璐:《考古学视野下汉朝与朝鲜半岛南部的交流》,《草原文物》2017 年第 1 期,第 90~94 页。
② 王巍:《中国古代铁器及冶铁术对朝鲜半岛的传播》,《考古学报》1997 年第 3 期,第 285~340 页。
③ [韩]朴淳发:《汉城百济考古学的研究现状检讨》,《考古学》3-1,2004 年,首尔京畿考古学会。

陶器和灰褐色无纹陶器共存。其中中西部地区还缺乏公元前1世纪至2世纪前半期的资料。

湖南地区考古学文化的编年见于朴淳发先生的《从土器相看湖南地区原三国时代编年》①一文。文章依据对陶器的类型学分析,将湖南地区原三国时代划分为五期:第一期(公元前100~前50年),仅见三角形黏土带陶器;第二期(公元前50~50年),流行硬质无纹陶器、外翻口沿深钵及平底甑;第三期(50~200年),流行硬质无纹陶器,外翻口沿深钵、圜底甑、长颈壶、绳纹打捺纹短颈壶;第四期(200~250年),流行格子打捺纹陶器,无纹平底甑及壶等器形;第五期(250~350年),长卵形陶器出现,流行牛角形把手平底甑、直口短颈壶等。

然而有学者针对上述两个地区的编年体系提出了不同的认识。金壮锡先生在《中部地区格子纹打捺陶器和U字形陶器的登场》②一文中指出,目前中部地区原三国时代的编年体系中都将大部分遗迹中出土的格子纹打捺纹陶器定在2世纪后半以后,其断代的依据之一是岭南地区原三国时代瓦质陶器(即泥质灰陶器)的出现时间。但是事实上后者的出现年代目前还存在着争议。原有对岭南地区瓦质陶器绝对年代的认识,建立在瓦质陶器制作技术是从乐浪传入的前提之上。因此,中部地区和岭南地区原三国时代的绝对编年中都存在一个共同点,即这些地区中国式物质文化及新物质文化的出现,都是建立在以乐浪影响"一元论"和文献记载的基础上的。文章进而将乌耳岛、乌山阙洞等地出土的U形陶器与中国山东半岛莱州湾出土的U形陶器进行对比后认为,U形陶器在朝鲜半岛出现的时间是公元前1世纪,土圹墓最晚在公元前后也已经在朝鲜半岛出现了,因此或许可以将中部地区格子纹打捺纹陶器和竖穴土圹墓的年代提前至公元前1世纪早期。这与以往该地区原三国时代的编年体系有很大不同。金壮锡先生同时认为,以往认为朝鲜半岛中部的文化发展都以乐浪为前提也值得商榷,从U字形陶器来看,汉文化可能是从山东半岛直接对朝鲜半岛中部施加影响。目前这一观点也引起了中国学者的关注③。

另外,对湖西和湖南地区原三国时代的编年,金壮锡先生在《湖西和西北岭南地区初期铁器时代——原三国时代编年的相关问题》④一文中,通过对湖西和湖南西部地区松菊里文化和打捺纹陶器的研究,对这一地区的初期铁器时代——原三国时代的编年提出了不同意见。文章认为松菊里文化和打捺纹陶器出现之间存在空白,从分析空白期的起因入手,对已有的编年进行了调整,将松菊里文化结束的年代下限推迟,进而通过墓葬中遗物的共存情况,将打捺纹陶器在这一地区出现的上限年代提前至公元前2世纪后半。

针对金壮锡先生的文章,李东熙(音)先生亦提出了不同的意见。李东熙先生在《"湖

---

① [韩]朴淳发:《从土器相看湖南地区原三国时代编年》,《湖南考古学报》第21辑,2005年。
② [韩]金壮锡:《中部地区格子纹打捺陶器和U字形陶器的登场》,《韩国考古学报》第90辑,2014年,第76~119页。
③ 李水城、艾婉乔:《先秦时期莱州湾与朝鲜半岛文化交流的新线索》,《中国文物报》2016年7月15日第6版。
④ [韩]金壮锡:《湖西和西部湖南地区初期铁器时代——原三国时代的编年问题》,《湖南考古学报》第33辑,2009年,第45~69页。

西和西北湖南地区初期铁器——原三国时代编年"商榷》①一文中认为松菊里文化的年代下限为公元前 1 世纪,打捺纹陶器和硬质无纹陶器在湖西和湖南西部地区出现的时间为公元前后应该没有问题。公元前 2 世纪之前,打捺纹陶器还没有在湖西和湖南地区出现。

崔盛洛先生在《湖南地区初期铁器时代和原三国时代的研究现状和展望》②一文中对湖南地区原三国时代的编年研究进行了宏观概括。文章总结了过去 20 年间对湖南地区初期铁器时代和原三国时代在分期、编年和两个时代之间的断层问题等方面的研究情况。作者认为目前对于湖南地区这两个时期的研究尚缺乏系统性,还需要更多的经过科学发掘的证据。同时提出需要通过科学手段为这两个时期的编年研究提供更多客观数据。

总的来看,基于陶器类型研究的原三国时代编年因各地存在一定差异,在韩国考古学界尚未达成共识。目前陶器研究越来越精细化、数据化,正如崔盛洛先生在文章中提及的,对于原三国时代编年研究的开展还需要更多科学证据,在适当之时还可利用科学手段作为辅助。

二、典型遗址举例

1. 庆尚南道昌原茶户里遗址③

茶户里遗址位于庆尚南道昌原市,自 1988 年开始至 1992 先后经历了 7 次发掘。发现了原三国时代初期墓葬 70 余座,均为土坑竖穴木棺墓。规模最大的为 1 号墓,墓圹长 2.8、宽 1、深 1.7 米。墓圹内置一木棺,系用圆木将中间掏空而成。棺长 2.04、宽 0.85、直径 0.65 米。茶户里墓葬中出土的随葬品有陶器、漆器和铁器。铁器以工具和兵器为主,其中兵器包括铜剑、铜矛、铁剑、铁戈、铁矛、铁镞等。农具和手工工具种类有铁钁、斧、板状斧、镰、锸、锤等。部分墓葬随葬铜镜和五铢钱。通过对随葬品的断代分析,可知这批墓葬的年代约在公元前 1 世纪后半至 1 世纪。

2. 庆尚北道庆州市朝阳洞遗址④

遗址位于庆尚北道庆州市朝阳洞一带,1977 年 11 月最早发现。遗址包含了自青铜

---

① [韩]李东熙:《"湖西和西部湖南地区初期铁器——原三国时代编年"商榷》,《湖南考古学报》第 35 辑,2010 年,第 47~79 页。
② [韩]崔盛洛:《湖南地区初期铁器时代和原三国时代的研究现况和展望》,《湖南考古学报》第 45 辑,2013 年,第 5~42 页。
③ [韩]李健茂等:《昌原茶户里遗址发掘进展报告》,《考古学志》1,韩国考古美术研究所,1989 年;[韩]李健茂等:《昌原茶户里遗址发掘进展报告》,《考古学志》3,韩国考古美术研究所,1991 年;[韩]李健茂等:《昌原茶户里遗址发掘进展报告》,《考古学志》5,韩国考古美术研究所,1993 年;[韩]李健茂等:《昌原茶户里遗址发掘进展报告》,《考古学志》7,韩国考古美术研究所,1995 年。
④ 国立庆州博物馆:《庆州朝阳洞遗址Ⅰ》,2000 年;国立庆州博物馆:《庆州朝阳洞遗址Ⅱ》,2003 年;[韩]崔钟圭:《朝阳洞 4 次调查概报》,《三韩考古学研究》,韩国书景文化社,1995 年。

时代至高丽时期的遗迹,但最具代表性的是原三国时代的墓葬,其中发现陶器、青铜器、大量铁器以及其他玉器等。

出土的陶器主要包括各类壶、碗等。铁器主要包括板状铁斧、铁斧、铁矛、铁剑、铁镰、铁镞、铁凿、铁刀等。其中朝阳洞38号墓出土板状铁斧多达10件,另外还出土4面铜镜,包括1面四乳连弧纹镜和3面重圈铭文镜。

朝阳洞遗址是目前岭南地区已经确定的出土瓦质陶器年代较早的遗址。朝阳洞报告将遗址的主要年代推定为1~3世纪。其中的38号墓葬,从出土的铜镜来看,年代有可能在公元前1世纪或1世纪①。

3. 庆尚北道庆州市九政洞遗址②

该遗址是1951年在道路施工过程中发现的。该遗址发现了细型铜剑、铜铃、铜戈、铜铎、铜镞、铜矛、石斧、琉璃珠等,还出土了一批铁器,包括剑、镰、斧、凿、板状铁斧、刀子、刮刀等。该遗址中铁兵器和铜兵器共处的特点与昌原茶户里墓地出土物所表现的特点相同。这批铁器中,锻造制品占绝大多数,其中有相当一部分为当地的制品③。遗址年代在1世纪左右。

4. 庆尚南道金海郡良洞里遗址④

良洞里遗址位于庆尚南道金海郡,1969年最早发现,此后1984、1990~1996年先后经历了两次正式发掘。第一次发掘发现原三国时代木棺墓9座、木椁墓17座、瓮棺葬3座。年代在2~3世纪。第二次调查发掘发现了548座墓葬,报告者认为其中属于原三国时代的有木棺墓8座、木椁墓78座。出土遗物包括陶器、青铜器、铁器等。

陶器以形制各异的壶占绝大多数,另有三角形黏土带陶器、豆形陶器和小型瓮等。青铜器包括仿制铜镜、细型铜剑、剑把、剑把头饰、青铜环等。铁器包括铁矛、铁镞、铁剑、铁镰、铸造或锻造铁斧、铁刀等。

良洞里原三国时代后期遗迹以162号墓为代表,墓葬年代为2世纪末前后。墓内出土大量铁器,种类包括剑、矛、刀、镞、镰、板状铁斧等,并出土了1件铁釜,此外还随葬连弧纹镜、仿制镜、项饰、铜环等。

5. 釜山市金井区老圃洞遗址⑤

1985年釜山博物馆和釜山大学博物馆在调查时发现了老圃洞遗址,2005年时遗址由

---

① [韩]郑仁盛等:《岭南地区原三国时代木棺墓》,韩国学研文化社,2012年,第276页。
② [韩]金元龙:《庆州九政里出土的金石并用遗物》,《历史学报》1952年第1期。
③ 王巍:《中国古代铁器及冶铁术对朝鲜半岛的传播》,《考古学报》1997年第3期,第285~340页。
④ 国立文化财研究所:《金海良洞里古坟》,1989年;东义大学校博物馆:《金海良洞里古坟文化》,2000年;东义大学校博物馆:《金海良洞里古坟群》,2008年。
⑤ 庆南发展研究院历史文化中心:《老圃洞遗址》,2007年。

庆南发展研究院历史文化中心主持发掘,发现了木椁墓、土圹墓和木棺墓等遗迹。属于原三国时期的遗物包括豆形陶器、袋形壶、铁镞、铁矛、板状铁斧、铁凿、水晶、琉璃等。遗址年代在3世纪左右。

6. 忠清南道天安市清堂洞遗址①

遗址位于忠清南道天安市,最初由韩国中央国立博物馆调查时发现,随后陆续进行了6次发掘工作,发现了一批原三国时代的木棺墓、木椁墓。墓葬中出土了大量铁器,包括环首铁刀、铁矛、镞、斧、镰等。墓葬中出土的青铜马形带钩、铁制曲棒形带钩、金箔琉璃玉、有色琉璃玉等被认为与马韩的对外交流有关②。遗址的年代为2~3世纪。

7. 庆尚北道庆州隍城洞遗址③

庆州隍城洞遗址于1985年庆州博物馆调查时发现④,此后进行了大量调查发掘工作,发现了聚落区域、铁器生产区域和墓地。该遗址不仅是韩国国内首次对铁器生产及相关遗迹进行的正式调查和发掘,也为铁器及铁器生产研究提供了重要资料。

隍城洞遗址没有发现采矿、制炼阶段的遗迹,仅发现了铁器生产阶段的熔解、锻冶遗迹。在冶铁遗址中,发现了与生产、铸造铁斧的熔解炉相关的遗迹,在居住址内部也发现了锻冶遗迹。隍城洞遗迹的熔解炉遗迹周围发现的遗物包括铸造铁斧的模具、炉壁、铁渣等。在锻冶工程区域的聚落址中,发现了锻冶时使用的铁块、球状铁块等。孙明助先生将隍城洞遗址分为二期:一期年代在2世纪前半~中半,二期年代为2世纪后半~3世纪⑤。

三、小　　结

上文选取了朝鲜半岛南部公元前1~3世纪的几处典型遗址进行简单介绍。在年代序列上,各遗址基本涵盖了原三国时代由早至晚的整个阶段,在地域分布上也遍布半岛南部各地区。

在上述遗址中,茶户里是目前朝鲜半岛已知年代最早的原三国时代遗址。从该遗址出土的铁器、漆器、铜钱、铜镜等随葬品,可明显看到来自汉文化的影响。茶户里遗址所在的昌原,位于当时辰韩分布区内,说明在公元前1世纪后半叶,汉文化已经对朝鲜半岛南

---

① [韩]徐五善:《天安清堂洞及安城出土一括遗物》,《考古学志》2,1990年;[韩]徐五善、权五荣、咸舜燮:《天安清堂洞第2次发掘调查报告书》,国立中央博物馆,1991年;[韩]徐五善、咸舜燮:《天安清堂洞第3次发掘调查报告》,国立中央博物馆,1992年;[韩]韩永熙、咸舜燮:《天安清堂洞第4次发掘调查报告》,国立中央博物馆,1993年。
② [韩]咸舜燮:《通过天安清堂洞遗迹看马韩的对外交流》,《马韩史研究》,韩国忠南大学校出版部,1998年。
③ 韩国文化财保护财团:《庆州隍城洞遗迹Ⅰ》,2003年;岭南文化财研究院:《庆州城隍洞575番地古坟群》,2010年。
④ [韩]李健茂:《庆州隍城洞遗迹发掘调查报告》,《国立博物馆古迹调查报告》第17册,1985年。
⑤ [韩]孙明助:《庆州隍城洞冶铁遗址的性格》,《新罗文化》第14辑,1997年。

部的辰韩地区产生了强烈的影响。从墓葬中出土的铁矿石来看,或许这一时期半岛南部地区的人们已经对冶炼技术有所了解。在年代较茶户里遗址为晚的庆州朝阳洞遗址中,5号墓和38号墓出有铜柄铁剑,铜和铁的共同使用,可见在兵器的生产上,铜有逐渐被铁取代的趋势。在年代更为晚近的釜山老圃洞遗址,出土了大量铁器,基本不见青铜器,铁器已经完全取代了青铜器。到了原三国时代晚期的庆州城隍洞遗址中,铁器生产的专门组织形成,并呈现出阶层化、分工化和专门化的趋势。有学者认为:3世纪后半叶的城隍洞遗址应当存在掌管铁器生产的势力集团,当时的庆州一带已经出现了铁器生产的专门组织①。

已有研究结果表明,朝鲜半岛铁器的出现应是战国晚期燕国铁器文化由北向南波及的结果,中国铁器文化向朝鲜半岛的传播,早在战国晚期已经开始②。从全罗北道完州葛洞遗址发现的铁镰来看,燕系铁器在乐浪郡建立之前已经进入朝鲜半岛地区③。在乐浪郡设置之后,随着冶铁技术进入半岛南部地区,直接加剧了当地铁器制造业的发展。据《三国志·东夷传》记载:"桓、灵之末,韩濊强盛,郡县不能制,民多流入韩国。"④桓灵之际,正值2世纪后半叶,这一时期,朝鲜半岛南部地区遗址中随葬铁器尤其是兵器的数量显著增加,可能与乐浪居民南下流入"韩国"有关。另外,冶铁工业的发展,除了有乐浪的影响之外,南部地区富含铁矿也为其制造工业的发展提供了最基本的物质保障。

与半岛北部直接处于汉王朝的郡县统治之下、直接接受汉文化影响不同的是,朝鲜半岛南部与汉文化之间的联系和交流主要来自两个方面:乐浪和中国内地。朝鲜半岛南部地区一方面通过北部的乐浪郡输入了大量中国的先进物品,同时,也积极开展了与内地的交流。根据文献记载,内地的种植、养蚕、纺织技术等也已传到朝鲜半岛南部地区,例如马韩人"知田蚕,作绵布"。辰韩"土地肥美,宜五谷,知蚕桑,作缣布,乘驾牛马"⑤。正是在与汉文化不断接触的过程中,三韩地区加快了发展进程,为百济、新罗国家的建立奠定基础。

在讨论朝鲜半岛南部与汉文化的交流时,还有两点值得关注:第一,日本学者高久健二曾指出,从乐浪郡输入到三韩地区的遗物中,可分为汉式和非汉式两大类。汉式遗物的流入是上层阶级通过朝贡贸易的形式实现的,而非汉式遗物的传入,则是下层普通老百姓之间,通过人口的迁徙或交流形成的⑥。如此,乐浪文化对朝鲜半岛南部地区的影响可能存在多种途径和模式。第二,目前在半岛南部发现的汉文化遗物主要集中在朝鲜半岛东南部地区,约相当于史书所载的辰韩和弁韩地区,而地处西部的马韩地区发现相对较少。这从一个侧面反映出当时三韩各国与中国内地之间联系的差异。

---

① [韩]孙明助:《庆州隍城洞冶铁遗址的性格》,《新罗文化》第14辑,1997年。
② 代表性论著有王巍:《中国古代铁器及冶铁术对朝鲜半岛的传播》,《考古学报》1997年第3期;[韩]李南珪:《朝鲜半岛初期铁器文化的形成和发展过程》,《华夏考古》1996年第1期,第97~12页。
③ 蒋璐:《从韩国完州葛洞遗址看中国与朝鲜半岛的交流》,《边疆考古研究》第23辑,2018年,第206~214页。
④ 《三国志·魏书·东夷传》,北京:中华书局,1982年,第851页。
⑤ 《后汉书·东夷列传》,北京:中华书局,1965年,第2819页。
⑥ [日]高久健二:《乐浪郡和三韩的交涉形态——以三韩地区出土的汉式遗物和非汉式遗物的检讨为中心》,《文物研究》创刊号,1997年,第77~96页。

山西榆次明清人群氟中毒的古病理学研究

侯 侃　　　　　　　　高振华
山西大学历史文化学院　　山西省考古研究所
朱 泓　　　　　　　　王晓毅
吉林大学考古学院　　　山西省考古研究所

一、引　言

氟是一种人体中普遍存在的微量元素,但当这种化学元素摄入过多时,就会导致氟中毒,表现在骨骼上的就称为"氟骨症(skeletal fluorosis)",表现在牙齿上的叫作"氟牙症"(俗称"氟斑牙")。

骨和牙齿的氟约占全身氟的95%,骨氟是随着年龄的增长而逐渐累积的。氟的蓄积速度也与年龄有关。儿童处于生长发育阶段,骨的代谢旺盛,容易蓄积氟,随着年龄的增长,硬组织的氟化物趋向饱和,吸收氟的速度也逐渐降低。10岁以前,氟蓄积在骨骼和牙齿中,当牙齿完全形成后,氟便主要蓄积在骨骼中。由于氟离子(F^-)置换碳酸羟基磷灰石中的羟基(OH^-)而形成氟磷灰石,造成骨骼强度降低,同时过量的氟的蓄积通过对成骨细胞和破骨细胞的影响改变骨的形成、吸收和改建过程,引起相应的临床症状,即氟骨症[1]。氟骨症的病理改变主要有以下四类:1. 骨质硬化,单位体积内骨数量增加,在组织学上表现为骨小梁变粗、增多、皮质增厚,骨盐增多;2. 骨质软化,单位体积内骨的有机化学成分增多,而无机成分相对减少;3. 继发性甲状旁腺功能亢进;4. 骨密度改变[2]。

具体来说,氟骨症的典型表现包括:骨组织的增长,骨小梁增粗增厚,骨密度增加,导致 X 光下出现"毛玻璃"样,全身所有骨骼都有累及。颅骨变薄增重、板障逐渐消失,枕骨大孔周围韧带骨化导致边缘毛糙,骨骼上肌腱附着处出现异常,产生起止点骨赘(enthesophytes)。脊柱周围韧带普遍发生骨化,尤其是黄韧带、横突韧带和棘间韧带,严重

---

[1] 谭郁彬:《氟对机体代谢及各系统的影响》,《中国地方病防治杂志》1994年第3期,第163~165页;陶天遵:《新编实用骨科学》,北京:军事医学科学出版社,2008年,第1725~1726页。
[2] 陶天遵:《新编实用骨科学》,第1727页。

情况下会导致脊髓压迫症。椎体会变大,椎体旁出现骨赘并逐渐增大,最终会因骨赘的连接而使脊柱强直。肋骨增厚,由于韧带的骨化而导致肋骨表面粗糙。肋椎关节和胸肋关节发生强直,肋软骨发生骨化。韧带与腱附着处的骨化主要发生于常受压力作用的骨骼表面,尤其是股骨脊、桡尺骨间膜、胫腓骨间韧带、骶结节和骶棘韧带。较严重的病例中,主要关节也会发生骨性强直[1]。

氟牙症(dental fluorosis),又称斑釉牙(tooth with mottled enamel),是牙齿发育时期人体摄入氟量过高所引起的特殊型牙齿釉质发育不全。与氟骨症相同的是,此病症也是氟中毒的一种表现,不过不同之处在于,氟骨症是各种年龄段的人群摄入氟过多时都可能导致的,而氟牙症只有牙齿发育时期摄入氟过多的个体才会出现,一旦过了釉质发育矿化时期才开始摄入氟过多,是不会出现氟牙症的[2]。

关于氟骨症的国内考古发现,目前仅见郑晓瑛报道的甘肃酒泉干骨崖墓地7个个体的疑似案例[3]。而氟牙症的国内考古发现方面,曾有学者指出,20世纪70年代发现的贵州桐梓人[4]、山西许家窑人[5]牙齿化石上就有氟牙症的迹象,但桐梓人的案例后来又有学者表示质疑[6]。除此之外,国内发现的古代氟牙症案例还有中国科学院古脊椎动物与古人类研究所保存的1991年6月于陕西陇县出土的距今2 000年前的人骨标本[7]、大甸子墓地M1261个体[8]和湖北丹江库区龙口墓群的战国和清代墓葬出土人骨[9]等。

本文的研究材料来自山西省考古研究所和晋中市考古研究所2011年在晋中市榆次区山西高校园区考古项目发掘中发现的明清时期墓葬(以清代墓葬为主)。这些墓葬规模较小、随葬品很少且等级较低,应为当时的平民墓葬。本文所研究的是其中出土的保存较好的70具成年人骨和其中69例个体的牙齿(有1例个体牙齿生前脱落或未保存)。

二、氟骨症的观察与统计

我们在研究中发现山西榆次高校园区明清墓葬中许多个体的大部分骨骼上都出现了

---

[1] 黄长青:《地方性氟骨症的关节损害及其意义》,《中国地方病学杂志》1999年第2期,第159~160页;Judith Littleton, "Paleopathology of Skeletal Fluorosis", American Journal of Physical Anthropology, Vol. 109, No. 4 (1999): pp. 465-483。

[2] 樊明文:《牙体牙髓病学》,北京:人民卫生出版社,2011年,第112~113页;张震康、俞光岩:《实用口腔科学》,北京:人民卫生出版社,2009年,第40~41页。

[3] 郑晓瑛:《甘肃酒泉青铜时代人类骨骼的病理鉴定》,《人类学学报》1992年第4期,第300~302页。

[4] 吴茂霖:《贵州省首次发现的猿人化石》,《贵州师范大学学报(社会科学版)》1985年第1期,第16~24页。

[5] 李森照、卫奇:《从"许家窑人"的牙病说起》,《化学通报》1980年第12期,第41页。

[6] 李永生:《"桐梓人"化石具有氟斑牙的病征吗?》,《人类学学报》2007年第2期,第125~127页。

[7] 姜琳:《陕西陇县出土两千年前人牙颌状况的研究》,第四军医大学硕士学位论文,2007年。

[8] 潘其风:《大甸子墓葬出土人骨的研究》,《大甸子——夏家店下层文化遗址与墓地发掘报告》,北京:科学出版社,1996年,第224~322页。

[9] 周蜜、李永宁:《丹江库区龙口墓群出土人骨的初步研究》,《江汉考古》2010年第1期,第108~112页。

骨质增生的现象,关节周缘的骨质增生很显著,而且几乎所有的大关节都有涉及,同时也存在骨质侵蚀的现象,个别个体还有关节表面软骨下骨的象牙样变。不过一些增生的骨质并非出现在关节周围,而是出现于股骨脊、股骨的大小转子、胫骨粗隆附近、肱骨小头、坐骨结节、闭孔周围、肋软骨处等,这些部位并不存在关节接触,而是一些肌腱和韧带附着的区域以及一些原本是软骨的部分,说明这些新生的骨质是软组织骨化所致。脊椎也成了"重灾区",许多脊椎椎体上都存在巨大且厚实的骨赘,个别的都已经相连而造成脊柱强直,脊柱旁的后纵韧带、黄韧带、棘上韧带、前纵韧带存在不同程度的骨化现象,使脊椎小关节、棘突边缘有毛刺状的骨赘。所有的上述个体不是存在骨质硬化,就是存在严重的骨质疏松、骨小梁变得粗疏。

  对于这种多发的成骨性病征,怀疑有以下几种可能:退行性关节病、强直性脊柱炎、弥漫性特发性骨质增生(DISH,或称 Forrestier's disease)、氟骨症、畸形性骨炎(或称 Paget's disease,即佩吉特病)。这五种疾病在症状上很相似,都具有新骨生成或骨密度变化的特点,不过其病因差别很大。根据相关的医学和古病理学文献[①],总结出这四种疾病的各自特征是:

  1. 退行性关节病:又称骨性关节炎,主要影响年龄较大、劳动强度较大的个体,多存在于50岁以上的中年人和负重关节上,关节边缘有新骨增生,关节面硬化,软骨下骨质侵蚀。这种疾病不会发生在没有关节的骨表面,并且以破坏性损伤为主要表现,罕有导致关节强直者。

  2. 强直性脊柱炎:该病的诊断中,骶髂关节受累是非常重要的诊断标准,此病的发作一般是从骶髂关节一直向上蔓延的,且所产生的骨赘一般与肌腱和韧带的骨化无关,而且一般只影响椎体,椎体的前部呈方形改变,椎间隙也不会发生变化。

  3. 弥漫性特发性骨质增生:在椎体上会出现桥状的厚骨赘,尤其是沿着胸椎前侧的靠右侧边出现的连续的骨赘,这种疾病在脊椎上一般起于胸椎,可以蔓延到腰椎甚至颈椎,骨盆、股骨上端、膝关节和跟骨都会受累,会出现关节周围的骨赘和骶棘韧带、跟骨周围韧带和膝关节韧带的骨化。不过在大样本量的调查中,骨骼上的表现一般仅限于脊椎和下肢,肋软骨的骨化很少见,骨密度一般不发生变化。

  4. 畸形性骨炎:会导致骨密度增高,但影响范围很有局限性,对于脊椎来说,只影响椎体的外轮廓周围,X 光下形成"相框"样的变化,该病也不具有全身发作的特点,只累及少数局部的骨骼,也不存在肌腱和韧带的骨化。

---

 ① 陶天遵:《新编实用骨科学》,第 1727~1729 页;叶应陵、崔仲礼:《强直性脊柱炎的诊断与治疗》,北京:人民军医出版社,2004 年,第 54~71 页;Tony Waldron, *Cambridge Manuals in Archaeology: Palaeopathology*, Cambridge University Press,2008,pp. 72-82;张振标:《中国古代人类强直性脊椎炎的骨骼例证》,《人类学学报》1995 年第 2 期,第 110~117 页;朱洪民:《强直性脊柱炎早期诊断的临床研究》,南方医科大学博士学位论文,2011 年;陈正形、朱丹杰:《强直性脊柱炎病因、诊断及治疗》,《国外医学·骨科学》2005 年第 6 期,第 376~379 页;王岚、赵扬辉、苏静:《氟骨症与强直性脊柱炎临床特点对照分析》,《武警医学》2012 年第 8 期,第 662~663 页;王丽娜、李建文:《氟骨症脊柱竹节样改变 30 例临床误诊分析》,《中国医药导报》2007 年第 31 期,第 142 页;周改菊、岳嵘、杜正福:《氟骨症脊柱竹节样改变 11 例误诊分析》,《实用医技杂志》2004 年第 5 期,第 146~147 页。

鉴于以上特征与氟骨症存在的区别,在一个人群中大量出现的这种病症为氟骨症的可能性更大一些。不过,这些病症中,DISH 与氟骨症在临床和影像学表现上相似度非常高,它们都会导致肌腱和韧带的骨化,骨化的部位也几乎一样,以至于有些学者认为二者根本无法依据患病骨骼的外观来做区分①,有学者曾表示:"氟骨症中所见的骨赘是不能与 DISH 相区分的,后者也可能有脊柱外围的相同表现。"② 不过,骨密度的改变是二者区分的关键,DISH 并不会导致这种变化,而榆次明清组确实存在骨质疏松的表现;其次,DISH 不具有流行性,而氟骨症则是一种可以密集、普遍出现的流行性地方病,本案例中此类病症是多见的;再次,DISH 多见于中老年个体,而氟骨症见于各年龄段的成年个体,这是和本案例的情况吻合的。综合以上认识,可以将发现的此类骨骼病理表现判断为氟骨症。

研究发现的氟骨症个体病情程度不尽相同,有的轻微,有的严重。轻微的由于症状还不全面、不典型,难以与相似疾病区分,不足以做出诊断。因此,在这里只对可以比较准确地被诊断为氟骨症的个体进行记录,这些个体的编号是:Md8、Md21∶1、Mb10∶2、Mf54、Mf25∶1、Mf29∶2、Mf31∶2、Mb2∶1、Mf22∶3、Md23∶2、Md23∶1、Mb7∶2、Mf30∶2、Ma2∶1、Mf12∶1、Mb14∶2、Mb13∶2、Mb9、Mf20∶2、Mb7∶1、Md21∶2、Mf19∶1。共 22 例,均为 20 岁以上的成人个体。

上述病例的病症主要概括见表一,典型病例的照片见图一至图五。

表一　氟骨症的病理表现

部　位	病　变　表　现	典　型　病　例
脊椎	椎体旁出现明显骨赘,许多骨赘属于脊椎旁韧带的骨化,如前纵韧带、后纵韧带、椎旁韧带、黄韧带、棘突韧带,少数个体因相邻脊椎的骨赘相连出现脊柱强直。	Mb2∶1、Mb10∶2(脊柱强直);Mb10∶2、Md23∶1(棘突韧带骨化)
肋椎关节、胸肋关节、胸锁关节	这三个关节周围都出现骨赘,个别胸肋关节强直,胸锁关节还存在一些密集的小凹坑状骨质侵蚀。	Md23∶2(胸肋关节强直)
肋软骨	出现部分肋软骨骨化,第一肋尤为显著,其远端膨大如杯状,有的已与胸骨相连。	Mb7∶2、Mb9、Mf12∶1(胸骨上连有骨化的肋软骨);Mb2∶1、Mb7∶2(两侧第一肋软骨骨化)
肩锁关节、肩关节	出现关节周围的骨赘,关节面上存在凸起的新骨或骨质侵蚀或二者并存。	大部分病例均存在,但比较轻微

---

① Runge H, Franke J, "Radiological Modifications of the Skeletal System among Aluminum Smelter Workers: A 15 Year Retrospective Study", *Fluoride*, Vol. 22(1989): pp. 157 - 164; Czerwinski E, Lankosz W., "Skeletal Changes in Industrial and Endemic Fluorosis", *Fluoride*, Vol. 11(1978): pp. 29 - 32.

② Boillat M. A. et al., "Radiological Criteria of Industrial Fluorosis", *Skeletal Radiology*, Vol. 5, No. 3(1980): pp. 161 - 165.

续表

部 位	病 变 表 现	典型病例
肱骨	肱骨大结节、小结节、三角肌粗隆等肌腱或韧带附着处出现骨化,导致这些部位表面毛糙、增厚。	大部分病例均较明显
肘关节	肱骨的鹰嘴窝、外上髁、内上髁、冠突窝、滑车周缘和尺骨的鹰嘴边缘、桡骨头环状关节面周缘都出现明显骨赘,同时发生关节表面的新骨生成或骨质侵蚀或二者并存,部分个体关节面象牙化。	大部分病例均较明显
尺骨、桡骨	桡尺骨间膜骨化导致骨间缘出现突出的新生骨质,桡骨粗隆膨大且表面起伏不平。	Mf19:1(桡骨粗隆变化)
腕关节	由于绝大多数个体的腕骨不存,因此基本上只观察到了部分个体桡骨、尺骨远端关节面周缘的骨赘。	Mf22:3、Mf30:2
骨盆	骶髂关节后上方出现骨赘,应为骶髂后韧带和髂腰韧带的骨化,骶棘韧带、骶结节韧带骨化导致坐骨表面出现骨赘,闭孔周缘普遍出现毛刺状的骨赘,应为闭孔膜的骨化,个别个体髋臼横韧带骨化导致髋臼切迹完全被骨质封闭。	Ma2:1、Md23:1(闭孔周围骨刺);Mb7:2(右侧骶髂关节强直)
髋关节	股骨头和髋臼周围出现骨赘,可能是坐股韧带、髂股韧带的骨化。	Mb7:2(右侧髋关节强直)
股骨	大转子、小转子、转子间线、转子间脊出现骨赘,应为髂股韧带、耻股韧带和臀小肌、梨状肌、髂腰肌、股方肌、臀中肌止点的骨化。股骨脊增粗、表面毛糙,应为大收肌、短收肌、长收肌止点骨化。臀肌在线也出现臀大肌止点的骨化。少数个体骨干前面出现分隔号状的新骨,可能是股中间肌的骨化。	Mb9、Mb10:2(股骨表面肌腱附着处出现新骨)
膝关节	关节面周缘都出现明显骨赘,应为前后交叉韧带、髌韧带等韧带的骨化。关节表面同样出现骨质侵蚀或新骨生成,个别的出现关节面象牙化。	Mf19:1(胫骨粗隆上髌韧带骨化)
胫骨	胫骨粗隆和其内侧出现骨赘,应为髌韧带和被称为鹅足的三块肌肉的止点骨化所致。	大部分病例均较明显
腓骨	腓骨两端都出现骨赘,应为腓骨头前后韧带、胫腓前后韧带和跟腓韧带的骨化。	Mf13:2(腓骨与胫骨相接处的骨赘)
足部骨骼	跟结节足背和足底两端出现毛刺状的骨赘,应为跟腱和足底长韧带的骨化。部分个体存在跗跖关节、趾间关节周缘的骨赘,应该也是跗跖关节上韧带的骨化所致。个别个体手部掌指关节、指间关节也存在骨赘。	Mb9、Md23:1(跟结节骨刺);Mf30:2(跟结节、距骨骨刺);Md8(保存的所有手足关节均存在不同程度的骨质增生)

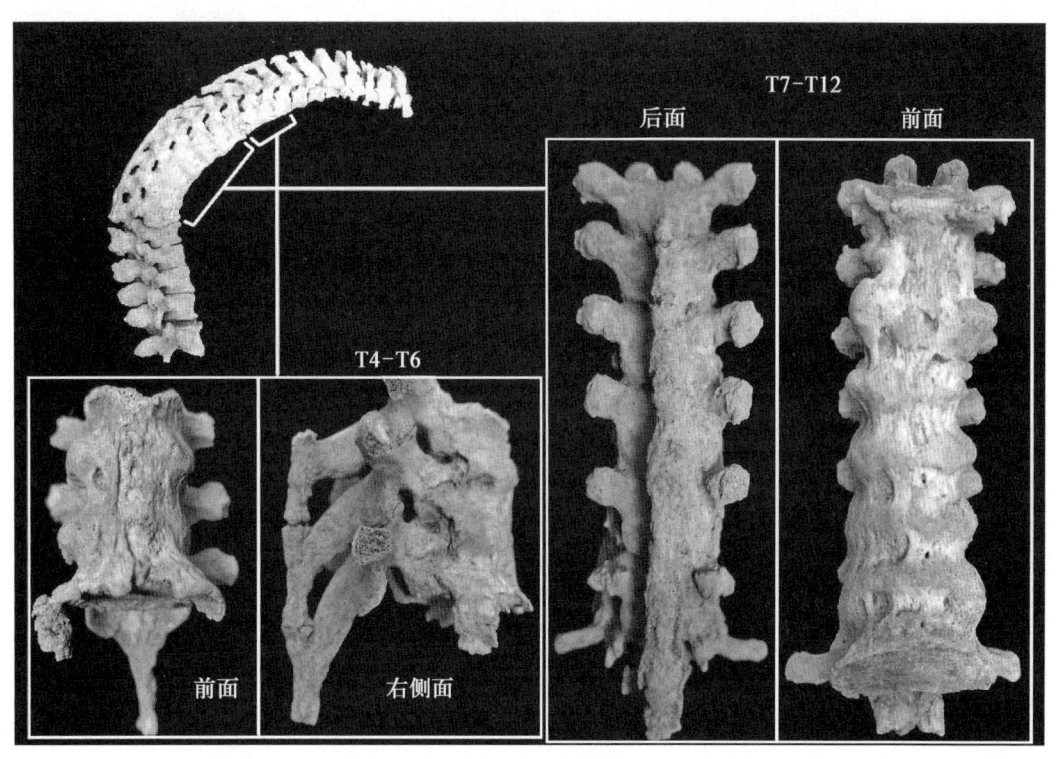

图一 Mb10∶2 脊柱强直的表现

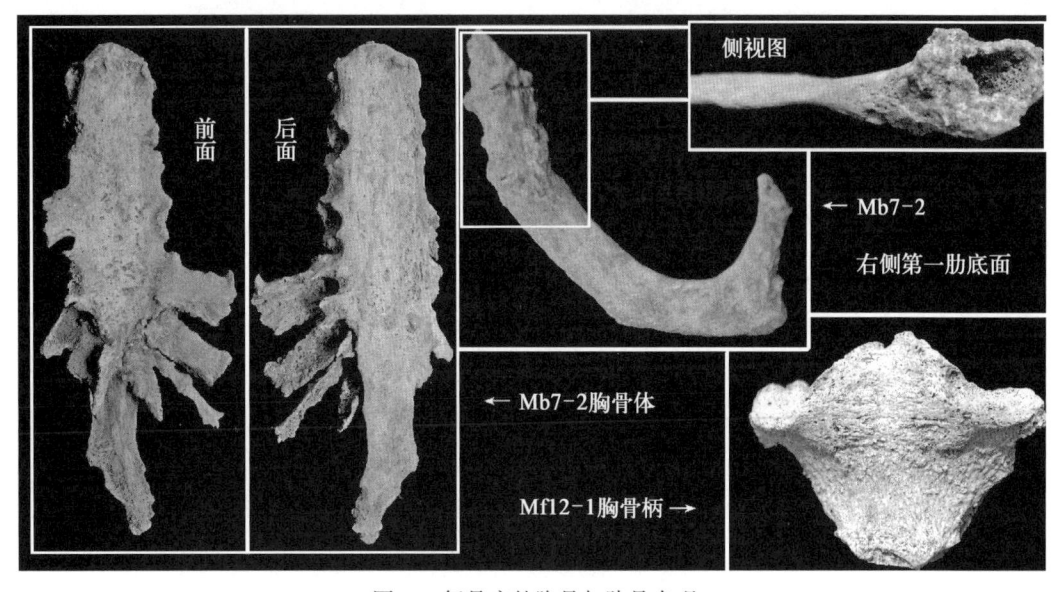

图二 氟骨症的胸骨与肋骨表现

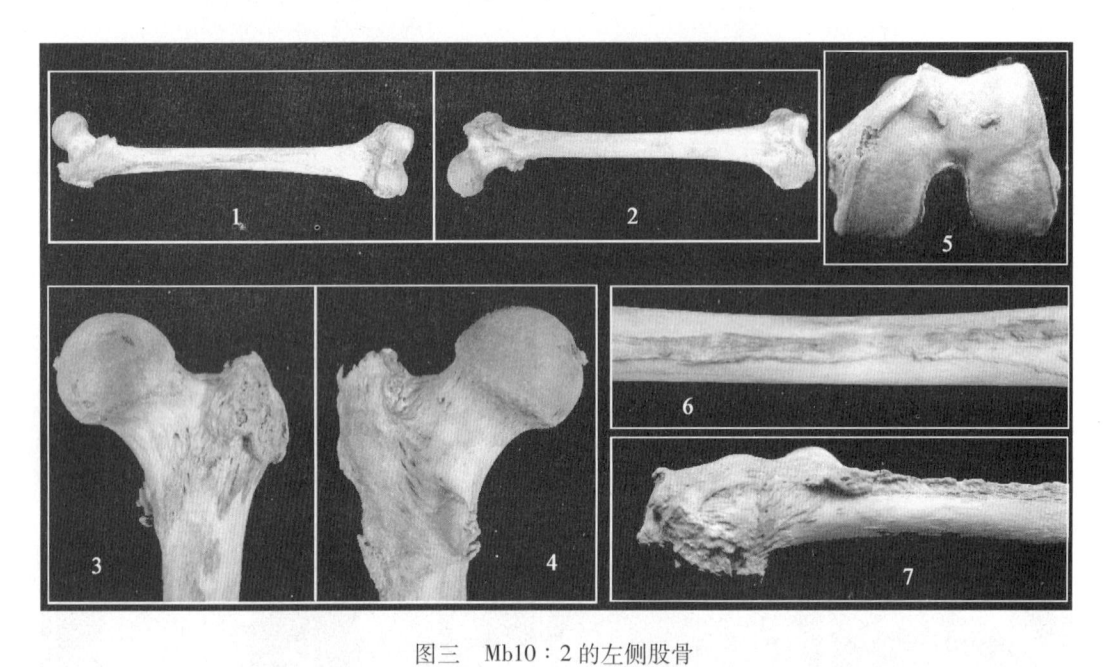

图三　Mb10∶2 的左侧股骨
1. 左侧股骨背面　2. 左侧股骨前面　3. 股骨上端前面观　4. 股骨上端背面观
5. 股骨下端关节面　6. 股骨脊　7. 股骨上端外侧侧视图

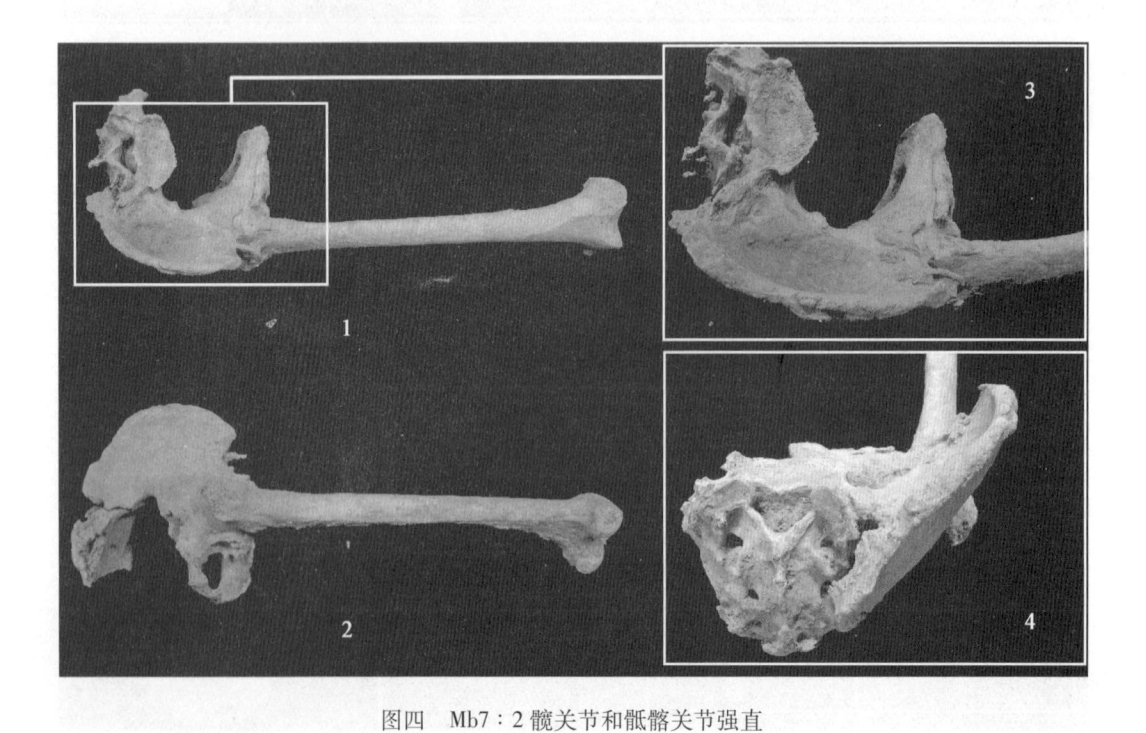

图四　Mb7∶2 髋关节和骶髂关节强直
1. 骶骨、右侧髋骨、右侧股骨前面观,这三块骨骼已经连为一体　2. 骶骨、右侧髋骨、右侧股骨后面观
3. 局部放大图,可见骶髂关节和髋关节强直　4. 髋关节强直的表现

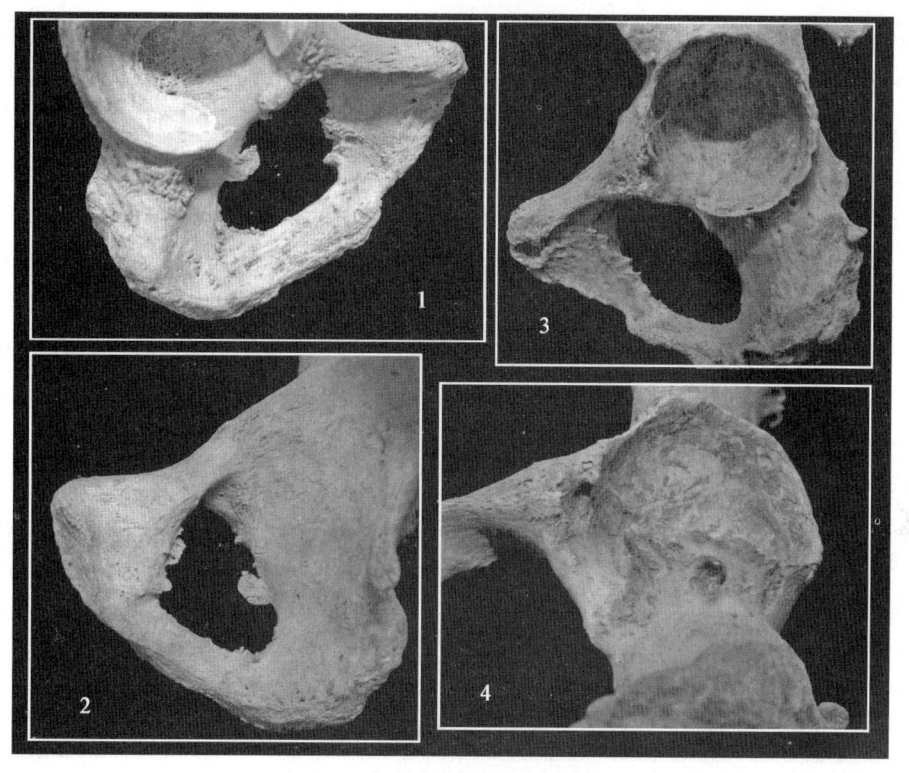

图五 氟骨症在骨盆上的表现
1. Md23：1 右侧坐骨与耻骨腹侧观,可见闭孔周围韧带骨化导致的大量新骨　2. Md23：1 右侧坐骨与耻骨背侧观
3. Mb7：2 左侧坐骨与耻骨腹侧观,可见坐骨上的大量新骨
4. Mb7：2 髋臼下方仰视图,可见髋臼周围韧带骨化形成的新骨

本文对病情较明显、能较可靠地诊断为氟骨症的病例进行了相关统计。统计时,所采用的样本量为进行了病理观察的全部成年个体数量,即 71 例。表二是对患病情况的统计：

表二　氟骨症的患病情况统计

	年　龄　段	患病人数	患病率
男	20~30 岁	2	28.57%
	30~40 岁	8	29.63%
	40 岁以上	4	44.44%
	全部个体	14	32.56%
女	20~30 岁	1	12.50%
	30~40 岁	4	30.77%
	40 岁以上	2	33.33%
	全部个体	7	25.93%
全部个体		21	30.00%

为了对比两性患病率是否存在差异,根据表二资料进行了卡方检验或 Fisher 确切概

率检验(后者用于样本量小于40的统计检验),检验结果为:20~30年龄段两性对比的 p=0.569(Fisher确切概率检验),30~40年龄段两性对比的 p=0.941(卡方检验),40岁以上年龄段两性对比的 p=1(Fisher确切概率检验),全部个体两性对比的 p=0.556(卡方检验);当 α=0.05 时,均不拒绝原假设,因此两性的患病率不存在显著差异。为了对比不同年龄段的患病率是否存在差异,同样进行了卡方检验或Fisher确切概率检验,检验结果见表三。从表中可见,当 α=0.05 时,任意两个年龄段男女之间均不存在显著差异。由于本案例的样本量较小,我们尚不能认为成年人氟骨症的患病情况与年龄无关。从氟骨症的发病原因来看,它是长期累积性中毒所致,年龄在其中势必会有作用,但根据我们的统计结果,起码可以说明在榆次明清组古代居民成年以后就不能看出年龄因素在氟骨症患病情况上的影响力了。

表三 氟骨症患病率差异的显著性检验结果

	20~30岁对比31~40岁	31~40岁对比40岁以上	20~30岁对比40岁以上
男性	1.000*	0.443*	0.633*
女性	0.606*	1.000*	0.538*
总体	0.458	0.481	0.427*

注:表中资料后有*者为Fisher确切概率检验所得p值,其他为卡方检验所得p值。

在记录中我们发现脊柱是受累较严重的部位,因此本文对存在病变迹象的椎骨在全部该类椎骨中所占的比例进行了统计:

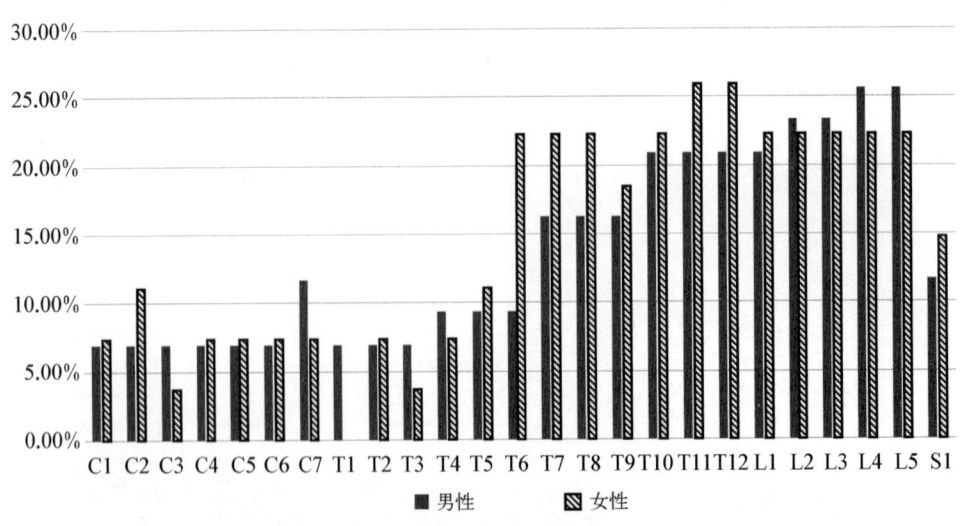

图六 氟骨症脊柱患病情况的统计柱状图

从图六可以看出,不论是男性还是女性,腰椎都是受累最多的部位,其次是下段胸椎,再次是颈椎,上段胸椎受累最少。

本文还进行了氟骨症受累的主要关节和其他骨骼发生改变的统计(图七),图中的数值为该部位存在病害迹象的个体数量,从中我们能窥探到该人群所患氟骨症主要影响哪些部位:

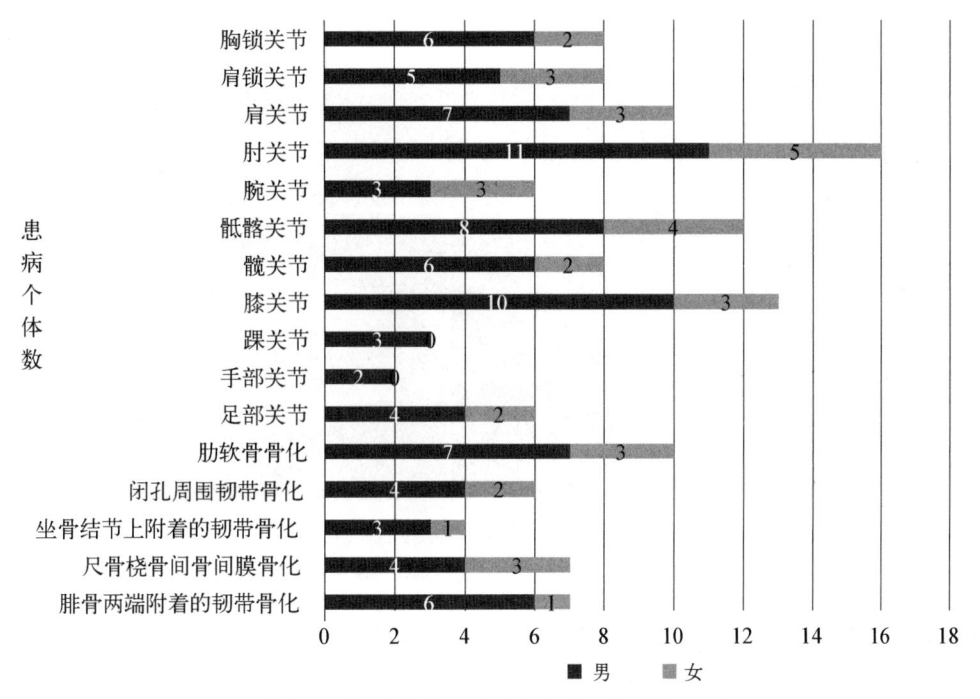

患病个体数

部位	男	女
胸锁关节	6	2
肩锁关节	5	3
肩关节	7	3
肘关节	11	5
腕关节	3	3
骶髂关节	8	4
髋关节	6	2
膝关节	10	3
踝关节	3	0
手部关节	2	0
足部关节	4	2
肋软骨骨化	7	3
闭孔周围韧带骨化	4	2
坐骨结节上附着的韧带骨化	3	1
尺骨桡骨间骨间膜骨化	4	3
腓骨两端附着的韧带骨化	6	1

图七　氟骨症其他患病关节统计的堆积横条图

三、氟牙症的观察与统计

氟牙症的患牙一般有这样的微观病理表现:牙齿表面有一层局限或弥散的云雾状不透明层,其下层为不同程度的矿化不全区,显示有多孔性。如果这种多孔组织占的体积比较大,釉质表面就会塌陷,形成窝状缺陷。矿化不全区可伴有不同程度的着色。对于其宏观可见的临床表现来说,氟牙症患牙的表面存在因矿化异常所形成的白垩横线、斑块,甚至整个牙齿均为白垩样釉质,有些牙齿(主要是上前牙)在萌出后呈现黄褐色或黑褐色斑块,严重时有实质性缺损。氟牙症一般侵犯全口牙齿,也可出现成组、对称分布的患牙,患牙耐磨性差,但抗酸蚀能力强,因此有一定的抗龋能力[①]。

国际口腔流行病学调查一般采用 Dean 分类法来记录患病个体的氟牙症严重程度,该分类法根据牙齿表面光泽度及染色和缺损程度分类,分类采用以下标准[②]:

正常(0级):釉质似半透明,表面光滑,有光泽,通常呈浅乳白色。

---

① 张震康、俞光岩:《实用口腔科学》,第 41~42 页。
② 张震康、俞光岩:《实用口腔科学》,第 583 页。

疑似（1级）：釉质透明度有轻度改变，从少数白纹到偶有白色斑点。

很轻（2级）：小的似纸样的白色不透明区不规则地分布在牙面上，且不超过牙面的25%。前磨牙或第二磨牙的牙尖顶部常可见直径不超过1～2毫米的白色不透明区（图八）。

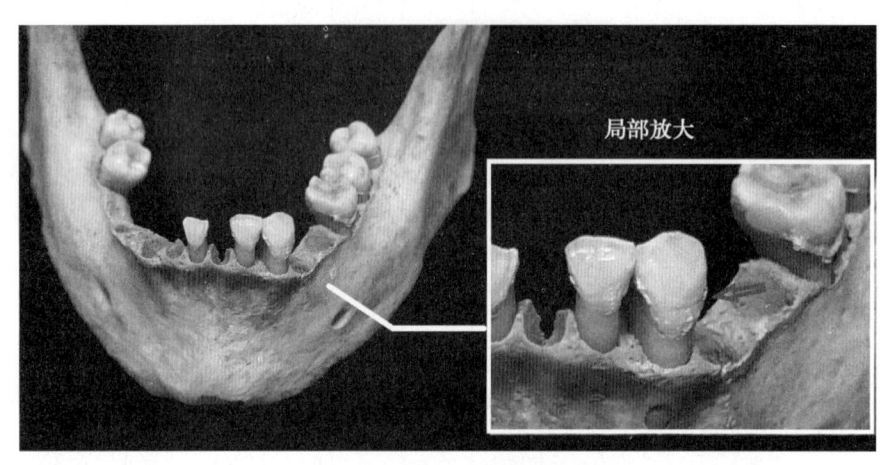

图八　很轻（2级）氟牙症的表现

注：该个体为Mf30∶1，箭头所指的左侧下颌侧门齿有不透明的白色斑纹。

轻度（3级）：釉质白色不透明区更广泛，但不超过牙面的50%（图九）。

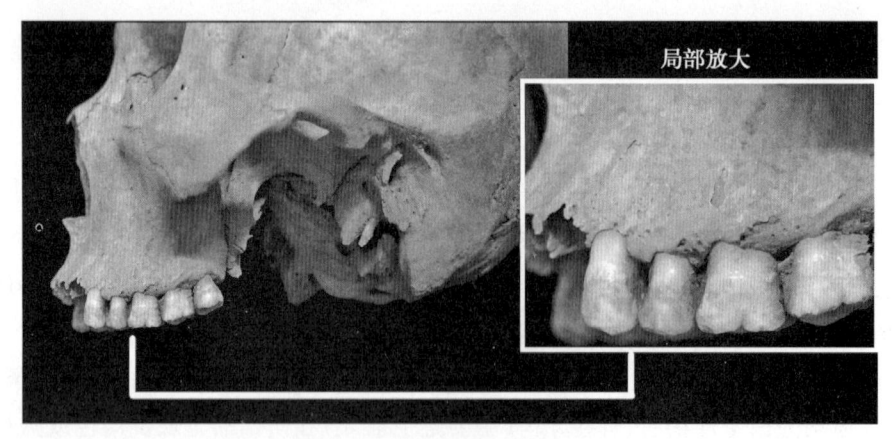

图九　轻度（3级）氟牙症的表现

注：该个体为Mf8，釉质受侵害部分不超过50%。

中度（4级）：釉质表面均受累，超过50%，且有明显磨损，常可见棕色斑（图一〇）。

重度（5级）：釉质表面严重受累，明显发育不全，甚至影响牙齿的整体外形。诊断要点为连续或融合的凹陷缺损区，棕色染色广泛，牙齿常有侵蚀样表现（图一〇）。

具体的记录方法是检查全口已完全萌出的牙冠，选病情最重的两颗牙用Dean分类法记录其等级得分，若得分一致，则该得分即为该个体的氟牙症记分，若得分不一致，则以记

民族与人群　　　　　　　　　　　　　　　　　　　　·293·

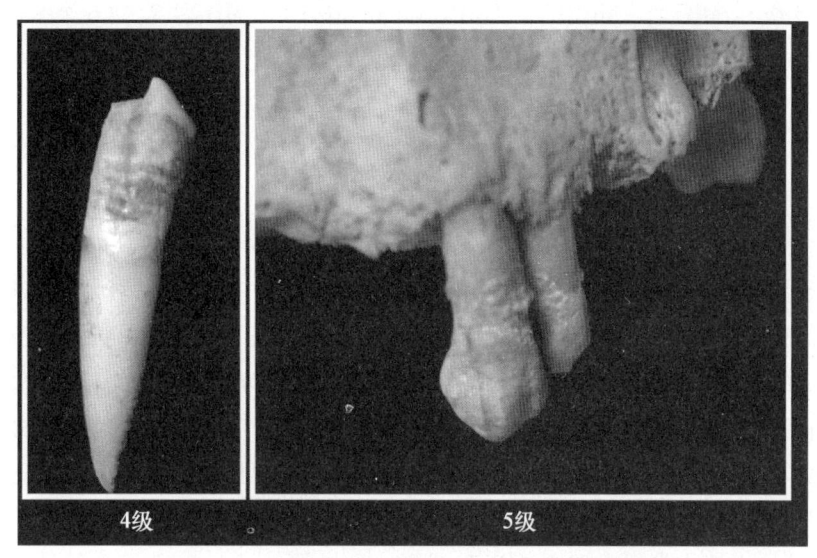

图一〇　中度(4级)、重度(5级)氟牙症的表现

注：4级所示为Mb14:1上颌右侧犬齿，可见超过一半的釉质受损，牙齿表面有横纹状的凹槽，并有明显的染色；5级所示为Md30上颌右侧犬齿，可见牙冠表面几乎完全受损，表面全部粗糙，存在两道明显的纵向凹槽状缺损。

分较小的作为该个体的氟牙症记分。

通过Dean分类法的记录，可以进行氟牙症指数(又称社区氟牙症指数，fluorosis community index，FCI)的计算[①]，它表示某个地区的人群中氟牙症流行情况和严重程度。其计算公式如下：

$$\frac{氟牙症}{指数}=\frac{(0.5\times 可疑人数)+(1\times 很轻人数)+(2\times 轻度人数)+(3\times 中度人数)+(4\times 重度人数)}{受检人数}$$

由于考古出土的标本的釉质透明度是比较难以观察的，因此在本案例研究中对于疑似(1级)这个级别不进行记录，以免出现过多误判。榆次明清组中保存有可辨识牙齿的68个个体的Dean氟牙症分类具体如下：

很轻(2级)：Md14、Mf19:2、Mf27、Mf28:1、Mf30:1，共5个个体。

轻度(3级)：Mb7:1、Md8、Mf8、Mf13:1、Mf19:1、Mf32、Mf54、Mf62，共8个个体。

中度(4级)：Mb7:2、Mb9、Mb14:1、Mb14:2、Mb15、Md4:2、Md26:1、Mf3、Mf5:1、Mf11:3、Mf13:2、Mf14、Mf20:2、Mf22:1、Mf22:3、Mf29:1、Mf30:2、Mf31:1、Mf33、Mf40、Mf46:1、Mf46:2、Mf47:1、Mf49、Mf50:2、Mf52:2、Mf53、Mf55:1、Mf63、M佚号，共30个个体。

---

①　林焕彩、卢展民、杨军英：《口腔流行病学》，广州：广东人民出版社，2005年，第21页；张震康、俞光岩：《实用口腔科学》，第584页。

重度(5级):Mb2∶1、Mb10∶2、Md15、Md30、Mf12∶1、Mf12∶2,共6个个体。

本案例中共有49个个体患有不同程度的氟牙症,因此,其氟牙症患病率为72.06%。通过对氟牙症指数的计算,得知该群体的氟牙症指数为1.99。

四、讨　论

根据现代地方病调查和地球化学检测,在山西,尤其晋中南地区是国内地方性氟中毒主要的流行病区之一[1],在魏晋时嵇康所著《养生论》中就有"齿居晋而黄"的记载,描述的就是氟牙症的表现。从地形地貌上看,榆次位于太原盆地的山前冲积平原地带,北邻乌金山,这种山间盆地的水的含氟量要比平原和沿海地区高出许多[2],太原盆地便属于蒸发浓缩型浅层高氟水地区[3],研究显示只有水氟含量超标严重且饮用时间较长时病区才会出现重度氟骨症患者[4]。除了地下水含氟以外,晋中南地土壤中的氟含量也是不低的[5],据研究,晋中盆地土壤中氟含量约为519.73毫克/千克,晋中南地区土壤含氟量普遍比晋北地区高[6]。

另外,山西地区古已有之的使用煤炭的传统[7]也可能是造成氟中毒的重要因素。据研究,相较于饮水型氟中毒,燃煤污染型氟中毒的严重程度往往要更高一些[8]。明清时期的山西是全国煤炭的最重要产区[9],高氟煤的燃烧使空气中含氟量增多,长期被人体吸入会造成氟中毒[10]。然而我国煤炭中氟的含量并不算高,山西的煤炭中氟含量尤其较低,但却是燃煤型氟中毒的高发地带。据研究,我国燃煤污染型氟中毒在现代的流行程度之严重,堪称中国乃至世界有史以来最严重的环境污染导致的健康危害事件,这种情况被认为与敞灶燃煤及拌煤所用的黏土有关[11],而山西晋中地区便多使用无烟囱敞灶,污染空气,

---

[1] 闫海明、韩宗洯:《晋中平川高氟地下水与地方性氟斑牙病之关系浅析》,《地下水》1995年第4期,第180~181页;赵印英、孟国霞、杨丽霞:《山西农村饮水高氟水问题及处理措施分析》,《山西水利科技》2010年第3期,第16~17页;李军、王正辉、程晓天等:《山西省饮水型氟中毒重病区县病情现状调查》,《中国地方病学杂志》2006年第5期,第541~543页;乔小艳、王正辉、李军等:《2008年山西省饮水型地方性氟中毒监测结果分析》,《疾病预防控制通报》2011年第5期,第67~68页。

[2] 陈庆沐、刘玉兰:《氟的土壤地球化学与地方性氟中毒》,《环境科学》1981年第6期,第7~11页。

[3] 何锦、范基姣、张福存等:《我国北方典型地区高氟水分布特征及形成机理》,《中国人口·资源与环境》2010年第2期,第181~185页。

[4] 李军、吴赵明、李鹏飞等:《山西省饮水型氟中毒病区改水降氟效果分析》,《基层医学论坛》2018年第19期,第2621~2623页。

[5] 钮少颖:《山西省土壤地质环境元素与人体健康》,《能源与节能》2008年第1期,第31~32页。

[6] 张乃明:《山西土壤氟含量分布及影响因素研究》,《土壤学报》2001年第2期,第284~287页。

[7] 李仲均:《中国古代用煤历史的几个问题考辨》,《地球科学》1987年第6期,第101~106页。

[8] 孙玉富、汤瑞琦:《燃煤污染型与饮水型氟中毒同步流行病学调查对比分析》,《中华地方病学杂志》1994年第6期,第347~349页。

[9] 丁钟晓:《山西煤炭简史》,北京:煤炭工业出版社,2011年,第25~39页。

[10] 曹守仁:《燃煤污染性氟中毒》,《中国地方病学杂志》1991年第6期,第369~373页;徐立荣、洛昆利、王五一等:《煤中氟的研究进展》,《地球科学进展》2004年第1期,第95~99页。

[11] 吴代赦:《中国煤中氟的环境地球化学研究》,中国科学院研究生院(地球化学研究所)博士学位论文,2004年。

并进一步污染食物和饮水①。清代时人们对于燃煤不充分而造成的一氧化碳中毒已经有一定认识②，但意识不到煤中氟元素的毒害性，这种认识也是到了20世纪七八十年代才有的③。本文所研究的这一人群的氟中毒不能排除燃煤污染所造成的影响。

在研究中还发现，关节炎、骨质疏松、创伤和氟骨症之间应存在显著关联。氟骨症能造成关节损害，这是一条普遍认识④。在本文所研究的样本中，关节炎是一种普遍存在的现象，这类病症累及椎骨和胸锁关节、肩锁关节、肩肱关节、肘关节、腕关节、骶髂关节、髋关节、膝关节、踝关节和跟距关节等所有的主要关节，尤其是肘关节和膝关节骨性关节炎的患病率分别达到38.67%和52%，这是相当高的。除关节炎外，由于氟骨症患者成骨过度活跃加重维生素D的不足，造成骨软化，同时引起继发性甲状旁腺机能亢进，进而导致破骨性骨质吸收增强和骨质疏松⑤。在本文案例中，通过对骨组织的宏观结构的直接观察⑥（即观察暴露出骨小梁结构的破坏面，将明显存在骨小梁稀疏现象的个体判断为骨质疏松的个体），发现了至少13例病例，其中6例有椎体压缩性骨折、1例有股骨颈骨折。在创伤方面，我们发现该人群的70个成年个体里存在骨折迹象的有16个之多，占22.86%。除骨折外，还发现有8个个体椎骨上存在许莫氏结节（Schmorl's node）、1个个体关节脱位和2个个体的创伤性关节炎等多种与创伤有关的病症。氟骨症造成的骨质疏松和关节损害应该是重要的致伤因素。

综上所述，氟骨症可能是导致关节炎、骨质疏松和创伤出现或加重的因素，但它们与人的行为之间的关系也是不可忽视的。劳动强度过大和运动方式不当都可能是关节炎的促进因素；骨折可能也与行为有关，有的具有一定危险性的活动或过重的劳动强度都可以导致骨折，氟骨症和骨质疏松在这里是促进因素；骨质疏松不仅与氟骨症有关，还与饮食结构有关，低钙和低维生素D的饮食结构会直接导致骨质疏松。

对于氟牙症患病情况的考察，可以采用对氟牙症指数的评价标准，Dean进行了这样的等级划分：就氟牙症指数而言，0~0.4为阴性，0.4~0.6为边缘，0.6~1为轻度，1~2为中度，2~3为显著，3~4为重度。从中可知，榆次明清组的氟牙症指数（1.99）属于中度偏重。考虑到在记录时并未计入1级的个体，并且由于考古标本保存的缘故，几乎没有全口牙齿保存完整的个体，而且还存在因为各种疾病导致牙齿生前早已脱落的个体，因此，榆次明清组实际的氟牙症指数应当比目前得到的计算数值1.99更高。可见，榆次明清组的氟牙症患病情况是相当严重的，这种情况在一定程度上与该群体氟骨症的患病情况相吻合。

---

① 曹守仁：《燃煤污染性氟中毒》，《中国地方病学杂志》1991年第6期，第369~373页。
② 丁钟晓：《山西煤炭简史》，第42页。
③ 吴代赦：《中国煤中氟的环境地球化学研究》。
④ 黄长青：《地方性氟骨症的关节损害及其意义》，第159~160页。
⑤ 许鹏、姚建锋、刘陈学等：《软化型氟骨症大鼠骨密度和骨生物力学的变化及硼预防的影响》，《中国矫形外科杂志》2002年第5期，第476~479页。
⑥ [英]夏洛特·罗伯茨、基斯·曼彻斯特著，张桦译：《疾病考古学》，济南：山东画报出版社，2010年，第266页。

对于病因的探讨,我们一方面可以得知部分疾病与生活的自然环境的关联,另一方面可以了解疾病与生活的社会环境所存在的关联。个人所从事的职业、饮食习惯都可能和疾病存在着直接关系,这类疾病例如退行性关节病、创伤等;一些由于社会因素导致的自然环境的改变可以算作社会因素间接导致疾病发生,例如氟骨症——这种疾病必然和自然环境直接相关,而个人所生活的自然环境是可以改变的,可以通过迁移等方式直接改换生活环境,甚至也可以直接对身边的自然环境造成影响,例如对煤的利用造成空气污染。

从氟中毒对人体健康的影响而言,除了本文研究材料中所见到的骨骼和牙齿的损害外,氟中毒还会对肌肉、生殖、消化、神经、泌尿、内分泌等系统造成各种各样的损害,包括易疲劳、头痛、嗜睡、生育能力下降、胃肠道反应、肾结石、眩晕、肢体麻木、增加继发性甲状旁腺机能亢进和二型糖尿病的患病风险等[1]。

五、小　　结

通过古病理学研究,我们发现山西榆次明清时期的这一人群几乎每个成年个体都存在可见的病理现象,其中一些可以确认为氟中毒的表现,氟骨症和氟牙症的病例便集中体现了氟中毒的征兆。另外还有与氟中毒相关的创伤、关节炎和骨质疏松。此外,除了上述病症,还有人为造成的女性缠足[2]。

一个人群的生活状态包括很多方面,自然环境、社会文化、个人行为都被包含其中,这些都可以被疾病所反映。根据我们在榆次明清组古代居民身上所发现的疾病,至少可以推测出这一人群有这样的生活状态:生活在高氟地区,身体长期摄入较多氟元素,劳动强度可能较大,创伤和关节炎多发,而且对女性进行缠足,整体健康水平较差,普遍伤病缠身,女性因缠足而更加痛苦。

致谢:感谢山西省考古研究所提供研究所用的人骨材料。感谢山东大学历史文化学院赵永生、曾雯博士和辽宁大学历史学院肖晓鸣博士在人骨采集和鉴定方面提供的帮助。

---

[1] 戴国钧:《地方性氟中毒》,呼和浩特:内蒙古人民出版社,1985年,第100~107页;Ozsvath D. L., "Fluoride and Environmental Health: A Review", *Reviews in Environmental Science & Bio/technology*, Vol. 8, No. 1 (2009): pp. 59-79.

[2] 朱泓、侯侃、王晓毅:《从生物考古学角度看山西榆次明清时期平民的两性差异》,《吉林大学社会科学学报》2017年第4期,第117~124页。

空间与建筑

西汉北地郡灵州、方渠除道地望考证
——以张家山汉简《秩律》为中心[*]

马孟龙

复旦大学历史学系

灵州(今宁夏回族自治区灵武市、吴忠市)是古代丝绸之路的重要中转站。特别在唐中期至宋初,灵州是中原与北方草原和西域交通连接的枢纽,对于维系中原王朝与北方草原游牧国家和西域国家的文化、物质交流起到举足轻重的作用,故学界又有"灵州道"之称。关于灵州的建置起源,宋代以来普遍认为即西汉惠帝四年(公元前191年)所置之北地郡灵州县,这一说法直至今日仍为学界共识。

然而,若仔细考辨文献,西汉灵州县即北朝隋唐灵州前身的说法其实大有问题。而张家山汉简《二年律令·秩律》(以下简称《秩律》)的发现,又进一步表明以往对灵州建置沿革的认识存在偏差。笔者有鉴于此,重新梳理传世文献、出土文献相关记载,对西汉北地郡灵州县的地理方位进行考察,并附带讨论西汉北地郡方渠除道地理方位问题,希望有助于澄清灵州建置沿革、西汉初年北地郡辖域范围等问题,如有不当之处,还望各位专家批评指正。

一、"汉代灵州县"非"隋唐灵州"考辨

《汉书·地理志》(以下简称《汉志》)北地郡有灵州县,班固注曰:"惠帝四年置。有河奇苑、号非苑。"[①]《汉志》本身并未透露灵州县的方位信息,而在汉晋北朝文献中,同样没有灵州县地理方位的明确记述。唐人颜师古注《汉志》灵州县曰"水中可居者曰州。此地在河之州,随水高下,未尝沦没,故号灵州,又曰河奇也"。颜师古的这段描述,亦见于《括地志》。《括地志》记述北魏灵州得名为:"薄骨律镇城以在河渚之中,随水上下,未尝陷没,故号曰灵州。"[②]《括地志》对北魏灵州得名的记述,后来被《元和郡县图志》、《太平寰宇记》等地志类文献承袭。汉代灵州县与北朝隋唐灵州同名,再加上颜师古注释汉代灵

---

[*] 基金项目:教育部人文社会科学青年基金项目"张家山二四七号汉墓《二年律令·秩律》与汉初政区地理"(ZWH3154002A);全国优秀博士学位论文作者专项资金项目"汉代历史地图集"。

① 《汉书·地理志》,北京:中华书局,1962年,第1616页。

② (宋)乐史:《太平寰宇记》,北京:中华书局,2007年,第759页。

州得名照录《括地志》北魏灵州相关文字,很容易让人把两者联系起来。北宋编撰《太平御览》,曾辑录与唐代灵州相关的各类文献,亦将颜师古注释汉代灵州的文字录入,暗示当时的编纂者已经认为汉代灵州即唐代灵州①。如果说,宋代对于汉唐两灵州的关系尚属模棱两可,那么到了明代两者的承继关系已被落实。《雍大记》曰:"灵州千户所,《禹贡》:雍州之域。西汉属北地郡,置灵州,后汉、魏、晋因之。"②《明一统志》宁夏卫"古迹"亦云:"灵州城,在卫城南,本汉灵州县,后魏为灵州,隋唐置灵武郡。"③明代对汉唐两灵州建置沿革关系的表述,在后世继续沿袭。清代上至全国地理总志,下至地方志均众口一词、言之凿凿地称汉代灵州与北朝隋唐灵州一脉相承。受明清地志的影响,《中国历史地图集》将汉代北地郡灵州县标绘于今宁夏回族自治区灵武市境内④。此后各类地名辞典、工具书载录汉代灵州县方位,均称今宁夏回族自治区灵武市、吴忠市一带(以下概称"灵武说"),此说已经成为学界共识。

通过上述梳理可知,所谓汉代灵州即隋唐灵州的说法,晚至宋代才开始出现,而且宋代以后将两灵州比定为一地的主要依据是颜师古注释《汉志》灵州转录了北魏灵州得名的文字。然而,据此建立汉唐灵州的承袭关系显然不够坚实。颜师古的做法只能表明他认为汉唐两灵州的得名存在相似性,并不等于两者存在延续性。笔者之所以做此判断,是因为唐代地志对北魏灵州的建置沿革有明确交代,《元和郡县图志》载录灵州沿革为:

> 汉时为富平县之地。后汉安帝永初五年,西羌大扰,诏令郡人移理池阳,顺帝永建四年归旧土。其城赫连勃勃所置果园,今桃李千余株,郁然犹在。后魏太武帝平赫连昌,置薄骨律镇,后改置灵州。⑤

这里明确提到,北魏灵州在汉代为富平县地,灵州的建置起源始于赫连勃勃所置之果园。可见唐人认为灵州在汉代为北地郡富平县地,北魏灵州是从十六国北朝的果园——薄骨律镇发展而来。如果北魏灵州承继自汉代灵州,唐人不会只字不提,更不会称灵州本为汉代富平县地。在这种情况下,颜师古注释汉代灵州照录北魏灵州得名的文字,只能是他认为两者的得名存在共通性,并非把两者作为先后承继的关系看待。后人显然没有理解颜师古注释的真实含义,再加上汉代灵州与隋唐灵州同名,就把两者视为先后承袭的政区,这种做法完全无视唐代文献对北魏灵州沿革的记述,是极不严谨的做法。

其实,《汉志》北地郡灵州县注记"惠帝四年置",也能透露出一些地理定位的线索。秦始皇三十三年(公元前214年),秦将蒙恬率军北击匈奴,夺取河南地,从而将整个河套地区纳入秦帝国版图。然而好景不长,随着七年后秦帝国的崩溃,匈奴卷土重来,夺回河南地。此后直到西汉建立,汉帝国的西北边疆只能维持战国末年秦昭襄王时代的格局。

---

① (宋)李昉、李穆等:《太平御览》第一册,北京:中华书局,1960年,第800页。
② 吴敏霞等:《雍大记校注》,西安:三秦出版社,2010年,第62页。
③ 李贤等:《明一统志》,西安:三秦出版社,1990年,第644页。
④ 谭其骧:《中国历史地图集》,北京:中国地图出版社,1982年,第17~18页。
⑤ (唐)李吉甫:《元和郡县图志》,北京:中华书局,1983年,第91页。

冒顿单于"悉复收秦所使蒙恬所夺匈奴地者，与汉关故河南塞，至朝那、肤施"①。这里的"故河南塞"即战国末年的秦昭襄王长城。这一局面直到汉武帝元朔二年（公元前127年）再度夺取河南地才告打破。在惠帝时期，汉帝国只能控制秦昭襄王长城以内的地区。而北朝隋唐灵州所处的今宁夏回族自治区灵武、吴忠一带，远在秦昭襄王长城以外（图一），惠帝时期设置的灵州县显然不在这里。早在20世纪80年代，周振鹤便敏锐地注意到这个问题，称：

> 北地之灵州县，《中国历史地图集》不定点置于河水附近，恐证据不足。《汉志》云灵州惠帝四年置，惠帝时故塞外之河南地尽入匈奴，不可能在河水边置灵州县。②

周先生的看法极具见地。把汉代灵州定位于宁夏回族自治区灵武市，显然不符合惠帝时期的汉帝国疆域形势，昭示传统说法并不合理。不过，《汉志》注记郡县建置沿革并非全部可信，倘若灵州设置于武帝以后，自然对传统说法构不成任何威胁。

21世纪初，张家山汉简《二年律令》公布，其中的《秩律》详细载录了吕后元年汉廷官员的秩禄级别③，其中各县道长官的秩禄级别也以标注县道地名的方式排列于《秩律》之中。《秩律》简463文字为：

> 私官，内者，长信永巷，永巷，詹事丞，詹事将行，长秋谒者令，右厩（廏），灵州，乐府，寺车府，内官，圜阴，东园主章，上林骑，秩（简463）。④

该简载录的全部是六百石秩级官员，这之中出现了"灵州"，即灵州令。《秩律》简463表明，吕后元年存在灵州，这表明《汉志》北地郡灵州县"惠帝四年置"的信息真实可信。更重要的是，《秩律》载录的西北地区地名全部在秦昭襄王长城以内，这不仅验证了《匈奴列传》汉初与匈奴以秦昭襄王长城为界的记载，还明确无误地表明"灵州"地处秦昭襄王长城以内。因而今宁夏回族自治区灵武市、吴忠市一带的北魏隋唐灵州绝不可能是汉代北地郡灵州所在，"灵武说"完全不能成立。

二、汉代灵州县地望考证

根据上文梳理，"灵武说"的史料依据并不坚实，而张家山汉简《秩律》的发现，进一步表明汉代北地郡灵州县不可能地处秦昭襄王长城以外，因而传统看法可以完全放弃。若想判定西汉北地郡灵州县的方位，还需重作考量。

笔者发现，传世文献其实存有汉代灵州县方位的线索。《后汉书·安帝纪》曰："（元

---

① 《史记》，北京：中华书局，1959年，第2890页。
② 周振鹤：《西汉政区地理》，北京：人民出版社，1987年，第136页。
③ 马孟龙：《张家山二四七号汉墓〈二年律令·秩律〉抄写年代研究——以汉初侯国建置为中心》，《江汉考古》2013年第2期。
④ 彭浩、陈伟、[日]工藤元男：《二年律令与奏谳书》，上海：上海古籍出版社，2007年，第270页。

初三年五月)癸酉,度辽将军邓遵率南匈奴击先零羌于灵州,破之。"李贤注:"灵州,县名,属北地郡,故城在今庆州马岭县西北。"①李贤注文表明,唐代存有汉代灵州地处庆州马领县西北的说法。此说在唐代并非孤证。《通典·州郡典》庆州马岭县自注"汉灵州县故城在(马)岭北"②。广泛采录唐代文献的《太平寰宇记》记述庆州马岭县沿革为:

> 废马岭县,在州北七十里。本汉旧县,属北地郡,后汉省马领,复为灵州县之地。后魏为朔州之地。隋大业元年分合水县于此置马岭县,复汉县之名,以山形似马岭为名。③

《太平寰宇记》虽未如李贤注、《通典》明确提到汉代灵州县方位,但却言及东汉时期马领县废入灵州县,可以证明汉代灵州县、马领县地域相近,亦即汉代灵州县在隋唐马岭县附近。《太平寰宇记》虽然成书于北宋,但资料来源以唐代文献为主,再考虑到宋代已无马岭县,故此处对马岭县建置沿革的描述也应得自唐代文献。这与前述李贤注、《通典》合并论之,显然唐代存在汉代灵州县地处庆州马岭县西北的看法,并且流传甚广。这说明唐人对汉代灵州县的方位有着较为清楚的认识。前面提到,传统"灵武说"追根溯源,出自后世对颜师古注释的误解,其说法大致形成于宋代。而"马岭说"则是唐人明确的认识,广泛记载于各类唐代文献。因此不论是从史料性质来说,还是从史料形成年代来说,"马岭说"都要优于传统的"灵武说",在以传世地志为讨论基础的前提下,应当优先采纳"马岭说"。

虽然通过检索文献,我们找到了比"灵武说"时代更早、性质更可靠的"马岭说"。但是唐代毕竟距离灵州县废除的东汉末年已有近五百年之遥。再考虑到唐代文献对汉代县邑方位的记述常有错误,因而还不能根据唐代文献妄下结论,必须综合考察其他因素,对唐代的"马岭说"进行检验。

前面提到,《汉志》灵州县自注"惠帝四年置",以及《秩律》出现灵州等现象表明,汉代北地郡灵州县地处秦昭襄王长城以内。今甘肃省陇东地区的秦昭襄王长城走向较为明确,大致由宁夏回族自治区固原市进入甘肃省环县境内,沿环县境内的城西川—环县县城(环城镇)—城东沟分布,之后进入陕西省吴起县境(图一)④。而在环县的环江谷地内,唐代由北至南分布着方渠、马岭二县,唐代方渠县即今环县驻地环城镇,故唐代马岭县北界必在秦昭襄王长城以内。也就是说,地处唐代马岭县北的"灵州故城"正在秦昭襄王长城以内,符合《汉志》自注"惠帝四年置"和《秩律》的限定条件。

东汉时期,灵州与东羌关系密切。而就东羌分布地域来看,"马岭说"也是合理的。

---

① 《后汉书》,北京:中华书局,1965年,第225页。
② (唐)杜佑:《通典》,北京:中华书局,1988年,第4520页。
③ (宋)乐史:《太平寰宇记》,第709、710页。
④ 彭曦:《战国秦长城考察与研究》,兰州:西北大学出版社,1990年;刘萧睿、陈探戈:《甘肃环县战国秦长城调查》,载梁安和、徐卫民主编《秦汉研究》,西安:陕西人民出版社,2012年;国家文物局主编:《中国文物地图集·甘肃省分册》上册,北京:测绘出版社,2011年,第224~227页。

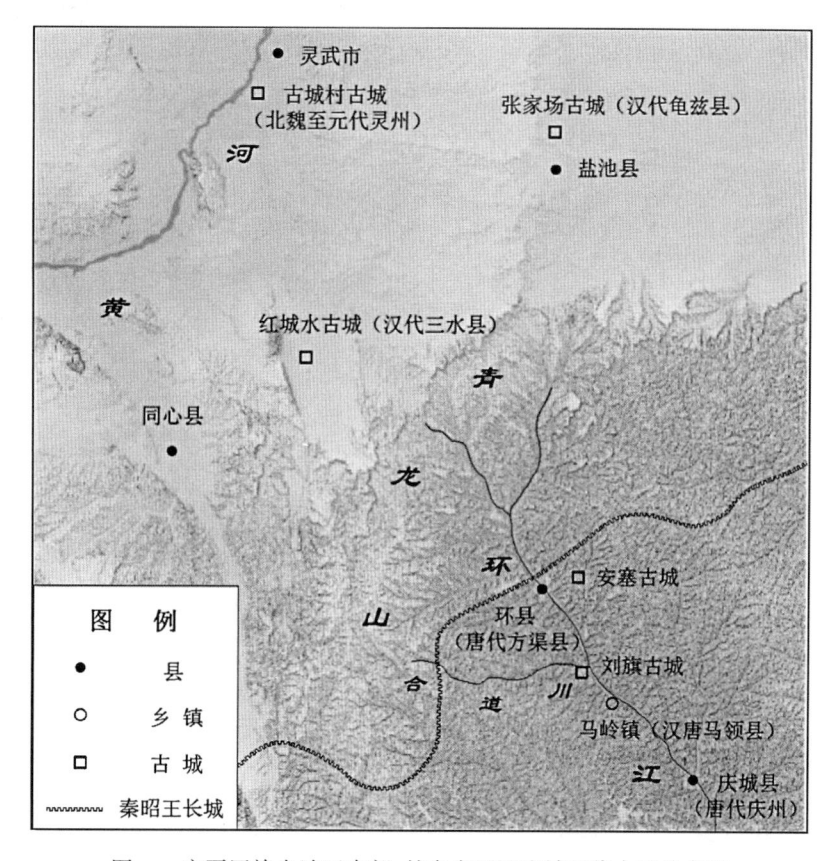

图一　宁夏回族自治区南部、甘肃省环江流域历代古城分布图

汉安帝永初年间,先零羌、烧当羌起兵对抗朝廷,羌人首领零昌以丁奚城为中心建立政权,对抗汉廷。《后汉书·西羌传》载:"(永初)六年,任尚复坐征免。滇零死,子零昌代立,年尚幼少,同种狼莫为其计策,以杜[季]贡为将军,别居丁奚城。"①此后围绕丁奚城的争夺,朝廷与羌人发生多次激战。《后汉书·安帝纪》元初二年(115年)"(十月)乙未,右扶风仲光、安定太守杜恢、京兆虎牙都尉耿溥与先零羌战于丁奚城,光等大败,并没"。元初三年"六月,中郎将任尚遣兵击破先零羌于丁奚城"②。关于丁奚城的方位,李贤注引《东观汉记》曰"至北地灵州丁奚城"③。可见丁奚城就在灵州县境内。

先零羌、烧当羌原本分布于陇西的河湟地区,东汉初年被朝廷迁徙至陇山以东的安定郡、北地郡安置。建武十一年(35年),马援击破先零羌,"徙置天水、陇西、扶风三郡"④。永初年间,先零羌豪酋滇零"自称'天子'于北地"⑤,并以北地郡灵州县丁奚城为中心对抗

---

① 《后汉书》,第2888页。
② 《后汉书》,第224~225页。
③ 《后汉书》,第224页。
④ 《后汉书》,第2878~2879页。
⑤ 《后汉书》,第2886页。

朝廷,显然北地郡亦有大量先零羌分布。再看烧当羌,汉和帝永元元年(89年)烧当羌首领东号"将其种人降",其子麻奴"初随父降,居安定",可知此年归附朝廷的烧当羌被安置于安定郡。《后汉书·西羌传》永元十三年"羌众折伤,种人瓦解,降者六千余口,分徙汉阳、安定、陇西"①。先零羌、烧当羌内徙陇山以东,被集中安置于北地郡、安定郡。那么这些羌人又具体分布于北地郡、安定郡的哪一区域?

综合两汉时期羌胡内迁史事,安定郡、北地郡、上郡交界地区的"青山"向来为内迁羌胡部落的主要安置区。《后汉书·光武帝纪》建武二十一年(45年)"夏四月,安定属国胡叛,屯聚青山"②。《后汉书·冯异传》:"青山胡率万余人降(冯)异。……上郡、安定皆降,(冯)异复领安定太守事。"李贤注引《续汉书》曰:"安定属国人,本属国降胡也。居参䜌青山中。"③《后汉书·西羌传》永建五年"唯烧何种三千余落据参䜌北界"④,此处羌人聚居之地亦当为北地郡参䜌县青山。青山,即今宁夏回族自治区同心县与甘肃省环县之间青龙山(图一)。由于内迁羌胡部落主要分布在青山周围,故管理内迁羌胡部落的安定属国都尉、上郡属国都尉均驻扎在青山附近。安定属国都尉驻三水县,其地在今宁夏回族自治区同心县下马关镇红城水古城⑤,地处青山之西。上郡属国都尉驻龟兹县,其地在今宁夏回族自治区盐池县张家场古城⑥,地处青山之北。而唐代文献记载的汉代灵州县在青山东麓,属于东汉羌人聚居区,先零羌酋滇零在灵州丁奚城称帝,抗拒朝廷皆在情理之中。因此结合东汉内迁羌人部落地域分布,以及"永初羌乱"相关史事,唐代文献对汉代灵州县方位的记述应该是可信的。

明确了唐代"马岭说"之可信,我们再来进一步限定汉代灵州县的地理位置。李贤注、《通典》称汉代灵州城在唐代马岭县西北。唐代马岭县即今甘肃省庆城县马岭镇。又《汉志》自注、《秩律》表明灵州县地处秦昭襄王长城以内。秦昭襄王长城在今环县城西川—环县县城(环城镇)—城东沟分布,故汉代灵州县应在庆城县马岭镇以北、环县环城镇以南的地域范围内。这一地域范围以山地河谷为主,汉代县级城邑在山区往往选址于两河交汇的河谷冲积平地。在庆城县马领镇以北、环县环城镇以南的环江谷地内,环江与合道川交汇处存在一片冲积平地,非常适合建置城邑,而此处的曲子镇刘旗村北恰有一座汉代古城,将此城比定为灵州县较为合理。

《汉志》灵州县自注"有河奇苑、号非苑",此处的河奇苑、号非苑为马苑,说明汉代的灵州县有较为发达的养马业。在《秩律》中,"灵州"没有与六百石的县邑排列在一起,而是与太仆属官排列在一起。秦汉的太仆主管马政,何慕据此认为西汉初年的灵州尚未设

---

① 《后汉书》,第2884页。
② 《后汉书》,第73页。
③ 《后汉书》,第651页。
④ 《后汉书》,第2896页。
⑤ 张多勇:《历史时期三水县城址的变迁》,《西夏研究》2015年第1期。
⑥ 马孟龙、昫衍:《抑或龟兹——宁夏盐池县张家场古城性质考辨》,《中国边疆史地研究》待刊。

县,而是作为马苑直属太仆①。这一看法可以信从。而先秦秦汉时期,中原地区的养马业往往集中于河流交汇的冲积谷地。如秦人先祖非子善于养马,周孝王命非子为王室养马,其地为"汧渭之间"②,即汧水、渭水之交汇处。又如《汉志》北地郡归德县自注"有堵苑、白马苑"③,汉代归德县位于今陕西省吴起县楼房坪乡,地处洛水、白豹川交汇处④。就地理环境而言,地处环江、合道川交汇处的刘旗古城在汉代非常适合开展养马业。实际上,汉代在环江谷地开展养马业的历史记忆在唐代仍有存留,《通典·州郡典》庆州马岭县自注"汉旧牧地"⑤。《太平寰宇记》庆州废马岭县"有马岭坂,左右带川,相传汉之牧地也"⑥。马岭坂"左右带川"与刘旗古城地处环江、合道川交汇处的地理形势极为吻合,因此若从开展养马业的角度考察,将刘旗古城定为汉代灵州县也是非常合理的。

综合以上几点,笔者认为唐代文献载录庆州马岭县北的汉代灵州故城,应该就是今甘肃省环县曲子镇刘旗村的刘旗汉代古城遗址。

三、方渠除道地望考证

综合分析各种因素,将汉代北地郡灵州县定位为今甘肃省环县曲子镇刘旗村古城是最为合适的结论。但是得出这一结论还面临一个尴尬的处境,那就是刘旗古城早已"名花有主",被当地文物部门登记为"方渠县故城"⑦,即《汉志》北地郡方渠县,因而本文对汉代灵州县地理方位的考定结论能否成立,还需要厘清刘旗古城与汉代方渠县的关系。

在进行相关讨论之前,首先需要澄清一个问题,即汉代"方渠县"的定名并不正确。《汉志》载录北地郡辖县有"昫衍、方渠、除道、五街"等⑧,从唐代景龙元年(707年)"取汉县为名"设置方渠县来看⑨,至迟唐代初年已经把"方渠"作为一个地名来理解。20世纪90年代,西安市相家巷村出土大量秦汉封泥,其中一种封泥印文为"方渠除丞"。周天游、刘瑞敏锐地意识到"方渠除道"是一个地名,以往对《汉志》"方渠、除道"的分断方式并不准确⑩。方渠除道亦见于张家山汉简《秩律》简459:

> 辨道、武都道、予道、氐道、薄道、下辨、獂道、略阳、县〈緜〉诸、方渠除道、雕阴道、青衣道、严道、·鄜、美阳、坏(褱)德、共、馆阴〈陶〉、隆虑。

---

① 何慕:《张家山汉简〈二年律令·秩律〉所见吕后二年政区及相关问题》,武汉大学历史学院硕士论文,2006年,第26~27页。
② 《史记》,第177页。
③ 《汉书》,第1616页。
④ 马孟龙:《西汉归德、中阳、西都地望考证》(未刊稿)。
⑤ (唐)杜佑:《通典》,第4520页。
⑥ (宋)乐史:《太平寰宇记》,第710页。
⑦ 国家文物局主编:《中国文物地图集》上册,第227页;下册,第382页。
⑧ 《汉书》,第1616页。
⑨ (唐)李吉甫:《元和郡县图志》,第69页。
⑩ 周天游、刘瑞:《西安中国书法艺术博物馆藏秦封泥选释续》;陕西历史博物馆主编:《陕西历史博物馆馆刊》第8辑,西安:三秦出版社,2001年。

2001年张家山汉简《二年律令》公布时,整理者因为受到《汉志》传统点断方式的误导,将"方渠、除道"分断为两个地名①。而《二年律令与奏谳书》则注意到陕西省博物馆藏有一枚"方除长印"汉代官印,指出"方除"即"方渠除"之省,同时结合周天游、刘瑞的研究成果,将该地名正确断为"方渠除道"②。由此反观《汉志》,北地郡辖县之"方渠除道"也不应点断,而是一个完整的道名。秦汉之"道",为朝廷管理蛮夷而设置的地方行政机构,常使用蛮夷部族名称或蛮夷词汇来命名。"方渠除"亦当为蛮夷词汇,因三字地名在秦汉时代较为罕见,故后人误以为"方渠、除道"是两个地名。因此,唐代以来所称呼的汉代北地郡"方渠县"并不准确,故后文所称一律订正为"方渠除道"。

甘肃省文物工作者将刘旗古城定为汉代北地郡方渠除道的依据又是什么呢？今检明清地志,对汉代方渠除道的地理位置有较为明确的记载。《明一统志》陕西省庆阳府"古迹"列有"方渠废县",其文曰"在环县南七十里,汉县"③。《读史方舆纪要》载"方渠城"为"(环县)南七十里,本汉县,属北地郡,后汉废"④。环县南七十里,约在今曲子镇环江与合道川交汇处⑤,而刘旗古城正在此地,显然明清地志所指汉代"方渠县"就是刘旗古城。甘肃省文物工作者将刘旗古城定为汉代方渠除道应是以明清地志为依据。

虽然明清地志明确将刘旗古城指认为汉代北地郡方渠除道,但这一说法出现太晚,目前所见最早记载即《明一统志》,故此说大致出现于明代。明代出现的这一说法是否可信,还需要作进一步讨论。关于汉代方渠除道的地理方位,更早的线索可以追溯至唐代。《通典·州郡典》庆州方渠县自注"汉旧县"⑥,《太平寰宇记》庆州"废方渠县,在州北一百八十里。汉旧县,废其地入马岭县。至唐景龙元年分马岭县以置焉"⑦。上述文献表明唐代的方渠县即承继汉代的方渠除道而来,则汉代方渠除道就在唐代方渠县境内。唐代的方渠县即今甘肃省环县,而刘旗古城正在环县境内,想必正是基于唐代文献上述记载,明人才把环县境内的刘旗古城指认为汉代的方渠除道。

然而,明人的这一理解并不正确,因为唐代方渠县与明代环县辖域范围并不一致。唐代环江谷地自北向南排列着方渠、马岭、安化(庆州治所,今甘肃省庆城县)三县,而明代只有环县、安化两县。也就是说,明代环县南部在唐代属于马岭县,而地处环城镇、马岭镇之间的刘旗古城在唐代究竟是属于方渠县,还是马岭县呢？刘旗古城距离环县约70里,距离马岭镇约40里,因此就道路里程而言,刘旗古城在唐代属于马岭县的可能性较大。当然这一判断还需要证据支持。《太平寰宇记》庆州废马岭县曰"又有水出县西北,《水经注》云,与青山水合"⑧。《太平寰宇》所引《水经注》"与青山水合",不见于今本《水经

---

① 彭浩、陈伟、[日]工藤元男:《二年律令与奏谳书》,第270页。
② 彭浩、陈伟、[日]工藤元男:《二年律令与奏谳书》,第281页。
③ 李贤等:《明一统志》,第631页。
④ 顾祖禹:《读史方舆纪要》,北京:中华书局,2005年,第2764页。
⑤ 谭其骧:《中国历史地图集》,北京:中国地图出版社,1982年,第17~18页。
⑥ (唐)杜佑:《通典》,第4521页。
⑦ (宋)乐史:《太平寰宇记》,第710页。
⑧ (宋)乐史:《太平寰宇记》,第710页。

注》,乃《水经注》之佚文。李晓杰等人已经指出,"与青山水合"为《水经注》佚篇《洛水注》之文字,其原本面貌为"(洛水)与青山水合"。洛水即《汉志》泥水,亦今环江。这里的"青山水"即发源于环县西部青龙山之合道川①。《太平寰宇记》称合道川在马岭县境内,则地处合道川、环江交汇处的刘旗古城也在唐代马岭县境内,而不在方渠县境内。因此,刘旗古城更符合唐代文献所描述"马岭县西北"的汉代灵州,而与唐代方渠县境内的汉代方渠除道不合。显然,明代士人没有注意到马岭县的置废沿革,把明代环县境内的刘旗古城视为唐代方渠县境,从而把汉代灵州城错定为汉代方渠除道。

如果明确刘旗古城为汉代灵州县,那么方渠除道又在哪里呢?前面提到,唐代方渠县以"汉旧县"为名,可知方渠除道在唐代方渠县境内。唐代方渠县的南界大约在今环县合道川以北的木钵镇,至于唐代方渠县北界,目前没有足够的证据。不过,张家山汉简《秩律》却可以帮助我们限定方渠除道的地理方位。《秩律》简459载录方渠除道,说明方渠除道位于秦昭襄王长城以内。秦昭襄王长城在环县境内的分布大致为城西川—环县县城(环城镇)—城东沟一线,故汉代方渠除道必位于该线以南。由此我们可以把汉代方渠除道的地理方位限定在今环县合道镇、木钵镇、樊家川乡、八珠乡境内。

今环县樊家川乡马驿沟村西南有一座汉代古城,当地文物部门登记为"安寨古城"。古城位于环江支流安山川沿岸,三面临水,一面靠山,城址平面呈长方形,东西长约400米,南北宽约270米②,规模要大于刘旗古城,显然是汉代县级城邑。乾隆《环县志》曰:"安塞废县,在县东四十里。汉置县,后废为镇。"③明确提到该城址为汉代旧县,但是汉代并无安塞县,故疑此段文字有脱漏。《中国文物地图集·甘肃分册》引《环县志》相关文字为"在县东四十里。汉置方渠县,后废为镇"④。《文物地图集》所引文字或有所据。如此则清代明确指出安寨古城为汉代方渠除道。从地理方位来看,安寨古城正在本文所限定方渠除道所处地域范围内。且此城位于山区,而汉代西北地区蛮夷也主要分布于山区,在此设"道"较为合理。因此综合各方因素,将安寨古城对应为秦汉北地郡方渠除道是目前最佳结论。

余　论

> 历史好比演剧,地理就是舞台;如果找不到舞台,哪里看得到戏剧!
> ——谭其骧《禹贡》半月刊发刊词

历史事件的发生均有特定的地域空间。要想深入了解历史原貌,地理空间的复原是讨论前提。因此对于传统的沿革地理学来说,古地名地望考证是非常重要的内容。

---

① 李晓杰主编:《水经注校笺图释·渭水流域诸篇》上册,上海:复旦大学出版社,2017年,第272~273页。
② 国家文物局主编:《中国文物地图集》,第382页。
③ 高观鲤:《中国地方志集成·甘肃府县志辑·环县志》第15册,南京:凤凰出版社,2008年。
④ 国家文物局主编:《中国文物地图集》,第382页。

中国历史文献保留了丰富的古代地名方位信息,是以往学界进行古地名定位的主要依据。然而受到文献资料保存现状的限制,年代越早的地名,地理定位的难度越大。具体到秦汉地名,明确载录地名方位的秦汉文献几乎没有,只能大量依赖唐宋以后的晚出文献。而受年代隔阂的局限,以及文献传抄过程中导致的文字讹误,晚出文献对秦汉城邑方位的记述存在诸多问题,甚至存在同一地名对应多条定位信息的混乱情况。再加上唐宋以后,文献流传又不断衍生新的讹误,因此造成秦汉地名定位困难重重。

20世纪以来,大量秦汉简帛的发现给秦汉史研究带来"史料革命"。这些秦汉时期的原始文献,所蕴含的史料价值远远超出魏晋以后的晚出文献。新史料的运用,极大地推进了秦汉历史研究各个领域的发展,秦汉地名定位也不例外。出土秦汉简帛资料中,不乏蕴含城邑定位的宝贵资料。在对秦汉城邑进行地理定位时,学界广泛使用了古地图、道里簿、质日三类出土文献,取得了丰硕的研究成果。

不过,面对丰富的秦汉简帛文献,学界除上述三类文献外,对其他简帛文献的利用十分有限。其实在各类秦汉出土文献中,蕴含着丰富的城邑定位信息。只不过这类信息并非明确的道路里程或方位标识,而且对于这类信息的使用,要结合相关史事、地理环境才能显现出独特的学术价值。以往学界并未意识到《秩律》具有城邑定位的作用。而本文通过两个实证研究意在指出:倘若使用得当,类似《秩律》这类仅仅载录地名的出土文献,同样可以"提炼"出秦汉城邑地理定位的重要价值。

大量秦汉简帛文献的出土,为学界深化秦汉城邑定位研究提供了前所未有的机遇。然而当大家期待新的"古地图"、"道里簿"、"质日"类文献"现身"的同时,是否意识到我们对已有出土文献的发掘仍有欠缺呢?倘若变换思路与视角,综合传世文献、地理环境,一些看似与城邑定位毫无关系的出土文献,其实可以"闪射"出独特的学术价值,这正是笔者写作此文过后,得出的一点儿启示。

曹魏邺城都城空间与葬地初论

沈丽华

中国社会科学院考古研究所

三国之曹魏向来被视为中国古代史上的重要转折时期,无论是开启中古时期政权禅让的先河,还是在都城规划方面创立单一宫城、中轴对称制度,或是在埋葬习俗方面力主薄葬等,这些都在上承秦汉制度的基础上,对魏晋及以后的政权更替、都城规划和埋葬制度均产生了深远的影响。

探讨曹魏时期的都城规划和埋葬制度,曹操时期的王都邺城和曹丕以后的帝都洛阳无疑是最重要的两个区域。不过比较可惜的是,由于邺、洛两地已公布的考古学材料较少,相关讨论研究在都城方面以邺城为多,涉及墓葬时以洛阳为主,归结到制度传承演变方面的研究则相对寥寥。近年来伴随考古工作的推进,邺城和洛阳两地都积累了不少新材料,如安阳西高穴大墓、洛阳曹休墓、西朱村大墓以及汉魏洛阳城宫城区的工作等,为相关研究的推进提供了契机。

邺城作为曹魏前期的王都[①]和中后期的五都[②]之一,其城市规划和埋葬制度的厘清,对于认识曹魏在汉晋制度之间承转的重要性毋庸置疑。邺城遗址位于今河北省临漳县西南,中国社会科学院考古研究所与河北省文物研究所自1983年成立邺城考古队,在邺城遗址持续开展了三十余年考古工作,获得了不少关于曹魏邺城都城和墓葬的材料。本文试以此为基础,尝试探讨曹魏邺城都城规划和葬地布局等问题。

一、曹魏之前的邺城及周边

东汉建安九年(204年),曹操击败袁绍子袁尚军队后,占据邺城,开启了邺城作为重要都市的历史。学界一般认为位于河北临漳西南的邺北城遗址即为曹魏邺城。由于曹操在居邺时期曾大规模修建铜雀三台,今之三台虽仅余南侧的金虎台和中部铜雀台的局部,但是经考古勘探基本能确认铜雀台和金虎台的范围,北侧的冰井台还在探寻之中。基于铜雀三台这个点的确认,邺城考古队在1983至1999年期间进行了系统勘探和局部试掘,通过由点及线再到面的工作方式,基本探明了邺北城的范围和平面

[①] 《三国志》卷一《武帝纪》:"(建安二十一年)夏五月,天子进公爵为魏王。"北京:中华书局,1982年。

[②] 《三国志》卷二《文帝纪》:"(黄初二年)魏略曰:改长安、谯、许昌、邺、洛阳为五都。"

布局。

  从城的性质而言，曹操所居之邺应当是继承了袁绍、袁尚之邺，而此邺之前又曾是东汉冀州之治所①，不过文献中对于冀州州治邺城的城市格局并无明确记载。《资治通鉴》卷八六叙述汲桑、石勒破邺，火烧邺宫一事时，胡三省注曰："袁绍据邺，始营宫室，魏武又增而广之，至是悉为灰烬矣。"胡三省之注不见于其他文献，袁绍对邺的营建究竟如何，亦无从考证②。据《后汉书·袁谭传》记载："操乃凿堑围城，周回四十里。"约略可知，袁绍之邺周长应小于四十里。

  冀州之邺的前身至少可追溯到战国时期，邹逸麟和张之③曾分别从文献角度进行考辨，邹逸麟认为："至少在目前还不能推翻传统的说法，即自春秋至北齐的邺城在今河北临漳县西南古邺城。"④从考古发现而言，一方面，在邺北城西南和南侧均曾发现较为集中的战国至东汉时期墓葬分布。1993～1995年，邺城考古队在配合京深高速公路建设期间，在邺北城西南的马辛庄村西、上柳村东一带曾发现大量战国至秦汉时期墓葬，在板堂、板屯村以南发现大量东汉至西晋十六国时期墓葬⑤。2012～2013年为配合京港澳高速公路（即原京深高速）拓宽工程，在公路沿线又发现一批墓葬，发现情况与1994年工作收获大致相似⑥。近年，邺城考古队在倪辛庄村北东魏北齐邺城宫城区的发掘中也发现了不少两汉时期墓葬⑦，从空间位置而言，该区域恰位于邺北城南侧约1公里处。因此，从战国至东汉墓葬的集中分布来看（图一），邺北城应始终作为一座比较重要的城市而存在，在邺北城西南和南侧形成了较为集中的墓葬区，不同时期墓葬有着较为明确的区域划分。另一方面，根据邺城考古队对邺北城开展的工作，在城墙的解剖中发现多次夯补的痕迹，其中部分区域的城墙夯土至少能早至东汉时期⑧。

  据《后汉书·郡国志》记载，东汉时期邺县除邺城外，还有四座城池，分别是汙城、平阳城、武城、九侯城。《水经注》卷十载："漳水又东迳三户峡为三户津。……在邺西四十里。又东，汙水注之，水出武安县山，东南流迳汙城北。……汙水东注于漳水。漳水又东迳武城南，……漳水又东北迳西门豹祠前，祠东侧有碑，隐起为字，祠堂东头石柱勒铭曰：

---

  ① 东汉初期，冀州治所不定，延光年间治高邑，中平年间迁治邺城。初平二年（191年），袁绍逐韩馥自领冀州牧。东汉晚期，邺城亦为魏郡郡治所在，见《后汉书·袁绍传》："闻魏郡兵反，与黑山贼干毒等数万人共覆邺城，杀郡守。"北京：中华书局，1965年。
  ② 《三国志》卷六《袁绍传》裴注引《献帝传》：沮授说绍曰："将军累叶辅弼，世济忠义。今朝廷播越，宗庙毁坏，观诸州郡外托义兵，内图相灭，未有存主恤民者。且州城粗定，宜迎大驾，安宫邺都，挟天子而令诸侯，畜士马以讨不庭，谁能御之！"《资治通鉴》胡注或源于此。
  ③ 张之：《邺之初筑是否在故邺城处》，《历史地理》第九辑，1990年；《邺下古渠考（一）》，《中原文物》1994年第1期；《关于邺城古址之讨论——答邹逸麟同志》，《中原文物》1997年第1期。
  ④ 邹逸麟：《春秋秦汉邺城古址考辨》，《殷都学刊》1995年第2期。
  ⑤ 贾金标、赵永红：《邺城遗址及墓群的发掘》，《中国考古学年鉴·1995》，北京：文物出版社，1997年。
  ⑥ 沈丽华、郭济桥：《临漳县邺城遗址》，《中国考古学年鉴·2014》，北京：中国社会科学出版社，2015年。
  ⑦ 沈丽华、何利群：《临漳县邺城遗址东魏北齐宫城区发掘与收获》，《中国考古学年鉴·2018》待刊，北京：中国社会科学出版社，2019年。
  ⑧ 何利群、沈丽华：《临漳县邺城遗址邺北城北城墙中段勘探和试掘》，《中国考古学年鉴·2015》，北京：中国社会科学出版社，2016年。

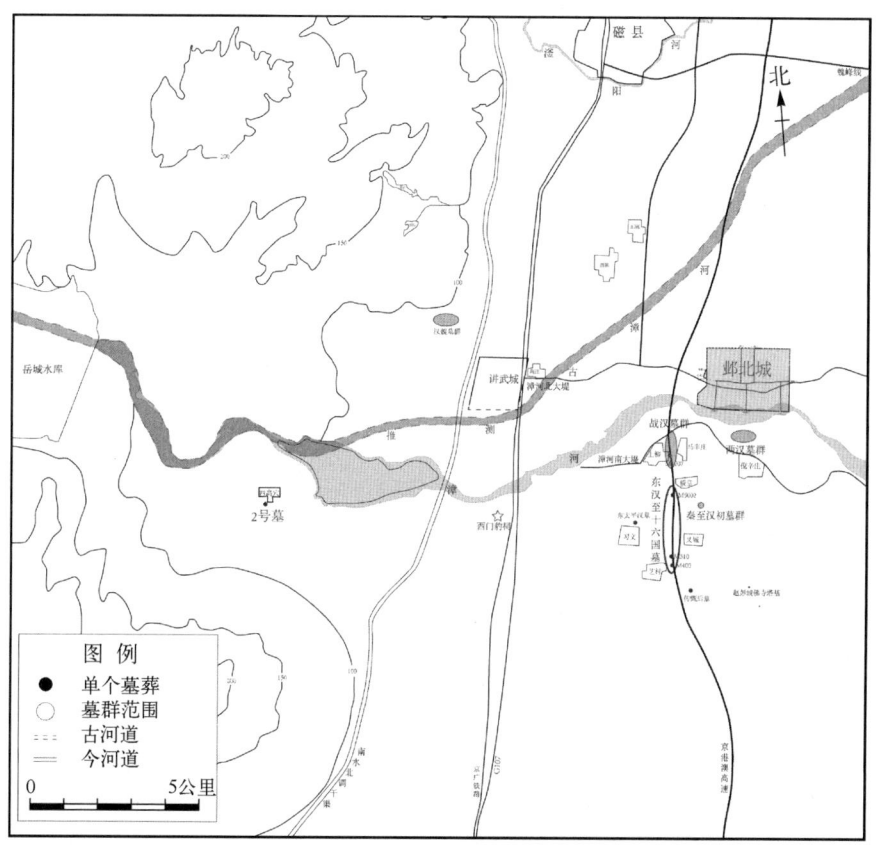

图一　曹魏邺城都城空间与墓葬分布图

赵建武中所修也。……漳水又北,滏水入焉。漳水又东迳梁期城南,……又迳平阳城北。"①从《水经注》的记载来看,汙城、武城、梁期城、平阳城大致呈东西分布。汙城最西,距邺城不足40里,约相当于今峰峰矿区南侧至观台镇一带;梁期城位于邺城北约50里处,相当于今邯郸市南侧;平阳城位于邺城东北,大约到了今肥乡、广平一带。上述三座城池现地表均已无存,仅武城仍保存有较高大城墙,武城位于邺北城西约5公里处②,现名讲武城,传说与曹操讲武有关。据调查,讲武城平面大致呈方形,东西宽约1.1、南北残长约1.15公里,仍保存有北墙、西墙大部、东墙北侧一段,南墙完全为漳河冲毁。城垣现存最高处约6、墙基最宽约12米③。在讲武城西北约1公里的双庙村至东小屋村一带也曾发现较为集中的汉魏时期墓葬分布④(图一)。讲武城规模较大,距离邺北城仅5公里,这

---

① (北魏)郦道元著,陈桥驿校证:《水经注校证》,北京:中华书局,2007年,第257~260页。
② 武城不仅见于《后汉书·郡国志》,亦见于《魏书·地理志》"邺县"条。
③ 河北省文物管理委员会:《河北磁县讲武城调查简报》,《考古》1959年第7期。
④ 南水北调中线工程建设管理局、河北省南水北调工程建设领导小组办公室、河北省文物局:《磁县双庙墓群考古发掘报告》,北京:文物出版社,2017年。

两座城池的使用上限都至少能追溯到战国时期,两汉至北朝沿用①,至唐初才废弃,那么这两座城池在东汉晚期至曹魏时期的关系值得深思。

二、曹魏邺城的都城空间

有关曹魏邺城都市建设的文献记载较少,主要见于《三国志》、《魏都赋》、《水经注》及《嘉靖彰德府志》等。根据《三国志·武帝纪》和《三国志·文帝纪》记载,曹魏时期邺城的建设大致可以分为三个时期:

1. 州治时期,建安九年(204年)至十七年(212年),曹操称魏公之前。

建安九年八月,曹操占据邺城。九月,汉献帝命曹操领冀州牧。

建安十三年春正月,作玄武池以肄舟师。夏六月,曹操为丞相。

建安十五年冬,作铜雀台。

建安十七年,割河内之荡阴、朝歌、林虑,东郡之卫国、顿丘、东武阳、发干,钜鹿之瘿陶、曲周、南和,广平之任城,赵之襄国、邯郸、易阳以益魏郡。

2. 王都时期,建安十八年(213年)至建安二十五年(220年),曹操称魏公直至去世。

建安十八年五月丙申,天子使御史大夫郗虑持节策命公为魏公。……今以冀州之河东、河内、魏郡、赵国、中山、常山、钜鹿、安平、甘陵、平原凡十郡,封君为魏公。……昔在周室,毕公、毛公入为卿佐,周、邵师保出为二伯,外内之任,君实宜之,其以丞相领冀州牧如故。又加君九锡,其敬听朕命。……魏国置丞相已下群卿百寮,皆如汉初诸侯王之制。

建安十八年秋七月,始建魏社稷宗庙。……九月,作金虎台,凿渠引漳水入白沟以通河。冬十月,分魏郡为东西部,置都尉。十一月,初置尚书、侍中、六卿。

建安十九年春正月,始耕籍田。……献帝起居注曰:使行太常事大司农安阳亭侯王邑与宗正刘艾,皆持节,介者五人,赍束帛驷马,及给事黄门侍郎、掖庭丞、中常侍二人,迎二贵人于魏公国。二月癸亥,又于魏公宗庙授二贵人印绶。甲子,诣魏公宫延秋门,迎贵人升车。……三月,天子使魏公位在诸侯王上,改授金玺、赤绂、远游冠。……十二月,公至孟津。天子命公置旄头,宫殿设钟虡。

建安二十一年三月壬寅,公亲耕籍田。夏五月,天子进公爵为魏王。……八月,以大理钟繇为相国。

建安二十二年夏四月,天子命王设天子旌旗,出入称警跸。五月,作泮宫。……冬十月,天子命王冕十有二旒,乘金根车,驾六马,设五时副车,以五官中郎将丕为魏太子。

---

① 十六国后赵时期,讲武城可能曾作为供应邺城的重要手工业生产区域之一。2006年和2010年,邺城考古队曾在讲武城西侧南水北调干渠穿越位置调查发现多处烧制砖瓦等建筑材料的窑址,并采集到如"大赵万岁"瓦件、半人面饰件等具有典型十六国特征的建筑材料。资料现存邺城考古队,部分遗物在邺城博物馆有展示。见中国社会科学院考古研究所、河北省文物研究所、河北省临漳县文物旅游局:《邺城文物菁华》,北京:文物出版社,2014年,第58页。

3. 五都时期，黄初二年(221年)至咸熙二年(265年)，曹丕称帝至曹魏灭亡。

黄初二年，《魏略》曰：改长安、谯、许昌、邺、洛阳为五都。

从上述文献记载来看，邺城作为都城进行大规模营建主要集中在第二个时期，并且应当是以王都的级别进行建设①，如都城中建有社稷宗庙，但仅有泮宫而无辟雍②，以示不越天子之制。

邺城在曹魏之后，又先后为十六国的后赵、冉魏、前燕沿用，至东魏北齐时新建邺南城，邺北城仍在使用，且不乏大规模建设。北齐为北周灭亡之后，邺城被彻底摧毁，人口南迁至安阳，至唐代虽又恢复为邺县，但原来的都城建筑已被严重破坏。元代迄明清，漳河逐渐失治，不断南移，至清乾隆年间始固定到现在的位置。漳河从原本在邺城西北的西南—东北流向改道成东西流向，整个邺北城被漳河扫荡多遍，即便是高大如铜雀三台者也仅剩最南侧的金虎台。据勘探，金虎台周围在古代地面之上至少覆盖着5~7米的流沙层。因此，对于这样一个经历过无数次洪水扫荡的历代层叠型城市，在地表几乎无迹可寻的情况下想要探明原来的都市格局，其难度可想而知。

在考古工作正式开展之前，对曹魏邺城进行复原主要依据文献记载，如杨守敬绘制的《水经注图》之邺城图③(图二)、日本学者村田治郎在《邺都考略》中发表的邺城平面图④、刘敦桢《中国古代建筑史》中的邺城平面图⑤、以及1963年俞伟超根据踏查绘制的邺城城垣复原图⑥等。1990年，邺城考古队基于对邺北城进行的多年系统勘探和试掘，发表了简报及勘探实测图⑦(图三)。根据勘探了解到城址三个方面的信息：

（一）从城墙和城门分布了解城市形状和规模

邺北城平面呈不规则长方形，东西(东墙至金虎台)长2 400米，西墙南段向外突出，东西最宽处达2 620米，南北长1 700米。南城墙位于今漳河北岸，大部分探出，发掘的一段宽16.35米，由于地下水位较高，未发掘至底。东城墙探出1 300米，宽15~18米，发掘的一段宽15.35米。北城墙只在显王村西探出长350米的一段，宽度为16米。城墙整体保存不好，有的地段只剩下夯土墙基槽，有的现存1~2米。城墙角仅探出东南角。发掘

---

① "邺城应为王都，而非帝都"，早有学者提出，"拥有人万余口(杜袭传)的曹操居城——邺城，在规模与构造等方面，都是特异的存在。其原因，或许是因性质不像帝城，反而像是顺位较低之公城或王城之故"。见[日]上田早苗：《后汉末期的邺地与魏郡》，载《日中国际共同研究：地域社会在六朝政治文化上所起的作用》，京都：玄文社，1989年，第24页。

② (清)孙希旦撰，沈啸寰等点校《礼记集解·王制》："大学在郊，天子曰辟雍，诸侯曰泮宫。"北京：中华书局，1989年。

③ (清)杨守敬等编绘：《水经注图(外二种)》，北京：中华书局，2009年。

④ [日]村田治郎：《邺都考略》，原载《建筑学研究》第89号，1938年。后收入氏著《中国の帝都》第二章，京都：综芸社，1981年。

⑤ 刘敦桢主编：《中国古代建筑史(第二版)》，北京：中国建筑工业出版社，1984年，第50页。

⑥ 俞伟超：《邺城调查记》，《考古》1963年第1期。

⑦ 中国社会科学院考古研究所、河北省文物研究所邺城考古工作队：《河北临漳邺北城遗址勘探发掘简报》，《考古》1990年第7期。

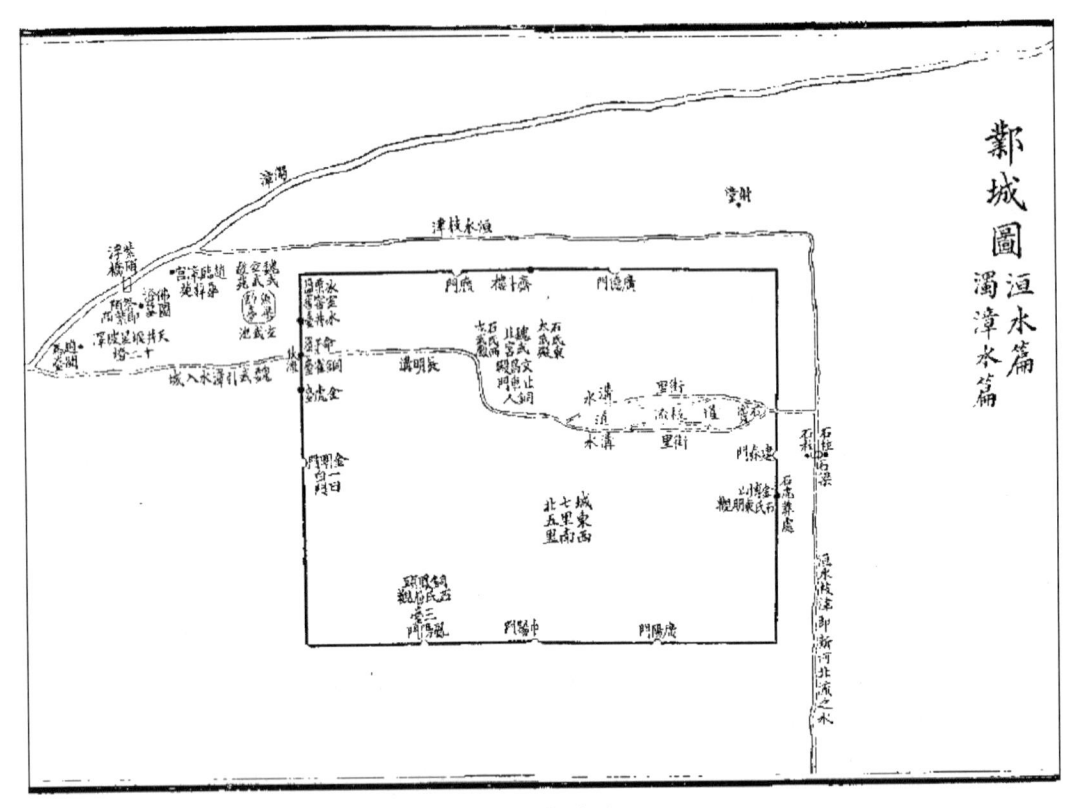

图二　邺城图

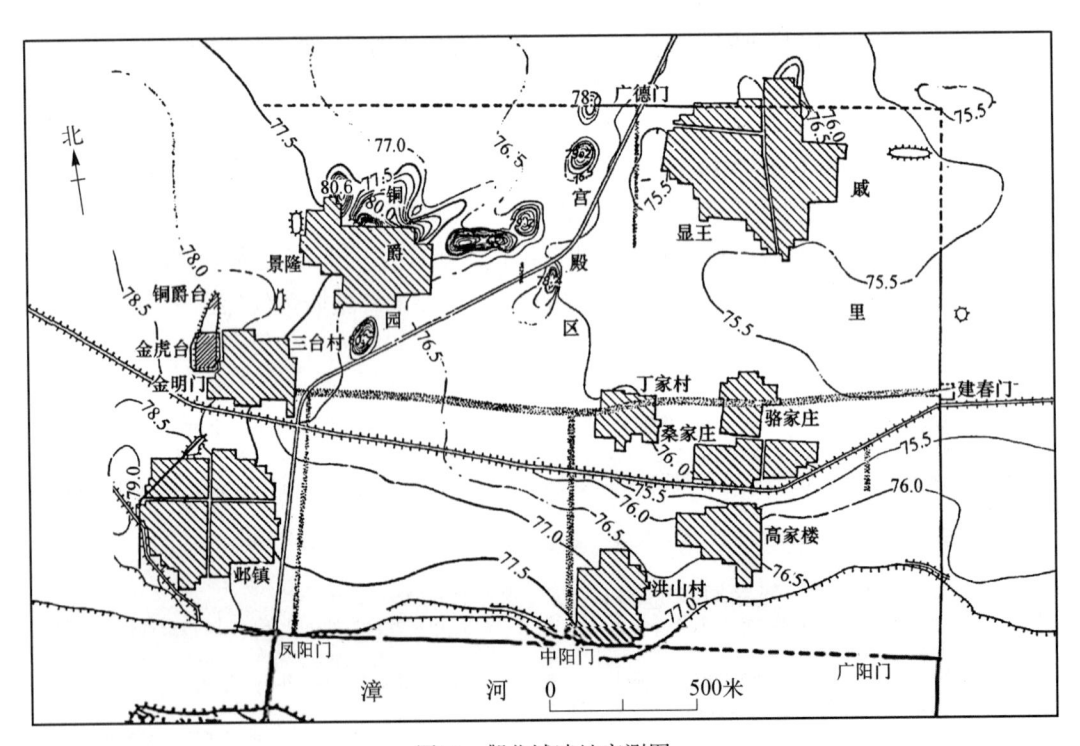

图三　邺北城遗址实测图

表明,城墙营建于东汉晚期至曹魏时期①,十六国和东魏北齐有重建或修补。城门仅发现两处,东墙距东南城角800米处发现一座门址,门道宽约22米,门道外有瓮城;北墙中部发现一座门址,门道宽20米;南墙未发现门址。

(二)城内主要道路勾勒出的城市格局

据实地勘探,发现道路六条。东西大道一条,探出2100米,路面宽约13米,发掘发现两层路面,早期为东汉晚期至曹魏时期修建,沿用至十六国时期,晚期为东魏北齐修建并使用。东西大道以南,有南北大道三条。当中大道长730米,宽17米,路土厚0.5~1米,修建于东汉晚期至曹魏时期。西侧大道长800米,宽13米,发掘发现两侧有沟,宽0.6~1,深0.55~1.1米,两层路面,早期路面为东汉晚期至曹魏时期,晚期路面下限为东魏北齐时期。东侧大道只探出南北长150米的一段,路面宽13米。东西大道以北,有南北大道两条。其中东侧大道探出长450米的一段,宽约13米。西侧大道探出长70米的一段,宽10米。

(三)核心建筑基址分布区

在东西大道北侧中央部位,勘探发现十处夯土建筑基址,面积较大的有东西57、南北35米,东西39、南北60米,东西45、南北75米的几处。比较遗憾的是,在建筑基址周围未发现宫墙遗迹。在东西大道以北的西侧大道西部勘探发现四座夯土建筑基址,其中最大的东西70、南北40米。在东西大道以北的东侧大道东部未发现夯土建筑基址。

基于考古勘探成果,徐光冀②和傅熹年③等分别在既往研究的基础上结合文献对曹魏邺城进行了平面复原,两者所绘制出的平面图虽略有差异(图四、图五),但仍不失为目前为止最为深入的复原成果。

徐光冀通过复原研究总结出曹魏邺城平面布局的几个特点:1.金明门和建春门之间的东西大道,将全城分为南北两区。北区大于南区,以北区为主体,北区中部集中分布宫殿区(包括重要衙署),西边是铜爵园和三台,东边是戚里;南区为一般衙署、里坊等。2.城中间的中阳门大道,正对止车门、端门、文昌殿,形成全城的中轴线,并与广阳门大道和凤阳门大道、广德门大道和厩门大道平行对称。3.单一宫城、中轴对称的格局改变了汉代以来都城宫殿区分散的布局,中轴线的形成,使平面布局更为对称和规整。

---

① 2000年在洪山村西,发掘邺北城和邺南城残存夯土,城墙宽约24米,解剖发现有东汉至北朝多时期夯土,最早夯土可能早至战国。再以2008年和2014年在西城墙和北城墙的发掘来看,早年的判断因受地下水干扰,可能存在一定问题。
② 徐光冀:《曹魏邺城的平面复原研究》,载《中国考古学论丛》,北京:科学出版社,1993年。
③ 傅熹年主编:《中国古代建筑史·三国、两晋、南北朝、隋唐、五代建筑》,北京:中国建筑工业出版社,2001年,第2~7页。

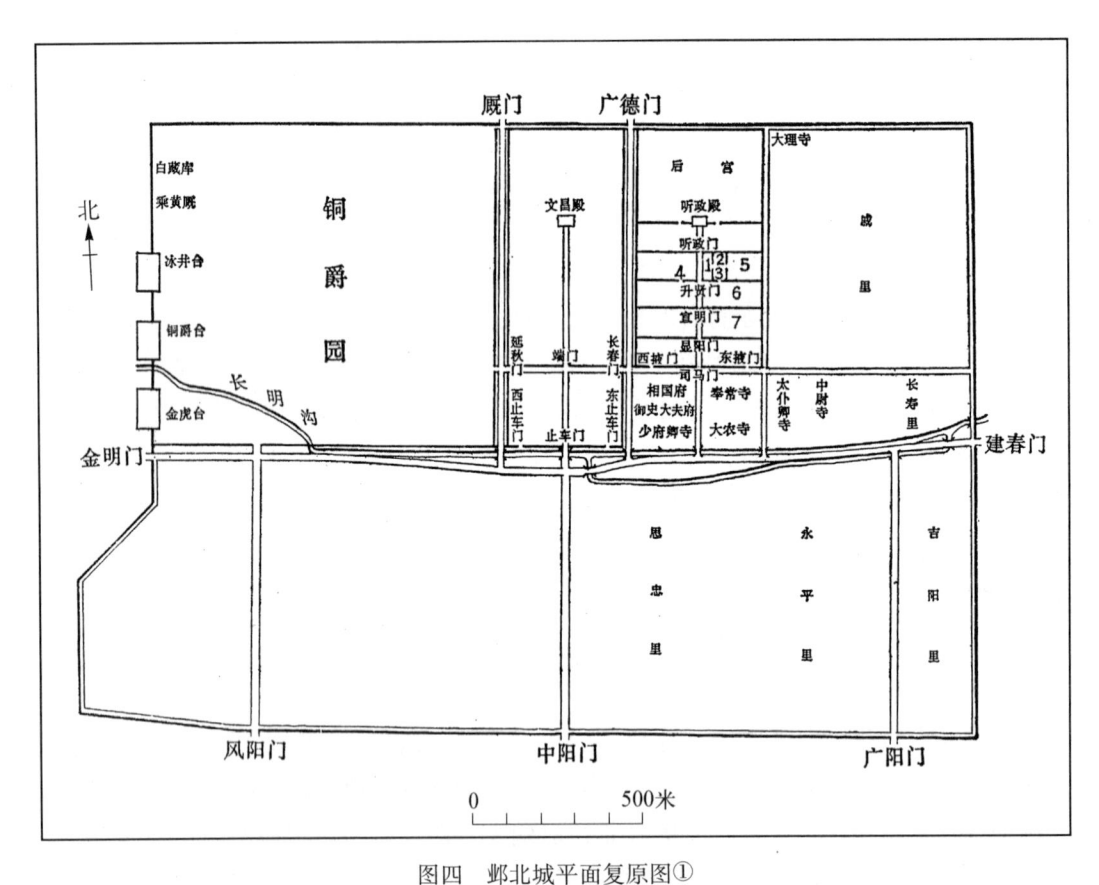

图四 邺北城平面复原图①
1. 听政闼 2. 纳言闼 3. 崇礼门 4. 顺德门 5. 尚书台 6. 内医署
7. 谒者台阁、符节台阁、御史台阁

  傅熹年与徐光冀的复原最大的区别在于如何处理宫城以及大朝与常朝的问题。傅熹年认为"从邺城的总体布局来看,宫城在北半城的西部,背倚西、北二面城墙,并不居全城之中,但在规划中,却通过使宫内主建筑群之一与干道相对的布置,形成纵贯全城的南北中轴线,使宫城和整个城市有机地联系起来"②,这样的提法确实比较新颖。傅熹年将宫城置于整个城市的西北部,并将宫城分成了左中右三区,中区以主殿文昌殿为中心,是进行国事和典礼活动的礼仪性建筑群;右区(西区)为内苑,即铜爵园;左区(东区)司马门至听政殿一线为常朝所在,放置在全城中轴线之上③。对于中轴线建筑的设置,傅熹年在注释19中指出"但据近年发掘证实,中阳门内大道不对文昌殿而对听政殿",并因此否定了《邺城宫室志》的记载,但是却又肯定"止车门至文昌殿是邺城宫城的主要轴线",其中"据

---

  ① 采自徐光冀:《曹魏邺城的平面复原研究》,载《中国考古学论丛》。
  ② 傅熹年主编:《中国古代建筑史·三国、两晋、南北朝、隋唐、五代建筑》,第3页。
  ③ 近年佐川英治亦提出类似观点,见[日]佐川英治:《鄴城に见る都城制の転换》,载窪添庆文编《魏晋南北朝史のいま》,日本:勉诚出版,2017年。

图五　曹魏邺城平面复原图①

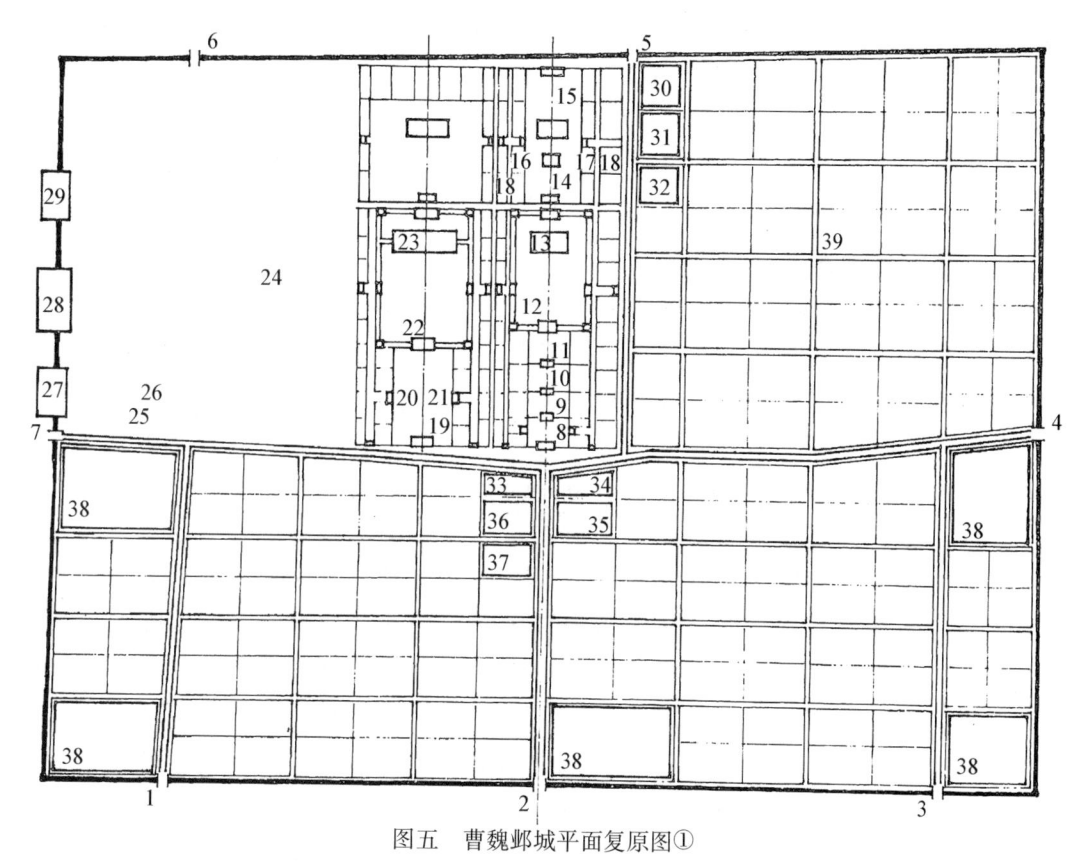

1. 凤阳门　2. 中阳门　3. 广阳门　4. 建春门　5. 广德门　6. 厩门　7. 金明门　8. 司马门　9. 显阳门
10. 宣明门　11. 升贤门　12. 听政殿门　13. 听政殿　14. 温室　15. 鸣鹤堂　16. 木兰坊　17. 楸梓坊
18. 次舍　19. 南止车门　20. 延秋门　21. 长春门　22. 端门　23. 文昌殿　24. 铜爵园　25. 乘黄厩
26. 白藏库　27. 金虎台　28. 铜爵台　29. 冰井台　30. 大理寺　31. 宫内大社　32. 郎中令府
33. 相国府　34. 奉常寺　35. 大农寺　36. 御史大夫府　37. 少府卿寺　38. 军营　39. 戚里

近年发掘证实"一说不知何据,可能受到误导,事实上以目前考古勘探和试掘的结果,尚无法形成对文献记载的否定。当然如何看待铜爵园与宫城的关系,确实是个值得思考的问题。

徐光冀的复原是将止车门至文昌殿一线(外朝)放在了整个城市的中轴线上,将司马门至听政殿一线(内朝)放在外朝东侧,究其原因在于考虑到东西大道以北的勘探发现的两条南北大道之间宽度不及400米,过于狭窄,文献记载的外朝、内朝多项建筑无法悉数布置。郭湖生曾纵览三国曹魏邺城至唐末五代东京汴州都城建置的发展演变,并将之总结为"邺城制度",指出要点:1. 宫前东西横街直通东西城门,划全城为二,宫城在北且与北城垣合,坊里、衙署、市在南。2. 礼仪性的大朝与日常政务的常朝在宫内并列;形成两组宫殿群,各有出入口;大朝区为文昌殿、闾阖门;常朝区为勤政殿、司马门。3. 大朝门前

---

① 采自傅熹年主编:《中国古代建筑史·三国、两晋、南北朝、五代建筑》。

形成御街,直抵南城门。在邺城,为南城垣中央的中阳门①。因此,从整个中古时期都城制度的发展演变而言,还是应将文昌殿一线的大朝部分置于全城中轴线之上,至于司马门至听政殿一线的常朝部分究竟置于何处,还需要探讨。

再扩大到邺北城的外围,曾有学者提出曹魏邺城可能存在外郭城②。一方面,无论是西汉长安城还是东汉洛阳城,都是内城(宫城)外郭(外城)形态,在外城外可能会形成郭区,在重要路口设有郭门,但是并无城墙包围③;另一方面,在邺城历年考古工作中,我们在邺北城正南和西南方向不远处(最近的不足1公里)均发现有较为密集的墓葬分布(参见图一),并且未发现汉末至曹魏时期夯土墙的迹象。因此目前来看,曹魏邺城可能并不存在外郭城,但是不排除设置有外郭区的可能。

三、邺城周边魏晋墓葬的分布与特征

历代文献记录中埋葬在邺城周边的曹魏墓葬主要有魏武帝高陵(也称西陵)④、甄妃朝阳陵⑤、曹奂墓⑥等,其中可能和西陵有关的考古发现是安阳西高穴二号墓,传甄妃朝阳陵位于临漳县习文乡芝村,而传为曹奂冢的遗迹已经考古发掘确认为东魏北齐时期的佛寺塔基⑦。在邺城历年考古工作中,曾发现不少东汉晚期至西晋十六国时期的墓葬,但正如一些先生所指出的,曹魏一般墓葬与东汉晚期墓葬较难区别⑧,截至目前,邺城地区发现的可明确为曹魏时期的墓葬极少,但不少兼具东汉晚期至曹魏或曹魏至西晋时期特征墓葬的发现为探索邺城地区曹魏时期的埋葬制度提供了极具价值的线索(参见图一)。

(一)墓葬发现与分布

1. 大型墓葬

邺城地区发现的规格最高的魏晋墓葬仅西高穴二号墓一座。该墓相对孤立地位于邺北城西南约13公里的安阳县安丰乡西高穴村。2008年12月至2011年5月,河南省文物考古研究院对该墓葬进行了清理,同时对该墓北侧发现的一号墓及陵园遗迹进行了勘探

---

① 郭湖生:《论邺城制度》,《建筑师》第95期,北京:中国建筑工业出版社,2000年。
② 傅熹年:《中国古代建筑史·三国、两晋、南北朝、隋唐、五代建筑》,第3页。
③ 杨宽:《中国古代都城制度史》,上海:上海人民出版社,2006年,第98~143页。
④ 《三国志·武帝纪》:"(建安二十五年)二月丁卯,葬高陵。"《三国志·明帝纪》"(太和四年)秋七月,武宣卞后祔葬于高陵。"《资治通鉴》卷六九(胡注):"高陵,在邺城西。操遗令曰:汝等时时登铜雀台,望吾西陵墓田。"北京:中华书局,1995年。
⑤ 《三国志·明帝纪》:"(黄初七年夏五月)癸未,追谥母甄夫人曰文昭皇后。……(太和元年春正月)辛巳,立文昭皇后寝庙于邺。……(太和四年)十二月辛未,改葬文昭甄后于朝阳陵。"《嘉靖彰德府志》卷二《地理志》:"甄皇后陵在灵芝村。"(元)纳新:《河朔访古记》:"在临漳县邺镇东北九里,即魏文帝文昭皇后朝阳陵也。"
⑥ 《嘉靖彰德府志》卷二《地理志》:"魏元帝陵,在县西南彭城村。"
⑦ 中国社会科学院考古研究所、河北省文物研究所:《河北临漳县邺城遗址东魏北齐佛寺塔基的发现与发掘》,《考古》2003年第10期。
⑧ 杨泓:《中国汉唐考古学九讲》,北京:文物出版社,2015年,第45页。

与发掘①。2016年11月至2017年5月,河南省文物考古研究院又联合安阳市文物考古研究所、曹操高陵管理委员会等单位对陵园及建筑遗迹进行了发掘②。

根据考古工作了解到,二号墓平面呈甲字形,坐西朝东,为多室砖室墓,墓葬全长近60米,由阶梯状斜坡墓道、甬道、前室、后室和前后室两侧分列的侧室组成(图六)。该墓虽曾被多次严重盗掘,但仍出土了金、银、铜、铁、陶、石等各类遗物约400件。基于墓葬内出土的"魏武王常所用格虎大戟"等内容的圭形刻铭石牌的发现,发掘者认为该墓为魏武帝曹操高陵③。二号墓北侧的一号墓则仅有墓圹,没有实际营造墓室的迹象。在2008~2011年的勘探与发掘中,曾发现陵园的迹象;2016~2017年对陵园遗迹做了较为系统的工作,指出陵园残存平面大致呈长方形,由内、外两周基槽组成,南北宽93.4、东西残长70米,东侧为取土破坏无存;陵园以二号墓为中心,东侧正对二号墓墓道处留有约5米宽的缺口,北侧亦发现约3米宽的缺口,在二号墓东侧还发现有密集夯土柱础组成的建筑遗迹。同时基于陵园北墙西段打破M1墓坑北边,判断一号墓的时代早于陵园,与二号墓并非同时期墓葬。

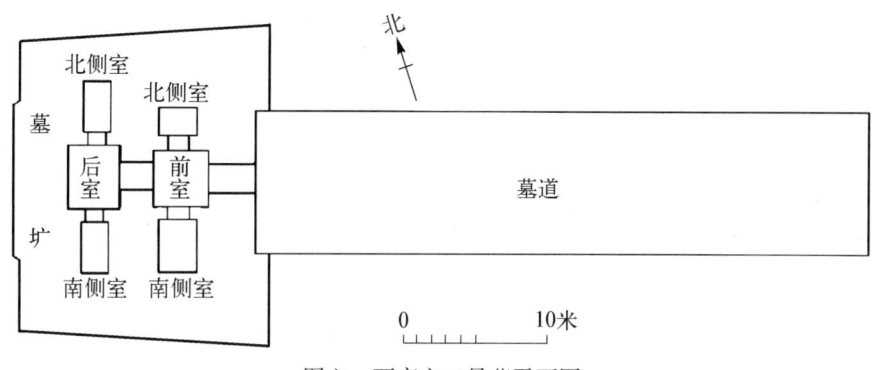

图六 西高穴二号墓平面图

2. 中小型墓葬

20世纪70年代,邺城考古工作正式开展以前,在邺城周边曾发现一些较大型的墓葬,曾引起地方学者的关注,如东太平汉墓、习文村北墓、板堂汉墓等,不过这些墓葬都未经正式发掘,墓葬形制不清,只是将出土的部分器物收集到县文保所。其中东太平汉墓情

---

① 河南省文物考古研究所、安阳县文化局:《河南安阳市西高穴曹操高陵》,《考古》2010年第8期;河南省文物考古研究院:《曹操高陵》,北京:中国社会科学出版社,2016年。
② 河南省文物考古研究院、安阳市文物考古研究所、曹操高陵管理委员会:《安阳高陵陵园遗址2016—2017年度考古发掘简报》,《华夏考古》2018年第1期。
③ 学界关于二号墓及附属陵园遗迹是否即为曹操高陵的讨论颇多,详见河南省文物考古研究所:《曹操高陵考古发现与研究》,北京:文物出版社,2010年。基于墓葬形制和随葬品分析,西高穴二号墓为东汉晚期至曹魏时期墓葬,学界并无争议;争论的焦点只在于墓主人是否即为曹操。正如一些先生们所指出的,二号墓的墓葬规模虽然比较大,但通过与之后在洛阳发现的曹休墓对比,以及西门豹祠、鲁潜墓志都缺乏坐标意义来看,安阳西高穴二号墓的发现对于探索魏武帝高陵无疑确属重要发现,但是要解决这一学术课题还有待考古学者继续努力。

况略为清楚,兹介绍如下:该墓于1971年在"农业学大寨"时发现,墓葬东西向,由前、中、主、南侧室等部分组成,墓葬内出土陶鼎、陶罐、陶碗、陶盘、陶案、陶耳杯、绿釉陶灶、铜鼎等各类遗物50余件①。

1993~1995年,为配合京深高速公路(现为京港澳高速公路)建设,邺城考古队在邺北城西南的邻近区域勘探和发掘了一大批墓葬,其中东汉、曹魏墓43座,东汉、曹魏墓多为带墓道砖室墓,因墓葬早年被盗扰,大多数墓顶无存②,这批墓葬形制主要包括单室墓、双室墓和多室墓三大类,其中比较典型的有单室墓如M510、双室墓如M400、多室墓如M1207等③。2012~2013年,为配合该高速公路的拓宽工程,邺城考古队在公路沿线又发现一批墓葬,其中亦包括魏晋时期墓葬7座,均为斜坡墓道多室砖室墓④。下面择要介绍各类型墓葬典型墓例情况。

M510为长斜坡墓道单室砖室墓,由斜坡墓道、甬道和墓室三部分组成,墓葬总长约7.5米。墓葬坐北朝南,方向为186°。墓道位于墓室南侧中部略偏东,长4.1、宽1.2、深2.8米。墓室平面呈弧长方形,内壁长2.64、宽1.84米。墓室四壁略外弧,残高1.6米,墓顶大多破坏无存,从残状推测为四角攒尖顶。该墓因盗扰破坏严重,墓室内葬具和墓主人骨殖均已无存,墓室西南角出土陶瓶和陶罐各1件,东南角出土铜弩机和锈蚀长条形铁器各1件(图七)。

M400为长斜坡墓道带耳室前后双室墓,由斜坡墓道、前甬道、前室、南甬道、耳室、后甬道和后室七部分组成。墓葬坐西朝东,方向为99°。墓道位于墓室东侧,未完全清理。前室平面呈弧方形,内壁长2.8、宽3.26米,墓顶塌落无存,推测为四角攒尖顶。耳室平面呈弧长方形,内壁长2.74、宽1.75米,残高1.4米。后甬道和后室砖壁均破坏严重,仅后室东北角残存两层砌砖。后室土圹长3.1、宽2.16米。该墓被盗扰严重,葬具无存,墓主人骨殖也被扰乱,从出土骨殖判断至少有两个成年个体,且其中之一应为女性。出土遗物均较为破碎,主要集中于前室东南角残存的铺地砖上,包括陶罐、陶奁、陶案等日用生活器,以及陶俑、陶狗、陶鸡、陶磨、陶灶等模型明器和铜盖弓帽、五铢、玉石饰件等共计30余件(图八)。

M1207为长斜坡墓道多室砖室墓,由斜坡墓道、前甬道、前室、中甬道、中室、双后甬道和双后室九部分组成。墓葬坐南朝北,方形为0°。墓道位于墓室北侧,勘探长8.3、宽1.1、深3.2米。墓葬整体破坏严重,大多仅存下半部砖壁,墓顶均塌落无存。前室和中室

---

① 张子欣:《邺城考古札记》,北京:中国文史出版社,2013年,第185~190页。有学者基于该墓发现7个陶鼎而推测该墓为曹操墓,见张之、乔文泉:《曹操墓何在》,《郑州大学学报(哲学社会科学版)》1989年第2期。不过2012年笔者在为邺城博物馆策展梳理该汉墓出土遗物时发现,所谓七鼎实仅六鼎,另一应为陶尊,若依社会来论,该墓出土的铜鼎折沿处阴刻铭文"建初四年",结合绿釉陶罐和灰陶小平底罐来看,墓葬年代应为东汉晚期。见中国社会科学院考古研究所、河北省文物研究所、河北省临漳县文物旅游局:《邺城文物菁华》,第35~41页。
② 邺城考古队:《配合京深高速公路建设,邺城考古勘探又有重要发现》,《中国文物报》1993年10月10日第一版;又见《磁县邺城曹魏北朝墓群》,《中国考古学年鉴·1994》,北京:文物出版社,1997年;贾金标、赵永红:《邺城遗址及墓群的发掘》,《中国考古学年鉴·1995》。
③ 中国社会科学院考古研究所、河北省文物研究所:《邺城遗址考古发掘报告(1983~1994)》,北京:文物出版社,待出版。
④ 沈丽华、郭济桥:《临漳县邺城遗址》,《中国考古学年鉴·2014》。

图七　M510 平剖面图

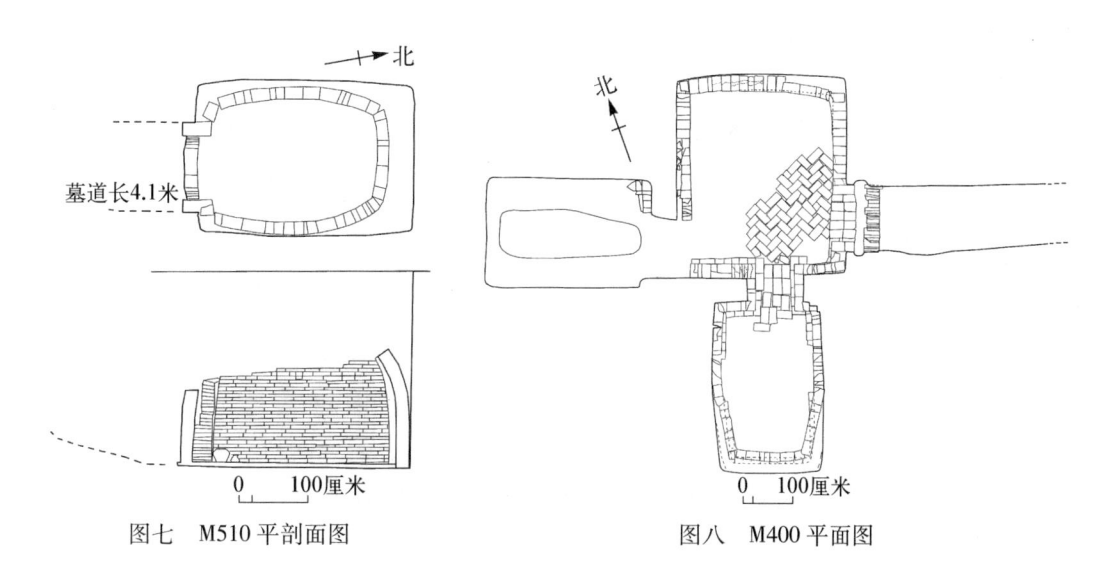

图八　M400 平面图

平面均呈横长的弧长方形,前室内壁长 3.1、宽 2.1、残高 1.26 米,中室内壁长 3.9、宽 2.65、残高 1.8 米。西后室和东后室平面均呈纵长的弧长方形,西后室内壁长 3.2、宽 1.9、残高 0.94 米,东后室内壁长 2.6、宽 1.4、残高 1.9 米。该墓被盗扰严重,葬具与墓主人骨殖均破坏无存,出土遗物也散落于填土中,主要包括陶罐、绿釉陶壶、陶方案、陶圆案、陶尊、陶碗、陶盘、陶勺、陶耳杯、陶魁、陶熏炉和陶灯等日用生活器,以及铜环、铅饰、琥珀、玉棋子和"五铢"铜钱等共计 70 余件(图九)。

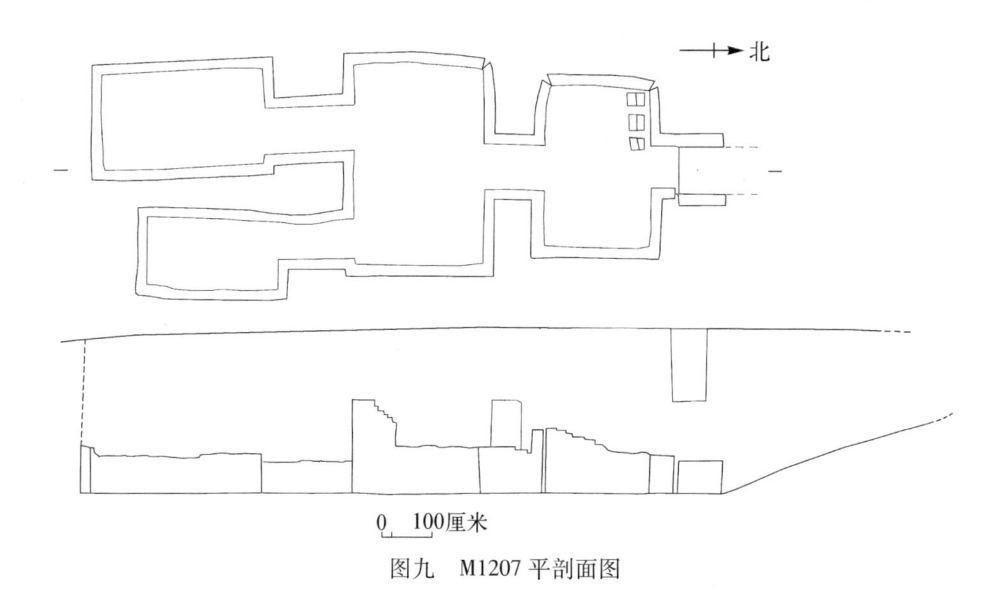

图九　M1207 平剖面图

(二)墓葬特征分析

综合前文所介绍的考古发现而言,无论是大型墓葬如西高穴二号墓,还是中小型墓葬如 M510、M400、M1207 等，均为砖室墓，墓葬形制主要包括多室墓、双室墓和单室墓三大类。

多室墓属于邺北城临近区域内发现的规模较大的墓葬，其中又以前中后三室墓葬最为特殊，如 M1207。该墓由长斜坡墓道、横长的弧长方形前室、中室和两个纵长的弧长方形后室组成。该类墓葬在邺城地区已发现数例，属于较特殊的墓葬形制。虽然目前在邺城以外地区并未见到完全一致的墓葬材料，但是自东汉晚期开始，黄河流域的诸侯王、列侯、二千石以上官吏和地方强宗豪右等都普遍流行前、中、后三室墓葬①，M1207 与东汉晚期流行三室墓②相比仍保持前、中、后三室的组成，以及中室横长方形、后室纵长方形的主要形态，主要区别在于减少了甬道两侧耳室的设置、前室由纵长发展为横长和墓室四壁均呈弧形特征。从出土遗物来看，绿釉陶壶、陶方案、陶盘、陶尊、陶勺等均保持着东汉晚期特征，而陶奁、陶灯等则开始出现西晋特征。M1207 墓葬坐南朝北，亦属于较特殊的类型。基于这些来看，M1207 所呈现的这些特殊性或许正是曹魏前期墓葬在逐步摆脱汉制过程中所呈现出的特点。因此，墓室数量多少应该存在一个时间上的发展过程，大致可以理解为自东汉晚期以来盛行的多室墓向西晋十六国时期的单室墓方向发展。

双室墓应该是曹魏时期墓葬的主流，西高穴二号墓尽管前后室两侧均设有侧室，但仍应属于双室墓系统；多室墓时代略早，属于东汉的遗绪；单室墓则开启了晋墓的先河，可以说曹魏时期墓葬类型的多样性为"晋制"③的形成奠定了基础。在前后双室墓墓葬中存在前后室间的大小关系，虽然目前并无资料能证明两者之间是否存在直接的发展演变关系，但是从墓葬形制整体发展趋势而言，洛阳地区在曹魏时期多为前横长、后纵长的墓葬，而西晋时期则流行前后均为方形且大小相当的墓葬，当然邺城地区是否也遵循同样的规律暂时还无法确定。双室墓中耳室的有无更多体现的是墓葬功用，而与墓葬年代关联不大，一般主要具有两种用途：承袭东汉传统作为储藏室、祔葬墓室。

从墓葬结构而言，邺城地区砖室墓形制与以洛阳为中心的中原地区基本保持一致，但是墓室四壁呈弧方形或弧长方形的特点则多见于邺城地区，洛阳地区只有元康九年（299年）徐美人墓④、新安西晋墓 C12M262⑤ 和西郊 58LSM3088⑥ 等少数几座墓葬具有这样的特征。这一点以往也曾为学者所注意⑦，但却未引起重视。与中原地区少见弧形砖室墓相对的是，在山东、江苏、湖南等地区则有较多这类墓葬发现，如山东诸城 M1、M2、江苏宜

---

① 俞伟超：《汉代诸侯王与列侯墓葬的形制分析——兼论"周制"、"汉制"、"晋制"的三阶段性》，载《中国考古学会第一次年会论文集》，北京：文物出版社，1980年。
② 定县博物馆：《河北定县43号汉墓清理简报》，《文物》1973年第11期。该墓被推测为中山王刘畅墓。
③ 齐东方：《中国古代丧葬中的晋制》，《考古学报》2015年第3期。
④ 河南省文化局文物工作队第二队：《洛阳晋墓的发掘》，《考古学报》1957年第1期。
⑤ 洛阳市文物工作队：《河南新安西晋墓（C12M262）发掘简报》，《文物》2004年第12期。
⑥ 考古研究所洛阳发掘队：《洛阳西郊晋墓的发掘》，《考古》1959年第11期。
⑦ 韩国河、朱津：《三国时期墓葬特征述论》，《中原文物》2010年第6期。

兴周氏家族墓、湖南常德元康四年（294年）墓、长沙永宁二年（302年）墓等。因此，李梅田对此曾做进一步深化，指出："弧壁砖墓作为魏晋南北朝墓葬的一类特殊形制，其发展、流变与魏晋南北朝时期的政治文化环境密切相关，可能兴起于朝鲜半岛北部的乐浪地区，汉末受公孙氏割据政权的影响传入山东地区；西晋时期自山东向长江中下游和中原地区扩散……"[①]东汉建安九年（204年）官渡之战后，曹操就逐步开始将邺城作为王都进行营建，并以此为中心发号政令，开始统一北方的进程。至建安十二年（207年）以前，曹操主要征战的目标就是冀州以北袁绍残部和占据辽东、辽西、右北平三郡的乌桓，因此在曹操统一北方的进程中，将乐浪、辽东地区的丧葬习俗引入中原也不无可能，魏晋之后乃至北朝所流行的弧形墓室得以在中原地区生根发展恐怕与曹魏时期其在邺城地区的推广有着很大关联。

与东汉及西晋十六国墓葬相比，邺城地区曹魏墓葬在墓向上也存在着较大的特殊性。东汉及西晋十六国墓葬均为坐北朝南，而曹魏墓葬多为坐南朝北，少量为坐西朝东[②]。究其原因，西高穴二号墓坐西朝东应当一方面受到太行山以东地区地势西高东低的大环境影响，另一方面则与邺城位于墓葬东侧有着较大关系；同理邺北城西南墓葬坐南朝北，应当也是受到邺城都城空间位置的影响。

四、都城空间与葬地之间的布局关系

都市与葬地在空间关系上有着极强的关联与依附性，正如张学锋所指出的"单凭城墙圈内的城市空间，是无论如何也难以维持一座城市的正常运转的……盐泽（裕仁）认为，所谓都城，其实存在着由城郭中的小城、大城构成的'郭域'，由'郭域'之外陵墓、苑囿、郊坛等构成的'郊域'以及确保都城物资供给的卫星聚落'境域'等不同层次，都城圈实际上就是由郭域、郊域、境域这三个同心圆空间的扩展所构成的"[③]。对应中国古代史上的概念，都城圈应即以都城城墙圈围的空间为中心，涵括都城城墙之外的郊、野（乡村）空间以及周围县域的京畿范围。不过基于有限的考古和文献资料，我们并不能准确地划分出除了都城城墙以外的其他空间的准确范围。

目前而言，邺城地区曹魏时期考古工作的开展并不是很充分。邺北城本身因历代反复沿用、漳河的泛滥破坏以及现代村庄的占压，使得考古工作较难开展，自1990年以

[①] 李梅田：《魏晋南北朝墓葬中的弧壁砖室现象研究》，《中国国家博物馆馆刊》2012年第7期。王培新通过对乐浪墓葬的研究，也曾提出相似观点：出现于东汉末期，流行于汉末公孙氏割据势力范围，即西北朝鲜（乐浪地区）、辽东和山东半岛北部地区。见《乐浪文化——以墓葬为中心的考古学研究》，北京：科学出版社，2007年。

[②] 以往学者基于西高穴二号墓、曹休墓和西朱村大墓的方向，提出曹魏以东为尊的观点。这种提法可能存在问题，墓向的选择首先是受地形地势的影响，其次才是葬俗葬制的体现。笔者在河北赞皇参与发掘的赵郡李氏家族墓群均为坐西朝东，一方面与其所处岗坡地势西高东低有关，另一方面则与其送葬路径相关，赵郡李氏郡望在赞皇东面的高邑、元氏至赵县一带。而时代相近的李希宗家族墓群因所在区域地势较为平坦，墓向则均为坐北朝南。见中国社会科学院考古研究所河北工作队：《河北赞皇县北魏李翼夫妇墓》，《考古》2015年第12期。

[③] 张学锋：《吴都建业的都城空间与葬地》，载《魏晋南北朝隋唐史资料》第三十六辑，上海：上海古籍出版社，2017年。

后邺北城基本就没有开展过太多考古工作,也就是说我们现在的认知主要还是基于1990年以前的勘探调查。2008年和2014年曾分别在邺北城西墙中部和北墙中部进行探沟发掘,由于现代地下水位大幅下降,发掘工作较20世纪八九十年代变得可行,也因此获得了不少关于城墙结构、城墙内外侧古代地面深度等方面新的信息。这也让我们看到了曙光,新的考古工作证明邺北城大部分只是被流沙不断覆盖起来,历史遗迹的保存状况要远超出我们的预期。就现有材料而言,如前所述,我们基本可以确认曹魏时期邺城的位置和平面布局,但是曹魏邺城与汉末郡治冀州乃至邺县之间的关系暂时还无法厘清。

  从邺北城周边墓葬的分布情况而言,目前所了解到的墓葬时代最早为战国中晚期,集中分布于邺北城西南的上柳村和马辛庄村之间,在该区域南端有少量秦至西汉初年的墓葬,在板堂村东南也发现少量秦至西汉初年的墓葬,西汉初至中期墓葬穿插分布在战国墓群之中。在邺北城正南约1公里、东魏北齐邺城宫城区北部发现较多墓葬,墓葬年代基本集中于两汉之交的新莽时期。东汉中晚期至西晋十六国时期墓葬集中分布在邺北城西南的板堂村西至芝村东一带,墓葬多呈几座一组的形式分布,但不同组群之间尚无规律可循,在该区域最南端和最北端均有可推测为曹魏时期的墓葬分布。讲武城西北发现的汉晋墓群应与该城有关,这符合两汉以来城市与葬地的一贯对应关系①。

  西高穴二号墓相对孤立地分布在邺北城西南约13公里处,虽然西高穴二号墓暂时还无法确定为魏武帝高陵,但是其所在属于高陵范围的可能性还是很大的,因此若从地理形势和历代帝陵区与都城间的对应关系分析,可以发现西高穴二号墓的位置选择是符合历史特点的。曹操与袁尚在邺城的争夺中经历了将近半年时间,建安九年二月,曹操军由南向北行进,途中经过了洹水;至夏四月留曹洪继续攻邺,曹操转而攻武安、邯郸,这次自北向南进军,并决漳水灌城;至秋七月,袁尚自北向南沿西山来援邺,临滏水为营,不久即为曹军所破,败走中山,邺城也因此崩沮;八月,审配兄子荣即开邺城东门投降,邺城随之平定②。由此可以了解到,邺城周围有几条大型河流,北侧有滏水和漳水、南侧为洹水,西侧为西山(即太行山脉)。这几条大型河流和西侧连绵不断的太行山脉围合而成的山前冲积平原的特殊地理形势从根本上决定了邺城都市与葬地之间的空间关系。曹魏邺城将帝陵区设置于都城西侧的岗坡地带,一方面取决于风水形胜,从地理空间而言,西高穴二号墓所在恰处于100米等高线三面环绕区域,背山面平原,朝向邺城。曹操生前在建安二十三年(218年)六月即下令,规建寿陵,"古之葬者,必居瘠薄之地。其规西门豹祠西原上为

---

① 金秉骏:《汉代墓葬分布与县城的位置关系:以山东地区为中心》,载《汉代考古与汉文化国际学术研讨会论文集》,济南:齐鲁书社,2006年;金秉骏:《汉代聚落分布的变化——以墓葬与县城距离的分析为线索》,《考古学报》2015年第1期。
② 《三国志·武帝纪》:"(建安九年)二月,尚复攻谭,留苏由、审配守邺。公进军到洹水,由降。既至,攻邺,为土山、地道。……五月,毁土山、地道,作围堑,决漳水灌城;城中饿死者过半。秋七月,尚还救邺,诸将皆以为'此归师,人自为战,不如避之'。公曰:'尚从大道来,当避之;若循西山来者,此成禽耳。'尚果循西山来,临滏水为营。……八月,审配兄子荣夜开所守城东门内兵。配逆战,败,生禽配,斩之,邺定。"

寿陵,因高为基,不封不树。《周礼》冢人掌公墓之地,凡诸侯居左右以前,卿大夫居后,汉制亦谓之陪陵。其公卿大臣列将有功者,宜陪寿陵,其广为兆域,使足相容"。所谓"瘠薄之地"亦可理解为高亢之地。建安二十五年(220年)曹操去世于洛阳后,即"奉梓宫还邺"①,葬于高陵。另一方面,应当也受到两汉古制的影响,"从西汉开始,古代都城址往往选择在一个大型盆地中的平原地带,附近有多条大型河流作为都城的供水系统,而皇陵区规划在都城西北或北侧的高原或岗坡地带,一般与都城以大河或外郭为界"②。目前在西高穴二号墓周围未发现东魏北齐墓葬,东魏北齐时期帝陵区设置到漳河北岸与滏阳河之间,中下层官吏与平民墓葬则安置在西高穴二号墓以东略平坦区域,这可能是受到曹魏时期墓葬空间挤压的结果,但同时也可以看到东魏北齐时期无论是都城空间还是葬地分布,整个境域都有进一步扩大(图一〇)。

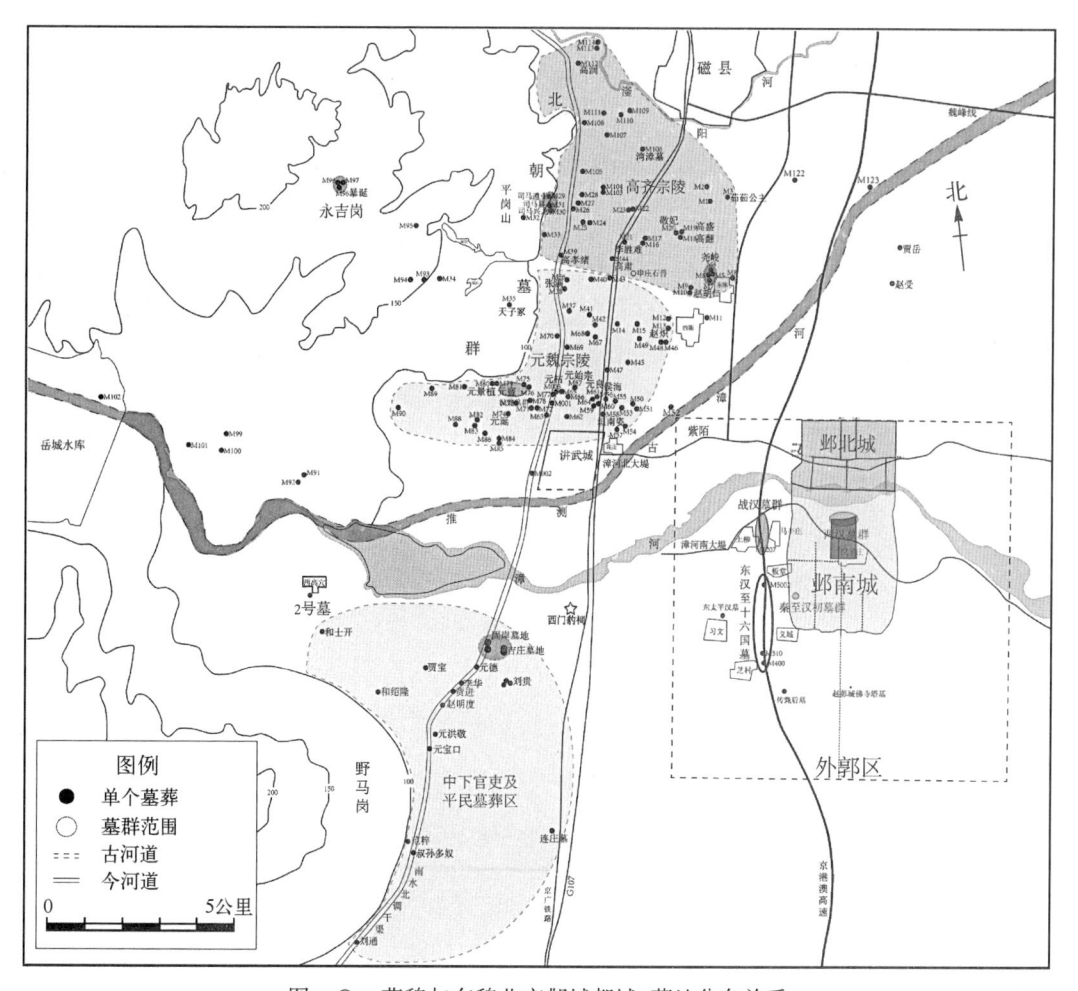

图一〇 曹魏与东魏北齐邺城都城、葬地分布关系

---

① 《三国志·魏书·贾逵传》、《三国志·魏书·夏侯尚传》、《晋书·宣帝纪》。
② 沈丽华:《邺城地区东魏北齐墓群布局研究》,《考古》2016年第3期。

总体而言,曹魏邺城都城位置的选定受到东汉晚期冀州州治的影响,曹操称魏王后,对邺城进行了较大规模的改建,开创了单一宫城、中轴对称都城制度的先河;帝陵区遵循历史传统选择了形胜之处,一般官吏墓葬集中分布在邺城西南区块,这应受到战国至东汉中晚期墓群分布的影响,这样的分布规律也与曹魏政权中不乏土著士人有关,一般官吏墓葬中可能存在以家族为单位集中埋葬的特点。另外,在都城邻近区域还设有卫星城(武城),对都城起到拱卫和支援作用,并在邻近区域建有独立墓地。

山西省乡宁县城址调查札记

王子奇

中国社会科学院考古研究所

乡宁县位于黄河中游,山西省西南部,吕梁山南端,临汾市西部山区。县城位于县境北部,鄂河中游。2011年8月,为进行宋代北方地区新建城址的考古学研究,作为课题考古工作的一部分内容,笔者对山西省数座地方城址进行了田野调查,乡宁是其中的一座,现就调查所获结合有关文献资料撰此札记。时间所限调查未能十分充分,只能就乡宁县城城建的有关问题加以简述。

一、乡宁沿革概况

今天的乡宁城,宋皇祐三年(1051年)因水患迁至今地①。顺治《乡宁县志》卷一《舆地志》载:"宋皇祐中,以旧县患河水,公私以改邑便。知县刘舒即鄂侯故墟,移建今制,更历金元以及国朝。"②

乡宁县宋隶慈州,熙宁五年废慈州,析乡宁县地入晋、绛二州③。后复置。金改慈州为吉州④。元初一度将乡宁县省入吉州,后复置⑤。明清仍旧。

二、乡宁城现状

今天的乡宁县城,沿鄂河谷地展开,限于地势,东西绵延,南北局促。老城位于县城西部、鄂河北岸,罗河从老城之东南汇入鄂河。城北枕山塬,南临河水,地势北高南低,登山

---

* 本文为2009年度国家社会科学基金项目"北方地区宋代新建城市的考古研究"(项目批准号:09BKG005)和郑州中华之源与嵩山文明研究会重大课题"中国古代城市发展史——以中原地区为中心"(项目编号:ZD-5)阶段性成果。

① 顺治《乡宁县志》卷四《人文志》"碑记",载刘舒撰《重建文庙记》;《山右石刻丛编(四编)》卷二八,白贡撰《后土庙重修记》。

② 此处国朝,指明朝。顺治《乡宁县志》系据万历二十年(1592年)焦守已纂修的《乡宁县志》于顺治七年(1650年)由侯世爵主持续修增刻,多在万历本县志内容后增补少许,故基本仍保持了万历本原貌。另外,在今乡宁城一带,夹鄂河两岸还分布有更早的东周城址,请参看许文胜:《山西乡宁故鄂城遗址调查》,《文物世界》2017年第6期。

③ (宋)李焘:《续资治通鉴长编》卷二三三"熙宁五年五月"条,北京:中华书局,2004年,第5668页。

④ 《金史》卷二六《地理志下》,北京:中华书局,1975年,第635页。

⑤ 《元史》卷五八《地理志一》,北京:中华书局,1976年,第1382页。

可俯瞰城内。明代诗人郑崇俭有诗云："南北无二里，东西一条川。人饮泉中水，牛耕山上田。"就清楚地说明了乡宁城的地势概况（图一、图二）。

图一　乡宁周边 Corona 卫星影像①（上为北）

城东南幼儿园东侧，现存城垣为夯土外石砌墙垣，其内夯土因建设工程已遭破坏。残存夯筑遗迹，黄色，土质细密，夯土纯净，夯层约20~25厘米。残墙高约4~5米，残宽约2~2.5米。南北一线，仍保存近200米（图二至图四）。北城垣尚零星残存。在20世纪60年代末Corona卫星影像上还可以看到更多的城垣遗迹，北城垣一线保存尚清楚（图一）。

城东北东街小学内，存寿圣寺大殿及钟楼（图二）。大殿建在高台之上，单檐悬山顶，平面横长方形，面阔三间，进深四椽（图六、图七、图一一）。前檐柱头斗栱外转四铺作单昂，琴面昂微起棱，昂嘴较薄，底部刻槽，上承令栱与有内凹曲线的爵形耍头十字相交，并承替木及橑檐槫，扶壁栱为泥道重栱承素方；里转第一跳华栱上承异形栱与耍头后尾十字相交，上承梁栿（图九、图一一）。前檐明间双补间，两次间单补间，亦为四铺作单昂（图八）。前檐均用八角抹棱的石柱，明间西侧平柱下尚可见覆莲柱础。石柱上均打糙道，柱

---

① 图片由社科院考古所刘建国先生提供。

空间与建筑 ·329·

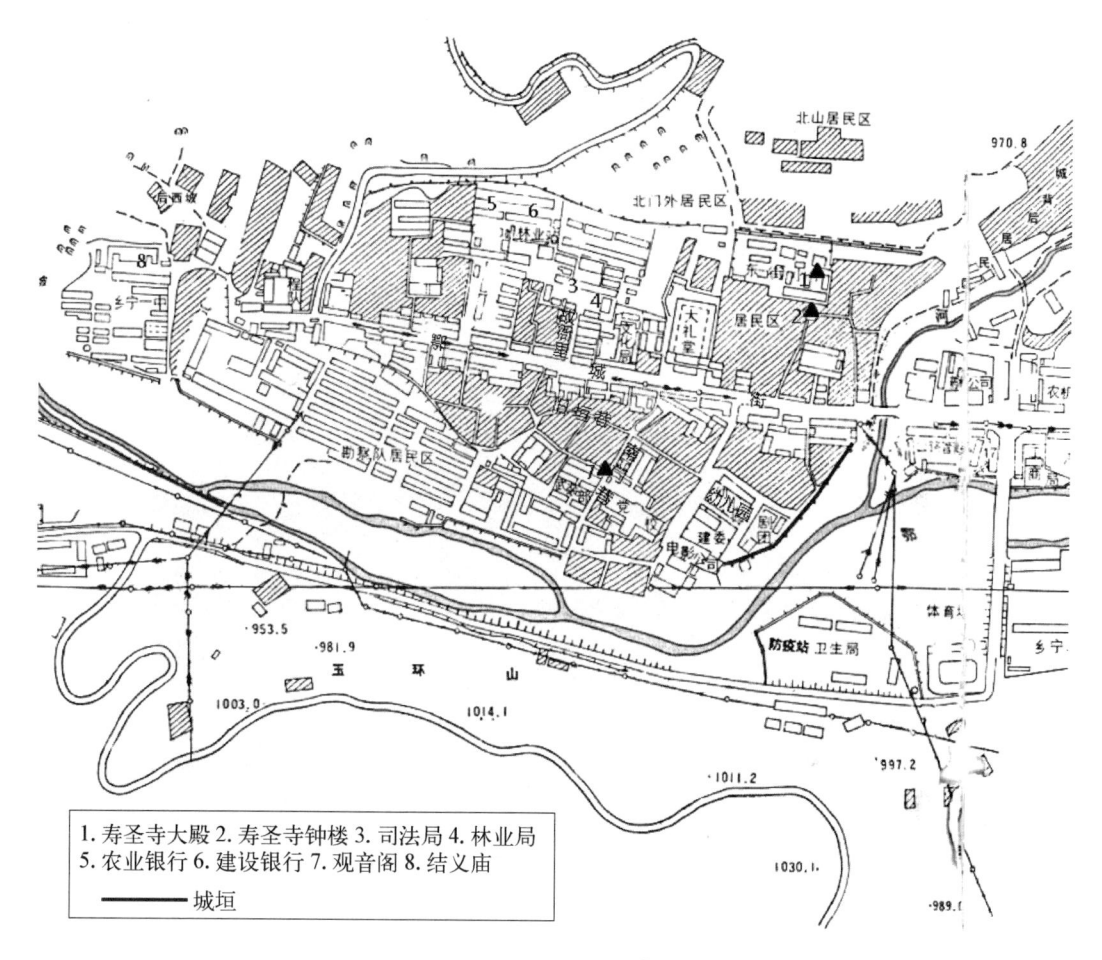

图二 乡宁现状图①

1. 寿圣寺大殿 2. 寿圣寺钟楼 3. 司法局 4. 林业局
5. 农业银行 6. 建设银行 7. 观音阁 8. 结义庙
———— 城垣

八角的每面上糙道线皆呈斜向三角形交错分布,是有意加工的装饰(图一〇)。后檐柱及础石在后期添加的墙内现不可见(图一二)。前后檐均用石地栿。这座大殿现存的主体大木部分应是金代后期至元代前期的遗存。

大殿南为平面方形的歇山顶二层钟楼。底层面阔三间,上层面阔一间。上层各面用单补间,补间及转角斗栱均为四铺单昂。下层皆用八角抹棱石柱,石柱亦均打糙道线,加工方式与大殿类似。柱础掩盖在今地平以下不可见,亦施用石地栿。下层北侧西角柱题记"乾隆五年四月十三日",当心间东侧柱上题记"成化十二年五月十三日立",当心间西侧柱上题记"大金甲子泰和四年正月十六日铸钟",东角柱上题记"民国十三年四月十六日重修"。几处题记字体不一,大小不匀,除当心间西侧柱上题记因柱风化漫漶较严重且题记可能经后代重镌外,其余题记均明显叠压在石柱的糙道线上。楼内悬铁钟一口(图一

---

① 底图采自乡宁县志编纂委员会主编:《乡宁县志》,北京:新华出版社,1992 年。

三、图一四）。

南门巷另存观音阁一座,坐北向南,下为圈洞式过街楼,最下砌五层青石条,上部包砖。楼北侧扁曰"拱北极",南侧扁曰"迎南熏"。楼上建一面阔三间的悬山小殿(图五)。

图三　乡宁城残垣(一)

图四　乡宁城残垣(二)　　　　　图五　南门巷观音阁

图六　寿圣寺大殿

图七　寿圣寺大殿山面

图八　寿圣寺大殿前檐明间

图九　寿圣寺大殿前檐明间斗栱 　　图一〇　寿圣寺大殿前檐西侧平柱及柱础

三、乡宁城的布局

顺治《乡宁县志》卷三《官司志》"县治"条载:"县治初附河,宋皇祐知县刘舒改迁鄂侯故垒,即今在城西北隅。至元末知县宋景祁复建,国朝洪武八年(1375年)知县荆守正重建。"①此后,明隆庆、万历、清雍正、乾隆、同治、光绪年间陆续重修②。今天老城内鄂城

---

① 宋景祁撰、至元三十二年立石的《复立乡宁县治碑记》的录文现存于乾隆《乡宁县志》卷十五《艺文》,据此可以了解当时的概况。
② 民国《乡宁县志》卷六"城邑考"附"公署"条。

图一一　寿圣寺大殿梁架

图一二　寿圣寺大殿后檐

图一三　寿圣寺钟楼

图一四　寿圣寺钟楼上檐

街之北,居城北部之中,仍存南北向的街道"故衙里",俗称"衙门坡",沿街道向北地势显著升高(图二)。这个地名即应是原衙署废弃后遗留下的。据此结合图一五、图一六可以知道今司法局、林业局一带,应是原衙署一带。

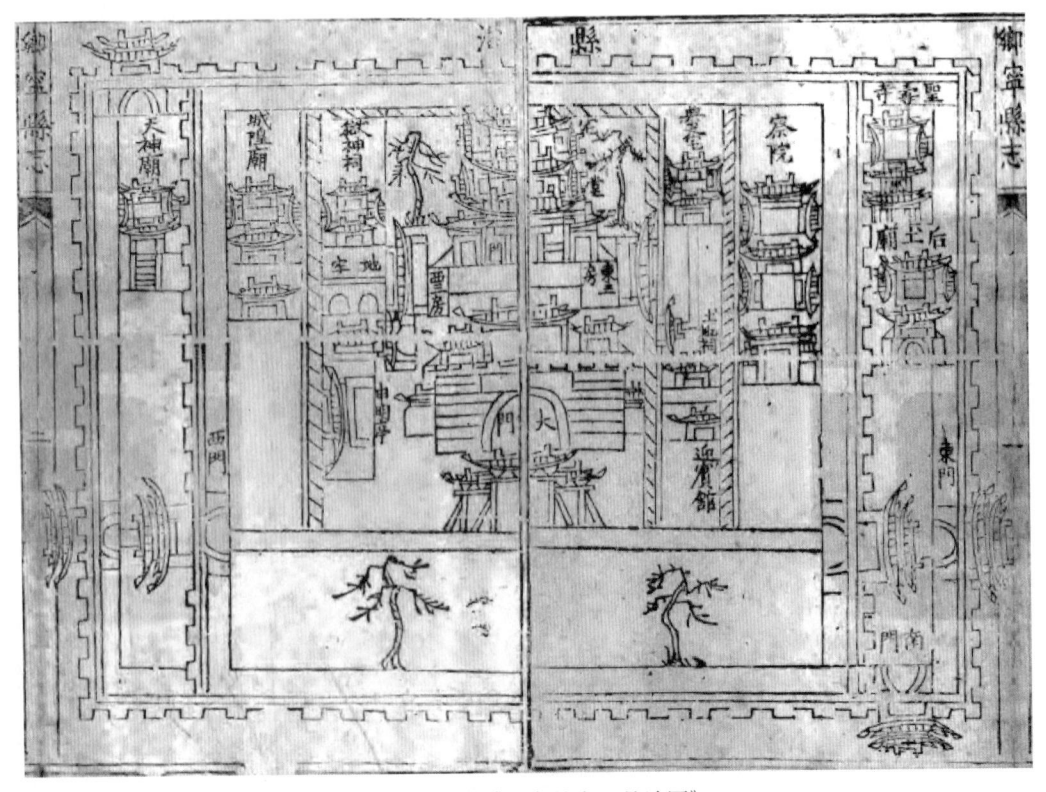

图一五　顺治《乡宁县志·县治图》

图一六 乾隆《乡宁县志·县治图》

自宋以来的文庙，在衙署的西侧。顺治《乡宁县志》卷三《官司志》记云："儒学在县治西，宋皇祐三年（1051年）知县刘舒建，国朝洪武十一年（1378年）知县荆守正重葺，嘉靖三十四年（1555年）地震，庙学俱坏，知县张云从复修，万历十七年（1589年）知县崔允恭申请重修，典史徐文钟任其劳。"同书卷四《人文志》载有宋刘舒撰《重建文庙记》，云："乡宁，慈之古邑，以附河水患，公私务改邑为诉，皇祐三年始遂其请，遂卜鄂侯故垒而迁置焉。邑地接原壤，民乐其居。舒是岁被命理其邑，授署越三日，恭谒先圣之故祠，观其宫宇隘陋，加之隳颓，不堪其忧，会此移邑，乃于传舍后卜得隙地余亩，可为基址，于是鸠工度材，诹日经营，……儒宫一成不劳民力。"可知文庙自迁治以来，即在县署以西历代未易。文庙今已不存，推测应在今农业银行、建设银行一带。

民国《乡宁县志》卷六"城邑考"，记载了乡宁城自宋皇祐迁治以来的大致情形：

宋皇祐三年（1051年）知县刘舒因迁县治筑，明正德间知县赵元重修，建东西二城楼及西门外石桥，嘉靖间知县王杨、辛丑知县惠及民相继增筑南城建楼，后河水冲塌，知县王国正复增修之，缭以女墙。隆庆间知县马秉直筑北城，张一敬修东城，增四围女墙，城始高大，计城周二里半，高厚各二丈有奇，池深二丈广称之。万历十七年（1589年），山水蚀西城，知县焦守已甃以石，浚池增垛口，新城楼题曰登龙。天启间知县张文熠铸铁牛、铁幢于东门外镇水。清康熙五年（1666年），知县张联箕重修增筑护城石堰，后因水涨坏城，复修建石堤一道，长二十五丈，高一丈二尺，阔八尺，联箕自为记。四十七年（1708年）知县屠辉加修。道光二十六年（1846年）知县王筠重修四城，今惟东西南各有城楼一座，北无楼，上有礅台四座，下为水门。东门外瓮城一所，西门外关厢一所。

乡宁治城东西袤长，南北短狭，县署居东西之中，县署东百余步有桥，旧名永宁桥，父老传言明以前桥之西皆属城内，桥之东为东关。不忆明代何官并东关圈入城内，工程颇巨，考之《通志》及旧县志殆隆庆间张一敬之功乎，又考寿圣寺后土庙及东街各坊今皆在城内，而乾隆时旧志犹云在县东关，盖沿康熙时旧志，而康熙时志又沿明之旧志，均未改也。

根据这段记载，结合图一五和图一六可知，乡宁城自宋迁治以来，建立了一座规模不大的旧城。金元之际（1233年）曾修葺旧城①。明正德间修建东、西关。嘉靖中，对南城进行了增筑，很可能扩大了南城的范围。隆庆中，将东关城并入大城之内，城规模增大。自此奠定了一直到民国时期的基本格局。图一五中仍反映了正德以后、隆庆以前大城之外建有东、西关城的情况，而图一六则反映了东关并入大城后的情况。图一五较为简略，但结合图一六仍可以推知，在隆庆以前，衙署、文庙皆在城内，寿圣寺、后土庙在城外东关，结义庙在城外西关。且使用到隆庆以前的旧城原无南门，只有东、西二门。首先可据此和前述现存遗迹推定明隆庆以来乡宁城的范围，如图一七。东、西二门即位于今鄂城街上，南门位于南门巷之上。

据此就可以进一步对宋代城垣的范围稍加推定。城的西垣，应和明清时期的西垣没有大的改动，今天北环路以西地势遽卑亦是旁证。南垣西段考虑到地势，应也同明清的城垣变动不大；东段考虑到前述推测嘉靖中的增筑和图二中"旧垣巷"的地名，颇疑"旧垣巷"即是原宋城南垣留下的遗迹。城东垣在寿圣寺以西，即今东街小学以西。又宋代城垣无南门，正德后南门设在东关城南，则宋城的东垣应在明清城垣南门一线以西，据此可以大体推定宋城的范围，如图一七。

乡宁城宋代只有东西二门，是一座依山沿河的以一条主街为主干的城。明代正德间修筑东、西关城，至隆庆间将东关城纳入大城之内，奠定了辟有东、西、南三门格局的依山沿河山地城的格局。另据保存到今天的遗迹，城东寿圣寺至迟在金元时期已经奠定了今天的规模，毗邻寿圣寺的后土庙也是金大定二十五年（1185年）创建的②，即金代城外已

---

① 张安石撰《后土庙重修记》（1242年）记载："仅十余载，至大朝癸巳年，权州赵仲、刘琛等募民还集，复立城池，经画田舍，渐成伦理。"碑现存结义庙内，录文又见《山右石刻丛编（四编）》卷二四。
② 张安石撰《后土庙重修记》（1242年），白贲撰《后土庙重修记》（元贞二年，1296年），以上二碑现存结义庙内，录文见《山右石刻丛编（四编）》卷二四、卷二八。

空间与建筑　　　　　　　　　　　　　　　　　　　　　　　　　　　　　　·337·

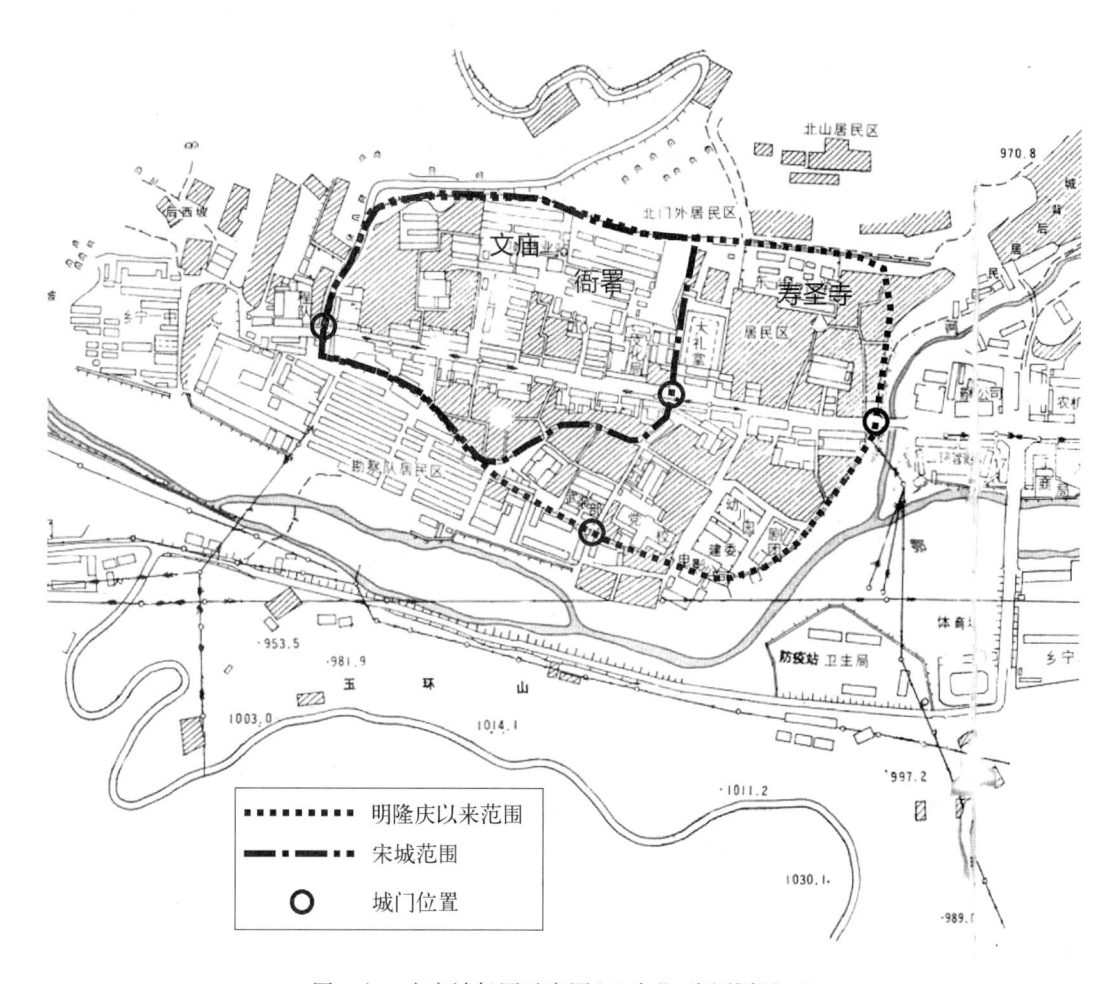

图一七　乡宁城复原示意图（上为北，底图同图二）

图例：
· · · · · ·　明隆庆以来范围
— · — · —　宋城范围
○　城门位置

经修建了规模颇大的寺院。这说明远在明代修建东、西关城之前，乡宁城就已经在宋代旧城之外有了较大的发展。

四、结　语

第一，今天的乡宁老城除部分城垣和寿圣寺大殿与钟楼尚在外，旧城遗迹已大多无存。幸而参考相关文献和碑刻资料，考察城址所处的地形地势，结合地志舆图，尚可大略推知此前城市规模和格局的发展演变。一方面，目前尚存的旧城格局，是城市发展的重要印记，需要加以保护。同时，类似乡宁这类城址的情况，在笔者所调查的北方地区地方城址中普遍存在，需要引起学术界的重视并开展调查研究工作。

第二，乡宁城位于黄土高原之上，北面枕山，南侧临河，一条东西大街贯通城内，衙署、庙学等重要建置沿大街次第分布；自宋初置县以至明清，重要建置的分布和城址的基本格局没有大的变化。随着城市的发展，由于城内空间受到限制，于是逐步向外特别是向东拓展，金代已超出宋代城垣范围之外，明代则有扩城之举，城市呈现出沿河即交通线线性扩张的趋势。逮至今日，乡宁县城继续向东沿河发展，已形成东西长近8公里的狭长带状。这是黄土高原地区城市选址和发展具有代表性的类型之一①。

---

① 类似的城址如笔者曾调查的陕西淳化县城，参看拙著《陕西省淳化县城址调查》，《华夏考古》2015年第3期，第54~62页。

明代密檐窣堵波铜塔考

张剑葳

北京大学考古文博学院

金属建筑（铁塔、铜殿、铜塔）①是中国建筑史上独特的一支。虽然从整体来看数量很少，但其使用的昂贵材料及由此凝聚的象征意义往往使其成为所在时代、地区著名的纪念性、标志性建筑，具备重要的标本作用。因而，考证其建造历史，并从材料文化的视角切入，考察金属材料象征性（政治或宗教上）的建造表达，并将这一机制和实现过程尽可能完整地还原到历史上的社会中去，就使本论题兼具了考古和建筑史学研究的意义与必要性。

金属建筑并非始于明代，但明代尤其是万历年间（1573~1619年）集中出现了一批金属建筑②，这一现象引人瞩目。其中有一类铜塔造型独特，其下半部为窣堵波，上半部则将窣堵波的相轮用密檐的形式来表达。目前观察此类塔仅出现于明万历以后时期，且仅以铜作为材料来塑造。本文将这类铜塔命名为"密檐窣堵波"，论述即以此为中心展开。

一、万历年间的金属建筑风潮

自明成祖敕造的武当金殿屹立天柱峰顶、闻名天下始，人们就时常听到金属建筑建造的消息：嘉靖十二年（1533年），河南怀庆府、开封府的信众在会首的组织下，于武陟县木栾店铸造铁塔，专门运送到泰安天书观供奉碧霞元君；万历三十年（1602年）云南巡抚陈用宾倡建昆明铜殿、万历四十一年（1613年）皇帝在敕造泰山铜殿时都声称制仿明成祖的武当金殿；万历三十年至三十五年（1602~1607年），半个中国的人们在捐资时都会听说，妙峰禅师组织募造的峨眉、五台、宝华铜殿项目背后拥有皇太后的赞助，显通寺的那座铜殿在南京铸造，竟要跋山涉水运到五台山。与铜殿相配套，还有数座铜塔也运送到五台山安放，其中就有几座"密檐窣堵波"。

如果把目光延续到清初，还会发现山西平阳地区霍山、姑射山、飞龙山、青龙山这四座

---

① 本文所论之铁塔、铜殿、铜塔，指的是规模至少与人体尺度相当的构筑物、工程体，而非盛放舍利或经书的模型、小塔、微型塔。

② 已知可考的万历年间的金属建筑有：昆明太和宫铜殿（明末移置鸡足山）、峨眉山铜殿、宝华山铜殿、五台山铜殿、泰山"天仙金阙"铜殿、峨眉山圣积寺铜塔、峨眉山金顶的两座铜塔、五台山显通寺西铜塔与东铜塔、显通寺其他三座铜塔（推测年代为万历）、五台山清凉寺小铜塔、永川小铜塔、咸阳千佛铁塔、庐山归宗寺铁塔等。

山头周围的百姓在武当进香道路受阻后,竞相在本乡附近的山顶建造"老爷顶"真武庙,而能昭示这些真武庙正统地位的正是他们捐资铸造的铜殿。他们相信,仿造武当建造的铜殿能让本乡的"老爷顶"铜殿(而非邻县的)成为真武大帝所居之处①。

除了两座皇帝直接敕建的铜殿外,透过殿身或塔身的铭文,我们都能看到热火朝天的铸造场面,以及为实现金属建筑而孜孜努力的社会各界人士。这其中有道士与禅师的夙愿和运作,地方耆老、退休大宦官的功德,基层宗教团体会首、社首的致力,各矿冶中心金火匠人的悉心设计与铸造,以及形形色色的城乡百姓、底层宦官、膨胀的朱氏宗族及府内人员、卫所军镇的中下级军官,还有客居他乡商人们的贡献。这些社会各界人士并非通过自上而下的国家政权组织起来,而是通过基层香会、行会、宗教团体、寺院之师徒关系等种种民间的组织网络行动起来,让资财、金属,以及他们的功德在广袤的中国大地上辗转移动,凝铸成一座座金属建筑。竞相出现的金属建筑就是一座座纪念碑,记录着这样的社会活动②。

明代商品经济与基层社会网络的繁荣,推动了民间的金属建筑建造;冶金技术与多项手工业技术的集大成发展,则是金属建筑出现的技术保障。明代铜矿开采量增加,金属产量有了较大提高③,技术上的创造性成就也较多④。以宣德炉为代表,其合金技术、铸造技术、表面处理技术都体现了明代金属冶炼技术的高超水平。从《天工开物》对冶炼、铸造技术的记载也可看出此时期高度发展的铸造技术水平。这些成就有的直接应用于金属建筑的铸造和建造:例如明中期以后的铜塔和铜殿,大多开始使用黄铜而非青铜铸造,这就与炼锌技术、黄铜冶炼技术的发展有关。万历年间集中出现的密檐窣堵波式铜塔,其拨蜡铸造与表面加工技艺纯熟,则可代表此时期民间铸造技术的高水平。

二、明代的密檐窣堵波铜塔

明代集中出现了十余座铜塔,在各异的形态中有一类具有共性——即密檐窣堵波,颇能代表明代铜塔的发展水平,目前已知可考的有八座。从体量尺度上看,可分为高度超过人体尺度和未达到人体尺度的,前者有峨眉山圣积寺铜塔、五台山显通寺西铜塔、五台山显通寺东铜塔、太原文庙铜塔、峨眉山金顶两座铜塔(现已不存);后者有重庆永川小铜塔

---

① 笔者对以上案例均进行了详细研究,详见张剑葳:《中国古代金属建筑研究》,南京:东南大学出版社,2015年。部分案例分析见:张剑葳、周双林:《昆明太和宫金殿研究》,《文物》2009年第9期,第73~87页;张剑葳:《武当山太和宫金殿——从建筑、像设、影响论其突出的价值》,《文物》2015年第2期,第84~96页;峨眉、宝华、五台三座铜殿的考证见: Zhang Jianwei, "A Study of the Three Buddhist Copper Hall Projects, 1602 – 1607", *Frontiers of History in China*, Vol. 10, No. 2(2015): pp. 289 – 322.

② 张剑葳:《明代社会金属建筑的项目运作及其象征性的实现——以咸阳铁塔为例》,《建筑学报》2014年第9、10期合刊,第142~149页。

③ 据《明史·食货志》记载:"铜场,明初,惟江西德兴、铅山。其后四川梁山,山西五台,陕西宁羌、略阳及云南皆采水银、青绿。"《明史》卷八一《食货志五》,北京:中华书局,1974年,第1973页。

④ 如炼铁时活塞式风箱的使用,炼钢时串联式炒炼法的使用,炼锌、火法炼铜技术的发展,金属熔炼技术的提高等。见何堂坤:《中国古代金属冶炼和加工工程技术史》,太原:山西教育出版社,2009年。

和五台山清凉寺小铜塔。

（一）峨眉山圣积寺华严铜塔

1. 形制特征

圣积寺华严铜塔（图一）原位于峨眉山山脚的圣积寺内，1959年曾被运往重庆冶化，幸而未成，但须弥座下半部被毁。此后置于峨眉山山门的伏虎寺，并建木构塔亭覆之（有的文献因此称之"伏虎寺铜塔"）。因塔身正面自名"南无阿弥陀佛华严宝塔"，且塔身塑造《华严经》"七处九会"题材，故也被称为"华严铜塔"。

图一　峨眉山圣积寺铜塔（2011年）①
1. 正面　2. 侧面

华严铜塔残高约4.9米，整体造型是一座瘦长型的窣堵波。最下为"亞"字形平面须弥座，上承塔瓶（即窣堵波的覆钵部分，图二），正面开壸门，再上为十三层相轮（现余十二层相轮，对比梁思成《西南建筑图说（一）——四川部分》可知原为十三层②）。相轮做成密檐塔的形式，现第七层相轮（原第八层）比其他相轮大，挑檐更远，形如伞盖（图三）。伞盖之上一层塔身较高，做成天宫的形式，开壸门，内空（图四）。本层各面为三头十臂观音（或十二臂观音，各面并不严格统一）与坐佛相间。除背面外，观音最上一对手臂均分别

---

① 本文图片除图一九、图二二、图二五、图二八外，均为作者拍摄。
② 图见梁思成：《西南建筑图说（一）——四川部分》，见氏著《梁思成全集》第三卷，北京：中国建筑工业出版社，2001年，第160页。缺失的那层可能损毁于1959年试图熔塔时。

图二　圣积寺铜塔塔瓶(覆钵)　　　　图三　圣积寺铜塔伞盖(第七层相轮)

图四　圣积寺铜塔天宫

托举日月(图五),唯背面的十四臂观音最上一对手臂合举托佛尊(图六)。

天宫再往上还有四层塔身,顶部承葫芦形塔刹。

铜塔表面的装饰内容极其繁复。塔身自下至上由佛像、菩萨像在水平方向划分成多层。塔瓶(窣堵波的覆钵部分)除了正面开壸门外,其余七面根据《华严经》中记载的"七处九会"说法场景塑造了七处地方(其中有三会在同一处地方),分别为:"六会他化天"、"九会逝多林"、"三会忉利天"、"初会菩提场"、"四会夜摩天"、"二会普光明殿、七会普光明殿、八会普光明殿"、"五会兜率天",其名题写在匾额中(图七)。每会的最上部均为华严三圣毗卢遮那佛、文殊菩萨、普贤菩萨像(图八)。

正面壸门门楣题名"南无阿弥陀佛华严宝塔",两旁题"皇图巩固帝道遐昌,风调雨顺

图五　天宫层侧面的十二臂观音 　　　　　图六　天宫层背面的十四臂观音

图七　圣积寺铜塔"七处九会"图像
1."初会菩提场"　2."二会普光明殿、七会普光明殿、八会普光明殿"　3."三会忉利天"
4."四会夜摩天"　5."五会兜率天"　6."六会他化天"　7."九会逝多林"

国泰民安","佛日增辉法轮常转,法界有情同生净土"。

每层塔檐之间的转角处都做出柱子顶立上下塔檐间,而除了天宫的柱子是蟠龙柱外,

图八 "五会兜率天"局部

其余每层塔身的柱子又都做成"密檐窣堵波"状。

塔刹上刻《金刚般若波罗蜜经》，塔身上刻《妙法莲华经》，可能还有其他经文未及辨认。

华严铜塔总体比例隽秀，由下至上须弥座、塔瓶、相轮（塔檐）、伞盖、天宫、塔刹形成特别的节奏，且表面氧化后形成了优雅的铜绿色，是一座优秀的铜塔作品。其细节非常丰富，对铸造的要求很高。而且这种繁复、丰富程度较一般中原佛教艺术更甚，浮雕中部分神祇似有密教风格。

华严铜塔的结构为套筒状塔身，分层铸造后层层叠置而成。

2. 年代考证

据《峨眉山志》：

> 圣积寺离峨眉县五里……正德三年内江王重修。寺内有铜塔，高二丈许，永川万华轩所施造。①

> 小金塔在圣积寺，高二丈余，永川万华轩施。②

关于华严铜塔的建造年代和捐造人，四川本地学者已多有讨论分析③。观点主要有：

---

① （清）蒋超：康熙《峨眉山志》卷三，第2页，见《故宫珍本丛刊》第268册，影印道光七年（1827年）刻本，海口：海南出版社，2001年，第50页。
② （清）蒋超：康熙《峨眉山志》卷三，第14页。
③ 近年的讨论见熊锋：《峨眉山华严铜塔铸造年代初探》，《四川文物》2006年第5期，第90~93页；干树德：《"华严铜塔"铸造诸说辨析》，《中共乐山市委党校学报》1999年第12期，第52~53页；陈述舟：《峨眉山伏虎寺及其铜塔》，《四川文物》1988年第2期，第59~62页。

(1) 元代万华轩施造①;(2) 万历陈太后捐造八塔,山门一座、山顶七座②;(3) 万历年间妙峰禅师募造③;(4) 万历乙酉(万历十三年,1585 年)年秋永川信士万华轩施造④;(5) 永川万华轩施造(年代未提)。这五种说法,各有所自。其中"大明万历乙酉年秋永川信士万华轩施制"据说是塔须弥座上的铭文,可惜该部分毁于1959 年,现已无法查证。

笔者除了分析各历史文献,将华严铜塔与有明确纪年的五台山显通寺东、西铜塔对比之外,还使用便携式 X 荧光射线分析仪(XRF)分析了各铜塔的合金成分。得出以下认识:

第一,华严铜塔使用青铜铸造。而峨眉山金顶铜殿,五台山显通寺铜殿,显通寺东、西铜塔均使用黄铜铸造。从明代中后期(嘉靖至天启年间)黄铜取代青铜流行的冶金史背景来看,青铜铸成的华严铜塔的铸造年代应当早于用黄铜铸成的峨眉山铜殿、五台山显通寺铜殿及显通寺东、西铜塔。

第二,华严铜塔与峨眉山博物馆藏某座金顶铜塔碎片的成分均为青铜,但两者铜、锡含量相差较大,应当不是同一批铜料。因此,陈太后购铜铸八塔,一座位于山下、七座位于山顶的说法值得怀疑。

第三,"永川万华轩……"的铭文虽然不存,但方志和其他记载都有提到,应当不是凭空捏造而来。"施造"意为布施建造,来自永川的万华轩应是此塔主要的捐建者。有疑问的唯元代造或"万历乙酉年秋"造这一具体的年代争议。

从样式来看,华严铜塔的式样与五台山显通寺西塔、东塔比较相近,后两者分别造于万历三十四年(1606 年)与三十八年(1610 年)。以此判断,元代之说当可以排除。

根据本文后文考证,可知万历后期寓居昆明的永川、江津人有造密檐窣堵波形式铜塔的风气。那么,由永川信士万华轩出资的圣积寺华严铜塔,是否也有可能在此时由昆明工匠铸造呢?我们虽不能确定万华轩也曾寓居昆明,但是考虑到妙峰禅师有可能作为云南与四川的往来联络者,其可能性还是很大的——按《峨眉山志》:金殿"殿左右有小铜塔四座。明万历年间寺僧妙峰至滇募铸"⑤。据此,山顶的这批铜塔可能正是由妙峰禅师从云南募造来的,而亦有记载称圣积寺铜塔原本也计划置于山顶:"传为峨山金刚台物,以体重难上,留置于此。"⑥

如此,则华严铜塔的建造时间很有可能为万历年间,且不会晚于黄铜铸造的峨眉山金

---

① 据刘君泽:《峨眉伽蓝记》"圣积寺"条:"存铜塔一合,十七层,塔身铸佛四千七百尊及《华严经》全部,元时永川万华轩者所施造也。"转引自熊锋:《峨眉山华严铜塔铸造年代初探》,《四川文物》2006 年第 5 期,第 90~93 页。
② "铜塔:明万历陈皇后购青铜铸成,计十五层,每层内分五层。每一层金佛数百尊,共计万尊。每层俱刻金字经卷,诸经毕备。峨眉山门一座,山顶七座"。(清)蒋超:康熙《峨眉山志》卷十六,第 23 页。
③ 此说来自熊锋:《峨眉山华严铜塔铸造年代初探》,其主要论据是峨眉华严铜塔的样式与五台山显通寺铜塔中的一座相似。同时该文认可陈太后购买铜造八塔之说,认为这座华严铜塔是妙峰禅师峨眉铜殿的配套之物。
④ 此说来自陈述舟:《峨眉山伏虎寺及其铜塔》,第 59~62 页,其说援引"建国前即在峨眉山居住的何志愚老师说"。
⑤ (清)蒋超:康熙《峨眉山志》卷三,第 1 页。
⑥ (清)江锡龄:《峨山行纪》,转引自熊锋:《峨眉山华严铜塔铸造年代初探》。

顶铜殿(万历三十一年建成)。

根据以上分析、对比和联系,本文认为华严铜塔造于万历十三年(1585年)之说可信度较高。其建造的可能年代区间为万历十三年至三十一年(1585~1603年)。

(二) 五台山显通寺西铜塔

根据须弥座上的铭文,显通寺西铜塔造于万历三十四年(1606年)①。

西铜塔整体坐于1.45米高的石砌须弥座台基上(图九)。本体从铜须弥座下皮算起,高5.46米;从地面算起,总高6.9米。表面镏金为近年新做。

图九　五台山显通寺西铜塔正面(2009年)　　图一〇　显通寺西铜塔天宫

与圣积寺华严铜塔相似,显通寺西铜塔由铜须弥座、塔瓶、密檐塔式十三天相轮、天宫、葫芦形塔刹组成,经文主要镌刻在须弥座、天宫和塔刹上。与圣积寺铜塔不同的是,西铜塔的天宫设在全部十三层密檐之上,重檐,因此西铜塔共有十五层檐。天宫开壸门(图一〇),内为《法华经》题材之二佛并坐说法。此塔天宫的位置虽然比圣积寺铜塔更加显要,但形式上的节奏美感却因此略逊于圣积寺铜塔。

须弥座为"亞"字形平面,四角有力士顶塔。塔瓶、塔身均为八边形平面。塔瓶正面(东面)壸门门额自名为"南无无量宝塔",两旁榜题"皇图巩固帝道遐昌,风调雨顺","佛日增辉法轮常转,国泰民安"。榜题内容与圣积寺铜塔基本相同。

塔瓶各面的主题是九座宝塔,除正面和背面之外每面一座,背面有三座,塔顶有铭文标示塔名,分别为:"南无海会宝塔"、"南无金刚宝塔"、"南无法华宝塔"、"南无舍利宝

---

① "大明国四川东道重庆府江津县弟子陈廷杰等今于云南□□□□于万历三十四年七月初九日铸造□□□□宝塔壹尊"。笔者录于五台山显通寺,2009年7月2日。

塔"、"南无□□□□"、"□□□□宝塔"、"南无多宝佛塔"、"南无楞严宝塔"、"南无弥陀宝塔"（图一一）。所有塔的形式均与西铜塔相似，为窣堵波+密檐塔式，最上有天宫。其中七座均为九层相轮加重檐天宫，唯背面（西面）协侍位置的两座为七层相轮，西面主塔名号惜已漫灭不见。所有塔瓶中均有佛尊，除了西面为三塔外，其余各面的宝塔两侧均有明王协侍，手中持物各不相同，上空均有伞盖。

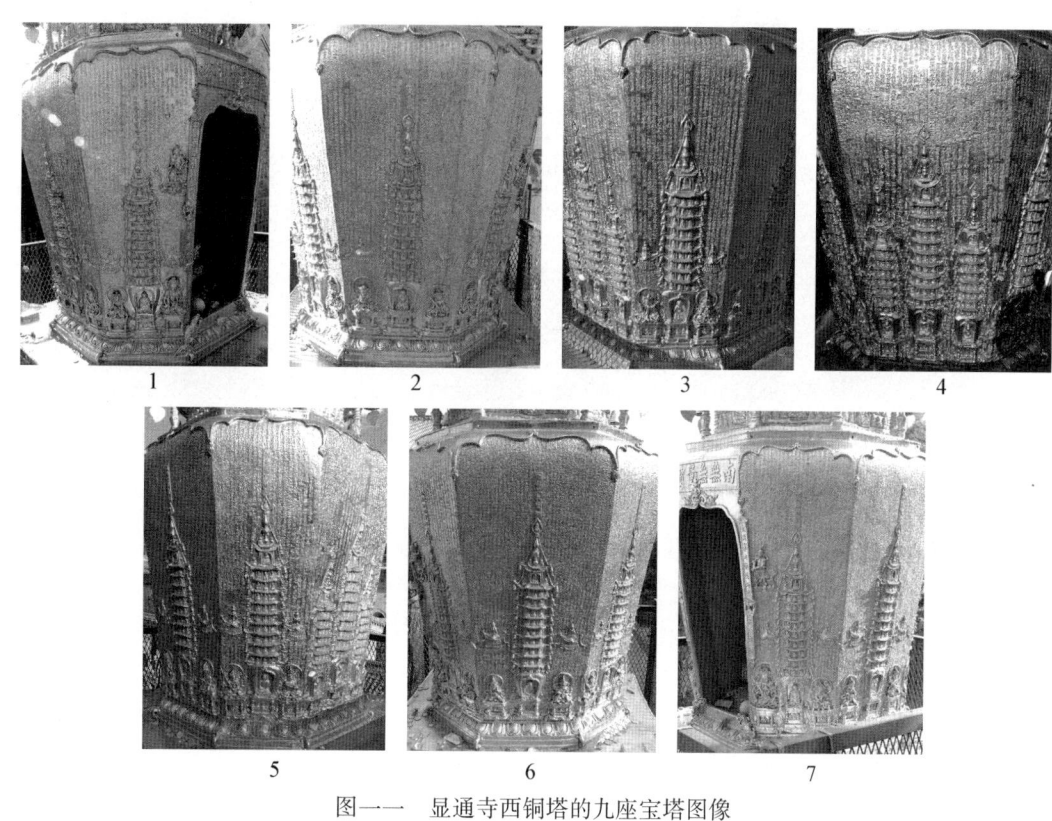

图一一　显通寺西铜塔的九座宝塔图像
1. 东南面："南无海会宝塔"　2. 南面："南无金刚宝塔"　3. 西南面："南无法华宝塔"
4. 西面："南无舍利宝塔"、"南无□□□□"、"□□□□宝塔"　5. 西北面："南无多宝佛塔"
6. 北面："南无楞严宝塔"　7. 东北面："南无弥陀宝塔"

须弥座、塔身上均布满佛像。须弥座的基本构图形式为：各面束腰以下两端站两位天王，仰莲以上的两层叠涩上各有一层坐佛，束腰主体部分分两层构图，各面内容又不相同：

南面下层十罗汉坐于覆莲瓣内侧，面容各异（图一二）；上层十三位神祇，有六臂持日月者、持方天画戟者、文臣形象、女性形象、持杵武将形象等，应为诸天。

北面下层十罗汉坐于覆莲瓣内侧，面容各异；上层十三位神祇，有四臂持轮者、持三叉戟者，虽不能尽认，推断应亦为诸天，具体身份与南面不同。

西面下层中央三坐佛，两旁各五位弟子立像；上层中央三坐佛，两旁分列四位疑为供养人像。此面须弥座下层增设一重檐四面亭，内坐一老者，游客津津乐道此为"最小土

图一二　显通寺西铜塔南面下层罗汉

地庙"。

东面中央以一佛四菩萨立像打通了双层构图,其两侧仍为两层构图,为弟子及供养人。

各层塔檐之间的柱子全部做成密檐窣堵波的形式,天宫檐下的柱为蟠龙柱。

塔身镌刻《大方广佛华严经·入不思议解脱境界普贤行愿品》、《佛说阿弥陀经》等经文。

总体来说,内容细节极其繁复,人物形象极其丰富。

塔身是套筒状结构,铸造分件清晰,自下而上是:须弥座、塔瓶、五层塔檐一组、四层塔檐一组(两组)、天宫、塔刹,分层铸造叠置。

(三) 五台山显通寺东铜塔

根据东塔须弥座、第十三层塔檐,以及天宫屋檐上的铭文,显通寺东铜塔造于万历三十八年(1610年),立于三十九年:

> 大明万历三十八年岁次庚戌年中秋月铸造吉旦。五台山敕建圣光永明寺僧人胜洪所立。

> 江西抚州府金鸡县人客寓云南省城居住信士李谏、□六室人聂氏,男绍京、绍祖发心铸造宝塔、盖宫殿。万历辛亥年二月初一日立。

东铜塔坐于1.45米高的石砌须弥座台基上。本体从铜须弥座下皮算起,高6.22米;从地面算起,总高7.7米(图一三)。东铜塔比西铜塔高了约0.8米,而出檐比西铜塔短,塔身也略细,因此整体看起来更为瘦长。表面镏金为近年新做,原本表面装銮情况不详。

东铜塔也由铜须弥座、塔瓶、十三层密檐、天宫、葫芦形塔刹组成。塔身无大面积经文。天宫设两重檐,开壸门,内供一佛(图一四)。

图一三　显通寺东铜塔正面(2009 年)　　图一四　显通寺东铜塔天宫

须弥座为"亞"字形平面,四角有力士顶塔。塔瓶、塔身均为八边形平面。塔瓶正面(西面)壸门门额自名为"南无阿弥陀佛无量宝塔",两旁榜题"皇图巩固帝道遐昌,风调雨顺国泰民安","佛日增辉法轮常转,法界有情同生净土"。榜题内容与圣积寺铜塔完全相同。

塔瓶各面的主题是说法会与宝塔的组合。凡正方向面均为法会,其余四个方向均为宝塔。南面为华严三圣,空中两旁为韦驮及一着盔甲的持杵老者;北面法会中央为一佛,两旁分别为一骑牛与骑麒麟的菩萨,周边分布十二菩萨结珈趺坐于莲花上,下部十罗汉中有一骑马的密教形象菩萨,右下方有一重檐宫殿,内外各有一人物;东面中央上方为甘露观音,下为十八罗汉,坐骑各不相同,空中两旁为韦驮和善财童子(图一五)。其余四面刻画的塔的形式均为窣堵波+十层密檐,上有重檐天宫(图一六),各塔没有标明名号。

须弥座形式大体与西铜塔相近,但亦有显著不同:

束腰不再分两层构图,各面均为三佛坐于须弥座上,其间及两侧为十尊诸天立像。这样使得人物尺寸更大、更清晰。各面的覆莲瓣上均安放一尊罗汉像,形态生动,每面七尊。东铜塔罗汉的位置与西铜塔相比更加靠前,位于莲瓣上方。这样,须弥座就形成了前景(天王)、中景(罗汉)、远景(三佛与诸天)的层次(图一七)。可见,时隔四年,东铜塔的场景塑造和处理手法比西铜塔更加纯熟。

图一五　显通寺东铜塔的法会图像
1. 北面　2. 东面　3. 南面

图一六　显通寺东铜塔的四座宝塔图像
1. 东南面　2. 西南面　3. 西北面　4. 东北面

除了第十三层相轮塔檐之下的柱子做成密檐窣堵波的形式外,其余所有檐下的柱子都与天宫檐柱一样,做成蟠龙柱。整体装饰繁复,但刻画的佛尊、菩萨形象比西铜塔更突出重点。

塔身也是层层叠置的筒状结构,铸造的分件清晰,自下而上是:须弥座、塔瓶、三层塔檐为一组(三组)、二层塔檐为一组(两组)、天宫、塔刹。

(四) 峨眉山金顶铜塔

康熙《峨眉山志》有明万历陈太后购青铜造塔,一座位于山下、七座位于山顶的记载①。但康熙《峨眉山志》其他章节的记载与此处多有抵牾,因此八座铜塔的数字未必确

---

① "铜塔:明万历陈皇后购青铜铸成,计十五层,每层内分五层。每一层金佛数百尊,共计万尊。每层俱刻金字经卷,诸经毕备。峨眉山门一座,山顶七座"。(清)蒋超:康熙《峨眉山志》卷十六,第23页。

图一七　显通寺东铜塔须弥座北面

切。这批铜塔也并非全由陈太后捐造,而可能只是捐了一定费用。

综合考虑各方记载,推断金顶原来应有四座铜塔,至清初剩下三座。证据见康熙《峨眉山志》卷三:

> 峰顶为渗金小殿。一名永明华藏寺。殿左右有小铜塔四座。明万历年间寺僧妙峰至滇募铸。①
>
> 渗金小塔四座在山顶铜殿侧,妙峰募造。②

以及释彻中《大峨山记》:

> 右为金殿,殿以铜成……极人工之巧。四隅□铜塔四座。有铜碑纪事。③

胡世安《登峨山道里纪》:

> (铜殿)傍列铜窣堵波三,高下不等,此皆背岩向西以晒经山为正对。④

作者胡世安逝于康熙二年(1663年),说明清初时应当就只剩三座铜塔了。这三座铜塔现在均已不存,唯峨眉山博物馆有一块铸铜碎片,带有弧度,上有佛像,可能是其中一座

---

① (清)蒋超:康熙《峨眉山志》卷三,第1页。
② (清)蒋超:康熙《峨眉山志》卷三,第14页。
③ (清)蒋超:康熙《峨眉山志》卷九,第86页。
④ (清)蒋超:康熙《峨眉山志》卷九,第20页。胡世安为明崇祯元年(1628年)进士,入清后官至武英殿大学士兼兵部尚书,少师兼太子太师,卒于康熙二年(1663年),《清史稿》中有传。

铜塔的孑遗。根据德国学者恩斯特·伯施曼的记载,可确定山顶在民国时至少还曾有过三座铜塔(其中一座残损严重),伯施曼拍摄了照片,并绘制了测图①(图一八、图一九)。

这两座铜塔,据刘君泽《峨眉伽蓝记》:

> 殿后岩边有铜塔二:一刊翰林院检讨赐进士王毓宗施造,高七尺许,八重六方,黑色如铁;一刊万历壬辰李姓立,刻镂精致。②

图一八　峨眉山金顶铜塔(不晚于1931年)　　图一九　伯施曼绘制的峨眉山金顶铜塔立面

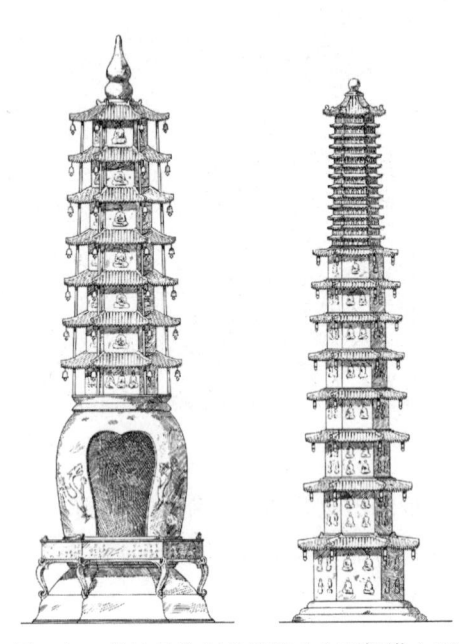

王毓宗是万历戊戌科(二十六年,1598年)进士,不久即辞官,有诗《辛丑还山中》。辛丑是万历二十九年(1601年),故该铜塔可能造于万历二十九年或稍迟。他施造的"八重六方"的铜塔应当是指图一八中央(即图一九,左)那座密檐窣堵波型铜塔。

从图中判断,这座铜塔高约2.5米,坐于六边形台座上;塔瓶造型圆滑而不分棱面,中段曲线鼓出,表面亦光洁无繁复装饰;密檐部分平面为六边形,首层每面为三尊坐佛,其余层每面一尊;共七层檐,各层檐之间设擎檐柱,但未做成密檐塔形象;塔顶无天宫,安葫芦形塔刹。总体而言形式类型与圣积寺华严铜塔、五台山东西铜塔均不同。

另一座李姓施造的铜塔建造年代更早,形制也颇独特,为八层楼阁式塔上再加十三层密檐塔(图一九,右)。

---

① Ernst Boerschmann, *Die Baukunst und religiöse Kultur der Chinesen*, Band III: *Chinesische Pagoden*. Berlin und Lepzig: Verlag von Walter de Gruyter & Co., 1931, p. 348-349(《中国宝塔》)。
② 刘君泽:《峨眉伽蓝记》,乐山:乐山诚报印刷部,1947年,第37页。

（五）太原文庙铜塔

太原文庙现为山西省民俗博物馆，其内院廊下存放有一座征集而来的铜塔（图二〇）。其原本所自不详，故以此暂名之。

该塔高约2.5米，整体规模与峨眉山金顶铜塔相类，但是形式细节不同：下部须弥座缺失；塔瓶不分棱面，上部较鼓，中部迅速收窄、曲线内凹，顶面刻画覆莲瓣；塔瓶与塔颈密檐部分之间增设一层仰莲座，并做望柱栏杆（图二一）；密檐部分平面为六边形，每面设一龛，内有一佛结跏趺坐于莲座上；共七层檐，塔檐形象塑造较为厚重，各面均设博脊与塔身相接，檐下刻画角梁形象；塔身各面塑造角柱，均为简化的束莲柱形象；塔顶无天宫，第七层塔檐与刹座之间增设一圈望柱栏杆；塔刹已失，仅余其座。

图二〇　太原文庙铜塔　　　图二一　太原文庙铜塔塔瓶

塔身现已全部氧化为铜绿色。但塔瓶内表面及塔身表面多处有镏金残迹，显示该塔原本内外表面均饰有镏金。

在太原铜塔上没有找到铭文。从太原现存的明代铜狮、铁狮等金属文物来看，一般民间工匠为寺观铸造的作品大多留有工匠姓名，而与王府相关的作品则不留工匠名。这座铜塔可能与太原晋王系宗室有关。

（六）五台山清凉寺小铜塔

五台山还有一座小型的密檐窣堵波经幢型铜塔，曾位于清凉寺内。它整体坐于须弥座石台基上，铜塔本体高约1.7米，自下而上为"亞"字形须弥座、塔瓶、九层密檐、天宫、葫芦形塔刹（图二二）。第九层塔檐较大，形如伞盖。据伯施曼引用沙畹的记录称，此塔造于万历三十四年（1606年）①。此塔目前下落不明，估计塔身上应有铭文可以证明。

除了层数少一些，该塔整体形象与显通寺铜塔相似，装饰繁复，塔檐之间的擎檐柱也做成密檐窣堵波的形式，唯塔瓶八面分为上下两层佛龛，内各坐一佛。

（七）永川小铜塔

现藏永川文管所，造于万历四十二年（1614年），由寓居云南省城的永川信士张翰言一家从云南带回永川，据铜塔基座铭文：

> 大明国四川重庆府永川县在廓里东郊外五里墩官路傍奉佛弟子张翰言，男张剑、张钲、张柱于万历甲寅□三正月吉旦寓云南省城发心铸造道经宝塔一座于本境东山寺供养。②

这座小铜塔残高119厘米，整体从下而上为基座、须弥座、塔瓶、密檐式十三天相轮（图二三、图二四）。密檐以上的部分缺失，推测原来应有天宫和塔刹。

图二二　五台山清凉寺小铜塔　　图二三　永川小铜塔　　图二四　永川小铜塔正面局部

须弥座平面四边形，四角有力士托塔，各面布满佛像、天王像。塔瓶为八边形平面，四个正方向设龛，内坐一佛。正面题额自名为"千佛宝塔"。其余四方向各立一天王。塔身每面坐二佛，塔檐之间的擎檐柱为密檐窣堵波形式。

---

① Ernst Boerschmann, *Die Baukunst und religiöse Kultur der Chinesen*, Band III: *Chinesische Pagoden*, p. 365（《中国宝塔》）。

② 笔者录于永川县文管所库房，2009年9月10日。与《永川明代铜塔》文中辨识出的铭文略有不同，参见谢洪卫：《永川明代铜塔》，《四川文物》1991年第6期，第69~70页。该文有对此塔较详细的描述，可参阅。

永川小铜塔整体装饰比较繁复,形式特征与五台山两座相近。

三、铜塔建造的相关者

作为宗教建筑的中国古代金属建筑,其建成是捐建人、项目组织者与工匠这三类人群共同努力的成果。可贵的是,他们的信息常由于镌刻或铸写于金属建筑本体上而随之保存至今。这使我们有条件透物见人,考察建筑背后更多的历史信息。

(一) 捐 资 者

铭文显示,五台山显通寺西铜塔最主要的捐资者是在云南省城经商的江津县陈廷杰一家,见西铜塔北面:

> 大明国四川东道重庆府江津县弟子陈廷杰等今于云南□□□□于万历三十四年七月初九日铸造□□□□□宝塔壹尊。前□……(模糊不清,后接数排陈氏宗亲姓名,及其他信众姓名)。①

同时,西铜塔还可辨认出来自云南的其他捐资者:

> 云南亲朋:张举,张门孙氏性纯……

万历三十三年至三十五年(1605~1607年),显通寺铜殿于南京铸造,送至五台山安放。陈廷杰率家眷为铜殿捐造了"大宝塔一尊、中宝塔二尊、轩辕镜三面",见显通寺铜殿铭文455号②:

> 重庆府江津县弟子陈廷杰,同陈宗周、周氏大、陈宗文、苏氏三、陈宗武、马氏大、陈宗圣、佘氏;子孙男陈为梁、程氏,陈为□、晏氏,陈为□、□氏□,陈为弟、陈为麟、陈为凤、陈为祯、陈为贤;玄陈希孔、陈希增;孙女陈氏大姐、陈氏二姐、陈氏三姐一家眷等。弟子陈廷杰今于云南布政司经商,自发诚心捐资铸造大宝塔一尊、中宝塔二尊、轩辕镜三面于今(金)殿,亘古亘今,永远供奉。

轩辕镜现不知为何物,显通寺东塔、西塔可能就是那两尊"中宝塔"。而"大宝塔"可能是显通寺其他已毁的三座宝塔中的一座。

陈廷杰捐建显通寺东铜塔的记录见东铜塔北面:

> 四川重庆府江津县信士弟子陈廷杰,长男陈宗周,陈宗文、陈宗武,生员陈宗圣。

---

① 笔者录于五台山显通寺,2009年7月2日,相关铭文的完整记录见拙著《中国古代金属建筑研究》附录1。
② 笔者录于五台山显通寺,2009年7月2日,相关铭文的完整记录见拙著《中国古代金属建筑研究》附录1。

东铜塔的捐建人还有寓居云南的泸州人何春荣一家,叙州府富顺县景可大一家、李应何一家、信商伍德宣一家,隆昌县李应荣一家。这些捐建人的共同点在于都是四川籍,籍贯位于相互临近的区域内,应当都是在云南经商的四川人。此外,还有几位来自江西抚州府、临江府、饶州府的捐资记录,以及来自云南本地嵩明州的捐资记录。

永川小铜塔由寓居云南省城的永川信士张翰言一家从云南省城带回重庆永川。峨眉山圣积寺华严铜塔有记载传为"永川信士万华轩施造"。

综上可知,从万历三十三年到三十八年(1605~1610年),在云南经商、寓居的四川江津、永川、隆昌、富顺一带(今分属重庆、四川)人士,有造这种密檐窣堵波铜塔的风气。他们在云南省城延请工匠,铸造铜塔。其中最具代表性者为陈廷杰,持续资助了妙峰禅师的铜殿和铜塔项目。《妙峰禅师传》载妙峰禅师曾经送藏经到云南鸡足山①,可能就是那时与陈廷杰在云南结识的。

(二) 组 织 者

云南工匠为川籍客商铸造的密檐窣堵波,何以能够陆续置于峨眉山、五台山?当然川籍客商可能在川、滇之间交通往来,但铜塔能够自云南远赴山西五台山,妙峰禅师在其中起到的组织作用引人瞩目。

妙峰禅师是明万历年间活跃的著名高僧,因与高僧憨山禅师(释德清)一同办法会为万历皇帝求储成功,而与皇家结下因缘②。后慈圣太后派人访得妙峰出山,自此妙峰名声大噪,组织建设了一系列津梁、佛寺工程,"凡大工程他人不能成者,一请登料理,不久便即成。成则去之,不复过问。一生所兴大道场十余处,并其它工程"。由于妙峰禅师之"福德智慧与其忠诚","上自皇帝宰辅以迄士庶,无不敬仰信从而乐施之"③,慈圣太后还发内帑为他创建的三座铜殿赐建配套殿宇设施。

从显通寺西铜塔铭文来看,妙峰禅师在铜塔的募造过程中确实起到组织劝缘的作用,而且署名为"峨山比丘"④,前揭《峨眉山志》亦曾不止一次提到山顶的四座铜塔为"明万历年间寺僧妙峰至滇募铸",但据《妙峰禅师传》中记载的生平,妙峰实际上并不是峨眉山的僧人。但对于云南的铸造者来说,妙峰禅师是与峨眉的铜塔项目紧密联系在一起的。

从前揭显通寺铜殿的铭文可知,在陈廷杰这样的捐资者眼中,显通寺铜殿、铜塔项目是结合在一起的。根据对显通寺铭文的解读,我们知道自万历三十年至万历三十五年,妙峰发起了持续数年的铜殿募捐活动,其影响已经并不仅仅是妙峰和尚个人的宏愿和功德

---

① "初,登奉敕送《大藏经》于鸡足山,归而礼峨眉,发愿铸三大士渗金像,而以铜殿供之"。印光法师编:《峨眉山志》卷五,上海:国光印书局,民国二十三年秋月(1934年),第12页。
② (清)刘名芳:乾隆《宝华山志》卷十二,第1~14页,台北:文海出版社,1975年,第473~499页。
③ 印光法师编:《峨眉山志》卷五,第13页。
④ "峨山比丘妙峰得心普大二济三空,本宗一□见庵无寂同贵明、善明、全广松□主所庵真哲松谷,南海性悟、性□、约空、性慈、□月、海足、寂明、寂容"。笔者录于五台山显通寺,2009年7月2日。

了。他成功地让社会各阶层的人们觉得,这是千载难逢的贡献功德的好机会。在他的倡议下,成千上万的人们自觉参加募捐,各方虔诚的僧尼、居士还行动起来,加入劝缘的行列中,通过他们自己的社会网络,去发展更多的募捐。如此,这场活动竟席卷了两京十布政司,覆盖了大半个中国①。

在这过程中,显通寺西铜塔有铭文直接证明了妙峰的贡献,显通寺铜殿铭文关于陈廷杰的内容间接证明妙峰对于东铜塔亦有一定贡献,峨眉山顶的铜塔据《峨眉山志》为妙峰募造,据此又间接推测峨眉山圣积寺华严铜塔可能与妙峰相关。上述几处史料的可靠性递减。由于当时妙峰募捐铜殿、铜塔的声名甚大,时人或方志编者其实也可能将各种铜塔募化之事都归于妙峰一身,因而未可尽信。然而即便如此,这样的文本叙事所反映的社会现象和倾向是更值得注意的——妙峰禅师作为一个代表,为了宗教功德而跨区域运作、调动资源,并且形成了全国性的影响。我们能够感受到在明万历的最后十年中,金属建筑所凝聚的社会力量。

(三) 工 匠

有工匠信息的密檐窣堵波为显通寺西铜塔和东铜塔。西铜塔的铸造匠人来自云南,包括:

> 云南铸匠魏时松,同缘男魏思忠、陈氏、魏思孝、王氏、魏助秋、女□守昆。韩进忠。打磨匠赵週守、路□、戴文明、张奇觧。撒杨东清深,杨受荣,黄□忠……

东铜塔比西铜塔晚了四年铸造,铸造匠人仍是同一批,仅个别有所变化:

> 云南省城铸匠魏时松,男魏思忠、魏思孝。拨腊匠韩进忠、杨春荣、粟宝儒。改撒匠杨寿荣、男杨景明,袁春荣。打摩匠赵守周、张奇。

可知当时的铸造匠人根据不同工序,组成了分工较为稳定的团队。包括铸匠、拨蜡匠、改撒匠、打磨匠。"铸匠"在其中地位最高,是团队首领。

永川小铜塔虽未明确记录工匠,但可知亦来自云南省城。

密檐窣堵波在云南由省城工匠打造,其形式与装饰是否受到地方风格的影响? 其特别的造型源自何出? 下文将予以检视。

四、密檐窣堵波的形式与象征性

(一) 密檐窣堵波的形制分析

从表一中可比较清晰地看出,峨眉山圣积寺铜塔、五台山显通寺西铜塔、显通寺东铜

---

① 张剑葳:《中国古代金属建筑研究》,南京:东南大学出版社,2015 年,第 408 页。

塔、五台山清凉寺铜塔、永川东山寺小铜塔在平面、立面、表面内容、相关者等诸方面,均有大量相同或相似之处,内在联系较强,可归为Ⅰ型。

峨眉山金顶铜塔与太原文庙铜塔的形制则相对更相近,虽然两者覆钵(塔瓶)的立面轮廓并不同,但平面均为圆形不分棱,二者装饰主题亦有共通之处,综合考虑,可归为Ⅱ型。总体来说,Ⅱ型密檐窣堵波较Ⅰ型在造型和装饰上有所简化。

表一 铜塔形制特征分析表

铜塔	年代	类型	平面				立面			表面内容			工艺		相关者	
			八边形	六边形	圆形	"亞"字形须弥座	天宫	擎檐柱	檐数	代表性主题	刻经	材质	匠人籍贯	主要捐资者	组织者
峨眉山圣积寺铜塔	万历十三年至三十一年(1585~1603年)	Ⅰ	●			●	●	密檐窣堵波	13	华严"七处九会"	《金刚般若波罗蜜经》、《妙法莲华经》	青铜	云南	永川万华轩	或与妙峰相关
峨眉山金顶铜塔	万历二十九年(1601年)或稍迟	Ⅱ			●塔颈●塔瓶		无	柱	7	龙	—	青铜	—	王毓宗	一说妙峰禅师
五台山显通寺西铜塔	万历三十四年(1606年)	Ⅰ	●			●	●	密檐窣堵波	13+2	千佛、法会、宝塔	《大方广佛华严经》、《佛说阿弥陀经》等	黄铜	云南	江津陈廷杰,寓居云南	妙峰禅师
五台山清凉寺铜塔	万历三十四年(1606年)	Ⅰ	●			●	●	密檐窣堵波	9+1	千佛	—	—	—	—	—
五台山显通寺东铜塔	万历三十八年(1610年)	Ⅰ	●			●	●	蟠龙柱	13+2	千佛、法会、宝塔	无	黄铜	云南	江津陈廷杰等寓居云南的四川商人	妙峰禅师

续表

铜塔	年代	类型	平面				立面			表面内容			工艺		相关者	
			八边形	六边形	圆形	"亞"字形须弥座	天宫	擎檐柱	檐数	代表性主题	刻经	材质	匠人籍贯		主要捐资者	组织者
太原文庙铜塔	推测为万历中后期	II		●塔颈	●塔瓶	无	无	无	7	莲瓣、花卉、龙	无	黄铜	—		—	—
永川东山寺小铜塔	万历四十二年（1614年）	I	●			○	密檐窣堵波		13+?	千佛	无	—	云南		永川张翰言，寓居昆明	—

注：实心●表示有此项；空心○表示可能有此项；"—"表示情况不知。

（二）密檐窣堵波的形式设计分析

密檐窣堵波的形式设计独特，从立面看，自下而上一般分为五部分：须弥座、塔瓶（覆钵）、密檐（十三天相轮）、天宫佛龛、塔刹。检视云南本地的佛塔造型传统，剑川石窟沙登箐区2号窟有八座浅浮雕佛塔，其中有多层密檐式和单层窣堵波①（图二五），但是没有"密檐窣堵波"的形象；晋宁观音洞上洞北壁的元代窣堵波形象②，虽然覆钵之上的塔刹相轮较为繁复，但并不是塔檐的形象；丽江白沙大定阁明代壁画中的窣堵波③亦为常见的覆钵与相轮组合。可见，这些图像都不是密檐窣堵波独特形式的直接来源。

图二五　沙登箐区2号窟立面图

---

① 北京大学考古学系、云南大学历史系剑川石窟考古研究课题组：《剑川石窟——1999年考古调查简报》，《文物》2000年第7期，第71~84页。
② 王海涛主编：《云南历代壁画艺术》，昆明：云南人民出版社、云南美术出版社，2002年，第45页。
③ 王海涛主编：《云南历代壁画艺术》，第181页。

本文认为，Ⅰ型密檐窣堵波塔身遍刻的经文（甚至塔刹也刻经），是认识其形式来源的切入口：

首先，塔身遍刻经文，这是经幢的特点，反映了密檐窣堵波起初作为经幢型塔的功能特点。认识到这一点，我们便能打开思路，与历史上的经幢联系起来。

从平面来看：Ⅰ型密檐窣堵波平面为八边形，这与窣堵波的圆形平面有显著区别；Ⅱ型密檐窣堵波的覆钵（塔瓶）部分虽然为圆形，但塔颈平面却为六边形。究其原因，这应当都是来自八楞经幢、六楞经幢的形式基因。

其次，密檐窣堵波顶部的屋式天宫佛龛在形式上甚为重要，为Ⅰ型密檐窣堵波所共有，但发展后期不见于Ⅱ型。塔顶设置单层屋式天宫的形式不见于窣堵波，亦不见于密檐塔，而见于宋代出现的少量经幢中，如常德铁经幢（图二六、图二七），以及苏州瑞光塔真珠舍利宝幢，均有此种设置。云南南诏大理佛教研究的重要图像资料张胜温画《梵像卷》中，亦能见到此种带有天宫的经幢形象（图二八）。但宋代以后无论实物还是图像中似均难再见到此类经幢形象，可见密檐窣堵波设置天宫之制颇古。

图二六　常德铁经幢　　　图二七　常德铁经幢的天宫层

再次，Ⅰ型铜塔在主题上有一显著特征，即在塔身上重复表达自身形象。例如塔檐的擎檐柱、塔瓶各面的宝塔主题浮雕，均使用与自身形式相同或极为相近的密檐窣堵波形象。辽塔上也常有塔幢形式的装饰主题，但装饰的塔幢形象一般与塔本身形象不同。密檐窣堵波使用的这一手法在历史上其他塔上并不常见，能给观者带来一种"同义反复"的观感：密檐窣堵波首先表现为整塔形象（大尺度），然后为塔瓶上的浮雕（中间尺度），最后为塔檐擎檐柱(细节尺度),使得观者无论在哪个层面上驻留视线,都看到同一种主题形式,这种主题(密檐窣堵波)通过视觉体验的循环反复而得到强化。通常,人们在观看造型艺术时,能够通过切换目光聚焦的层面来感知空间的纵深,密檐窣堵波的循环反复不是简单的同尺度复制,而是在空间纵深上的反复,增加了作品的深度。

巫鸿曾论及中国古代卷轴画和墓葬美术中的"画中画"现象,指出10世纪中期左右,墓葬中的"画中画"变得越来越精致和富于意义,成为构造空间的一种重要手段;画家们也在此时将此种样式引进入绘画艺术创作,"正如《勘书图》《重屏会棋图》和《韩熙载夜宴图》等作品所显示,造成了中国绘画史上的一个重大突破,显现为对绘画空间(pictorial space)的重新思考和崭新表现"①。密檐窣堵波上的"塔中塔"现象提示我们应注意历史上的佛塔及建筑艺术中的相关设计手法,或与宗教建筑象征性、超验性的实现相关。

图二八 张胜温《梵像卷》第130开"护国宝幢"的天宫形象

与此相关联,Ⅰ型密檐窣堵波表面繁复、立体的佛教人物像和浮雕,是铜塔异于铁塔的重要特征。铜塔不仅使用了范铸法铸造,也大量使用了熔模铸造法(失蜡法)。这种铸造法能够铸造出立体、复杂的造型。铜塔的规模都不大,尺度与人接近,因此人们常会对铜塔进行近距离观察。这种情况下,就需要用丰富、立体的人物形象来表达佛教中的典故,传达教义。圣积寺铜塔、显通寺西铜塔、东铜塔上一排排横向展开的佛尊、菩萨、明王、诸天、罗汉等,显宗、密教人物俱有,令人很难不与张胜温《梵像卷》中的佛教人物相联系。圣积寺华严铜塔华严宗主题与密宗神祇形象共存的现象,恰与张胜温《梵像卷》反映的这一特点相符②。

有意思的是,张胜温《梵像卷》与妙峰禅师曾先后"到"过南京天界寺,是否妙峰曾在那里见过《梵像卷》?《梵像卷》的跋文显示,该画卷于明初洪武年间入藏南京天界寺,天顺己卯(1459年)已不在天界寺而在惠灯寺了③,再之后的跋文记载已至乾隆年间《梵像卷》入藏清宫时④。据憨山禅师《梦游集》,他于隆庆元年(1567年)在南京天界寺与妙峰初识,这其中有百余年的时间差,难以得出妙峰禅师见过《梵像卷》的结论。

---

① 巫鸿:《中国墓葬和绘画中的"画中画"》,载上海博物馆编《壁上观——细读山西古代壁画》,北京:北京大学出版社,2017年,第304~333页。
② "我们认为,在画卷中出现这种情况与其说是混乱,不如说是南诏大理佛教构成的一种真实反映。由于当时既有密教存在,同时又传入了华严宗,所以在《画卷》里一起表现了出来"。见侯冲:《从张胜温画〈梵像卷〉看南诏大理佛教》,《云南社会科学》1991年第3期,第81~88页。
③ 此惠灯寺可能是庐陵县永和镇的惠灯寺,见雍正《江西通志》卷一一二《吉安府》,四库全书本。
④ 关于跋文的述考,可参见杨晓冬:《张胜温〈梵像卷〉述考》,《美术史研究》1990年第2期,第63~68页。

最后，笔者以为伯施曼 1931 年在《中国宝塔》中对五台山显通寺西铜塔、东铜塔发出的赞叹精当地切中了肯綮：

> 这一对铜塔异乎寻常地实现了中国佛教对无尽佛国世界最为丰富的阐释。只有来自喇嘛教的神秘主义土壤，才能够使用如此盈溢的造型来消解宝塔塔面和精致结构。①

（三）塔、幢的本源功能与铜塔的立意

密檐窣堵波具有明确的经幢基因，那么它究竟是塔还是幢？这应从塔、幢的功能来分析。

从佛教经典出发，"塔"的功能很明确——装舍利或装佛经的窣堵波。见《佛说造塔功德经》：

> 尔时世尊告观世音菩萨言："善男子！若此现在诸天众等，及未来世一切众生，随所在方未有塔处，能于其中建立之者——其状高妙出过三界，乃至至小如庵罗果；所有表刹上至梵天，乃至至小犹如针等；所有轮盖覆彼大千，乃至至小犹如枣叶——于彼塔内藏掩如来所有舍利、发、牙、髭、爪，下至一分；或置如来所有法藏十二部经，下至于一四句偈。其人功德如彼梵天，命终之后生于梵世。……"
>
> 尔时观世音菩萨复白佛言："世尊！如向所说，安置舍利及以法藏，我已受持。不审如来四句之义，唯愿为我分别演说！"尔时世尊说是偈言："诸法因缘生，我说是因缘，因缘尽故灭，我作如是说。""善男子！如是偈义名佛法身，汝当书写置彼塔内。何以故？一切因缘及所生法，性空寂故，是故我说名为法身。"②

可见，只要在塔内容纳了哪怕只有一分如来舍利、发、牙、髭、爪，或者哪怕四句如来法身偈，这个塔的佛教功能就达成了。《法华经》则更加明确，只需装有经卷，不必装有舍利：

> 药王！在在处处，若说、若读、若诵、若书、若经卷所住处，皆应起七宝塔，极令高广严饰，不须复安舍利。③

如此，放在中国建筑史和美术史里看，"塔"就成为一个很宽泛的概念，而不仅是专门的一种建筑。在功能上，塔、幢的概念是互通的，大如应县木塔，小如法门寺地宫内的舍利

---

① Ernst Boerschmann, *Die Baukunst und religiöse Kultur der Chinesen*, Band III: *Chinesische Pagoden*, p. 355（《中国宝塔》）。
② （唐）地婆诃罗译：《佛说造塔功德经》，见《大正新修大藏经》第 16 册，第 699 页。
③ （姚秦）鸠摩罗什译：《法华经》卷四《法师品》，见《大正新修大藏经》第 9 册，第 262 页。

塔,中间尺度的如栖霞山舍利塔、佛顶尊胜陀罗尼经幢①,全都是塔。不论能否登临、进入,不论大小、材质,只要满足了前述功能,它们就都是"塔"。

此外,除了装舍利或装经这原初的功能,历史上中国的塔又常被附加上其他功能,大致可归纳为三种:

1. 提供人体尺度的内部空间作为佛堂;
2. 作为标志性构筑物;
3. 作为陈设或宗教器物②。

从这个角度来看密檐窣堵波:第一,密檐窣堵波都没有提供人体尺度的内部空间;第二,除了显通寺东、西铜塔在建筑群中起到了标志性构筑物的作用外(共五座铜塔,象征五台山五顶),其他几座密檐窣堵波或依附于其他建筑,或位于其他殿内,提供的多为第3种功能。

可见,密檐窣堵波体量小,不像铁塔、铜殿等其他金属建筑那样常在建筑群内起着标志性作用。但从另一方面来看,正因为许多铜塔③没有被附上功能1和功能2,它们反而保有了装舍利、装经、刻经这更本源、更纯粹的根本功能。对它们的捐建者来说,建筑空间、地标功能都不是他们所追求的,除了装舍利、装经之外,甘愿让它只起陈设的作用。这或许能够说明,他们的目标聚焦于个人的发愿和信仰,或灭罪、祈福、度亡,而无意于通过追求高大来彰显其功。即便如此,由于贵金属建筑材料铜、金的使用,其善行的意义并不因塔小而减小,也并不因藏而不昭而折损。

结　　语

本文在明万历年间的金属建筑风潮背景下,论述了当时出现的密檐窣堵波,并探讨了

---

① 从佛教文献记录来辨识,经幢也就是塔,塔、幢的概念是互通的。理由主要包括:第一,佛塔分生身舍利塔与法舍利塔两种,后者指在其中放置佛经的塔。幢以刊刻《佛顶尊胜陀罗尼经》为主,该经就是法身舍利,故幢亦属法舍利塔。第二,有些幢与舍利塔一样,其中也埋有舍利。第三,许多幢的题记、造幢记中,即自称为塔,如阆中唐代铁经幢等。刘淑芬对此问题有详细的论述,除了上述三点外,她还认为,幢与塔的组成形式相似;民间约定俗成常把经幢称为"塔",这都是塔、幢互通的证据。笔者赞同刘淑芬先生的观点,本段论证参考了其著作。见刘淑芬:《灭罪与度亡:佛顶尊胜陀罗尼经幢之研究》,上海:上海古籍出版社,2008年,第101~113页。

② 此前建筑史学者在讨论分析塔的时候,常默认剔除了那些微型的、器物大小的塔,而按照建筑的平面形式、建造材料、登塔方式(内部空间)、外观形式等分类方法来分析塔。但这样分析,实际上容易忽略塔的本源功能,而只注重了塔作为建筑物的形制和技术特征,有时还可能陷入概念的混乱。例如,梁思成曾对塔、幢的问题比较困惑,陷入概念分析中,却未能辨清。梁思成先生根据形式、规模,认为玉泉寺铁塔"虽名为塔,实则铁铸之幢耳",认为杭州闸口白塔"实是一件仿木构塔形式的经幢,与其称之为一座建筑物,不如称之为一件雕刻品,或是一件模型"。但他同时又认为经幢是:"宋代建造经幢之风甚盛,盖以镌刻佛经为主之小型塔也。"刘敦桢先生对阆中唐代铁幢的题记称其为塔,也感到迷惑:"岂唐时塔幢不分耶? 颇费索解。"两位前辈学者的困惑都在于想从建筑形式和规模大小上对塔、幢加以区分,而没有认识到佛教中经幢的性质就是法身塔。这充分说明:对塔进行分类,应当从塔的宗教意义和功能入手。仅从建筑的视角进行分类,可能会陷入概念的迷惑。相关引文见梁思成:《浙江杭县闸口白塔及灵隐寺双石塔》,载《梁思成文集(二)》,北京:中国建筑工业出版社,1984年,第136~138页;《梁思成文集(三)》,第162页;刘敦桢:《川康古建调查日记》,载《刘敦桢文集(三)》,北京:中国建筑工业出版社,1982年,第286页。

③ 除了本文讨论的这些具有人体尺度的铜塔外,也适用于那些微型塔,如吴越王钱俶的"金铜精钢八万四千塔"等。

其背后的相关者及形式意匠。经过分析,我们认识到密檐窣堵波的形式基因来源可能包括:宋代具有天宫的经幢;辽金密檐塔的密檐部分;元代的窣堵波的覆钵(塔瓶)部分;在形式主题上可能直接与云南佛教常见的神祇形象相关。密檐窣堵波的形式不见于砖塔、石塔,是明代云南工匠的创举。而在妙峰禅师个人发愿募造铜殿、铜塔的盛名背后,我们应重视晚明社会中这些金属宗教建筑所凝聚的多方社会力量。

笔者学力尚浅,在密檐窣堵波的神祇身份辨识和图像志研究方面仍有诸多工作有待完成。即便如此,密檐窣堵波反映出的设计创造力已经值得重视。从建筑史上看,明代在建筑材料领域开展了许多尝试,除了金属材料的大量运用外,更为人熟知的是大量烧制、使用黏土砖。对建筑材料运用的新尝试不仅是材料替换,更与样式、结构和空间的设计相结合(例如无梁殿、硬山建筑的发展是从结构、空间到外观样式一体的),需要我们从营造设计和意匠思维的角度加以分析。密檐窣堵波上如此大量、细致的人物刻画,以及利用"同义反复"营造出的空间深度,都提醒我们应注意今后从这一方面开展更多的分析和总结。

后 记

"历史考古青年论坛"的举办,缘起于2014年我与王煜、赵俊杰两位朋友在另一个论坛茶歇时的闲聊,谈到相较于史前考古的热闹,历史考古显得有些冷清,我们很自然地产生了为历史考古建立一个交流平台的想法,决定发起一个以青年学者为主角的系列论坛。次年,第一届论坛很快就在四川大学举办,并且取得了非常好的效果和反响。会后总结首届论坛能够成功举办的原因,首先是前辈学者们的大力支持,其次是有一批志同道合的朋友们的积极响应,第三可能最重要的是我们坚持了"小而精"的原则,保证学术质量,期望将它办成一个历史考古领域的高端论坛。于是,我们坚定了第二届也仍然坚持这个原则:一是主办方不是"广发英雄帖",而是根据学者的自身水平和发展潜力采用邀请制,把参会学者的数量控制在20人左右;二是邀请资深前辈学者担任评议嘉宾,总体把关;三是要求论坛发表报告和提交论文的原创性(因此本论文集中所收录的论文均为首次发表)。

此刻,当论文集最终呈现出来时,我的心中唯有"感谢"二字,感谢关注这个论坛和为论坛提供支持的所有人:感谢中国人民大学历史学院黄兴涛院长、吕学明副院长等领导在经费和场地方面的支持;感谢在论坛准备过程中始终关心并提供大量协助的霍巍、魏坚等诸位先生;感谢出席论坛担任嘉宾的白云翔、朱泓、杭侃、李梅田等诸位先生;感谢承担论坛录像、拍照等后勤服务的考古文博系所有志愿者师生;感谢为编辑论文集付出辛苦劳动的上海古籍出版社宋佳女士;最后衷心感谢所有参会和提供论文的青年学者们,在当前一切以各种"核心期刊"为指标的大环境下,用高水准的报告和论文给论坛提供了最坚实的保证。

陈晓露
2019年9月2日

图书在版编目(CIP)数据

芳林新叶:历史考古青年论集.第二辑/陈晓露主编.—上海:上海古籍出版社,2019.9
ISBN 978-7-5325-9328-6

Ⅰ.①芳… Ⅱ.①陈… Ⅲ.①考古学—中国—文集 Ⅳ.①K870.4-53

中国版本图书馆 CIP 数据核字(2019)第 191259 号

芳林新叶
——历史考古青年论集
(第二辑)
陈晓露 主编
上海古籍出版社出版发行
(上海瑞金二路272号 邮政编码200020)
(1)网址:www.guji.com.cn
(2)E-mail:guji1@guji.com.cn
(3)易文网网址:www.ewen.co
浙江临安曙光印务有限公司印刷
开本787×1092 1/16 印张23 插页4 字数490,000
2019年9月第1版 2019年9月第1次印刷
ISBN 978-7-5325-9328-6
K·2693 定价:128.00元
如有质量问题,请与承印公司联系